德意志領導

足球場的哲學家——勒夫，德國足球金盃路

Joachim Löw

Ästhet, Stratege, Weltmeister

克里斯多夫·鮑森凡——著 莊仲黎——譯

目錄
CONTENTS

第三部
德國隊就是一家「勒夫公司」

前言

十年磨一劍——德國的金盃路

二〇一四年七月，德國國家足球隊在巴西的里約熱內盧與阿根廷隊進行冠亞軍總決賽前夕，曾召開一場記者會，總教練姚阿幸・勒夫（Joachim Löw）在會場上雖然表現得一派輕鬆，神情卻是穩重而堅定。他對現場的記者們表示：「我們尊敬對手，不過我們並不畏懼。我們有足夠的自信，如果我們在比賽時充分發揮實力，就可以贏得這場球賽。」當時現場還有記者提問：如果比賽出現和局，必須以十二碼ＰＫ戰決定勝負時，德國隊是否已對這種情況有所準備？勒夫聽完這個問題後，臉上便露出詭異的微笑，他答道，德國隊在這方面當然有充分的準備，接著便從身上拿出一張紙片向記者們解釋：「各國代表隊的守門員都會對十二碼ＰＫ戰預做準備，我們德國隊也不例外。我們已經為阿根廷隊可能踢十二碼球的球員建立個人歷來球賽表現的檔案資料，預先掌握他們射門時偏好哪個方向和角度」。接下來由國家隊副隊長、同時也是中場的核心球員巴斯提安・史旺斯泰格（Bastian Schweinsteiger）發言：「我現在覺得情況還不錯，我相信德國隊在這場冠亞軍爭奪賽裡可以充分展現實力，如果沒有失常的話，我們有機會打敗像阿根廷隊這種世界級的足球隊。」這位當時已代表德國參加一〇七場國際球賽的國手看起來一副信心十足的模樣，他是德國隊這幾個星期在巴西世足賽的真正領導者、督促者以及穩定球員情緒的靈魂人物，他在記者會上坐在總教頭勒夫的身旁絕非偶然。

德國隊在二〇一四年的世界盃總決賽以一副勝利在握的姿態與阿根廷隊展開這場對戰，上、下場一共九十分鐘，雙方未進一球，後來德國前鋒馬利歐・戈策（Mario Götze）在延長賽踢入夢幻的一球，成功地射門得分，德國隊最後以一比〇戰勝阿根廷隊，如願地贏得第四座世界盃冠軍。當裁判吹哨示意比賽結束後，總教練勒夫在馬拉卡納球場（Maracanã）上看起來還相當鎮定。回到球員休息室時，他還對一批湧入的球員妻子和女友表達感謝之意，並數度當眾舉起緊握的拳頭表達內心的欣喜。隨後，副隊長史旺斯泰格突然抱住勒夫並流下眼淚，這一幕讓現場所有的人激動不已，原本還保持冷靜的勒夫也受到這股集體情緒的感染，眼眶裡充盈著淚水。自從二〇〇四年，他獲德國足球協會（DFB）任命為國家隊助理教練，以及後來受拔擢為總教練至今，人們從未見過他如此強烈的情緒表現。

史旺斯泰格後來向新聞記者們表示：「勒夫教練在帶領德國隊時，付出了許多心血。他為德國爭取到這項榮譽，真的很不容易。民眾把他當作英雄是理所當然的。」繼一九五四年的塞普・賀伯格（Sepp Herberger）、一九七四年的赫穆特・舍恩（Helmut Schön）和一九九〇年的法蘭茲・碧根鮑華（Franz Beckenbauer）這三位國家隊總教練之後，勒夫成為德國第四位帶領國家隊榮獲世足賽冠軍的總教練，德國隊因為再度獲得這項足球界的最高榮譽，隊徽也從三顆星增至四顆星。當時有許多新聞報導指出，德國隊能夠重登世界盃冠軍寶座是經過長期努力與精進之後，自然而然出現的成果。然而，邁向冠軍之路卻是如此漫長，而且勒夫在這個過程中並不是沒有爭議。德國隊的「重新開機」始於二〇〇四年：

當國家隊前任隊長俞爾根・克林斯曼（Jürgen Klinsmann）於該年獲德國足協任命為國家隊總教練時，便選定勒夫擔任他的助理教練，兩人自此攜手合作，為國家隊展開大刀闊斧的改革計畫。又或者，二○○○年千禧年也許亦可以視為德國國家隊的改革起點，當時史旺斯泰格已被選入德國U16（十六歲以下）青少年國家隊，是國家隊的儲備球員。

一九九六年英國主辦歐洲國家盃足球賽，當時德國隊銳不可當，一路打入總決賽，準備與捷克隊爭奪冠軍榮銜。在這場於倫敦舉行的冠亞軍爭霸賽裡，德國隊的前鋒奧利佛・比爾霍夫（Oliver Bierhoff）因為在延長賽攻入一個「黃金入球[1]」（Golden Goal）而戰勝捷克隊，順利奪得歐洲國家盃冠軍。當時德國隊看似處於絕佳狀態，其實已由盛轉衰，逐漸步入低潮期。一九九六年立下大功的比爾霍夫在一九九八年的法國世足賽裡升任為國家隊隊長，德國隊在八強淘汰賽的表現一落千丈，竟未攻入一球，最後以○比三慘輸給克羅埃西亞隊，事後總教練貝爾蒂・福格茨（Berti Vogts）還為這場可恥的慘敗引咎辭職。繼任的艾利希・李貝克（Erich Ribbeck）對於國家足球員的訓練方法似乎只是奉行「足球概念根本是在胡說八道」這句座右銘，他重新啟用當時已三十七歲的前國家隊隊長洛塔・馬泰斯（Lothar Matthäus）擔任防衛的自由人（Libero），再加上其他不恰當的做法而讓德國隊陷入前所未有的深淵。當荷蘭和比利時於二○○○年共同主辦歐洲國家盃時，德國隊身為上一屆的冠軍球隊竟在分組賽以一比一與羅馬尼亞隊打成平手，○比一輸給英格蘭隊，最後在六月二十日於鹿特丹被葡萄牙隊打得落花流水而遭淘汰出局，早早打道回府。

1 譯注：「黃金入球」又稱「瞬間致勝球」，通常用於足球比賽和局時的延長賽。球賽若採用「金球規則」，只要有一方進球，便立刻獲勝，延長賽也立即中止。「金球規則」通常不強制執行，足球賽的主辦單位可以自行決定是否採用這項決勝方法。

至今德國球迷每每想起這段慘痛的記憶，仍不禁要打個寒顫，不過，他們後來已不用再哀聲嘆氣，因為，自那時起，處於谷底的德國隊便開始向上翻轉，比賽的表現漸入佳境，最後終於在二〇一四年的巴西世足賽達到另一個成就的高峰。德國隊在二〇〇〇年的歐洲國家盃一敗塗地之後，由於高層的主事者痛定思痛地採取許多對應的改革措施，而促使德國國家隊出現正向的轉變，特別是德國職業足球聯賽協會（Deutsche Fußball-Liga）的一項新規定：德國甲級聯賽（Bundesliga，簡稱「德甲」）的每支職業足球隊自二〇〇一／〇二年度球季開始，必須成立培訓球隊新血的專屬青少年訓練中心。拜這項新措施之賜，德國可以再度積極而有效率地培訓許多擁有足球天分的青少年，讓國家隊的球員組合可以獲得充足的生力軍，不斷汰舊換新。此外，再加上二〇〇四年獲德國足協聘任為國家隊總教練的克林斯曼，展開足球理念與訓練方法上的革命，二〇〇六年克林斯曼的繼任者勒夫仍延續並加強這方面的變革，種種大破大立的做法勢必為德國隊帶來決定性的改變。

然而，德國國家隊起死回生的契機並非開始於二〇〇四年克林斯曼接任總教練之際，而是更早，在二〇〇〇年六月德國足球復興的種子便已悄然地播下，而且這個時間點相當接近德國隊在同一月分於歐洲國家盃足球賽所遭逢的那場大災難。位於科隆東南方的亨內夫（Hennef）小鎮，有一所中部萊茵地區足球協會附屬的體育學校，就在德國隊於鹿特丹的分組賽慘遭淘汰的前幾天，一些曾在國際比賽上表現優異的足球國手，才剛參加一場專門為他們成立的教練特訓班的結業考試。

亨內夫體育學校開辦的教練特訓班，第一期課程開始於該年的一月三日。德國足協培訓部主任格羅・比桑斯（Gero Bisanz）首先便說明，足協內部早就考慮舉辦這種教練特別培訓專班，它的發起人前國家隊總教練福格茨在克服德國足協內部長期以來的種種阻力後，終於實現了這個特殊的教練培訓計畫。這個教練特訓班的主要目標是希望更多退役德國足球國手能留在國家隊擔任教練工作。由於德國足協把這個特訓班的修業時數從一般規定的五百六十小時壓縮成二百四十小時，這種縮短訓練時程的做法便招來一些依循一般規定而取得教練執照的德甲職業足球隊教練的強烈指責，他們群起抨擊德國足協不該讓退役的國手享有這種特權。培訓部主任比桑斯則竭力反駁所有的批評，他指出，前足球國手所參加的教練特訓專班的內容和師資，與一般為期六個月的足球教練培訓課程完全相同。這種特訓班只是把授課內容密集化，並非要把教練執照白白贈送給前國家隊球員。

這個專為退役足球國手規畫的教練特訓班在二〇〇〇年獲准開辦後，德國足協便敦請從一開始便相當支持這項訓練計畫的前國家隊隊長克林斯曼為該專班招攬學員。克林斯曼也是德國隊的主力前鋒，被德國球迷暱稱為「金色轟炸機」，由於他參與的德國隊在一九九八年世足賽表現不佳而決意退出國家隊。兩年後，克林斯曼為了替這個教練特訓班招生，便主動打電話聯絡從前一些國家隊的隊友，他們都曾代表德國參加過至少四十場國際比賽、而且曾有一次獲得世界盃或歐洲國家盃冠軍，完全符合德國足協對於這批學員的條件要求。克林斯曼後來一共為這個教練特訓班找來八位曾參與一九九〇年獲得世界盃冠軍的國手以及許多在一九九六年歐洲國家盃奪標的主力球員，他們在德國足球界都曾是精英中的精英。

在這個教練特訓班裡，除了被克林斯曼招攬而來的俞爾根・科勒（Jürgen Kohler）、馬提亞斯・薩默爾（Matthias Sammer）、安德烈亞斯・寇普克（Andreas Köpke）、迪特・艾爾茲（Dieter Eilts）、基多・布赫瓦爾德（Guido Buchwald）、皮埃爾・列巴斯基（Pierre Littbarski）和史蒂芬・羅伊特（Stefan Reuter）這些德國國家隊的退役球員之外，還有朵莉絲・菲晨（Doris Fitschen）和貝緹娜・維格曼（BettinaWiegmann）這兩位德國女足球國手，以及保加利亞國家隊球員克拉西米爾・巴拉可夫（Krassimir Balakov，這名球星因為德國足協與保加利亞足球協會有簽約合作而得以加入這個足球教練特訓班），還有，巴拉可夫在斯圖加特隊（VfB Stuttgart）的教練勒夫。勒夫在一九九七年執掌斯圖加特隊後，便重用巴拉可夫，並且讓該隊震懾德甲，奪得該年度的德國足協盃冠軍（DFB-Pokalsieger）；一九九八年，勒夫被斯圖加特隊解聘而遠赴土耳其，轉戰伊斯坦堡的費內巴切隊（Fenerbahçe）；一九九九年，勒夫返回德國擔任剛從德甲被降級到德乙聯賽、並已深陷財務危機的卡爾斯魯爾隊（Karlsruher SC）的總教練，只是，該隊後來不僅未因勒夫的指導而保級，甚至還繼續被降級至地區聯賽（Regionalliga，即德國足球聯賽系統的第三級聯賽），勒夫也因而遭該球隊解職。勒夫當時雖然已在職業足球界擔任教練多年，卻仍未取得德國足協認可的教練執照，因此便趁著失業期間在二〇〇〇年參加這個由德國足協舉辦的教練速成班。

這些學員在亨內夫的體育學校受訓的日子非常忙碌，課程表排滿了足球戰術、球員訓練的引導、心理學、修辭學及運動醫學等課程。各個學習小組的討論有時還會持續到深夜。「因為課程的安排相當密集，特訓班的學習氣氛就變得比較緊張。」比桑斯回憶道。他非常欣賞這些學員的學習能力，因為他們絕大多數都曾在足球場上有最頂尖的表現，同時還能參考自身豐富的球賽經驗。大部分的學員都是舊識，至於那兩名女學員雖然一開始顯得很生疏，後來卻能跟大家打成一片，因此，這個特訓班顯得很有向心力，比桑斯則戲稱他們這一群是「策畫陰謀的團體」。很快地，本身帶有一種自然的權威感的克林斯曼便成為他們的發言人。他在取得德國足協頒發的教練執照後，打算做什麼？這位已移民美國加州的施瓦本人[2]（Schwaben）當時還沒有什麼想法，他只是覺得，取得教練資格可以讓未來多一個發展的機會。

克林斯曼在亨內夫的體育學校受訓時，愛上了教練的工作：徹底掌握足球運動的複雜度並把它傳遞給球員們。培訓部主任比桑斯說，克林斯曼在受訓時已表現出教練的天分。他在課堂上演練時，已能透過本身傑出的判斷力覺察足球這項運動的結構性缺失，並且指出重點。不過，其他學員的表現有時甚至超越了這位前國家隊隊長，特別是勒夫，他那直接透徹的思考方式讓克林斯曼印象相當深刻，因為他只需要短短的兩分鐘就能把足球戰術中的四人後衛鏈（Viererkette）解析得鞭辟入裡。當時對於勒夫印象深刻的克林斯曼曾告訴鄰座的同學布赫瓦爾德：「我當了十八年的職業足球員，從沒有碰過一位教練能像勒夫這樣條理清晰地敘述說明。」

克林斯曼當時只對於勒夫的足球理論知識與戰略能力留下深刻的印象，他們之間的關係並沒有出現進一步發展。克林斯曼在取得教練執照後，又返回美國加州的住家。失業的勒夫後來在土耳其的阿達納隊（Adana）找到總教練的工作，不過，卻因為無法讓求隊戰績在短期內好轉，上任才三個月便遭到解聘。二〇〇一年，勒夫出任奧地利的提洛因斯布魯克隊（FC Tirol Innsbruck）總教練，並帶領該隊榮獲奧地利超級聯賽冠軍，只是好景不常，提洛因斯布魯克隊後來因為財務危機而宣告破產，勒夫再度賦閒在家；二〇〇三年，已待業許久的勒夫獲當時在奧超衛冕冠軍的奧地利維也納隊（Austria Wien）聘為總教練，而讓自己的職業生涯再次出現轉機。

二〇〇〇年，德國隊在歐洲國家盃慘敗之後，總教頭李貝克便辭職下台，由廣受德國民眾愛戴的

2 譯注：施瓦本人分布於德國西南方、瑞士東部以及法國的阿爾薩斯地區，該族群有自己特有的文化和語言，以勤儉、樸實及幹練的習性著稱。

前足球明星、曾於一九九〇年為德國奪得第三座世足賽冠軍獎盃的國家隊前鋒魯迪・佛勒教練（Rudi Völler）繼任該職位，德國隊的表現也自此逐步好轉。其實佛勒一開始只是暫代原先預定接任國家隊總教練，卻被證實吸食古柯鹼而鬧上新聞頭版的克里斯多福・道姆（Christoph Daum），佛勒後來因為表現不錯而被德國足協扶正，成為德國隊正式的總教練。德國隊在他的調教下，戰績逐漸有起色，雖然這支國家代表隊當時呈現的「德式足球美學」還是差強人意。二〇〇二年，他還帶領德國隊在日、韓主辦的世界盃足球賽中一路殺進冠亞軍總決賽，後來雖以〇比二敗給巴西隊，但亞軍的榮銜就已讓德國球迷大為振奮。不過，後來德國隊的發展卻顯示，這次世界盃豐碩的戰果其實只是病入膏肓的德國隊最後的迴光返照。日韓世足賽結束後，德國隊與冰島及丹麥在北大西洋的自治區法羅群島（Färöer）的足球隊進行友誼賽時，因為戰鬥力低落而表現得軟弱無力，德國球迷隨後嚴厲的批評讓總教頭佛勒相當惱火，他那時認為，德國隊已經盡力，這些足球國手實際上已沒有潛力可以多做發揮。

到了二〇〇四年葡萄牙主辦的歐洲國家盃足球賽，德國隊真實的情況終於赤裸裸地曝露在世人眼前。德國國家隊被當時的德國球迷稱為「佛勒的那群廢物」，因為他們在分組賽時以一比一與荷蘭踢成平手、〇比〇與立陶宛和局，最後以一比二敗給捷克隊而被淘汰，提前搭機返回德國，再度重蹈二〇〇〇年德國隊在歐洲國家盃分組賽便已出局的命運。當時任何人只要看過球場的這一幕，都將永難忘懷，當德國隊在歐洲國家盃分組賽輸給捷克隊而確定無法晉級時，總教頭佛勒顯得如此頹喪，他茫然失措地走向德國球迷，聳聳肩膀並萬般無奈地說：「我們已經盡力，真的無法再有更好的表現。」隔天，他便識相地辭去國家隊總教練的職務，因為他很清楚，德國隊在歐洲國家盃重挫之後，德國民眾已完全喪失對他的信任，如果他繼續戀棧，對於國家隊那些還無法預見卻必須全面展開的變革而言，他的存在只會顯得礙眼。

德國足協的領導階層因為德國隊在歐洲國家盃一敗塗地而變得束手無策，沒有人知道，到底該由誰接任佛勒所留下的國家隊總教練的空缺。剛離職的佛勒儘管面臨極大的挫敗，卻仍受到許多德國球迷的擁護，他們當時總是喜歡把「魯迪．佛勒獨一無二」這句話掛在嘴邊，德國隊在岌岌可危的狀況下，似乎這位總教練是唯一可能讓這支球隊起死回生的人物。那時適合擔任國家隊總教練的人選並不多，德國足協主席蓋哈德．麥爾—佛菲德（Gerhard Mayer-Vorfelder）首先提議由歐特瑪．希斯菲爾德（Otmar Hitzfeld）繼任，卻遭到希斯菲爾德的婉拒。為了挑選適任的人選，德國足協還罕見地成立一個專門舉薦國家隊總教練的委員會，由前國家隊總教練福格茨、足協主席麥爾—佛菲德、副主席威爾納．哈克曼（Werner Hackmann）及祕書長霍爾斯特．施密特（Horst Rudolf Schmidt）組成。那時所有可能的教練人選都在委員會開會時被討論過，其中還包括該年率領希臘國家隊獲得歐洲國家盃冠軍的德國籍總教練奧托．雷哈格爾（Otto Rehhagel）。這個委員會經過四個星期的討論後，仍無法為國家隊找到合適的主帥，後來前國家隊總教練福格茨口中突然冒出一個令大家意外的名字——克林斯曼。

德國足協宣布由克林斯曼出任國家隊總教練的消息是該年度德國足球界最令人意想不到的意外，因為這位足球明星從未擔任過足球隊教練。後來這位已定居加州的前德國國家隊隊長便親自向媒體證實，自己即將接掌這個德國足球界最重要的職位。他在上任後不久後，便想起四年前那位在亨內夫體育學校為他解釋四人後衛鏈戰術的同期學員勒夫，於是決定邀請他擔任自己的助理教練，而且為了向大家介紹這個人選，克林斯曼還一再提起勒夫在亨內夫教練特訓班如何讓他印象深刻的故事。克林斯曼選擇勒夫司職助理教練的決定又再度讓大家感到錯愕不已，因為勒夫從前只是一名沒沒無聞的職業足球員，幾乎沒有受到注意，他在轉換跑道改當教練後，雖曾帶領斯圖加特隊在德國足協盃一舉奪魁，然而如此輝煌的戰果卻只是曇花一現，後來他幾度轉戰土耳其與奧地利的職業足球隊，遠離了歐洲職業足壇的主流地區，以至於幾乎被球迷們遺忘。

克林斯曼和勒夫這個教練雙人組的上任為德國足協開啟了一場翻天覆地的變革，並讓國家隊的足球表現再次散發出令人激賞的吸引力，這場改革在歷經十年的發展後，終於讓這支足球勁旅再次榮登世界盃的冠軍寶座。當德國隊在巴西世足賽順利奪標後，勒夫在里約熱內盧的伊帕內瑪海灘（Ipanema）舉行的慶祝會上滿心歡喜地表示：「現在這一刻就這麼來臨了！」回想十四年前那個可怕的夏天，德國隊在歐洲盃足球賽的分組賽提前出局的傷心往事，當時有誰會想到，德國隊將再度獲得世界盃冠軍的光環？而勒夫那時還只是個無名小卒，他在二〇〇六年從克林斯曼手中接下國家隊總教練的職務，經過八年辛勤的耕耘後，這位二〇一四年世足賽冠軍隊的推手已為德國足球史寫下最璀燦的一頁。

如果人們只從外面通觀德國隊如此戲劇性的發展，會不由得嘖嘖稱奇，但只要轉而審視那些主要參與者的內在一貫性，其實就可以理解，為什麼德國隊後來可以奪得世足賽冠軍。在廣大的德國民眾尚未注意到勒夫這號人物時，他便已夢想如何進行一場完美的足球賽。身為德國國家隊的領導者，他用一種成熟的形式實現了這個足球夢想，而且他那種理應達成的態度還令人覺得不可思議。特別值得一提的是，他深知如何在一些關鍵性時刻讓自己稍微脫離原有的概念與堅持，正是這種務實的做法最終讓他收割了世界盃冠軍這顆豐美的果實。

自從勒夫於二〇〇六年接任國家隊總教練以來，外界批評的聲浪就不曾停止過，尤其是「球賽的勝利不能只靠精采的表現」這樣的說詞。球迷們只要看到德國隊的後衛防守鬆散，一定會嚴厲指責這些國手踢得七零八落，儘管如此，勒夫教練卻從未動搖自己的信念。他始終不渝地貫徹自己的計畫，在擔任國家隊足球教練這幾年時間裡，總是理所當然地讓自己全心全意地投入這份工作。如果哪一天德國的國家隊總教練換人不再是勒夫時，德國人還會有一種不真實的感覺呢！

一九九〇年帶領德國隊贏得世界盃冠軍的前輩總教練碧根鮑華，曾公開稱讚作風獨樹一格、把德國隊帶向二〇一四年世界盃冠軍的勒夫是「天生的教練」，然而，這位勞苦功高的總教頭卻從未被德國球迷視為民族英雄。即使他已讓德國隊獲得國際足壇的最高榮譽——世界盃足球賽冠軍。他在德國足球界還是跟從前一樣，總是給人們一種奇怪的陌生感。本書嘗試呈現勒夫教練的人生與職涯歷程，並描繪他的性格以及他如何讓足球隊實現一場完美的比賽。我們可以從本書的內容知道，勒夫無論從事什麼，一定會訂定清楚的計畫，並依照計畫的先後步驟把它實踐出來。不過，我們也可以發現，勒夫讓德國隊成為世界盃冠軍隊這十年的奮鬥過程裡，也曾經調整與修正原先的期望與規畫。

第一部

「前鋒」球員、「進攻」教頭

第一章

不慍不火的職業生涯

足球除了天分和企圖心之外……

位於黑森林南邊、距離弗萊堡市四十公里、居民人數不到三千人的舍瑙（Schönau）小鎮，是一處介於大草原、山丘與森林之間的空氣療養聖地，也是勒夫的故鄉。勒夫出生於一九六〇年，是家中的長子，父親是一位暖氣壁爐師傅。他在舍瑙鎮上小學，星期天還在天主教教堂擔任輔彌撒者（通常由大男孩充當），小學畢業後，繼續在這座小鎮唸文理中學（Gynasium），後來因為熱愛足球並自認有踢球的天分而中途輟學，所以高中未畢業，只有初中文憑。

勒夫成長於南巴登地區（Südbaden）這個親近土地且單純的小世界裡。他的家族在二戰之前從八十公里外的黑森林村落洪堡（Hornberg）搬到舍瑙鎮，在戰後西德經濟蓬勃發展的年代有不錯的發展：他的祖父在鎮上開雜貨店，他的父親經營一家雇有二十名員工的小工廠，專門從事暖氣壁爐的製造與安裝，在鎮上屬於比較富裕的家庭。勒夫的父親在星期天抽雪茄的這個習慣，對於當地那些勤勞而樸實的戰後世代而言，簡直是一大奢侈。他的母親是一位悉心照顧家人的家庭主婦。鄉間的生活知足、安逸而悠閒，因此，這位黑森林之子在接受訪問時曾這麼談道：「舍瑙是我的故鄉，我對於自己在那裡成長感到驕傲。我來自一個溫馨而完整的家庭，我們的生活簡單而有規律。」

勒夫教練的名字叫「姚阿幸」（Joachim），從小被暱稱為「姚吉」（Jogi）。他在學校是一位不受矚目的學生，通常星期天會在天主教教堂充當輔彌撒者，所以，算是個乖巧的男童，只有幾次因為犯下小過錯而被父親和祖父摑耳光。「有禮貌、尊重別人和守規矩都是很明確的言行準則。」勒夫曾提到父母教導他的那套至今仍深深影響他道德觀念的規範，「不過，我的父母並沒有經常對我們耳提面命，而是以身作則，他們本身就是這麼待人接物的。」勒夫和三個弟弟自幼都是樸實而聽話的孩子，並沒有被溺愛或寵壞。這位注重衣著品味的德國國家隊總教練現在雖以講究時尚品味著稱，然而，在成長的過程中，由於父母相當節儉，弟弟們通常得承接那些他穿不下的舊衣服。生活的享受頂多只是偶爾到弗萊堡市區參加慶祝派對或看一場電影。寒暑假期間，父母並沒有帶他們出國旅行，只是讓他們去泳池游泳。

當然，他的生活裡還有足球。勒夫跟他三個弟弟都喜歡踢足球。在他們四兄弟當中，不只勒夫成為職業足球員，他的大弟馬庫斯也曾在弗萊堡隊（SC Freiburg）踢球；二弟克里斯多夫據說最有足球天分，但卻往其他的興趣發展，後來還上大學，取得碩士學位；小弟彼得熱中於家鄉的足球活動，曾接掌舍瑙隊（FC Schönau）。勒夫曾以為，或許有一個弟弟可以活躍於職業足壇，不過，他也表示：「足球這種球類運動需要許多因素的配合，除了天分和企圖心之外，還需要一些運氣。」

少年足球天才：從舍瑙到弗萊堡

勒夫在青少年時期首先在「舍瑙體育暨體操之友會」的足球隊踢球，並於一九七〇年第一次獲獎：青少年D組最佳球員。後來他轉而投效舍瑙鎮的另一支足球隊——舍瑙隊。此時足球已是他生活的全部，對此他回憶道：「每天放學後，我都會跟幾個要好的同學在回家的途中逗留好幾個小時，一起玩足球。」一位從前的足球玩伴說，勒夫當時對於足球已經有一番抱負；另一位後來也成為職業足球員的玩伴漢西．舒茲克（Hansi Schulzke）則談道：「那時勒夫在前往球隊受訓和返家的途中，一路上都盤球前進。」舍瑙足球隊青少年部主任迪特瑪．庫倫（Dietmar Krumm）也回憶，中學時期的勒夫總是腳下盤球地走在路上，人們還把他當作舍瑙的世紀足球天才。他曾和勒夫在一起踢球好幾年，他說：「雖然姚吉的年紀比我們小，參加的青少年分齡組卻比我們還高階。他是個很棒的朋友，值得信任，當時我們這群孩子滿腦子都是足球。」他與勒夫的友誼仍持續至今，當得知勒夫獲德國足協任命為國家隊總教練時，他便立刻寫一封道賀的電子郵件給勒夫，勒夫也立刻回信。這位出身舍瑙的足球界名人至今仍和家鄉的足球隊維持很緊密的關係，二〇〇七年七月二十四日，舍瑙隊球會旁的卜亨布蘭德足球場（Buchenbrandstadion）新鋪人工草皮後正式啟用，並更名為姚吉．勒夫足球場（Jogi-Löw-Stadion），當天這位國家隊總教練還特地回到故鄉，親自到場剪綵。

讓勒夫的足球技巧出現大幅進展的沃夫岡．柯勒（Wolfgang Keller）曾被譽為「舍瑙的教練傳奇」，許多舍瑙鎮的青少年在他的調教之下，後來都成為職業足球員。柯勒是一位非常認真的教練，在足球營裡，他不僅訓練學員足球技巧，還把橡皮拉帶（Deuser-Gummiband）綁在他們的腰部以訓練他們的體能，此外還教導他們如何在進攻時，直接攻球入門。當時舍瑙隊附屬的一些學生足球隊都相當畏懼這支由柯勒培訓的青少年球隊，而且該隊有一半的進球都是勒夫踢入的。柯勒教練談到勒夫時曾表示：「每當比賽出現一比一的局面或比賽接近尾聲時，擔任前鋒的勒夫總是可以及時進球得分，這是勒夫的長處。他甚至曾在一場球賽裡，前後射進十八球而創下該球隊的紀錄。」勒夫那時雖是球隊中最年幼的球員，在足球場上卻有相當優秀的表現，不只具有高度的足球天分，而且沒有任何性格上的缺點。勒夫既有天賦，又勤於練球，他在十六歲之前一直接受柯勒的訓練，每次球隊要到外地的客場球場參加比賽時，他總會開車到勒夫家門口接他前往，比賽結束後，再開車送他回家。

另一位對勒夫日後發展影響深遠的人就是與他同齡的好友亨利・舒勒（Henry Schüler），他們曾一起到南巴登地區的史坦巴赫（Steinbach）體育學校參加足球訓練課程。亨利的父親蓋哈德・舒勒（Gerhard Schüler）當時積極投入「弗萊堡體育之友會」（Sportfreunde Eintracht Freiburg）足球隊的青少年培訓，由於訓練成果豐碩，這個體育協會還因為它的青少年球隊卓越的表現而受到矚目。蓋哈德・舒勒後來說服那時已有幾支職業足球隊競相爭取的勒夫離開家鄉舍瑙，到弗萊堡加入他所指導的這支青少年足球隊。

對於勒夫來說，當時決定寄居在弗萊堡的舒勒家，主要是因為他準備在這個城市的職業學校參加關於大宗交易與海外貿易的職訓課程，而且他當時已長大成人，很想離開家庭，在外面獨立生活。勒夫的父親雖然對於兒子的足球天分感到驕傲不已，也支持他往這方面發展，不過，他卻和一般的「足球父親」不同。「對我父親而言，更重要的是，我必須在成為職業足球員之前，取得這所職業學校的畢業證書。」勒夫接受父親的建議，進入該所職業學校就讀並認真學習，此外，他還運用課餘時間參加「弗萊堡體育之友會」A組青少年足球隊的訓練。他後來決定搬離舒勒家，到外面租一間小公寓，雖然十七歲的他當時每個月只有五百元的生活費。

後來，他還在這個體育協會裡認識他未來的妻子丹妮葉拉，也就是當時該協會的理事長漢斯・施密特（Hans Schmid）的女兒。

足球新星：從弗萊堡到斯圖加特

一九七八年，弗萊堡隊因為亨利・舒勒的哥哥沃夫岡・舒勒（Wolfgang Schüler）多次射門得分而從地區聯賽晉級，升入德乙聯賽。沃夫岡先前也在他父親主持的「弗萊堡體育之友會」青少年足球隊完成足球員的基本訓練，因此，當弗萊堡隊的球探需要再次尋覓有潛力的新生代球員時，就會想到這支青少年足球隊，後來他們便挑中十八歲的勒夫。勒夫當時已參加過一場德國的邦際青少年足球賽，並被譽為南巴登地區最優秀的足球新星。然而，這位一百七十九公分高、身材修長、跟披頭四團員一樣頂著一顆馬桶蓋頭的前鋒，在新球季加入弗萊堡隊後，卻出師不利，遭逢一連串的挫敗：弗萊堡隊首先以〇比五輸給奧芬巴赫踢球者隊（Kickers Offenbach），接著又分別以〇比五及〇比二的成績敗給洪堡隊（FC Homburg）和富爾特隊（SpVgg Greuther Fürth），後來才以四比三的成績戰勝薩爾布魯根隊（1. FC Saarbrücken），終止三連敗，讓情況好轉。勒夫在加入弗萊堡隊後，遲遲未有表現，直到該球季的第九輪賽程對上鮑納塔爾隊（KSV Bauntal）時，才踢入兩球為弗萊堡隊得到兩分，該隊終場以三比一的成績獲勝。由於總教練曼弗烈德・布里夫（Manfred Brief）無法提升弗萊堡隊的戰績，後來，該隊便改聘海因茲・巴斯（Heinz Baas）為總教練。巴斯教練一上任，便拔擢勒夫為該隊的主力球員，不過，這位備受期待的前鋒並沒有出現令人驚艷的表現，他在該球季裡，前後只進了三球。

下一年度的球季，弗萊堡隊的總教練已換成之前在斯圖加特隊從事青少年球員訓練的猶波・貝克（Jupp Becker）。貝克教練是一位十足的攻擊式足球的捍衛者，勒夫在他的指導下，無役不與而且有較好的表現，他一共在該球季踢進十四球，同時還贏得國際足壇的矚目與讚譽。一九七九年十月，十九歲的勒夫首次被福格茨教練徵召，加入他所指導的德國U21（二十一歲以下）青年國家隊。這支球隊到波蘭北部托倫市（Torun）與波蘭青年隊進行比賽，最後以〇比一敗北，不過，勒夫卻獲得出場踢球的機會，因為福格茨教練在下半場決定把克勞思・阿洛夫斯（Klaus Allofs）換下，改派他上場。直到隔年年初，勒夫還參加三場德國U21青年國家隊的比賽，和一些後來赫赫有名的德國國家隊名將馬泰斯、佛勒、列巴斯基及班特・舒斯特（Bernd Schuster）一起上場踢球。多年後，勒夫在接受訪問時還相當自豪於這段往事：「德國U21青年國家隊具有一定的水準，我當時還是隊內固定上場的主力球員之一。」

勒夫因為整體表現非常優秀而顯得意氣風發，此外，他還是一位懂得塑造自我風格的年輕球星（對於當時的年輕人言，這種現象其實很普遍），他喜歡穿著喇叭褲和特長領口造型的流行襯衫，左耳戴著一只耳環，鼻下蓄留短髭鬚。如此亮眼的外型也讓他自然而然地受到許多德甲球隊的注意，例如，拜仁慕尼黑隊（Bayern Munchen）、沙爾克04隊（FC Schalke 04）、法蘭克福隊（Eintracht Frankfurt）和斯圖加特隊，這些球隊紛紛邀請他加入。勒夫後來決定到斯圖加特隊踢球，因為該隊願意提供最高的報酬：年薪五十萬馬克在那個時代算是相當豐厚的。當時的他，前程似錦。一九八〇年五月十八日，他最後一次為弗萊堡隊上場踢球，這位來自舍瑙的球員在比爾斯塔特（Bürstadt）輕鬆地踢球射門，該隊最後以五比一的佳績獲勝，不過，勒夫卻因為被裁判認定以手肘干擾對方球員而被罰紅牌下場，對於一向規矩踢球的勒夫而言，這種離場的方式相當不光彩。

在該年度德甲聯賽尚未開始的準備時期，勒夫和其他兩名新進球員卡爾．阿各維（Karl Allgöwer）和迪特．孔勒（Dieter Kohnle），在前幾場測試賽中的表現給新東家斯圖加特隊留下絕佳的印象。阿各維從此在職業足壇的發展一帆風順，但勒夫和孔勒的際遇就沒這麼幸運了！這兩位剛加盟斯圖加特隊的足球員在球賽還未正式開始前，便不約而同住進卡塔琳娜醫院的五四四號病房，因為，在後來的測試賽裡，孔勒膝關節的關節囊和韌帶裂傷，勒夫的小腿脛骨骨折，兩人紛紛入院開刀。當時斯圖加特隊的總教練俞爾根．孫德曼（Jürgen Sundermann）對於這兩位讓他相當看好的足球員，在球季開始後未能上場踢球而感到遺憾，不過，他還是對外表示：「這兩位球員雄心勃勃地加入我們這支球隊，他們的實力相當被看好，未來應該會有出色的表現。」

勒夫的骨折意外發生在德甲球季開始的四天前：前英國國家隊守門員雷伊．克雷門司（Ray Clemence）在場上對前鋒勒夫踢出一腳，從此便決定了勒夫往後的命運。它的發生其實有點奇怪，在此之前，勒夫一直都學前國手保羅．布萊特納（Paul Breitner）在出場踢球前，先在小腿部位套上襪套，從未穿戴硬式護套。但斯圖加特隊總教練孫德曼卻堅持球員必須使用硬式護套保護小腿，不得穿戴襪套上場，當時像勒夫這種足球技巧精湛的球員當然不喜歡這麼做，不過，勒夫還是服從命令，乖乖地把那兩片硬式護套穿上，然後就在球場上意外骨折。對此勒夫說道：「在一場與利物浦隊（Liverpool FC）的測試賽中，我第一次在小腿部位套上硬式護套，沒想到在球賽中脛骨骨折！我在運球時把球踢得太前面，獨自從球場中線跑向對方的守門員克雷門司，我當時沒有及時閃躲而被他一腳踢傷，就這樣倒地不起。」

斯圖加特隊在一九八〇／八一年度球季展開前的最後一場測試賽是在內卡球場（Neckarstadion）舉

行，比賽進行到第十三分鐘時，前鋒勒夫發生了嚴重的骨折意外，他後來回憶這件事，感慨地說道：「在我的小腿還未骨折前，我的足球技巧確實很不錯。」那是複雜的脛骨骨折，他為此住院四個星期，小腿足足八個星期裹上石膏。「當時我的大腿已經萎縮到跟我的上臂一樣粗細。」勒夫接著說。過了幾個月後，他才能再度上場踢球，那時球季已快結束，所幸他還能及時上場，參加四場球賽，不過，技巧卻大不如前。「我的速度變慢，這是個問題，這也讓我感到害怕。」不過，他當時畢竟只有二十一歲，所以他認為，自己應該還有完全復原的希望。回顧這件往事，勒夫現在認為，如果當時的骨折已嚴重到無法讓他繼續參加職業足球賽，他很可能就此離開足球界，從事自己在職業學校曾學過的買賣與貿易工作，或者也很可能提早接受足球教練的培訓。

靦腆謹慎的前鋒：從法蘭克福回到弗萊堡

孫德曼的前一任斯圖加特隊總教練洛塔・布赫曼（Lothar Buchmann）後來轉任同屬德甲聯賽的法蘭克福隊，他之前在斯圖加特隊時，已注意到前鋒球員勒夫的發展潛力，不過，因為法蘭克福隊當時的財務收支出現鉅額赤字，無法把勒夫正式交易到法蘭克福隊，只能以租借球員的方式讓他加入這支球隊。由於勒夫講究戰術、動作敏捷迅速、具有攻擊力而且還經常射門得分，因此，布赫曼那時還對外介紹這名來自斯圖加特隊的外借球員很可能就是前法蘭克福隊的知名球星、也是一九七四年獲得世界盃冠軍的德國國家隊前鋒班特・霍岑班（Bernd Hölzenbein）的接班人。布赫曼教練甚至還做了一個直接的比喻：勒夫是一位跟阿各維一樣的足球天才。

總教練的這番稱讚對勒夫而言，無疑是一項沉重的負擔，法蘭克福足球界便有不少人士對於這樣的形容抱持懷疑的態度，所以，勒夫在球季開始的測試賽裡必須徹底展現自己的能力以昭公信，他的表現也讓這些批評者大吃一驚：在那場以六比一的佳績戰勝瑞士聖馬格雷滕隊（St. Margrethen SG）的測試賽裡，勒夫一共踢入四球而深深地折服了他們。當法蘭克福隊在巴黎與聖伊天隊（AS St. Etienne）對戰時，勒夫也同樣有優異的表現。當時法蘭克福的八卦報《夜間郵報》（*Abendpost*）曾這麼報導：「新加入的球員勒夫似乎是第二個霍岑班，而且他還穿著從前霍岑班的七號球衣。他的性格熱忱而積極，在球隊裡總是願意配合和付出並努力讓自己適應新的團隊。」布赫曼教練曾根據自己的判斷振振有詞地表示：「我一直相信勒夫的能力，而且我知道，他可以配合我們法蘭克福隊的想法和作風，所以，我會不斷地支持他。」勒夫當時也同樣信心滿滿，他在接受媒體訪問時曾說：「法蘭克福隊並不要求球員們一味地在球場上奔跑，而是講究複雜的、高難度的傳球技巧，這種戰術模式非常適合我，因為，我並不是一個在球場上不斷跑來跑去的人，我寧可足球是扁平的。如果新的隊友們可以認同我，我也會努力適應他們的方式，了解他們的想法。」

然而，剛加入法蘭克福隊的勒夫是否能夠應付這支德甲球隊對於隊員的要求？勒夫在法蘭克福隊的第一場比賽便出戰實力堅強的凱澤斯勞滕隊（FC Kaiserslauten），在這場比賽前夕，他曾對德國發行量最大的八卦報《畫報》（*Bild-Zeitung*）表示：「我雖然專注於這場球賽，自己也曾假想，跟凱澤斯勞滕隊對打時，如何能踢進一球。不過，我並沒有活在法蘭克福隊的前輩球星霍岑班的陰影下，雖然我也是前鋒球員，不過，我並不是霍岑班，我是勒夫。」後來，他果真在該場球賽踢進一球，讓法蘭克福隊以一比〇的成績領先凱澤斯勞滕隊那群穿紅色隊服的「紅色魔鬼」（最後雙方以二比二的成績和局收場）。「我在場上射門得分時，並沒有考慮什麼，只是把球踢進球門而已。」勒夫首次在德甲聯賽進球得分後，在接受媒體訪問時曾這麼說道。法蘭克福隊的布赫曼教練對於這位身材細瘦的前鋒讚賞有加，他認為，法蘭克福隊會因為勒夫的加入而增強戰鬥力，他在球場上的表現將讓更多人獲得觀賞足球的樂趣。

比起堅持團隊紀律的斯圖加特隊總教練孫德曼，布赫曼教練看起來比較像一位慈父，在他的指導下，勒夫應該可以充分發揮他的能力。不過，這位二十一歲、靦腆謹慎的前鋒接下來卻沒有出現令人驚艷的戰績，雖然，他在大多數的場次都是先發球員，偶爾也會射門得分，但大部分上場的時間卻沒有什麼表現。不論是參加德甲聯賽，或在歐洲賽事上對陣希臘的帖撒羅尼迦隊（PAOK Thessaloniki），或在德國足協盃（DFB-Pokal）與布倫斯卜特隊（BSC Brunsbüttel）對戰時，布赫曼教練都認為，勒夫在體能與球技方面還有不足之處，因此，經常趁著中場休息時間把他撤換下來。勒夫在法蘭克福隊遲遲未有表現，直到該球季德甲聯賽進入第十輪賽程後，他在法蘭克福隊以二比一力克比勒菲爾德隊（DSC Armina Bielefeld）的那場球賽裡，才又踢進一球，雖然他為法蘭克福隊爭得一分，但他當時在球場上的表現並不具說服力。布赫曼教練堅持，勒夫必須讓自己的球技更精進，尤其是讓自己的戰鬥力倍增。

勒夫當時把布赫曼教練這些指點銘記在心。法蘭克福隊後來在慕尼黑的客場比賽時，以二比三輸給拜仁慕尼黑隊，在法蘭克福的主場賽，以三比一擊敗勒沃庫森隊（Bayer 04 Leverkusen）。當時這兩場比賽勒夫都有上場，特別是他與勒沃庫森隊對峙時的進球，非常值得一看：勒夫在中線拿到球後，便展開精采的衝刺，然後從距離球門二十公尺處把球射入球門的一個角落。在接下來的三場球賽裡，勒夫每場都各踢進一球，這似乎是他在德甲聯賽中表現最佳的時期，但卻只是曇花一現。他後來在該年度的球季還上場十三次，卻只踢進一球。在第二十一輪賽程裡，法蘭克福隊雖以四比二打敗科隆隊（1. FC Köln），不過，勒夫當時的射門得分卻是因為對方球員犯規，才讓他有機會把十二碼罰球踢入球門。

一年下來，勒夫在法蘭克福隊的戰果實在乏善可陳。他一共參賽二十四次，只踢入五球，而且其中只有三場踢完整場球賽。勒夫後來的情況已愈來愈明顯，他的足球實力其實無法應付德甲的球賽。他的速度過慢，執行力不夠，而且在接近球門時攻擊力道不足。該球季結束後，他連友誼賽都未獲教練青睞。在一九八二年三月德甲休賽期間，勒夫在卡塞爾（Kassel）出賽時，在中場休息時間被教練換下，當時他曾為此氣餒地把自己鎖在球員室的更衣間裡。勒夫在數年後曾對外承認，他在法蘭克福隊踢球的那一年不夠努力，他的失敗源於自己，他並不想為自己的失敗尋找藉口。

一九八二年六月，受挫沮喪的勒夫又重回德乙弗萊堡隊的懷抱，弗萊堡隊為了把這位已被認為不適合德甲聯賽的前球員交易回來，每個月還必須匯給法蘭克福隊三十五萬馬克，不過，這項交易卻很值得，因為，勒夫後來在這支德乙球隊表現不俗。前拜仁慕尼黑隊球星威爾納・歐克（Werner Olk）當時剛接任弗萊堡隊總教練，在歐克教練的指導下，勒夫的球技更純熟，攻擊力道更強，自信心也逐漸回復。勒夫後來成為弗萊堡隊的靈魂人物，並參與球賽戰術的規畫。他重回弗萊堡隊的第一年共出賽三十四場，射入八球。在接下來的一九八三／八四年度的球季裡，弗萊堡隊改由弗利茲・福克斯（Fritz Fuchs）執掌兵符，勒夫的表現也更加出色，他一共出賽三十一場，成功射門十七次，這位已轉型為進攻中場的球員不只是該隊的最佳射門球員，還是德乙聯賽累計射門得分的第五名。那時，有一點是可以確定的：勒夫的踢球和射門的能力已足以讓他在德乙聯賽裡生存下來。他在德甲的足球隊裡，因為身體的體能與靈活度不足而無法充分發揮本身的足球技巧，德乙的弗萊堡隊卻可以讓他徹底地施展這些技能。

足球明星夢的幻滅：從卡爾斯魯爾重回弗萊堡

卡爾斯魯爾隊總教練歐克任職於弗萊堡隊時，便認為勒夫是可造之材，於是邀請勒夫加入德甲的卡爾斯魯爾隊以替補剛在上一球季射進十九球、已跳槽到多特蒙德隊（Borussia Dortmund）的前鋒沃夫岡．舒勒。歐克教練衷心希望，勒夫能跟同樣出身於弗萊堡隊的舒勒一樣，有優秀的表現。當時勒夫在德乙的弗萊堡隊戰果輝煌，因此急於想有一番作為，讓自己能更上一層樓。他當時評論自己這個新的職涯發展：「我當時非常高興，因為可以重新回到德甲聯賽。」他那時二十四歲，希望藉由第三次嘗試讓自己在足球界有突破性進展。然而，他那一年在德甲的卡爾斯魯爾隊雖然前後出場二十四次，但大多時候都不是先發球員，而是替補球員，而且在全年度的球季裡，他一共只踢進兩球。勒夫在一流的眾隊友當中卻是個二流的足球員，這就是他當時的處境。後來卡爾斯魯爾隊因在該年度的戰績不佳，而降級到德乙聯賽，既然該球隊已落回德乙，勒夫乾脆打道回府，重回相同等級也是他最初出道的所在——弗萊堡隊。

在第三次嘗試到德甲聯賽一展身手而挫敗後，勒夫終於放棄自己初入足壇時希望成為足球明星的夢想與期待。勒夫後來還這麼談論自己那差強人意的足球員生涯：「我當職業足球員時，滿懷雄心壯志，希望自己能成為德國頂尖的足球員。我在德甲曾有三次發揮的機會，卻因為表現不理想而無法繼續留隊，只好承認自己的失敗，因為，我當時已注意到，自己力有未逮。我的足球技巧很好，速度卻不夠快，這一點讓我對自己感到相當失望。所以，我當職業足球員時，曾經歷過幾個低潮期。」當時的勒夫或許不只缺少強健的體魄與矯捷的身手，甚至他的自信心和戰鬥意願也不足。

「後來我適應了德乙聯賽，而且還有不錯的表現。」勒夫因為願意順其自然而能如此自信地描述他後來在二線足球隊的情況。弗萊堡隊和德乙聯賽就是他的舞台，勒夫的足球實力也能勝任它們的要求。當他在一九八五／八六年度的球季重回弗萊堡隊後，該隊在德乙的戰績墊底，表現極不理想，很可能被降入地區聯賽，勒夫身為球隊的一員，當然也面臨一些艱困的考驗。當時該隊兩位教練貝克和安東・魯丁斯基（Anton Rudinsky）雖努力讓球隊維持穩定的表現，卻還是無法阻止該隊的戰績持續下滑。當球隊理事長阿辛・斯托克（Achim Stocker）在該球季第二十三輪賽程開始前，因為情況危急而改聘該隊前球員、也是球隊高階主管的霍斯特・齊可（Horst Zick）為新任總教練時，弗萊堡隊的頹敗似乎已無法避免。然而，齊可教練卻不負所託，由於他帶領有方，再加上勒夫的進球和塞內加爾球員肅雷曼・薩涅（Souleymane Sané）迅速的動作，解救了球隊，不至於被降級為一支地區聯賽的隊伍。後來弗萊堡隊與洪堡隊對陣時，由於是在弗萊堡的主場進行，讓該隊處於比較有利的局面，勒夫在比賽時踢進關鍵性的一球而以一比〇讓洪堡隊吃了一場敗仗。在該球季最後一輪賽程裡，弗萊堡隊在德乙聯賽的總積分排名為第十六名，名次還領先總得分相同卻有較多因十二碼罰球而射門得分的柏林赫塔隊（Hertha BSC）。弗萊堡隊在該球季的最後一場球賽又以三比一的成績力克索林根隊（SG Union Solingen），其中有兩分來自弗萊堡的「射門機器」勒夫的兩次進球，最後，這支球隊終於保級成功，順利地留在德乙聯賽。

後來，約克・伯格（Jörg Berger）出任弗萊堡隊的總教練後，這支球隊的戰績才開始明顯地向上爬升。出身東德的伯格教練逃到西德後，在執掌卡塞爾隊期間由於突出的績效讓大家驚豔，後來他便被弗萊堡隊挖角，而且還被認為是該隊歷來最好的教練，一些被該隊淘汰的球員經過他的訓練與指點後，還組成一支表現不錯的中級足球隊。當一九八六／八七年度的球季結束後，弗萊堡隊在德乙的排名已回升到第八名，而且這還是勒夫職業足球員生涯表現最亮眼的一個球季：他和弗雷德・蕭博（Fred Schaub）

以及來自塞內加爾的進攻三人組，一共在該球季踢進四十七球，其中有超過三分之一的球數（十七球）出自勒夫足下。接下來那幾年，勒夫雖還是弗萊堡隊的主力中場，卻一直沒有令人滿意的表現，反而是他的時尚穿著讓人印象深刻。他的隊友托馬斯・胥維哲（Thomas Schweizer）提到那時的勒夫，他說：「勒夫來球隊時，經常穿著鮮艷顯眼的襯衫，夏天還會穿上拳擊手才會穿的那種短褲。」

在接下來的兩個球季裡，這位時尚的中場球員似乎已沒有潛力可以發揮：他在一九八七／八八年度的球季裡，上場二十場，還有七球射門成功，到了一九八八／八九年度的球季，他踢了二十二場球賽，卻只射進兩球，而且都是十二碼罰球，這樣的表現也意味著，他即將喪失參與德乙聯賽的資格，因為，他已缺乏某種動能。他當時雖只有二十九歲，卻覺得自己並不年輕，體力似乎已消磨殆盡。事隔多年後，他才確定，球隊從前不當的體能訓練是造成他日後體能損耗，無法再恢復的主因。當時德國球隊在球季開始之前的準備期，會要求球員們雙手捧著體育鍛鍊用的實心皮球爬山登高，每星期五次，然而，這種土法煉鋼式的體能訓練卻是錯誤的方式。由於勒夫當時尚未到達退休的年齡，因此，他決定轉戰要求與標準較低的瑞士足球隊，讓自己的職業足球員生涯得以延續。

勒夫離開德國職業足壇時，留下這樣的成績：他在德甲的斯圖加特隊、法蘭克福隊和卡爾斯魯爾隊一共出場五十二場，踢入七球；在德乙的弗萊堡隊前後出場二百五十二場，總共進了八十一球。雖然他在德甲聯賽的戰績乏善可陳，然而，卻是德乙弗萊堡隊迄今為止進球數最多的球員。東尼・拿赫巴與奧圖・施內肯伯格（Toni Nachbar & Otto Schnekenburger）這兩位負責該隊編年紀錄的撰寫者認為，勒夫為弗萊堡隊效力的那幾年表現卓越，是該隊最傑出的足球員之一。二〇一〇年九月二十七日，弗萊堡隊因為感念他曾為該隊立下汗馬功勞而頒予他榮譽隊長的榮銜，他是這支足球隊成立一百多年以來，第六位獲得這項榮譽的球員。

勒夫的職業足球員生涯既沒有特別引人注意，也不能說是無足輕重。但相較於他當初對足球的雄心壯志，他在球場上的表現實在遠不如原先他對自己的期許。他在接受訪談時被問到，什麼是他在足球界最大的成就時，便一臉迷惘地聳聳肩，勉強地答道：「事實上，我從來沒有獲得什麼了不起的成就，我的職業足球員的戰績表現平平，一九七九年，福格茨教練曾徵召我加入他所主持的德國U21青年國家隊，當時能與後來許多德國國家隊名將一起踢球，算是我足球員生涯的一大亮點。那時我的脛骨還未骨折。」實際上，他的踢球表現不夠突出這件事一直在心裡折磨著他，在最後一段足球員生涯中，他自己也沒有太多的期待，因此，這個問題對他而言也就顯得更迫切：在足球場上的表現不盡人意之後，接下來該做什麼？可以確定的是，他必須積極尋找另一個可以發揮的領域。

黑森林裡的國家足球教練

勒夫在他的職業足球員生涯裡，還結識許多好友，特別是在重視傳統的弗萊堡隊踢球時。這支球隊的老隊友們聚會時，他大多會撥空參加，而且還會跟這些老朋友們到弗萊堡西北邊的烏姆基希小鎮（Umkirch）的室內足球場一起踢球。他可以經常參與這種足球聚會，因為，自從他二〇〇四年結束國外的教練工作、接受德國足協的任命擔任國家隊的助理教練後，便重回他的足球員生涯的起點城市定居：黑森林最西端的弗萊堡。這個風景如畫的城市就位於「望入大地」(Schauinsland)這座名稱富含詩意的山巒的腳下，由於鄰近氣候宜人的上萊茵河地塹（Oberrheingraben）而成為德國最溫暖、日照最充足的城市。弗萊堡與法國相鄰，是一個朝氣蓬勃的大學城，那些支持弗萊堡隊的大學生球迷在總教練佛可・芬克[1]（Volker Finke）執掌該隊十幾年期間還曾熱烈地探討所謂的「左派足球哲學」——足球隊不應以射門得分為唯一的目標，還應該呈現團隊的足球美學，以豐富民眾的足球體驗。弗萊堡是一個適宜度假的城市，富有自然風光與鄉土人情，德國一齣很受歡迎的電視連續劇《黑森林醫院》（*Die Schwarzwaldklinik*）就是在弗萊堡東北方格洛特爾塔爾（Glottertal）的「黑森林醫院」拍攝。對於心繫家鄉的勒夫而言，這座黑森林城市最能讓他感到舒服而自在。

這位來自黑森林地區的國家足球教練不斷公開地表達自己對於弗萊堡的熱愛。「弗萊堡人已經習慣我的存在，他們已經認識我好幾年，我在咖啡館喝咖啡時，似乎沒有人覺得我很特別，即使我已經出名，已成為德國國家隊總教練。在弗萊堡，我可以放鬆地四處走動。」勒夫喜歡到大教堂旁的廣場上蹓躂，然後泡咖啡館，在那裡跟朋友聊天或翻翻報紙。他還經常跟朋友約在火車站附近的立式咖啡店，有時也會去老城區馬丁城門（Martinstor）附近的「奧斯卡咖啡館」（Oscar's）或風格摩登的葡萄酒吧「葛雷斯」（Grace）消磨時間。他會在那條流經老城區的格韋伯溪（Gewerbebach）邊找一家餐廳歇腳，在溪畔的露台上喝一杯調製完美的義大利濃縮咖啡或在一家裝潢擺設獨具風格的餐廳裡點一碗濃湯、小點心或品嘗南非好望角的料理。「弗萊堡人已經跟勒夫教練很熟，因此大家看到他時，比較不會大驚小

1 譯注：芬克教練擔任該隊總教練長達十六年，是德國職業足球史上執教一支球隊最長的總教練。他於一九九一年出任弗萊堡隊總教練，兩年後，便讓這支德乙球隊順利晉級，進入德甲聯賽，後來該隊於二〇〇五年被降入德乙，由於芬克經過兩年的努力仍無法讓這支球隊重回德甲，便辭職離任。

怪。」弗萊堡一家勒夫經常光顧的餐廳老闆曾這麼表示。康維克特街（Konviktstraße）那家高級義大利餐廳「狼洞」（Wolfshöhle）以新鮮的創意料理聞名，是勒夫在弗萊堡經常光顧的餐館之一。「狼洞」的老闆非常重視顧客用餐時能有愉快的心情，他說，勒夫是他們的常客，大家在一起就像家人一般。

許多商家都認識勒夫，他們一向覺得他待人友善、謙和、有同理心，只要有人在弗萊堡城主動問起這位國家足球教練，一些上了年紀的居民就會津津樂道地談論這位名人。比方說，一家販售香菸和報章雜誌商店的老闆就很訝異，勒夫教練每次到店裡購買運動雜誌時，總是很有耐心地應這家商店的顧客要求，一一為他們留在店內的粉絲卡簽名。城內一家老字號的男士服裝店老闆說，勒夫對於自己想購買的衣服總是有清楚的概念，而且對於運動類服飾有自己特殊的想法，這一點讓女店員們感到有些詫異。

簡短地說，弗萊堡雖然不是勒夫教練的家鄉，但這個城市卻給他如家一般的感覺。即使已經成名，他在弗萊堡還是可以照常走動，並沒有受到干擾，情況就跟他未成名時沒啥兩樣。勒夫在「舍瑙體育暨體操之友會」的青少年足球隊的老隊友俞爾根．懷斯（Jürgen Weiss）曾說：「勒夫並沒有因為聲名大噪而有改變，他或許比以前更矜持、更拘謹，不過，他在弗萊堡還是那副老樣子。」這座位於黑森林旁的都市對於勒夫而言，就是他的庇護所及根據地，誠如勒夫自己所說的，弗萊堡是一個完美的地方，它讓人們覺得很可靠，可以忠於自我，可以過一種簡單的幸福和有泥土味的生活，可以不受拘束地說著巴登地區的方言，不用因為說話的腔調而害怕被取笑。勒夫顯然不需要付出太多，就可以知足地擁有這種最高度的生活滿足感，這就是巴登居民典型的特徵。這位巴登人可以精確而有創造力地進行思考，做事可靠，喜歡享受生活，具有包容性和國際開放性，作風自由，態度總是謙遜而不誇耀，雖然有時顯得頑固而執拗。此外，懷斯還貼切地表達他對於老友勒夫的看法：「如果我們從勒夫在思考與行事方面的縝密性與徹底性以及淡定的處事態度來看，他本身其實就是弗萊堡的擬人化。」雖然，有時他會讓人們覺得很無聊。

勒夫曾被問到，他認為的幸福是什麼？他的答案聽起來很平凡：他覺得，最大的幸福就是擁有時間，「比方說，可以在沒有時間的壓力下，跟家人或朋友相聚，一起喝杯咖啡或葡萄酒，隨興地跑去看場電影或一起玩球。如果可以舒服地在自己熟悉的圈子裡說話聊天，其實也就令人心滿意足了！」勒夫私下談話的主題並不限於一些個人的私事和休閒活動，他還喜歡談論一些比較嚴肅的話題，比方說，德國社會的價值變遷（而且還會嘗試從國際的角度來看），諸如友誼、協助、容忍和理解這些觀念在當今的德國社會代表什麼意義？還有，我們生活中所有基本的東西。與好友閒談時，一些與足球無關的內容對他而言特別重要。「談論這些話題才是我真正的渴望，因為，我雖然以足球為職業，卻不想成為足球的囚徒。」所以，定期讓自己有暫時脫離足球的機會對於勒夫而言，就像例假日對於人們的生活那般重要。二〇一〇年，當勒夫帶領德國國家隊在南非主辦的世界盃足球賽獲得季軍後，該年年底他便公開表示：「聖誕假期是家人共處的節日。今年我有兩百多天出門在外，許多時候都在旅館過夜，所以，對我來說，可以暫時離開足球場，回到弗萊堡與家人和好友團聚，似乎是人生的一大奢侈。」或者，只是和他的太太丹妮葉拉在一起，有一些彼此交心的時刻。悠閒的弗萊堡、好友、家人和妻子，這些都是渴望生活平靜和諧的勒夫內心的依靠。

勒夫在弗萊堡廣受民眾歡迎，在出生地舍瑙鎮則受到鄉親們的熱烈崇拜。當勒夫於二〇〇六年被德國足協任命為國家足球隊教練時，舍瑙鎮鎮長為了表達家鄉對於他的敬意與愛戴，特地製作一塊大型標語牌，醒目地把它立在主要的街道上。他表示，所有的舍瑙人都因為家鄉出了一位足球界要人而引以為榮，而且還稱讚這位最知名的舍瑙之子待人體貼與周到。勒夫謹言慎行，並不會以強烈的方式表達自我，這種嚴謹而低調的態度正是黑森林人典型的性格特質。不過，也會有例外的時候，當勒夫於二〇〇八年率領德國隊參加瑞士和奧地利聯合主辦的歐洲國家盃足球賽時，舍瑙人便大量製作印有LÖW（勒夫）的T恤販售，而且這個小鎮突然有許多車子貼上印有LÖW的大貼紙，鎮上的阿德勒旅館（Hotel Adler）的老闆為了向家鄉這位德國隊總教練致敬，還在他的旅館內特地為球迷布置一間足球主題的套房，以滿足他們的足球熱。

每逢大型的國際足球賽舉行期間，勒夫位於黑森林的家鄉舍瑙往往會成為德國足球迷的朝聖地。勒夫自幼居住的那棟位於舍瑙鎮市中心的住家，因為後來改建新樓房而被拆除，已經不存在。勒夫的父親已於一九九七年過世，母親希德嘉特（Hildegard）與她的小弟彼得至今仍住在舍瑙。對於這位母親而言，勒夫這位已名揚國際的國家隊總教練還是她的寶貝兒子姚吉。

勒夫的小弟彼得戴著一副眼鏡，體型比勒夫壯碩，目前主持姚吉・勒夫足球場旁的舍瑙隊球會之家。自從勒夫二〇〇四年擔任德國國家隊助理教練以來，這個球會之家就被舍瑙鎮民稱為「彼得休息站」，每當有盛大的國際足球賽事舉行時，這個球會之家就會架設戶外電視牆，讓熱情的足球迷能一起觀賞球賽，舍瑙鎮半數鎮民也會來此聚集，一起觀看球賽的實況轉播，當然，還有一些媒體記者也會前來湊熱鬧。「彼得休息站」雖然是舍瑙第一個足球諮詢站，不過，如果這些外來者想在勒夫教練的家鄉打聽與勒夫有關的消息，肯定會大失所望。對此，勒夫的弟弟彼得不耐煩地說明為何他拒絕談論大哥的點點滴滴：「這裡是我的客廳，不是前國家隊總教練克林斯曼的母親經營的烘培店。」

不只是勒夫的弟弟彼得堅持不向外地人透露勒夫的事情，凡是有人前來舍瑙打聽這位名人的訊息，都會遭到鎮民的抵制，因為，勒夫的鄉親們都知道，應該謹慎地避開這種麻煩事。比方說，在天主教堂神父辦公室工作的女職員會告訴這些外來的打探者，只有事先取得勒夫教練本人的書面同意書，她們才會提供相關的資訊。每位在地人都守口如瓶，這就是舍瑙人的「緘默守則」（Omerta）。勒夫的家人雖對於勒夫能在德國足壇出人頭地而感到驕傲，不過，他們絕不公開談論勒夫，至於其他人如果要回答一些關於勒夫的提問，頂多只說一些比較無關緊要的事。勒夫的父親已於一九九七年過世，他雖然對於勒夫的足球成就不是很有信心，但大致上相當支持勒夫在足球界的發展。他的母親健在，至今仍是他的粉絲，自從勒夫的一位中學女同學把勒夫母親寫給她的信件公布在網路後，大家才知道，這位母親對於兒子能在足壇有順遂的發展感到多麼開心。她在信中寫道：「妳或許會經常在一些電視的體育節目看到我的長子姚阿幸，因為，他現在是斯圖加特隊的總教練。」

勒夫並不喜歡被眾多的球迷好奇地窺探，他曾在二〇〇八年歐洲國家盃足球賽舉行前夕指出：「當我離開住家的公寓時，我就變成一份公有財產。我在二〇〇六年獲德國足協提名為國家隊總教練後，足足花了半年的時間讓自己適應身為公眾人物的處境，我總是覺得別人在注意我的一舉一動。」當他在二〇〇八年首次帶領德國隊參與歐洲國家盃這種大型的國際足球賽時，他位於弗萊堡的住家便因為愈來愈多人潮聚集在外而必須拉上窗簾，放棄窗外秀麗的黑森林景觀，後來連住家的庭院都被一些喜歡蒐集名人簽名的民眾闖入。由於不堪侵擾，他和妻子便決定搬到大學生聚居的威勒區（Wiehre）一間高價位的舊式公寓裡，不過，還是無法擺脫許多外地湧入的粉絲、觀光客和業餘狗仔隊的跟蹤，他們會尾隨他開的那輛賓士休旅車，會守候在住家附近那家他經常光顧的烘培坊或那座他會戴著耳機一邊聽音樂、一邊在裡面慢跑的星辰森林（Sternwald）。為了徹底躲避德國民眾的窺伺，他在二〇〇八年歐洲國家盃足球賽結束後，便遷往弗萊堡南郊一棟位於一二二號公路附近的一個小聚落裡。

勒夫雖然承認，群眾對他的興趣會讓他感到自豪，他也會因人們主動和他攀談或請他簽名留念而開心不已，不過，他在家裡和公共場所都不希望受到一些行動過於積極的粉絲的干擾。比方說，當他到火車站搭乘火車而碰到一大群人圍在他身旁，等著跟他合照、請他簽名或簡短地交談時，這種情況他根本無法應付。「有時人們也希望平靜地過生活，而目前的我簡直不敢有這種奢求，不論是搭火車、飛機或在餐廳用餐裡，幾乎都有人想跟我聊天。」當勒夫和朋友在餐廳或咖啡館裡談話卻被旁人打斷，這些人糾纏不放，缺少應有的尊重時，偶爾他也會無法控制自己的情緒。他根本無法理解為什麼民眾需要閒聊和八卦，「到底誰會想知道，姚阿幸．勒夫在弗萊堡泡咖啡館這件事？」他無奈地問道。

勒夫遭無禮對待時也會不高興。根據他的經驗，名人通常會碰到三種人：友善的、糾纏不休的和臉皮厚的人。當那些不懂禮貌和尊重別人的人突然打斷他和朋友的交談時，尤其讓他惱火。後來隨著時間而累積了一些經驗，他開始在心理上把自己武裝起來。現在他已經不會對陌生人百依百順，而是保持距離，甚至直接拒絕他們的請求。

當他從克林斯曼手中接下國家隊總教練而名氣更加響亮後，他更期待可以到一個沒人認得他的地方度假，徹底放鬆自己。他也因此更能理解，為什麼克林斯曼要定居在美國加州，為什麼他喜歡搭飛機離開德國。對於名人而言，能深居簡出地過生活，能自由的行動，就是一件令人舒服的事。當好奇的粉絲們愈來愈多而讓家人甚至鄰居的生活受到驚擾時，這些情況都會加重他的心理負擔，因此，他盡可能保護親戚朋友不受粉絲們的打攪，尤其不讓他的妻子丹妮葉拉在公眾前曝光。所以，媒體幾乎沒有出現關於她個人的報導，只知道她曾在一家租車公司當過會計，與勒夫在一九八六年結婚，兩人一直沒有生育兒女，僅此而已。

勒夫夫婦幾乎很少一起出現在公開場合，他們不會像一對亮麗登場的伴侶一般，成為鎂光燈的焦點。「她過著自己的生活，她不希望被別人當成國家足球教練的妻子。」勒夫這麼談論他的太太，而且還不忘質疑，為什麼社會大眾要把他的職務和私人生活混為一談：「一位銀行職員並不需要把他的妻子也一起帶進銀行工作啊？」德國國家隊每兩年就會參加一次大型的國際足球賽，即世界盃和歐洲國家盃。在這些比賽期間，勒夫雖然每天會和妻子通電話，不過，談論的話題都跟足球無關。他的妻子也對足球有興趣，不過，並不像足球專家那麼了解足球。這其實也不必要，因為，他們之間還有其他可以談論的話題，況且他在家裡也希望能暫時甩開與足球有關的事物，他非常珍惜自己的住家是夫妻兩人的世界，是一個可以擁有閒情逸致、放鬆身心的生活空間，是一個夫妻兩人可以各自從事活動的地方，比方說，他們家裡有兩架電視機，他們可以各自收看自己喜歡的電視節目而不會干擾對方。他通常不會談論自己的妻子，不過，卻曾透露他維持美滿的婚姻的祕密——對另一半的忠貞。

勒夫甚至禁止大眾傳媒刊登他妻子的照片。當德國規模最大的八卦報《畫報》登出二〇〇八年歐洲國家盃那場德國隊和克羅埃西亞隊對戰的球賽裡，勒夫的太太在看台觀賽的一些鏡頭時，勒夫便對媒體發出抗議。「我不喜歡媒體這麼做，我太太並不想在公眾面前曝光，事實上，德國隊出賽時她總是在觀眾席觀賽，現在這件事卻要登上新聞版面，這讓我很驚訝，我不喜歡這樣。」勒夫抱怨說，所有的私領域都必須攤在大眾面前，是他擔任國家隊總教練一項額外的負擔。「這根本是一種生活的侵犯，讓我覺得壓力很大，足球方面反倒還好。」

第二章
瑞士足球的洗禮——戰術與創造力

一切都從基本功開始

二〇〇八年夏天，由瑞士和奧地利主辦的歐洲國家盃足球賽開始之前，德國國家隊在總教練勒夫的帶領下，入住瑞士義大利語區阿斯科納（Ascona）一家位於馬焦雷湖（Lago Maggiore）畔的五星級大飯店。在分組賽賽程尚未公布時，德國足協便已同意下榻這家飯店，或許人們會認為，這個位於瑞士南方的投宿地點不是很理想，是個糟糕的、錯誤的住宿安排，因為，如果德國隊屆時必須到奧地利東部的足球場參加分組賽，就必須搭乘飛機前往。不過，總教頭勒夫卻不以為然，因為，他本人很喜歡瑞士，尤其是提契諾州（Ticino）安靜悠閒的生活。當然，另一方面，這個住宿規畫還跟勒夫和瑞士的特殊淵源有關，關於這一點，勒夫本人是不會透露的。勒夫曾在瑞士足球界發展，他的足球理念曾受到這個阿爾卑斯山區國家很大的影響，我們也可以這麼說，這位總教頭如果缺少從前那些瑞士經驗，德國國家隊就不可能有目前的發展。如果我們沒有深入了解勒夫與瑞士的特殊關係，就無法理解，為何最近這幾年德國隊會有如此出色的表現。勒夫雖然出生於南德的巴登地區，卻也懷有瑞士的心靈與情感。

在二〇〇六年德國主辦的世界盃足球賽開賽之前，德國隊的培訓營刻意選在日內瓦這件事就可以讓人們看到，勒夫如何受到瑞士足球的影響。當時勒夫只是國家隊的助理教練，負責重新規畫球隊的足球戰略。德國隊在日內瓦受訓期間，勒夫為了測試該隊的訓練成果，便安排一場與塞爾維特隊（Servette FC Geneve）附屬的U 17（十七歲以下）青少年足球隊對打的測試賽。精英雲集的德國國家隊最後當然如大家所預料，以十二比〇的壓倒性勝利打敗這支瑞士的青少年足球隊。德國隊當時雖以懸殊的差距大獲全勝，然而，克林斯曼的教練團卻感到憂心忡忡，因為，這支瑞士青少年足球隊已能純熟地操作四人後衛鏈的戰術，整支隊伍的布陣已能隨著足球移動的位置而穩定地位移，所以，比賽開始的前半個小時還能頂住德國隊的進攻。這個現象同時也讓一些德國的足球觀察家感到錯愕不已。對此，具有豐富瑞士經驗的勒夫解釋道：「瑞士每一支職業足球隊附屬的青少年球隊都有能力維持四人後衛鏈的運作。」自從他在二〇〇四年被德國足協提名為國家隊助理教練後，便再三呼籲，德國足球界必須採取更開放的作風，必須回應國際足壇在球員訓練方法與戰術方面的改變，德國國家隊與這支瑞士的青少年儲備球隊進行的這場友誼賽，正好印證他的觀點。

助理教練勒夫在日內瓦培訓營的工作態度既仔細又縝密，而且他敢要求這些德國隊的足球高手進行一些足球基本動作的練習。勒夫對此表示：「我們德國隊必須更嚴肅地看待如何訓練足球員這件事，雖然，它們大多是簡單的基本訓練。」在那場與塞爾維特隊的U 17青少年足球隊的測試賽之後，勒夫立刻讓阿爾納·弗利德里希（Arne Friedrich）、佩爾·梅特薩克（Per Mertesacker）、克里斯多夫·梅策爾德（Christoph Metzelder）和菲利浦・拉姆（Philipp Lahm）這四位國家隊後衛球員開始進行四人後衛鏈的基本練習，也就是當時瑞士青少年足球隊已掌握的防守技巧。

德國國家隊與那些日內瓦青少年儲備球員進行的比賽，正好為勒夫前一天在記者會上闡釋的前國家隊總教練佛勒的足球理念提供一個生動的例子。他指出，德國足球界對於球員的訓練其實已處於落後的狀態，因此，一些所謂的足球專家對於德國國家隊的要求往往比它本身的實力要高出許多。他還表示，足球的基本功是德國足球改革的關鍵點：「如果一個孩子連基本的算術都不會，人們便無法對他說，你以後會當教授。」當這位助理教練脫口說出這句話時，會場所有的記者都笑了起來，不過，勒夫當時說這句話絕對是認真的。他已點出一個幾乎令人無法置信的問題：德國國家隊真的連基本的算術都不會。「我們現在在日內瓦培訓營所進行的一些基礎練習，實際上早就是瑞士足球界訓練U16或U17青少年足球隊的固定課程。」他現在必須讓德國的國手們重新學會德國隊已荒廢數十年的基本技巧，也就是讓他們再度接受一些足球的基本訓練，耐心地向他們說明，四人後衛鏈在球賽進行時如何運作，隊員如何在球場上隨著足球位置的改變而移動，如何以短距離傳球的方式為足球賽開球。勒夫就在日內瓦培訓營裡，讓這些他所信賴的德甲足球明星不斷重複基礎的足球練習，也就是如何保持距離、變動陣式以及注意移動路線。勒夫當時在足球場邊不停地喊著：「變動陣式！注意移動路線！保持距離！變動陣式！注意移動路線！保持距離！變動陣式！注意移動路線！保持距離！……」經過這些反覆的訓練，德國國家隊終於可以跟剛交鋒的那支瑞士青少年足球隊一樣，熟練地掌握幾個基本的足球戰術與技巧。

後來，勒夫趁著足球隊受訓的中場休息時間，向這些國手們詳盡解釋什麼是四人後衛鏈，就像二○○○年他在亨內夫的體育學校參加教練培訓課程時，用短短兩分鐘的時間向克林斯曼清楚地解析這個足球戰術。

根據勒夫的解釋：四人後衛鏈是一種足球防守系統，在這個系統裡，四名後衛球員基本的配合模式就是每一位必須負責四分之一的防守範圍，而且責任區的分配必須以空間和隊友的位置為依歸。當對方球員移動時，相關的防守就自動移交給另一位隊友負責。四人後衛鏈會隨著足球移動的位置而出現機動性變動，而且防衛鏈仍能緊密地串連，不會因此而鬆散開來。這種防守戰術有幾個優點：第一，由於後衛的防守必須參考空間和隊友的位置，因此，這四位防守者都知道，應該在哪裡阻擋對方的攻勢。第二，這種防守戰術採取區域防守而排除盯人防守，四名後衛毋須再隨著對方球員交換位置而跟著移動，所以，可以節省不少的體力。第三，隊員們會隨著足球傳遞的位置而出現集體陣式的移動，如此一來，便可以壓縮防守的空間，堵死對方傳球的路徑。第四，整體防守系統的動員還具有一些優點：當我方球員不用再緊盯對方球員時，便可以擁有較高的行動自由度，對於對方帶球者的攻擊可以增強兩倍至三倍，重新取得控球權的機會就會因此而增加許多。因為球員已不需要再緊迫盯人，所以可以更靈活地掌握足球場的空間，如此一來，球隊就比較能快速、有計畫地轉守為攻。

足球戰術的先驅者

一些德國的足球觀察家在日內瓦簡直不敢相信自己眼前的這一幕：為了訓練這些身價不凡、卻在戰術方面落後他國球員的德國國手能熟練地使用四人後衛鏈這種基礎的足球戰術，德國隊的助理教練勒夫就站在訓練場旁邊親自督導相關的練習，而且還宣稱，德國球員可以從瑞士這個小國家的足球訓練裡學到一些東西。對於德國隊而言，這種基礎訓練頗不尋常，不過卻很有道理。勒夫知道應該這麼做，因為他曾在瑞士的職業足球隊擔任助理教練長達六年，他曾不諱言地表示，自己受到瑞士足球界深刻的影響。「我在瑞士足球隊工作期間，發現了從前在德國時一些潛意識裡所渴望的東西。」他厭惡德國足球界當時要求球員不斷地在場上跑動，這種做法在戰術方面根本毫無意義，而且經常無法掌握球賽中一些偶發的狀況。「瑞士足球界強調組織、區域防守、跑位以及團隊合作的過程，這種做法和德國不同，我當時對於這些新發現感到很興奮！」

一九八九年，勒夫離開弗萊堡隊之後，便到瑞士德語區的沙夫豪森隊（FC Schaffhausen）發展，並在那裡首次接觸所謂的「瑞士足球系統」。沙夫豪森隊成立於一八九六年，雖不是瑞士戰績最強的，卻是歷史最悠久的職業足球隊，在這一百多年期間，比賽表現並不出色，大多時候隸屬於瑞士次級聯賽（即「挑戰組聯賽」），黃、黑兩色相間的隊服看起來跟德甲的多特蒙德隊的球衣很近似。該球隊就位於歐洲最大的瀑布萊茵瀑布（Rheinfall）附近，這個萊茵河上游的小鎮距離德國和瑞士的邊界只有二十公里，與勒夫的黑森林家鄉舍瑙鎮僅相隔八十公里，球隊的總積分排名在瑞士次級聯賽中通常名列前茅。一九九二年，身為該球隊主將的勒夫因為遲遲無法讓它順利升至瑞士第一級的超級聯賽而黯然離開這支球隊。勒夫後來對於自己在沙夫豪森隊那三年曾回憶說，一名球員在外國球隊會比在本國球隊受到更高的要求。「身為外籍球員並擔任該球隊的隊長，人們對我抱持著更多的期待。」不過，這種外界的壓力也有好處，因為，勒夫在這三年期間確實從一位自我主義者蛻變為一位重視團隊合作的足球員，而且還能勇於承擔責任。他當時的隊友姚阿幸・恩爾瑟（Joachim Engesser）證實了勒夫在這三年內的轉變，他表示，勒夫身為隊長一向很有抱負，而且努力追求目標，同時為人溫和而親切，是球隊裡的完美領頭羊。來自克羅埃西亞的後衛隊友米可・帕夫里切維克（Mirko Pavlicevic）甚至認為：「勒夫當時雖然只是隊長，卻已在扮演教練的角色，這讓許多年輕的新進球員受益不少。」

勒夫後來在足球方面的進步當然和沙夫豪森隊的總教練羅夫．弗林格（Rolf Fringer）有關，這位出生於瑞士蘇黎世南方阿德利斯維（Adliswil）的足球教練只比勒夫年長三歲，他回顧自己當時在球隊與勒夫的相處就像師徒的關係。弗林格很明確地指出：「德國足球界現在都理所當然地採用壓迫式打法（Pressing）以及4—4—2陣式（由四名後衛、四名中場和兩名前鋒組成，全隊不含守門員一共十位球員出場），然而，這些戰術在一九九〇年代中期卻還是相當新穎的足球戰法。德國的國家隊雖然實力堅強，在各大國際比賽通常可以取得不錯的戰績，然而在戰術與創造力方面卻表現平平。勒夫因為曾在瑞士加入沙夫豪森隊而有機會在德國足壇成為率先提倡足球這些戰術的先驅者。」年輕的弗林格教練在指導沙夫豪森隊之前，才剛取得教練證書，是瑞士足球教練的創新世代的代表者。他在接受足球教練培訓時所撰寫的論文《足球的攻擊性區塊作戰的可能性》相當符合當時最新的足球戰術的發展，或許也非常適合成為他為沙夫豪森隊擬定的訓練計畫的重點。弗林格非常看重足球隊長勒夫那種非獲勝不可的決心，而且他也看出勒夫本身具有領導人的性格。他很快便知道，這位來自德乙聯賽的足球員不只是個天生的領導者，非常適合擔任足球隊隊長，而且還能細膩地掌握球賽進行時的種種情況。

一個嶄新的足球世界已在勒夫眼前展開，在此之前，那些跟不上時代脈動的德國足球教練絕大多數仍沿用當時一些普遍的足球概念，諸如，盯人防守、分腿騰躍、奔跑、戰鬥等，而仍沒有一位德國教練能指出，如何透過一些策略和戰術打贏一場足球賽。根據勒夫的說法，從前德國教練訓練球員典型的方法就是由教練首先帶領球員進行跑步練習，他會從地上抓起一把小石頭，球員們每跑一圈，他便扔掉一顆，直到這些球員跑完五十圈，完成應有的體能訓練，他們手上的那些石頭也全扔回了地上。教練們通常會在比賽前指示他說：「姚吉，你今天擔任前鋒，要找機會踢球進門。」至於戰術與系統性的踢球方法呢？他們並沒有教導。如果勒夫那一場沒有進球，有些教練會要他下次上場時再加把勁，但他對這樣的指示卻感到不滿意。勒夫曾談論自己在德國踢足球時的一籌莫展：「我當時經常有一種被徹底掏空的感覺，我直覺地認為，一定還存在一些沒有發覺的問題。」

在個人的職業足球員生涯裡，勒夫曾接受斯圖加特隊的孫德曼、法蘭克福隊的布赫曼、弗萊堡隊的歐克和伯格這些知名足球教練的訓練與指導。他總是仔細聆聽教練們的指示，對於無法完全了解的地方，一定會再次詢問，不過他覺得，其中只有弗萊堡隊的伯格教練的說法比較具有說服力，當然，還有瑞士的弗林格教練。勒夫曾稱讚弗林格是一位能真正回答他的足球問題的人；弗林格也曾誇獎勒夫不只性格沒有缺點，總是坦率、誠實與正直，而且還是一位對於足球擁有高度理解力和判斷力的職業足球員。勒夫的瑞士經驗對他後來的足球教練生涯有絕對的幫助，因為，瑞士足球界讓他在足球戰略領域大開眼界，也讓他發現，原來在傳統的足球模式之外，還有其他發展的可能性。弗林格還表示：「勒夫從前沒有接觸過瑞士足球，他當時經常問我，某些足球概念在球賽中該怎麼落實？他在我指導的球隊踢球時，我已經注意到，他已經開始思考這些嶄新的足球觀念。」

當時，勒夫這位未來的足球教練勤向弗林格拜師學藝，從他身上學到許多足球戰術，比方說，壓迫式打法、區域防守的運作以及如何有計畫地展開一場進攻式足球賽等。勒夫曾提到，他們師徒二人那時在球隊訓練中和訓練後，曾進行許多討論。弗林格至今還表示，勒夫當時已展現一位優秀的教練必須具備的掌握全局的能力：「他分析足球賽的方法和清晰地表達足球概念以及以攻擊為導向的戰術系統，都讓我留下深刻的印象。」勒夫不只欣賞弗林格教練是一位精通足球戰術、主張足球隊應該採取大膽進攻式足球的專家，他還是一位樂天派，講究生活樂趣，總是可以讓他的球員們維持心情的穩定與愉悅。

瑞士對於勒夫而言，就像一個全新的足球世界。他已經體悟到，如果要對足球進行全面性思考，只關注德國是絕對不夠的，必須擴展自己的國際視野。他也終於明白，足球這種球類運動其實包含許多可能性，這些都是他在戰術落後的德國足球界所無法察覺的。

更換職場跑道：與前鋒球星一起踢球

一九九二年，勒夫曾在沙夫豪森隊度過一段美好的時光，他和弗林格教練以及隊友之間相處融洽，經常和他們到老城區的餐館吃中飯。勒夫進入該隊三年後，弗林格教練和球隊的主要幹部卻因為該球會的理事長阿尼葉羅・逢塔納（Aniello Fontana）想插手干涉球隊的事務而跟他鬧翻。當時《阿爾高日報》（*Aargauer Zeitung*）曾報導，沙夫豪森隊在外地踢完客場的足球賽後，球員們一致抵拒這位理事長與他們一同搭乘球隊巴士返回沙夫豪森，這個事件的新聞報導還在該鎮引起不小的騷動。那次球季結束後，弗林格教練便跳槽到阿勞隊（FC Aarau），並讓這支球隊順利地在隔年獲得瑞士超級聯賽的冠軍，勒夫則轉到溫特圖爾隊（FC Winterthur）踢球，而且已在這期間開始參加瑞士足協提供的足球教練培訓課程。

瑞士德語區的溫特圖爾隊是勒夫職業足球員生涯的最後一站，因此，他除了上場踢球之外，還爭取擔任該隊附屬的青少年A組足球隊的教練。他對於教練的工作很感興趣，所以他當時決定在瑞士取得足球教練執照所必備的一些培訓課程的修業證明，因為，德國足球界承認瑞士最高等級的教練培訓結業證書，而且他還可以在瑞士足協位於馬科蘭（Magglingen）的教練訓練中心接觸到許多連足球強國德國都沒有的優質師資。

溫特圖爾隊和沙夫豪森隊都是瑞士次級聯賽的足球隊。勒夫當時在溫特圖爾隊青少年A組足球隊只是業餘教練，正職仍是職業足球員，而且還擔任球隊的隊長以及負責射門的主力球員。他當時的隊友雷涅．威樂（René Weiler）說，勒夫是溫特圖爾隊的支柱，是隊裡的靈魂人物，也是模範球員。這位隊長對於足球有明確的觀點與看法，從不避諱以婉轉的方式向總教練沃夫岡．法蘭克（Wolfgang Frank）表達他的意見。曾被該隊寄予厚望的前鋒球星喬吉奧．孔蒂尼（Giorgio Contini）也同意這個說法，他回憶這段往事時說道，當時的勒夫對於戰術的精闢見解遠遠超出其他隊員，經常主動負責一些事情，而且還會積極地和總教練交換意見。不過，他也提到，有時勒夫隊長會失去分寸，譬如他曾在球員休息室裡用言語攻擊總教練，後來他當然發現，這樣做行不通，「隔天便在全隊球員面前向法蘭克教練道歉。我認為，那場衝突對於他後來的足球教練生涯是一個很重要的經驗。」他對於勒夫後來貴為德國國家隊總教練並不感到意外，因為，他當時已經在勒夫身上看出，他將來在足球界應該會有更多突破性的發展。該隊的一位前鋒隊友派特立克．藍兆爾（Patrik Ramsauer）特別對於這位酷哥隊長有深刻的印象：「球隊在練習時，我們經常分屬不同隊伍而彼此對打，我當時經常犯規，勒夫因此有不少的機會把十二碼罰球踢進球門。」藍兆爾至今還清清楚楚地記得，當時的勒夫似乎有一種無法滿足的求知欲，「他可以確實地記住像《踢球者》（*Kicker*）這類足球雜誌所刊登的內容，反正他就是知道這一切。」

一九九四年，勒夫這位德國籍足球員差點被溫特圖爾隊交易給附近規模更小的拓斯隊（FC Töss）。拓斯隊的球會理事長穆勒曾提到當時他準備聘用勒夫的情況：「雖然我誠意十足地招待他到餐廳用餐，還交給他一些球隊的資料，不過，他卻在兩天後拒絕我的邀請。」後來有人聽說，溫特圖爾隊隊長勒夫希望更換職場跑道，轉任教練，沒過多久，勒夫果真結束了職業足球員的生涯，轉而前往比溫特圖爾隊還低一級、屬於瑞士第三級聯賽的弗勞恩菲德隊（FC Frauenfeld）擔任教練。

教練職涯的起步階段

剛從足球員轉任教練的勒夫在一九九四/九五年度的球季裡，投注全部的心力訓練前一年度險被降級的弗勞恩菲德隊，讓這支球隊在總積分排行榜的名次大幅躍升，成為第三級聯賽的第三名，排名僅落後布綠爾隊（SC Brühl）和阿茨帖騰隊（FC Altstetten），差一點就可以參加晉級瑞士次級聯賽的升班附加賽。當時還有兩名從前在溫特圖爾隊的隊友也跟勒夫一起跳槽到弗勞恩菲德隊：烏爾斯・艾格里（Urs Egli）成了勒夫的助理教練，協助他訓練球員；孔蒂尼則繼續在球隊裡擔任前鋒，負責射球進門。

孔蒂尼在溫特圖爾隊的最後一個球季成了隊上的問題人物，最後被球隊開除，他的職業足球員生涯也因此陷入了危機。那時這位前鋒球員才二十歲，卻已準備放棄在足壇一展抱負的夢想。當他隨著勒夫轉入弗勞恩菲德隊之後，卻搖身一變，成為瑞士第三級聯賽的射門王。後來他陸續更換球隊，最後還加入瑞士超級聯賽的強隊聖加倫隊（FC St. Gallen），二〇〇〇年還獲選為瑞士最佳職業足球員，並選入瑞士國家隊。孔蒂尼曾公開表示：「我後來能在足球場上有突破性的表現，都歸功於勒夫當時的幫助。」他指出，勒夫有一種特別的能耐：他知道如何運用言詞的交談增強球員的自信心，讓他們能在球場上有優秀的表現，他和隊員們的溝通及相處的能力尤其讓他印象特別深刻。「身為弗勞恩菲德隊的教練，他知道，如何把足球的樂趣傳遞給他的隊員們，不論他們在球隊的訓練時間是否還掛記著一些關於家庭或工作的問題。」總之，一位才剛入行且年輕的足球教練能擁有這樣的能力，確實值得注意。「他本身帶有一股可以影響別人的能量，卻不會讓人覺得驕傲自大。」孔蒂尼在二〇一〇年南非世界盃足球賽期間，又再度談到當時率領德國隊參賽的勒夫：「每次當我看到德國隊的進球王米羅斯拉夫・克羅澤（Miroslav Klose）在球場上優異的表現時，我總是會想到自己從前接受勒夫教練調教的情景。」當然，德國國家足球隊的球員們對於勒夫的敬佩與尊重，其實也跟最早接受勒夫指導與訓練的弗勞恩菲德隊隊員們一樣。除了在弗勞恩菲德隊擔任總教練之外，勒夫當時還繼續在馬科蘭的教練訓練中心參加教練培訓課程。當他還在修課，準備取得瑞士專業足球教練執照必備的最後、也是最重要的一份修業證明時，從前在沙夫豪森隊的弗林格教練卻打亂了勒夫這項教練進修的計畫。一九九五年夏天，弗林格接受斯圖加特隊的聘請，出任該隊的總教練，當時他正為自己尋找一名理想的助理教練，便想到自己從前的「學生」勒夫，不過，他並不知道，勒夫是否願意接手這個職位。對於三十五歲的勒夫而言，這是一個艱難的決定，因為，他在弗勞恩菲德隊的教練工作很有自主性，而且他對於這支球隊接下來幾年的發展已經有一套清楚的構想。他可以在這支球隊裡平心靜氣地實現自己對於足球的一些想法，更何況他已經對該球隊的理事會口頭承諾，會長期留任訓練這支球隊。勒夫既不想放棄到德甲聯賽發展的機會，也不希望弗勞恩菲德隊因為他的離開而變得萎靡不振。儘管那時他並不願意退而求其次扮演助理教練的角色，然而如果日後想達到他的遠期目標，在這個教練職涯的起步階段，也只能接受這樣的安排，也就是到斯圖加特隊這支德甲足球隊擔任助理教練。

球隊如何提高投資報酬率

勒夫在瑞士足協的馬科蘭教練培訓中心受訓期間，有機會繼續深入從前從沙夫豪森隊的弗林格教練所學到的一些足球知識。在一九九〇年代，這所教練培訓中心是全世界足球運動研發的大本營，尤其著重足球員及足球教練的訓練方法，因此，吸引許多國際足球專家紛紛前往瑞士朝聖，這些研究成果也形成德國國家隊後來出現所謂的「瑞士化現象」。當時這所教練培訓中心的主任就是後來德國球迷都相當熟悉的烏爾斯·齊根塔勒（Urs Siegenthaler）。這位瑞士足球專家於二〇〇五年五月加入德國隊總教練克林斯曼的教練團，擔任首席球探，並積極參與德國足協內部那場已無可避免的「足球革命」。德國國內當時曾有一些足球專家出言嘲笑幾乎不具知名度、性格內向、不喜歡在公開場合曝光的齊根塔勒簡直就是瑞士來的怪物，不過，他本人卻對於當時德國足球界有一批正直、勇於創新的人士積極爭取他參與德國的足球事務感到相當自豪。齊根塔勒之所以能在德國國家隊受到相當的重視和禮遇，主要是由於在瑞士接受教練培訓的勒夫在齊根塔勒加入這個團隊之前，便已清楚地讓所有的成員明白，瑞士足球界不僅沒有因為阿爾卑斯山的地形阻絕而與國際足球界脫鉤，反而還有許多值得德國足球界學習之處，這些觀點和德國人那時普遍對於瑞士足球抱持的偏見大不相同。

瑞士前足球國手、後來轉任教練的馬塞爾·科勒（Marcel Koller）在二〇〇七年擔任德甲的波鴻隊（Vfl Bochum）總教練時曾表示：「當我看到德國國家隊上場比賽時，我可以清楚地看到勒夫和齊根塔勒的風格。」在波鴻隊擔任總教練長達六年的科勒對於瑞士的教練培訓方式與內容相當熟悉，他和勒夫以及被德國足球界暱稱為「將軍」的德甲知名教練希斯菲爾德都曾在馬科蘭教練培訓中心接受齊根塔勒的指導。齊根塔勒的另一位得意門生是馬丁·安德馬特（Martin Andermatt），他於一九九九年接任離職的瑞夫·朗尼克（Ralf Rangnick），成為烏爾姆隊（SSV Ulm）總教練，成功地帶領這支球隊自成立以來首次、也是唯一一次闖入德甲聯賽，他現在還津津樂道地談論瑞士的馬科蘭教練培訓中心如何培養出優秀足球教練的傳奇性。當時主持這個培訓中心的齊根塔勒心思縝密、注重細節，絕不容忍受訓學員不徹底、不堅決的學習態度，後來這些年輕的準教練果真都學到了最新的足球戰術和訓練足球員的方法。

齊根塔勒到底是何方神聖？一九四七年出生於瑞士巴塞爾，曾是瑞超巴塞爾隊的後衛球員，巴賽爾隊（FC Basel）在他加入期間曾五度獲得瑞超冠軍。他後來放棄足球員生涯，進入大學主修土木工程學，畢業之後，還在巴塞爾成立一家與丈量、控制和調節技術有關的工程公司。然而，這個謀生的職業卻無法滿足他對於足球的狂熱，於是他在一九七八年便到科隆體育學院參加足球教練的受訓課程。這個培訓班當時的主任比桑斯至今還對齊根塔勒有印象：「他那時對於足球很有企圖心，也對於文化以及足球以外的球類運動很感興趣。他的性格果決、勇敢又有自信，喜歡參與討論。」

馬科蘭教練培訓中心的指導員羅藍・弗萊（Roland Frei）對於後來成為德國國家隊總教練的勒夫還有鮮明的印象，他覺得勒夫是個聰明、腦筋靈活、求知欲很強的學員，而且學習態度相當認真。相較之下，齊根塔勒在科隆受訓時顯然沒有這樣的表現，因為他的結業考試成績在「訓練準則與戰術」這部分只拿到第三級的評分。當他後來成為德國國家足球隊的首席球探時，這件往事也隨之被媒體披露出來，他當時並沒有受到影響，只是簡短地表示：「雖然我在培訓班的成績不理想，不過，我也因此學到了一些東西。」

在科隆的教練培訓結束後，齊根塔勒便返回瑞士，嘗試在規模較小的職業足球隊執教，例如，沙夫豪森隊和勞芬隊（FC Laufen）。一九八三年，他轉到法國土魯斯隊（FC Toulouse）擔任同屬瑞士籍的丹尼爾・尚度波總教練（Daniel Jeandupeux）的助理教練，當尚度波於一九八六年出任瑞士國家隊總教練時，齊根塔勒也跟著轉職，順理成章地成為國家隊的助理教練。隔年，他便受到他出身的巴塞爾隊的聘用，成為該隊的總教頭，不過，這也是他在職業生涯中唯一一次擔任足球隊總教練，因為他上任一年後，巴塞爾隊便因為戰績不佳而從超級聯賽被降級至次級聯賽，又隔一年，由於情況始終沒有起色而被該球隊解聘。他認為，自己當時對於總教練的工作仍不夠保守，才會遭遇這種挫敗。

由於齊根塔勒一心追求足球訓練準則及戰術的改革，因此，他後來擔任足球教練培訓者的表現遠遠勝於出任足球隊的總教練。齊根塔勒的門生安德馬特回憶道，齊根塔勒和他的前輩尚度波在瑞士足協主導馬科蘭教練培訓中心的成立，他們在那裡孕育了新的足球理念，深深地影響了瑞士足球界後來的發展，並在歐洲足壇發動了一波所謂的「足球革命」。齊根塔勒長期擔任馬科蘭教練培訓中心主任，一九九八年獲選為瑞士教練協會主席，一九九二至一九九八年期間，還接受國際足球協會（FIFA）的委託，為一批來自各個國家的足球教練開設足球課程，介紹新穎的足球觀念。從前在這個教練培訓中心取得好幾份修業證明的勒夫還曾起勁地談論該中心的主任齊根塔勒：「他是一位徹頭徹尾的專業人士，我還沒碰過有人可以像他這樣教導我一些足球戰略。身為足球教練的培訓專家，齊根塔勒可以充滿自信地帶領學員們深入足球的各個領域。」勒夫後來還補上一句頗勁爆的話：「許多人對於足球這門球類運動相當熟悉，但是，能像齊根塔勒這樣真正精通它的人卻很少。」勒夫會說這句話，當然也把自己當作十足的足球行家。

齊根塔勒的教練培訓有什麼根本不同的做法？「比方說，我們在授課時，會把足球技巧、戰略和球員的身體狀況當成一個綜合的整體，而不是以個別獨立的單元進行處理。我們也開發其他球類運動的訓練，例如，羽毛球、冰上曲棍球、手球和籃球等課程。我們嘗試鼓舞這些即將成為教練的學員們，把一些非足球的球類運動的要素整合入受訓的內容中，當他們日後有機會教導八至十二歲的少年足球選手時，要求他們學習其他球類運動在比賽時的跑位過程，就是訓練的重點之一。此外，我們也用一套進步的足球理念培養這些準教練們。瑞士所有的足球隊在上場出賽時都知道而且都可以擺出4—4—2這種陣式。」如果一些有足球天分的兒童和青少年可以透過有計畫的訓練而提升足球競賽能力，足球隊就會因為不斷有優質生力軍的加入，而讓球賽的表現持續獲得改善與進步，這就是齊根塔勒所主導的教練培訓計畫背後的想法。齊根塔勒本人曾這麼描述他當時的構想：「如果足球隊有更好的教練投入它的青少年訓練系統，它就可以獲得更高的投資報酬率。」

球隊如果無法獲得較好的球員，就必須透過更優質的訓練方法讓他們有更好的表現，這就是齊根塔勒的信念之一，而且這套源自瑞士的足球員訓練方法早已被一些足球強國奉行至今。齊根塔勒尤其看重響噹噹的法國甲級聯賽中的里昂隊（Olympique Lyonnais）和歐塞爾隊（AJ Auxerre）進步的青少年訓練系統、阿根廷國家隊總教練荷西．佩克曼（José Pekerman）培訓青少年國家隊的成果，以及英格蘭的阿森納隊（Arsenal FC）的法國籍總教練阿森尼．溫格（Arsène Wenger）在一九八〇年對法國史特拉斯堡隊（RC Straßburg）附屬青少年隊的訓練等，這些成功的培訓案例都是值得瑞士足球效法的典範。由於瑞士足協當時非常認同齊根塔勒及其戰友們的想法，因此，瑞士的足球革命足足比德國（即二〇〇四年由前國家隊總教練克林斯曼在德國國家隊展開的徹底變革）提早十五年完成。已移民美國的克林斯曼教練在德國國家隊總隊引入的一些關鍵性的足球概念，例如，以足球移動位置為導向的戰術訓練、較優質的教練培訓以及一套適用於青少年和成人足球隊的足球哲學等，並非如同克林斯曼在德國足壇的敵人們所推斷，是一些源於足球發展落後的美國足球界的想法，而是來自瑞士這個進步的足球國家早已行之有年的理念。

齊根塔勒和他的戰友們當時依循法國足球界成功的範例，開始在瑞士陸續設立幾個青少年足球訓練中心。瑞士足球界也從那時起，開始教授四人後衛鏈、區域防守和進攻式足球，瑞士的足球員都必須學習，如何有技巧地擺脫對方的壓迫。這些嶄新的足球訓練方式的主要目標在於，讓球員們可以在任何的情況下完成攻擊式的行動選擇，避免採用橫向來回傳球、反向回傳或是為了脫困而出擊等這些輔助方法。然而，這位專門培訓足球教練的瑞士專家並不只關注足球領域，他也很重視足球員們能在童年與青少年時期接受良好的學校教育（一部分必須透過非足球界的老師的教導），以及一些其他領域的發展，諸如提升社會智能（soziale Intelligenz）、加強必要的性格塑造等。齊根塔勒已指出：「現代足球要求足球員必須具備一些無法在足球場上、而只能在學校裡學到的心理能力。」他強調，一名優秀的足球員必須非常聰明伶俐。「足球員必須在高度的壓力狀態下，發揮與隊友們協力合作的能力，並在頃刻間做出正確的決定，這就需要個人的聰明才智，需要擁有高於一般人的智力。」足球員必須專注於自己身上的任務，並有系統地把它完成。為了讓自己經常在球場上有最好的表現，足球員還必須調適自己，讓自己更能面對身體的運動傷害、外在環境的變遷、大眾媒體的關注以及個人未來的發展。除此之外，一名傑出的足球員還應該在生活中表現應有的自覺與自我控制的能力。

除了認知能力之外，齊根塔勒還特別重視足球員的情緒管理，他相信足球員本身的情緒會直接影響比賽的勝負，而且不只是各個球員在球場上的心理狀態，還有球隊的整體情緒與氣氛。因此，教練和球員都必須知曉，球隊在面對壓力時，會出現什麼狀況？該如何搶球？當分數落敗時，該如何在球賽中回應？足球員該如何透過競賽把自己的精神表達出來？如果可以從這個面向研究每支在球場上碰到的球隊，或針對己方的球隊在競賽中可能遭遇的困境預做準備，或為所有在球賽進行時可能發生的情況訂定相關的因應計畫，這些實際的做法將有助於球隊實際的表現。齊根塔勒還表示，球隊在承受壓力的狀態下，只會施展固有的想法與能力。就拿德國國家隊為例，它每每在承壓時，只會本能地橫向來回傳球，並朝前方傳球，以便伺機踢球進門，這種情況數十年來都沒有改變。

齊根塔勒這位專門培育足球教練的大師，所擁有的概念可以為足球的發展指引方向，他採用的方法具有綜合性，而且許多想法還相當有趣。可惜的是，瑞士這個山區小國所儲備的足球員從未達到足以在大型國際足球賽中為國爭光的水準。身為馬科蘭教練培訓中心的主任，齊根塔勒曾提到，自己曾和另一位培訓者一起切磋思索，如何打造一支完美的瑞士國家足球隊：「難道人們真的無法把瑞士三個語言區並存的缺點轉化為優點？如果安排義大利語區的球員擔任後衛，德語區球員負責來回奔跑以及法語區球員在前場施展足球戲碼，那麼，我們就會擁有一支優秀的瑞士足球代表隊。我們當時就這麼推測。」然而，這支瑞士的夢幻勁旅卻只是馬科蘭教練培訓中心的足球專家們腦袋裡的空想，直到二〇〇五年齊根塔勒被德國足協聘為德國國家隊的首席球探後，他才有機會在接下來的二〇〇六年德國世足賽以及二〇一〇年南非世足賽裡，實現從前懷抱的部分足球的夢想。

第三章

菜鳥教練的竄起與墜落

勇於創新的教練雙人組

德甲聯賽從一九九五／九六年度球季開始，不僅採用新的「三分制」計分規則（球賽的勝方得三分，和局雙方各得一分），球員必須穿著自己專屬的號碼的球衣，而且每隊可以在一場足球賽裡撤換三名球員。勒夫剛好也在這個年度的球季裡以斯圖加特隊助理教練的身分首次指導德甲球隊。斯圖加特隊任命的新任總教頭弗林格是勒夫在瑞士沙夫豪森隊踢球時的總教練，當時他認為已轉任教練的勒夫是他理想的助手，當這件事敲定之後，他便對外說明，為何會挑選勒夫擔任他的助理教練：「我知道，勒夫本身有精益求精的態度、堅強的意志力，而且值得信賴。還有，他是個非常理性的傢伙，絕非虛有其表。」這兩位師徒在離開瑞士的沙夫豪森隊後，並未就此失去聯繫。「當斯圖加特隊出現助理教練的職缺時，我便盡力說服在弗勞恩菲德隊擔任教練的勒夫與這支瑞士的地方型球隊解約，轉任斯圖加特隊。」弗林格這麼描述當時的情況。勒夫在答應弗林格的邀任後，便搬到距離斯圖加特隊球員訓練中心三十分鐘車程的許綴姆普法巴赫（Strümpfelbach）這個位於雷姆斯谷地（Remstal）的聚落裡。在該年度球季開始前的那個夏天，他曾以斯圖加特隊助理教練的身分對外解釋，他打算利用開賽之前的時間，在瑞士取得（足球教練執照所必須檢附的）最後一張教練培訓課程的修業證明，以便日後取得的教練資格可以獲得德國足協的認可。他當時也坦承：「我的人生目標很清楚，就是成為足球隊的總教練。」

掌控斯圖加特隊理事會的理事長麥爾—佛菲德對於瑞士籍教練弗林格期望很高，因為該隊歷來的瑞士籍教練，如，赫穆特・本特豪斯（Helmut Benthaus，一九八四年德甲冠軍）和孫德曼（一九七七年德甲冠軍，一九七九年德甲亞軍），都能帶領球隊獲得優異的戰績。有鑑於弗林格曾在一九九三年讓阿勞隊獲得瑞超冠軍，因此，斯圖加特隊的理事會當時便盤算，這位來自瑞士的足球教練應該可以讓該隊再次問鼎德甲的冠軍寶座。球隊出賽時總是穿西裝打領帶的弗林格教練，後來在斯圖加特隊的表現果真證明自己是一位足球戰術大師。當時球隊理事會的領導階層都相信，在中鋒巴拉可夫和後衛法蘭克・維拉特（Frank Verlaat）這兩位足球明星加入之後，弗林格教練會把球員陣容更堅強的斯圖加特隊訓練成一支戰績優異的新式足球隊。

弗林格教練把四人後衛鏈和區域防守的戰術概念引入斯圖加特隊的球員訓練中，並要求球員們徹底掌握這套戰術系統。他在進行這項足球改革時，獲得助理教練勒夫大力協助，他也用自己的表現快速地向大家證明，自己是一位充滿信心、努力耕耘球隊的總教練。他有自己的意見和構想，能以精進而細膩的方式訓練球員和準備球賽，對於斯圖加特隊絕對具有高度的忠誠。

一開始，弗林格和勒夫這個勇於創新的教練雙人組卻因為球隊戰績不佳而令人感到錯愕，當然，部分原因是由於經驗豐富的門將艾克・伊梅爾（Eike Immel）在球季一開始便被交易到其他球隊，只能由較年輕的馬可・齊格勒（Marc Ziegler）負責守門，使球隊的戰力轉弱。斯圖加特隊在德甲球季的第一場比賽便以十三比十四的成績輸給詹特豪森隊（SV Sandhausen），吃下一場令人沮喪的敗仗。在球季的第五輪賽程裡，斯圖加特隊在主場球賽以一比四敗給勒沃庫森隊，在第六輪賽程中，以三比六輸給多特蒙德隊，當時《踢球者》足球雜誌便把斯圖加特隊這一連串的失敗稱為「弗林格令人悲哀的戰術構想」。然而，就在一星期過後，斯圖加特隊突然恢復往日的戰力，以五比〇大勝多特蒙德隊，這場比賽也讓弗林格所領導的這支團隊展現了本身巨大的潛力，特別是在發動攻擊時，該隊的「夢幻金三角」：巴拉可夫、弗雷迪・博比奇（Fredi Bobic）和喬望尼・埃爾伯（Giovane Elber），首次用他們的雙腳施展出精采的足球魔術。即使該隊的比賽表現仍不穩定，戰績時好時壞，球員們在球賽中卻顯得更頑強、更有戰鬥力，他們不同於以往的踢球方式也讓球迷們耳目一新。即使他們十月底在慕尼黑以三比五輸給拜仁慕尼黑隊，助理教練勒夫卻語帶自信與自負地聲稱：「現在我們斯圖加特隊至少可以讓拜仁慕尼黑這支超級強隊見識一場有趣的比賽。」在冬季休賽期之前，斯圖加特隊雖然在總積分排名上落後德甲第一名的拜仁慕尼黑隊，名次卻已大幅晉升到第三名。

後來斯圖加特隊的比賽成績便急轉直下，一方面是因為球隊的支柱——後衛維拉特有數星期無法上場比賽，後來甚至在第二十二輪賽程裡，以〇比五的懸殊成績輸給多特蒙德隊，遭受球隊創立以來在主場球賽中最慘痛的敗北。當時，弗林格和勒夫這對師徒站在球場旁，茫然不知所措。助理教練勒夫因為留著一頭馬桶蓋頭，長而濃密的黑髮覆蓋了前額，或多或少還可以隱藏自己惶惑不安的神色，總教練弗林格則因為頭髮往後梳而讓大家清清楚楚地看到他那驚慌的表情。當該年度球季結束時，斯圖加特隊在德甲聯賽位居總排名的第十名。

《踢球者》曾指出，斯圖加特隊戰績滑落主要是因為防守不穩的緣故，這方面當然得歸因於球季開始時，高層便把原來經驗豐富的守門員交易給他隊。此外，弗林格教練與球隊幾位重要的主力球員的衝突遲遲無法解決，也是其中一大因素。斯圖加特隊全季一共被對方球隊踢入六十二球，是德甲聯賽失分第二多的球隊。在年度球季即將結束之前，弗林格教練的解聘已是遲早的事，但因考慮中途解聘弗林格必須支付大筆違約金，只會讓斯圖加特隊的財務狀況雪上加霜，球隊的理事會當時實在進退兩難。碰巧的是，在下個球季正式開賽的四天前，在斯圖加特隊遭受挫敗的弗林格教練因為打算出任瑞士國家足球隊的總教練而主動向理事會請辭，弗林格這項決定讓理事長麥爾─佛菲德終於鬆了一口氣。弗林格留下的總教練空缺便由他的助理教練勒夫暫時代理。這位對弗林格一向忠心耿耿的助手在記者會中表示，他的老闆決定離開斯圖加特隊，實在令人感到難過，既然他已提前辭職，他就會暫時代行總教練的職權。勒夫對於自己升任為總教練一事，並不抱希望，因為理事長當時已積極接洽他心目中理想的人選涅維歐・史卡拉（Nevio Scala）。但是，史卡拉當時仍執掌義大利的帕爾瑪隊（AC Parma），由於有合約在身，因此，必須等該球隊的老闆同意他辭職後，他才能到斯圖加特隊就任。

勒夫是個好好先生

三十六歲的代理總教練勒夫臨時披掛上陣，他當時只有三天的時間準備新球季第一場對戰沙爾克04隊的球賽。勒夫曾嘗試透過斯圖加特隊主場於該球季第一輪賽程發行的刊物，和該隊球迷拉近距離。他在報導中表示，自己十幾年前曾在斯圖加特隊踢球，即使離隊後，仍跟球隊有緊密的聯繫，他一直很喜歡斯圖加特隊，也很樂意留下來和大家一起努力。這時只要有人留意，其實已可以看出勒夫打算爭取升任總教練的意圖。不過，他如果要獲得這個晉升的機會，首先必須交出球隊的訓練成果。

在新球季第一場比賽尚未開始前，勒夫鼓舞隊員們說：「全德國都在注意你們，所有球迷都認為你們會輸給沙爾克04隊。你們現在就上場，用行動證明，即使沒有總教練，你們還是一支充滿活力的球隊！」這些球員們後來果真在這場主場球賽中以四比〇痛擊沙爾克04隊，向大家證明了自己的存在，整座球場也因而歡聲雷動。大家萬萬沒想到，勒夫才剛接下總教練的兵符，竟有如此精采的表現！當時為理事會內定為總教練人選的史卡拉在觀眾席看到斯圖加特隊的傑出表現後，很驚訝地表示：「斯圖加特隊在球場上的表現很優秀，根本不需要找我當總教頭。」隊員們也認為，如果這位廣受歡迎與尊敬的代理總教練在接下來的幾場比賽裡，都能帶領球隊有如此卓越的表現，理事會絕對應該升任他為總教練。後來，斯圖加特隊接連地出現令人刮目相看的勝場，包括二比一力克文達不來梅隊，四比〇完封漢堡隊，這些戰績讓球迷和評論員興奮不已。《畫報》體育版的一則報導則反問：「和藹可親的勒夫教練真的勝過德國足壇的所有明星教練？」當期的《踢球者》隨即把勒夫選為當月（八月）的封面人物，而且還談道：「這位三十六歲的代理總教練緊緊地抓住這個原本不可能獲得的機會。」接下來斯圖加特隊還在球場上出現九比〇和十比一的壓倒性勝利，這一連串豐碩的戰果連原先不信任勒夫的理事長麥爾—佛菲德都無法忽視，而開始考慮讓原本的備胎人選勒夫正式擔任該隊的總教練。特別是對於陷入財務困境的斯圖加特隊而言，月薪僅一萬五千馬克的勒夫在理事長的眼中顯得相當划算，因為這樣的薪資支出只有希斯菲爾德和道姆這些德甲明星教練的十分之一。

斯圖加特隊的理事長麥爾—佛菲德由於遲遲未發布總教練新人選的具體條件，而備受外界壓力。斯圖加特隊當時傑出的戰績讓眾球迷們為之一振，他們甚至還成群結隊地前往訓練中心觀看球隊的受訓情形，當然，球隊此時也一反過去，出現了相當正面的氛圍。從前，弗林格教練處理球員心理層面的問題時曾犯下一些錯誤，包括未禁止球員之間拉幫結派，後來隊內幾位重要的球員甚至公然與他敵對。然而，暫代總教練的勒夫卻能在最短的時間內讓球員們和睦相處，並激發他們的團隊精神，成功地為球隊帶來一番新氣象。曾與弗林格教練發生齟齬的保加利亞籍球星巴拉可夫後來變得很沮喪，本來打算離開斯圖加特隊，後來因為勒夫暫代總教練，接掌球隊的訓練工作，巴拉可夫才回心轉意，重新發憤振作；被弗林格視為搗蛋鬼而被踢出球隊的後衛托馬斯．貝爾托德（Thomas Berthold）後來也受到勒夫毫無保留地重用。這位代理總教練還透過一些方法增強球隊的向心力，當時他對球員們喊出的口號「我們只有攜手達成勝利的目標」也深受全體球員的認同。「夢幻金三角」之一的博比奇當時曾指出：「斯圖加特隊所有的球員都明白，必須適度收斂自我。」雖然他們後來變得比較自制，卻也在接受勒夫訓練的過程中重新獲得足球的樂趣。由於勒夫教練深信信念能發揮強大的力量，他因此特別看重與球員們之間的溝通，會額外花許多時間說服球員們接受他的想法和做法。針對這方面，勒夫曾解釋：「我認為，能在足球專業方面取得全體球員的認同是最重要的事。」他還進一步指出，為什麼臨危授命的他能帶領斯圖加特隊創下令人驚豔的佳績：「在弗林格教練突然離開後，身為助理教練必須對這支已別無選擇的球隊負起責任，並激起球員們的榮譽感。斯圖加特隊陷入危機時，成功地發展出自己的動能。」

斯圖加特隊在該球季第四輪賽程與科隆隊進行客場比賽之前，《斯圖加特日報》（*Stuttgarter Zeitung*）的一篇報導便問道：「友善的勒夫教練真的能帶領斯圖加特隊獲得這個球季的第四次勝利？」其實這個問題本身就帶有些許質疑的意味。勒夫看起來如此年輕，這種「哥兒們」類型的教練與球員們很親近，並曾會和他們輕鬆地閒聊。此外，勒夫還是個不知變通的道德主義者，他放棄教練們普遍的自我宣傳，並抗拒足球界通行的一些做法，比方說，他在接受訪問時，曾拒絕有意廣告商品的廠商把「南方乳品公司」（Südmilch）的商標黏貼在他的襯衫領上，因為他不想成為街道旁專供張貼廣告的大圓柱。他看起來一點也不像帥氣的義大利雙胞胎足球明星贊帕諾兄弟（Francesco & Giuseppe Marco Zampano），而比較像一名社工人員。由於勒夫根本不符合一般民眾對於足球教練的形象，因此人們並不太相信他在足球領域具有足夠的專業權威性，有能力可以調教手下那些難搞的職業球星。這位年輕的代理總教練雖然嘗試說些帶有戰鬥性的言詞，諸如「我要求所有的球員都必須遵守紀律，這可不能開玩笑！」、「誰如果不願意為球隊效勞，就得馬上滾蛋！」等，但這些用巴登方言表達的語句聽起來反倒像一種善意的關心，並不具有告誡的意味。

和氣親切的勒夫教練果真帶領斯圖加特隊以四比〇的佳績大勝科隆隊，贏得該球季開始以來的第四個勝場。有這些豐碩的戰果作為後盾，勒夫總算可以輕鬆地談論自己不同於一般足球教練的形象以及他和球員們的相處方式。「我認為，總教練的權威及執行能力，和一些既定的形式、慣例以及被眾人貼上的標籤無關。當總教練能藉由突出的戰績、特殊的想法和卓有成效的概念證明自己的能力時，他和球員的互動方式，不論是親密或疏遠，其實已無關緊要。畢竟比賽的結果才是真正的關鍵。」後來，斯圖加特隊以一比一的成績和多特蒙德隊這支德甲強隊打成平手，接著還以二比〇擊敗卡爾斯魯爾隊，勒夫並不否認，這些不錯的戰績讓他可以相當自在地面對身上那張被視為無趣呆板的乖乖牌標籤。「我剛代理總教練時，這個標籤一直困擾著我，我覺得自己好像被活生生地塞入一個抽屜裡，依據抽屜外面貼上的標籤，我這個人就是親切、令人喜愛，甚至還有點天真。不過，現在我已經不會受到這些言詞的影響，因為我根本不是這個樣子。我知道，自己和其他的足球教練很不一樣，不過，我也可以毫不妥協地採取有力的行動。」最後可以確定的是，「如果足球教練可以用清楚的概念和優秀的專業知識說服球員們，自然而然就可以在球隊裡擁有權威性。」

當該球季前六輪的賽程結束後，斯圖加特隊在勒夫指導下累積相當驚人的戰果，一共十七次進球，三次失球，依照德甲新的計分規則，獲勝得三分，和局得一分，該隊的總積分已達十六分，在德甲聯賽的積分榜上已名列前茅。勒夫教練讓乖張的斯圖加特隊球迷們失去發洩負面情緒的理由，這支球隊不只繳出亮麗的成績單，而且還在球場上演繹了足球特有的美學。這支球隊成功的祕訣到底是什麼？

時任瑞士國家足球隊總教練的弗林格率領該隊在裏海旁的亞塞拜然參加世足賽的會外賽，由於成績不理想而慘遭淘汰，失去參加一九九八年法國世足賽會內賽的資格，為此他曾很懊惱地表示：「我在斯圖加特隊辛苦播下種子，卻沒有收割的機會。」勒夫所領導的斯圖加特隊，到底有多少成果來自前任總教練弗林格的貢獻？勒夫當時強調：「弗林格教練對於足球有一些了不起的想法，自從他離開斯圖加特隊後，我身為他的繼任者，勢必得開發這支受他調教與訓練的隊伍所蘊含的巨大潛力。」

勒夫教練當時決定找回已被遺離球隊的貝爾托德和蓋哈德・柏西納（Gerhard Poschner），主動讓這兩位優秀的球員重新歸隊，並訓練這支球隊具備應有的攻擊性。最後，他還在足球戰術方面做了一些調整，特別是把4—4—2陣式改為3—5—2陣式：3代表三名後衛，這個足球戰術的三人防衛鏈由貝爾托德負責左邊的防守，托馬斯・施奈德（Thomas Schneider）擔任右翼衛，中間則由自由人維拉特抵制對方的進攻；中場一共布置五位球員，柏西納和茲沃尼米爾・索爾多（Zvonimir Soldo）這兩位攻擊中場負責掩護核心的中場巴拉可夫，托斯騰・雷家特（Thorsten Legat）和馬提亞斯・哈格納（Matthias Hagner）則司職外圍的左、右翼鋒；位於最前方的兩位前鋒埃爾伯和博比奇則負責射球入門，他們與中場的主力球員巴拉可夫構成了斯圖加特隊火力十足的「夢幻金三角」。博比奇曾談到自己和埃爾伯及巴拉可夫在球賽進行時的合作無間：「我無法想像在進攻時還會有其他的組合比我們三人的協調與配合更完美。」勒夫雖然傳授給球員們一套戰術系統，卻不希望這些個體的創造力受到這套戰術系統的局限。勒夫經常表示，沒有基本的原理原則根本行不通，而且球員們如果無法施展本身的能力，就會變得毫無用處。「在斯圖加特隊裡，如果每位球員都能守住一些基本原則，在球場上就可以自行發揮。」博比奇後來發現，在勒夫的原則裡有一道最簡要的公式：「勒夫教練仔細觀察過我們這些球員的長處，讓我們學習相互配合之後，便給我們相當充分的自由。」

正式坐上總教練的寶座

斯圖加特球會的理事長麥爾─佛菲德原先對於勒夫有所保留，因為如果這位名不見經傳的菜鳥教練在該球季的足球實驗失敗，自己也會連帶遭受外界批評。由於勒夫代理總教練的成果接連出現，大家已有目共睹，因此理事長也無法再阻攔外界支持勒夫正式轉任總教練的聲浪。當時一項問卷調查的結果顯示，斯圖加特隊百分之九十的球迷都希望勒夫能出任該隊的總教練。一九九六年九月二十一日，斯圖加特球會的理事會、行政委員會及球隊委員會終於一致通過這項人事任命。當時理事長麥爾─佛菲德其實不放心把球隊訓練交給這位新手總教練，私底下仍希望爭取資深、氣質陽剛的道姆教練前來執掌斯圖加特隊。麥爾─佛菲德會私下尋找自己合意的人選，主要是想避免為勒夫的表現背書，如果未來該隊的戰績下滑，自己和球會所有的委員會便不必為勒夫的失敗負責。當《巴登日報》（*Badische Zeitung*）以「一位不起眼的教練所造成的轟動」這個新聞標題，刊載一篇關於勒夫所帶領的斯圖加特隊屢獲佳績的報導，而讓該隊人氣沸騰後，理事長麥爾─佛菲德終於死心，放棄再為斯圖加特隊尋覓新的總教練。

看似接著會一帆風順，卻發生了些波折，勒夫這位在該球季截至當時為止表現最亮眼的德甲教練，卻在正式升任總教練的第一天吃了一場大敗仗。在內卡足球場的主場比賽裡，斯圖加特隊在比賽的最後階段被杜塞道夫隊（Fortuna Düsseldorf）連進兩球，終場以〇比二的成績敗北。體育記者馬丁・黑格勒（Martin Hägele）在賽後立刻說了一些晦氣話：「如果斯圖加特隊繼續這樣踢球，新的總教練很快就會保不住職位。無論如何，姚阿幸・勒夫從現在開始必須要有一番作為，不過，這對他而言，卻是一項更艱難的挑戰，因為只要有誰坐上總教練的寶座，自然而然就會有人與他為敵。」除此之外，在這裡還必須補充說明的是，勒夫其實不符合總教練的資格要求，因為他在瑞士尚未修完教練培訓的所有課程，仍未取得足球教練的執照，他的助理教練萊納・阿德禮翁（Rainer Adrion）則有德國足協核發的教練執照。阿德禮翁比勒夫年長七歲，從前在斯圖加特隊踢球時與勒夫結識，在執教斯圖加特隊之前，曾指導幾支德乙和地區聯賽的足球隊，如路德維希堡隊（SpVgg 07 Ludwigsburg）和下哈興隊（SpVgg Unterhaching），而且戰績不俗。在斯圖加特隊裡，他是勒夫可以信任的助手，而且在危機時期更顯出他對勒夫的一片忠心。

表演足球魔術的球隊

身為總教練，勒夫並不打算改變他向來帶領足球隊的風格。他對待球員仍拒絕採用嚴格的管束方式，而是與他們進行柔性的合作，並跟以往一樣，不斷以有利的理由說服他們。「球員們必須知道，教練傳遞給他們的東西都是合理而且清楚明瞭的訊息。」勒夫這麼表示自己的見解並強調，沒有相互的尊重與信任，教練和球員之間不可能出現成功的合作關係。對於剛接任總教練的勒夫而言，他最優先溝通的對象是球隊裡的幾個領頭羊，前鋒博比奇、中場巴拉可夫和後衛維拉特，因為他們的權威不只獲得其他隊員的認可，而且他們身上那股渴望獲勝的狂熱還可以帶動球隊積極向上的風氣。

在那段時期，斯圖加特隊在大部分的球賽裡都有精采的表現，不過，有時也會出現失誤和失敗。當它在客場比賽以一比三輸給杜伊斯堡隊（MSV Duisburg）後，勒夫便發脾氣地表示：「我們這支球隊缺乏敏捷和靈巧，球員們上場踢球時，往往過於情緒化。我們就是無法像拜仁慕尼黑隊那樣，可以冷靜地進行足球比賽。」當斯圖加特隊在第十七輪賽程以〇比二輸給比勒菲爾德隊，而無法保住德甲第三名（僅次於勒沃庫森隊和拜仁慕尼黑隊）的名次之後，勒夫便直言批評他的球員們在該場球賽的懶散和冷漠。但是，這一切卻清清楚楚，勒夫並不希望斯圖加特隊的風氣像拜仁慕尼黑隊那麼冷酷，斯圖加特隊球員彼此相互搭配的那種精采的踢球方式，雖然存在輸球的風險，但他還是願意為此負責。嚴格說來，勒夫教練其實還是以球隊獲勝作為出賽的目標，因此往往無法兼顧足球的藝術性，這聽起來雖然平庸無趣，不過，他確實不是一位只重視足球美學的教練。

在冬季休賽期間，勒夫還必須試圖平息巴拉可夫和維拉特這兩位球隊帶頭者之間的衝突，解聘曾是主力球員、後來已很少上場的板凳球員法蘭克．弗達（Franco Foda），並激勵隊內當時一些被視為二線的球員。勒夫指導球隊時，最重視團隊和諧，他會盡力消彌球員之間的歧見，而且他看重每一位球員，比方說，他會讓最後一位在休息室待命上場的替補球員知道，他不只屬於球隊，而且對於球隊非常重要。當勒夫在一九九六／九七年之交的年假期間決定對球隊採行更嚴格的管理時，他給外界的形象也開始轉變。一九九七年一月，《足球雜誌》以「一位開始講究形式的教練」作為封面標題，對勒夫進行大幅的報導，其中還引用理事長麥爾─佛菲德的談話：「勒夫教練真的很酷！他從來不會受到群體的興奮情緒感染，也不會因為比賽不如預期而讓自己消沉沮喪。」從這番稱許看來，是否斯圖加特隊的理事長終於信任了勒夫？然而，勒夫卻選擇冷處理，謹慎地面對理事長對他的誇獎：「事實上，在球隊、媒體以及周遭的環境裡，人們還是對我存有疑慮，直到今天都還是如此，我還是得接受大家的檢驗。」後來，他帶著強硬的語氣補上一句：「如果我真的想達成什麼，我就會使出渾身解數，並且實踐它。」

勒夫當時已察覺，球隊的理事會仍舊跟從前一樣，無法信任他可以勝任總教練這個角色，而且認為他應該受到這樣的對待。當下半個球季一開始，斯圖加特隊與文達不來梅隊以二比二打成平手後，各方又紛紛出言批判勒夫。斯圖加特隊的守門員法蘭茲．沃法特（Franz Wohlfahrt）則表示：「如果比賽的結果還不錯，我們就會堅持讓勒夫繼續留下來指導我們。」斯圖加特隊當時的表現雖不盡理想，但在德甲的總積分排行榜仍高居第四名，而且還闖入德國足協盃前四強的準決賽。然而，球迷們的熱情逐漸消失也是無法否認的事實，與杜塞道夫隊、科隆隊、柏林赫塔隊、弗萊堡隊（全因比賽和局，而在十二碼PK戰進球而勝出）和茨維考隊（FSV Zwickau，以二比〇的成績獲得勝利）交戰時，斯圖加特隊並沒有精采的表現。勒夫教練曾在那時心有不平地點出一個事實：「斯圖加特隊這幾年以來，從沒有像現在這樣，擁有這麼優秀的戰績。」

不過，人們仍期待，斯圖加特隊應該有更好的表現。在下半球季裡，該隊還出現所謂的「黃金三月」：斯圖加特隊由於在這個月分以四比一和五比一的懸殊成績大勝漢堡隊（Hamburger SV）和科隆隊而頓時變成一支夢幻隊伍，總教練勒夫也因此變得更有自信，而且還公開表示：「足球這種球類運動是一種娛樂業，足球場就是表演的舞台，球員們在上面扮演一些喧鬧、怪異、耀眼的角色。不過，大家對我這位總教練的評論卻大多是負面的：您竟是這麼普通。」然而，當前一連串的勝利不正好說明，他從去年夏天球季一開始的優異表現，應該不是因為一位新手的代理總教練運氣特好的緣故，而是因為一位「普通人」也能成為一名傑出的教練。斯圖加特隊在「黃金三月」收割了纍纍的戰果而顯得有些不尋常，後來這支南德的足球勁旅甚至以四比一的成績踢翻了德甲上一屆的冠軍隊多特蒙德隊。對此，這位「普通的教練」曾談道：「我當時根本激動得說不出話來。這支球隊正處於絕佳的踢球情緒，它已經變得令人無法捉摸！」後來，斯圖加特隊在接下來的幾場球賽仍然旗開得勝，甚至在杜塞道夫的客場比賽裡以四比〇的成績獲得壓倒性的勝利。此外，這支異軍突起的足球隊在球場上還表現出踢球的樂趣、精湛的球技、戰術的講究，以及球員的勇氣、熱情與紀律等特點，而特別受到一些不計較輸贏、卻講究足球美學的球迷大大地讚賞。總之，斯圖加特隊的這些成果又再度讓它的球迷們興奮不已，球評們當時也都一致誇讚：「德國沒有一支足球隊能像斯圖加特隊把球踢得這麼好。」

就連長期對勒夫抱持懷疑態度的理事長麥爾—佛菲德也似乎被他的戰績所折服。這位理事長當時指出：「勒夫與球員們很親近，會說他們的語言，本身有一種自然的權威感。他的分析能力很好，一些談論後來都在球賽中一一應驗。他相當堅持，職業足球員應該在踢球時獲得樂趣，即使這種活動對他們而言是一種可以掙錢的工作。他雖然沒有豐富的教練經驗，不過，他在正式成為總教練之前，有一年的時間觀察我們這支球隊和隊員們的表現，所以他很了解，為何球隊有時無法達到預期的目標。他在職業足球隊踢球時，曾經歷一些失敗和挫折，因此也從這些負面經驗中學到不少的東西。」斯圖加特隊高層終於對勒夫這位總教練有一番清楚的定論，從前外界那些關於勒夫的刻板印象，諸如年輕的、親切有禮的、順從的、實力總是被低估的教練等等說法，似乎終於可以揚棄了！

儘管斯圖加特隊擁有不錯的戰績，後來卻沒有機會爭取德甲聯賽的冠軍，在球季最後幾場比賽裡，該隊因為運氣不佳造成失分，以及重要的球員紛紛受傷無法出賽，使得整體的戰力下滑。在第二十八輪賽程裡，斯圖加特隊還名列德甲積分排行第三名，只以一分落後第二名的勒沃庫森隊，與第一名的拜仁慕尼黑隊僅六分之差。由於斯圖加特隊那時有四名主力球員受傷，無法上場踢球，與勒沃庫森隊的那場關鍵性比賽便以一比二的成績落敗。當球季結束時，斯圖加特隊只獲得德甲聯賽的第四名，不過，當時全德國的足球迷都一致認為，斯圖加特隊因為有「夢幻金三角」而讓他們得以一睹該年度德甲最精采的足球賽。《踢球者》還這麼報導：「人們現在應該重新定義斯圖加特隊——一支表演足球魔術的球隊。」

可喜的是，斯圖加特隊當時很有機會爭取德國足協盃的冠軍寶座。四月中旬，該隊已打入前四強的準決賽，後來順利地以二比一擊敗漢堡隊而繼續挺進六月十四日在柏林舉行的冠亞軍爭霸賽，對決的球隊是地區聯賽冠軍、即將晉升德乙聯賽的科特布斯隊（FC Energie Cottbus）。斯圖加特隊因為有奧地利國家隊門將沃法特負責看守球門而對於打贏那場總決賽很有信心。這位守門員之前與柏林赫塔隊和弗萊堡隊交手後，被球評界封為「十二碼球的封殺者」。勒夫知道，沃法特可以守住球門，因此沒有再額外給他什麼訓練。斯圖加特隊在這場總決賽裡因為中鋒巴拉可夫連續兩次做球給前鋒埃爾伯，讓埃爾伯射進兩球而輕鬆地取得德國足協盃的冠軍榮銜。

斯圖加特隊在柏林的廣場大飯店（Hotel Esplanade）舉行慶功宴時，大家在歡笑中已混雜了悲傷的眼淚，因為連進兩球而讓球隊贏得冠軍寶座的埃爾伯已確定在下個球季轉到拜仁慕尼黑隊踢球。對於總教練勒夫而言，這個球季帶領斯圖加特隊的經驗不只讓他感到心滿意足，而且還受到很大的鼓舞。當這支勝利的隊伍從首都柏林凱旋而歸，抵達斯圖加特市中心的市集廣場（Marktplatz）接受現場兩萬名球迷的歡呼致意時，經常被質疑年紀過輕、經驗不足的總教練勒夫突然現身，還順手帶上一頂中場球員柏西納遞給他的禿頭假髮。在這個球季裡，被勒夫重新任用的後衛貝爾托德表現非常亮眼，他在接受媒體訪問時還堅定地表示，德國足球界如果要票選年度最佳教練，鐵定會由勒夫當選，他的理由是：「我們斯圖加特隊在他的指導下，勇奪德國足協盃冠軍；在德甲聯賽方面，我們這些隊員為了爭取榮譽也付出許多努力，可惜後來因為幾位核心隊友受傷以及一些阻礙，而無法繼續有所表現。在勒夫教練的領導下，所有隊員都獲得較好的訓練和教導，勒夫也向大家證明，他的強項特別是在球員的心理輔導方面。」

低薪教練與高薪球員

這位年輕的總教練滿懷信心地帶領斯圖加特隊進入下個年度的球季。他在開賽前的夏季休賽期曾對媒體表示：「我現在認為，當教練比當球員更適合我。教練的任務比球員上場踢球更複雜、更多面性。擔任教練時，必須面對外界不斷的要求和挑戰，所以，絕不會處於停頓狀態。」一球季剛展開時，一切似乎還能順利地進行，況且他在上個球季帶領球隊榮登德國足協盃的冠軍寶座，成功證明自己訓練球隊的能力。此外，他還找回幾位難搞的隊員，把他們重新整合入球隊，並加強幾位實力較弱的球員的信心。經過這一番努力，他的表現似乎已讓原本對他吹毛求疵的球隊理事長麥爾—佛菲德相信了他的能力。

當時曾有跡象顯示，斯圖加特隊在一九九七／九八年度球季的表現應該可以像上個球季那般出色。雖然「夢幻金三角」因為前鋒埃爾伯離隊而缺了一角，不過，勒夫教練已找到幾位很有潛力的新球員，他尤其屬意由上個球季在漢莎羅斯托克隊（FC Hansa Rostock）表現優異的前鋒強納森・阿可波博里（Jonathan Akpoborie）遞補埃爾伯留下的空缺。此外，勒夫還從草蜢隊（Grasshopper Club Zürich）把很有足球天分的瑞士籍土耳其球員穆拉特・雅金（Murat Yakin）挖角過來，以補強斯圖加特隊的中場戰力。雖然球隊已經有人耳聞，雅金在球場上很像一位耍雜技的丑角，怠於跑動，不過，他在勒夫的眼中卻是一名近乎完美的足球員。當然，勒夫當時萬萬沒有料到，他聘用的這名球員後來竟為他帶來一場雪崩式的災難。

新球季一開始，斯圖加特隊的表現並不穩定，曾有幾次勝場，幾次敗場，甚至還有幾場比賽顯得萎靡不振，缺乏幹勁。一些足球觀察員仍跟上個球季一樣，指責總教練勒夫總是很輕易地被資深的隊員說服，如巴拉可夫和維拉特等人。勒夫則為自己辯解說：「我不是獨裁者。我會接受別人的意見，而且他們都是成年人。我聽取一些經驗豐富的球員的意見，這並不表示，我會一味地言聽計從。畢竟只有總教練可以決定球隊的球賽戰術、球員布局與運作系統。」十月十五日，斯圖加特隊在客場比賽由於適時發揮了本身的實力，終場以三比三和拜仁慕尼黑隊打成平手，經過這場比賽之後，球評的評論和球迷的反應也變得比較友善。《斯圖加特日報》的體育版還熱烈地討論該隊由雅金補上的新「夢幻金三角」。這場球賽的第十五分鐘，他和中鋒巴拉可夫來回傳球，最後以頭錘攻球入門，為斯圖加特隊爭得一分，暫時以以一比一和拜仁慕尼黑隊追成平手。從這場球賽看來，土耳其球員雅金確實很有本事，但仍有不足之處有待訓練與加強。

在歐洲優勝者盃（UEFA Cup Winners' Cup）的頭幾場比賽裡，斯圖加特隊雖然輕鬆地戰勝冰島的韋斯特曼納隊（IB Vestmannaeyjar）和比利時的熱米納爾艾克倫隊（Germanial Ekeren），卻未表現出致勝的信心，特別是和熱米納爾艾克倫隊進行的第二場球賽，在第一回合的比賽裡，斯圖加特隊輕鬆地以四比〇大勝這支來自安特衛普的球隊，然而，在第二回合的比賽中，原本領先兩分的斯圖加特隊卻因為後來被對方連續踢進四球而驚慌不已，雖然後來仍扳回一城，獲得勝利，但整體表現卻很不穩定。在接下來的德甲聯賽與波鴻隊對戰之前，勒夫教練勢必得好好整頓他的球隊，於是他下令：邊翼球員哈格納不准前往波鴻參加客場比賽，中場馬可・哈博（Marco Haber）和前鋒阿可波博里不可以先發上場，只能擔任候補球員，在場外的板凳上待命。

勒夫認為，有幾位球員顯然應該受到嚴格的約束，因此必須處罰他們。這些懲罰措施果真有效，斯圖加特隊後來又恢復了戰鬥力，以二比〇的成績戰勝波鴻隊，然後還一連打敗漢莎羅斯托克隊、卡爾斯魯爾隊和文達不來梅隊（SV Werder Bremen）。當該年度的上半球季結束時，斯圖加特隊的總積分是德甲的第三名，雖與第一名的文達不來梅隊和第二名的凱澤斯勞滕隊有十分和六分的差距，在名次上還算名列前茅。勒夫教練或許應該對這樣的成果感到滿意，然而好景不常，在冬季休賽期前夕，該隊竟以一比六的成績慘敗給勒沃庫森隊，這樣的戰績也預示了斯圖加特隊即將面對一個不平靜的冬季休賽期。

那時斯圖加特隊內部已醞釀著一些不安與不滿。一九九八年一月，該隊在冬季休賽期於杜拜一家五星級飯店舉辦球隊訓練營，球隊委員會與維拉特、巴拉可夫、博比奇和沃法特這幾位資深球員便商定，敦請理事會為球隊聘用一名經理，專門處理一些與球員有關的事務。巴拉可夫當時希望他的足球諮詢顧問杜善・布寇瓦科（Dušan Bukovac）可以接任這個職務，其他球員則比較中意出身斯圖加特隊的前德國足球國手漢西・穆勒（Hansi Müller）。由於這些球員所建議的人選與他們的關係過於親近，理事長麥爾—佛菲德便否決這些人選而決定聘請同樣出身斯圖加特隊的前德國足球國手卡爾亨茲・弗斯特（Karlheinz Förster）出任這個職位。

球員們向球隊高層要求設置一名球隊經理，這件事幾乎可被解讀為對於總教練的不信任投票。這場危機的核心主要是球隊的靈魂人物巴拉可夫跟被其他隊員孤立的新進球員雅金之間的衝突。巴拉可夫在杜拜時，曾因理事會不採納他提議的球隊經理人選而退席抗議。不久，他便向《畫報》的記者放話說，如果斯圖加特隊不做一些根本的改變，他將轉到其他的球隊踢球，而且還語帶威脅地要求：「如果再不安排防衛中場柏西納在他的後方支援他，他就會離開斯圖加特隊。」這位保加利亞球星很清楚，幾位主力球員如維拉特和貝爾托德，都會聽他的話，至於新加入、不受歡迎的土耳其球員雅金則成了這幫球員攻擊的箭靶，比較慶幸的是，司職中場的雅金雖然表現並不出色，卻依然受到勒夫教練重用。後來巴拉可夫開始指責雅金讓他在球場上無法施展開來，每當球隊展開進攻時，根本無法從他那裡獲得足夠的支援。針對巴拉可夫的指控，勒夫教練或許可以做出公正的裁決，但是，他後來卻選擇接受這幫球員的一些要求。

天才型足球員巴拉可夫後來在斯圖加特隊裡變得很大牌，相當不好侍候。他在該球季開始前的夏天曾和球隊高層展開年薪的交涉，後來他的年薪被調高到六百萬馬克，而成為德甲最高薪的足球員。然而，這位保加利亞人並不知足，還進一步向球隊要求某些特權。由於這位身價不凡的足球明星變得非常高傲自大，而在隊內為自己招來更多的嫉妒。

巴拉可夫身為斯圖加特隊的巨星，當然不希望別人在他身旁搶鋒頭，因此喜歡耍弄足球技巧的新球員雅金就注定成為他的眼中釘。這位球技高超、在防守時奔跑速度不夠迅速的土耳其球員有時會在球場上炫耀自己的技巧，他並不認為整支球隊應該以巴拉可夫為重心，只能配合他踢球，於是兩人之間便出現心結並經常爆發衝突。由於柏西納和雅金都是中場的主力球員，只要巴拉可夫把他的人馬柏西納再度放回與他密切配合的中場位置而讓雅金改司他位，這種衝突就會繼續上演。那麼，到底該把雅金擺在哪裡？這位土耳其球員不僅不適合擔任防守的自由人，而且球隊的另一位主力球員早已占住這個位置。

有鑑於此，勒夫在下半球季一開始，便盡力調解球隊內部的一些爭執。不過，在巴拉可夫和雅金的衝突裡，各方還出現不同的認知。雅金在下半球季出賽十次，其中有三次是在原本柏西納的中場位置，雅金的踢球實力因為被擺在柏西納原來的位置而被弱化，不過，這個問題並不嚴重，反而是球隊的高層認為，球員與戰術不斷處於調整狀態已讓球員們喪失上個年度球季還保有的穩定性。勒夫當時已無法兼顧球員們的創造性與穩定性，也無法處理球隊氣氛不佳的問題，只能不斷地彌補球員之間因為缺少團隊精神而出現的裂痕。因此，當斯圖加特隊後來遲遲無法有所表現，總教練勒夫逐漸失去他在球隊的權威時，這些演變似乎都在人們的意料之中。斯圖加特隊在德甲聯賽與多特蒙德隊及凱澤斯勞滕隊交鋒失敗後，二月十七日又在德國足協盃的前四強準決賽中以〇比三的成績被拜仁慕尼黑隊徹底打趴在地。在這場慘不忍睹的球賽結束後，斯圖加特隊員們便在通往休息室的走道上嘶聲咆哮，發洩挫敗的情緒，總教練勒夫當時只能一籌莫展地在一旁看著。

腹背受敵的總教練

當斯圖加特隊連吃五場敗仗，而且勒夫顯然已無法控制球隊時，理事長麥爾－佛菲德便開始拉警報。他在陪同德國國家隊出國比賽回國後，已經用言語暗示，斯圖加特隊可能會有一番大改變，也就是更換總教練。《運動畫刊》（*Sport-Bild*）雜誌的封面立刻出現「勒夫岌岌可危」的醒目標題，其他的平面媒體也紛紛揣測陷入困境的勒夫將被解職的理由：「勒夫教練已管不住他的球員，他們只會惹是生非，根本不把他這位總教練放在眼裡。」、「他們的比賽表現差強人意，無法激起球迷的興趣，大家也看不出他們有什麼清晰的足球概念。」、「勒夫找來的新球員不是無法融入團隊，就是根本不適任。」還有，就連勒夫身材細瘦的模樣也成了充滿敵意的球評攻擊的目標。勒夫因此持續處於精神緊繃的狀態，《斯圖加特日報》的體育記者當時便在相關的報導中寫道，「勒夫已不再是勒夫」。

一九九八年三月，自從斯圖加特隊以二比一打贏沃夫斯堡隊（VfL Wolfsburg）後，似乎一切又有了新的開始。當時理事長麥爾—佛菲德曾信誓旦旦地向一群媒體記者保證，理事會並未物色新的總教練，然而，在斯圖加特隊以〇比〇與漢堡隊打成平手、在自家球場的主場比賽未進一球、以〇比三的成績再次被拜仁慕尼黑隊踢爆之後，球隊高層當時便警覺到，整支球隊已經不對勁，球隊的布局與戰術都出了問題。麥爾—佛菲德於是公開對勒夫發牢騷：「我們的總教練現在必須有所表現。」勒夫則回應說，理事長看到斯圖加特隊在主場大輸給拜仁慕尼黑隊，當然會感到極度失望，不過，他還補上一句：「我們斯圖加特隊在這個球季有機會靠著自己的實力取得本屆的歐霸聯賽（UEFA Europa League）的參賽資格。」除此之外，斯圖加特隊才剛擊敗布拉格斯拉維亞隊（Slavia Praha）而順利進入歐洲優勝者盃前四強的準決賽，屆時將迎戰他們有信心擊敗的莫斯科火車頭隊（FC Lokomotiv Moscow）。勒夫還用安撫人心的語調表示，斯圖加特隊如果接下來在這兩個歐洲聯賽的比賽都獲勝的話，應該可以成為德甲聯賽第五名，並進入歐洲優勝者盃的冠亞軍總決賽，到時候，這個球季就會出現令人滿意的戰果。為了謹慎起見，勒夫還放棄參加期待許久的瑞士足協的教練培訓課程，畢竟他當時已朝不保夕，實在不宜貿然離開斯圖加特。

勒夫那幾天接受《法蘭克福匯報》（*Frankfurter Allgemeine Zeitung*）訪問時曾表示，總教練最重要的任務是關照球員們的心理層面。然而，該如何把這方面的認知運用於實際問題的處理？該如何掌管整支球隊？司職後衛的許奈德在數年後受訪時，曾談到當年斯圖加特隊有幾位「白癡球員」，為了幾個球隊的問題便跑到理事長麥爾—佛菲德面前痛哭，完全不顧及勒夫身為總教練的權威。還有，當時一些報紙不斷抨擊勒夫的領導風格過於柔弱、不夠堅定、缺乏貫徹力，這些來自媒體的批評也讓勒夫在球隊的聲望大大受損。

此外，德國媒體還紛紛質疑，為何雅金在與拜仁慕尼黑隊對打的前一晚，被發現深夜在一家餐館裡逗留，卻沒有受到處罰？勒夫教練事後為這位土耳其球員的行為辯解說，他當時只點了一盤麵和一杯礦泉水。後來外界又質疑勒夫，為何柏西納和哈博在斯圖加特的一家夜店混到凌晨兩點半，下一場球賽就被禁止出場？他對球員的處置是否有雙重標準？為何他身為總教練，竟允許博比奇和維拉特公開放話而讓自己顏面盡失？比方說，博比奇曾透過媒體批評，斯圖加特隊很容易被對陣的球隊看穿與掌握。維拉特那時也曾對外表示，斯圖加特隊的問題只是在運動方面，所以，總教練應該負起責任。

雖然，斯圖加特隊已對接下來那場在柏林的球賽重新布陣，卻仍未能踢進一球而以〇比三的成績慘敗。當裁判吹哨示意比賽結束後，理事長麥爾—佛菲德已對勒夫教練不屑一顧，並向一群採訪記者發牢騷：「我們絕對不坐視自己的足球隊只是表現平平而已。」隔日，許多媒體便爭相指謫霉運當頭的勒夫種種不是，他已成為許多人口中的「怪胎教練」，在受訪時甚至會談到像「尊重」、「風度」和「道德」這些大家很難得從足球教練口中聽到的詞彙；或者，他還會提到，在高失業率的時代，自己如何教導球員們何謂「真誠地工作」。大家其實對於勒夫這些略顯突兀的言詞並不驚訝，因為他脾氣很好，長期以來包容了許多球隊的事情。雖然他是個好好先生，品性正直高尚，很有人緣，不過對於足球教練這個行業而言，態度似乎不夠強硬堅決，性格過於柔弱，而且經驗不足。《斯圖加特日報》那時對於勒夫曾毫不留情地做了以下的評價：「勒夫教練已經失敗，他敗給自己以及本身的性格，他敗給手下那幾位球藝高超的足球明星，而且還敗給斯圖加特隊專制的權力結構。還必須附帶一提的是，這位帶有美好的弱點的英雄、悲哀的英雄，大概在今年夏天就必須另謀出路了。」

當勒夫受到一連串的批評和攻擊後，又有一些謠言開始流傳。接下來那幾個星期，報章雜誌紛紛拋出許多可能接替勒夫總教練職位的新人選，其中最熱門的人物便是理事長麥爾—佛菲德中意的、剛被卡爾斯魯爾隊解雇的溫弗利德・薛佛（Winfried Schäfer）。當時曾有流言指出，理事長已和薛佛及希斯菲爾德這兩位教練針對未來合作的可能性進行會商，勒夫離開斯圖加特隊似乎已成定局。理事長後來公開保證，斯圖加特隊在這個球季絕對力挺勒夫到底，但幾乎沒有一位足球觀察家願意相信他的說詞。當時仍執掌斯圖加特隊的勒夫當然知道，有什麼事正在幕後暗中進行。他在接受訪問時也提到：「我對於未來並沒有恐懼，我進入職業足壇已經十七年，情況起起伏伏，不過我知道，人生總是有路可以繼續走下去。」後來在四月十一日，斯圖加特隊在沙爾克04隊的主場出賽時，顯得信心滿滿，終場果真以四比三戰勝這支魯爾工業區的強隊。當第二回合在斯圖加特隊的主場對戰時，斯圖加特隊依然獲勝，以二比一的戰績力克沙爾克04隊，但由於當時斯圖加特隊的球迷們並不看好這場球賽，因此看台上大約只有一萬五千名觀眾。接下來，斯圖加特隊遠赴莫斯科參加歐洲優勝者盃的前四強準決賽，順利地以一比〇的成績擊敗莫斯科火車頭隊而如願地晉級冠亞軍爭霸賽。

決賽即結束：在冠亞軍爭霸賽之後卸任

儘管球隊在下半球季出現許多爭執與埋怨，斯圖加特隊卻能在球季結束前做最後的衝刺而讓情勢翻轉，不僅在德甲聯賽有不錯的表現，而且還一路過關斬將，最後闖入歐洲優勝者盃的總決賽！勒夫教練還是跟從前一樣，相信自己的合作式領導風格，即使身處職業生涯的危機時刻，他也不想背叛自己素來的信念。當然，理事長麥爾—佛菲德仍在進行撤換這位年輕總教練的計畫，他當時曾談道：「我喜歡姚吉，很欣賞他的真誠與坦率。」不過，這位理事長後來又補上一些模稜兩可的說法：「他確實太年輕了！他在我們斯圖加特隊獲得了許多經驗，以後一定可以成為傑出的足球教練。」理事長最後說的這句話也意味著，勒夫當時還不是一名優秀的教練。

偏偏這位被理事長視為不夠傑出的足球教練卻在下一場比賽，帶領斯圖加特隊完成漂亮的一役，以二比〇的佳績打敗波鴻隊，而且還在該星期內連贏三場重要的球賽。德國知名的脫口秀主持人哈拉德·施密特（Harald Schmidt）因而公開戲稱，勒夫教練很可能在帶領斯圖加特隊贏得歐洲優勝者盃的冠軍之後，名不正言不順地被球隊解聘。因此理事長麥爾—佛菲德當時還必須面對一個愈來愈棘手的問題：如果斯圖加特隊繼續贏球，他該如何說明自己解聘勒夫教練的理由？

理事長麥爾—佛菲德撤換勒夫教練的計畫碰到愈來愈多的阻礙。《踢球者》曾在五月四日發行的那一期裡，把斯圖加特隊總教練勒夫選為該雜誌的「四月分焦點人物」，勒夫獲選的理由是：他讓德甲的斯圖加特隊取得歐霸聯賽的參賽席位，並成功地進入歐洲優勝者盃的冠亞軍總決賽。斯圖加特隊在球季最後一場球賽以一比〇的成績打敗文達不來梅隊而取得歐霸聯賽的參賽資格。該場球賽進行時，場邊的看台上有許多斯圖加特隊的球迷雙手高舉「所有人都反對薛佛繼任」、「勒夫沒有問題，麥爾—佛菲德才應該轉到卡爾斯魯爾隊」等抗議海報，公開反對撤換勒夫教練。被這些抗議的球迷搞得既緊張又煩躁的麥爾—佛菲德則回應說，承擔責任遠比寫抗議海報還要困難許多。

勒夫在一九九七年與斯圖加特隊簽下兩年的總教練聘約，因此他那時還有一年的合約在身，雖然外界把他離職的事傳得沸沸揚揚，但他卻遲遲未收到球隊準備終止聘約的通知，只能沉默地面對這種狀況不明的處境。一些報紙不斷地報導勒夫教練不久將卸任的消息，雖然他日復一日地閱讀這些訊息，卻始終保持友善與和氣的態度，從未口出惡言地批評理事長。他後來接受《踢球者》訪問時，曾清楚地表達自己的立場：「基本上，我認為斯圖加特球會的理事會應該繼續履行合約，讓我待到一九九九年合約結束。」如果他必須提早一年去職，無論如何，他希望在離開這支球隊之前可以讓它達到前所未有的成功，讓這件事能畫下圓滿的句點。至少他希望自己能在勝利的氛圍中與斯圖加特隊告別，以道德的勝利者的姿態離開這個舞台。

五月十三日，歐洲優勝者盃的冠亞軍總決賽在瑞典首都斯德哥爾摩舉行。比賽的前一晚，斯圖加特隊全體球員心情顯得相當愉快，也很有自信，一副專心致志的模樣。前鋒博比奇當時表示：「勒夫教練非常了解，如何讓斯圖加特隊遠離一些可以干擾球賽表現的因素。」斯圖加特隊並沒有期待能在這場與倫敦的足球名隊切爾西隊（FC Chelsea）爭霸的球賽中，獲得什麼不得了的戰績，只希望能有勢均力敵的表現。斯圖加特隊一上場便顯得勇氣十足，而且還有幾次進球的機會，但是後來卻讓切爾西隊漸占上風。關鍵時刻發生在第七十一分鐘（下半場）：切爾西隊當時決定換將，前鋒吉安法蘭科・佐拉（Gianfranco Zola）才上場十七秒便踢入一球，這場總決賽後來便以一比〇的成績做結。勒夫在賽後帶著些許矛盾的情緒評論這場奪魁失敗的球賽：「如果我們在上半場快結束時，充分利用一個很好的進球時機，我們其實有機會打贏這場球賽。到了下半場，我們雖然占球率比較高，但面對切爾西隊綿密的防守，實在無法射球入門。」

這場球賽結束後，理事長麥爾—佛菲德並沒有出現在球員休息室裡。這場球賽是勒夫最後一次以斯圖加特隊總教練的身分出現在足球場邊，當然，球隊當時仍未正式通知他將被提早解聘一事。

對教練來說，最重要的事……

當時許多媒體紛紛報導與評論勒夫卸下斯圖加特隊總教練一事，篇幅大小不一。《運動畫刊》下了這個結論：「在此之前，德國很少有足球教練持續幾個月受到媒體惡意的攻擊。」《畫報》則在報導中指出，斯圖加特隊在勒夫教練的督導下，有時會踢出德國足球界最精采、最吸引人的足球賽，所以，勒夫當然是這支球隊歷來最優秀的總教練之一，他現在之所以「被判處死刑」是因為他總是相信人性的正面。至於當地的《斯圖加特日報》則做了如下的評論：「勒夫所經歷的磨練就是學徒成為師傅的必經過程。斯圖加特隊在一陣歡欣鼓舞之中把從前的助理教練升任為總教練，依照勒夫的本性，他不會為了球隊的戰績和自己的前途犧牲手下的球員。」

勒夫當時最埋怨的人當然就是那位長期質疑他能力的理事長麥爾—佛菲德。他後來還提到這件往事：「對於所有的教練來說，獲得球隊老闆的絕對支持是最重要的事。每位教練都會犯錯，也都為此付出代價。不過，如果事後可以獲得上司的力挺，就可以重新在團隊裡建立自己的權威。」勒夫算是比較幸運，他雖提前遭到斯圖加特隊解聘，這件事卻沒有在他身上留下明顯的傷痕。儘管有許多不愉快，在斯圖加特隊擔任總教練的日子卻是一段讓他學到許多寶貴經驗的美好時光。勒夫始終沉默地面對德國媒體因為普遍不認同他而刻意營造的「好好先生勒夫」的形象，他認為，這個形象是當時幾位球隊核心人士和部分媒體刻意操弄的結果，目的只是為了激怒他，好讓他知趣地自行離開斯圖加特隊。「我很清楚，我根本不是什麼好好先生。」勒夫幾乎用抗議的語氣說著。不過，他也坦承，自己有時未能及時察覺某些事情的發展。「我經常會公開地保護某些球員，在這方面或許我有失誤。」他當時會把球員之間的衝突視為孩童的胡鬧，所以，沒有認真地看待這些鬥爭，而任其繼續發展下去，他後來覺得，自己當時應該及早介入這些爭端才對。當他離開斯圖加特隊後，還曾自我批判地思索著，當時他升任斯圖加特隊總教練是不是在時機上太早了一些？如果上任的時間點再延後幾年，是否情況會比較好？

無論如何，勒夫仍對於自己在斯圖加特隊所留下的成果感到自豪，他在兩個年度的球季裡，讓這支球隊順利獲得德國足協盃冠軍，並打入歐洲優勝者盃的冠亞軍總決賽，此外，還兩度取得歐霸聯賽的參賽資格。照理說，繼任的總教練薛佛應該以勒夫所達成的這些成就作為努力的目標，不過，後來事實的演變卻顯示，他徹底辜負了理事會對他的託付。這位號稱作風強悍的傢伙在一九九八年七月一日正式上任，由於斯圖加特隊遲遲沒有表現，便在年底被理事會解聘。薛佛教練雖然強調，必須重新凝聚球隊的「團隊精神」，但他的所作所為卻凸顯出他的自私自利、缺乏領導能力而且無法為球隊帶來任何的戰果。理事長麥爾—佛菲德在忍受薛佛教練五個月後，決定要改變球隊的狀況，他後來改聘一位著重足球概念的年輕教練擔任斯圖加特隊下一球季的總教頭，也就是剛讓烏爾姆隊首次晉升德甲聯賽的朗尼克。由於總教練的職位將懸缺好幾個月，勒夫的助理教練阿德禮翁便在這個空窗期暫代總教練的職務，以重振可能被降級至德乙聯賽的斯圖加特隊，並讓球員們預先熟悉朗尼克教練的訓練系統，好讓他在上任時可以順利地接掌球隊。

對此，勒夫微笑地評論道：「這種做法應該無法形成較大的轉變。」勒夫的繼任者薛佛奉行傳統的足球招式，不僅無助於球隊的戰績，而且還讓球隊陷入混亂，後來理事會才意識到，當初其實不該聘用他。還有，既然接替薛佛的朗尼克採用跟勒夫類似的新式足球戰術與訓練方法，為何當時理事會不把勒夫留下，而執意要解聘他？勒夫後來並未因為不光彩地離開斯圖加特隊，而不再相信自己的能力，一些隊員們也認為，他們的勒夫教練未來還會有一番作為。當時的後衛球員許奈德曾說：「我和勒夫教練相處得很好，就為人處世而言，他是我所遇過最好的教練之一。」所以，他深信，勒夫有朝一日一定會受到矚目。

新式足球戰術的興起

朗尼克受聘為斯圖加特隊的總教練之後，經常因為新穎的想法與做法而登上體育新聞版面。這位足球教練出生於斯圖加特東北方附近的巴克南小鎮（Backnang），在一九九七年到一九九九年擔任烏爾姆隊總教練其間，由於採用一些新穎、現代的踢球方法訓練這支球隊，而讓一直不受矚目的烏爾姆隊在短短兩年內連升兩級，從地區聯賽晉級德乙，最後還破天荒地闖入德甲聯賽。許多人對於朗尼克的成就感到相當驚奇，當他受邀上《運動時事攝影棚》（*Aktuelles Sportstudio*）這個電視節目，並以成功者的姿態向螢光幕前的德國民眾解說四人後衛鏈這種戰術的優點時，便有一些足球教練深深不以為然。當這位大膽的足球思維者執掌知名的斯圖加特隊後，他認為自己已達到職業生涯的既定目標。他夢想這支球隊未來可以像荷蘭最成功的足球隊阿賈克斯隊（Ajax Amsterdam）一樣，採用企業化的經營模式。斯圖加特隊將因為採取四人後衛鏈、參考足球移動位置的區域防守以及迅速的進攻戰而讓對手感到畏懼；球隊將有計畫地培訓自己的青少年球員、因此不斷有年輕的生力軍加入。朗尼克接任總教練後，成功地解除斯圖加特隊可能被降級德乙聯賽的危機，而且還獲得歐霸聯賽的參賽資格。然而，在接下來的年度球季裡，斯圖加特隊卻陷入球隊戰績與財務狀況不佳的雙重困境。作風專制的理事長麥爾—佛菲德在二○○○年十月請辭時，這支球隊已負債纍纍，急於從事足球改革而不斷遭受批評的朗尼克獲得球隊新高層的留任。然而，朗尼克的變革卻遲遲未見果效，只好於二○○一年二月離職，由菲利斯・馬加特（Felix Magath）接任總教練的職位。

以上是勒夫離職後，斯圖加特隊大致的發展。薛佛教練的繼任者朗尼克在未上任該隊總教練之前，還有一段很有意思的經歷。斯圖加特人對於朗尼克教練並不陌生，他自一九九○年擔任斯圖加特隊A組青少年足球隊教練長達四年，當時和青少年部主任赫穆特・葛羅斯（Helmut Gross）採用最先進的標準，為這支青少年球隊重新打造根基。這兩位斯圖加特隊的教練是當時施瓦本地區一個致力於足球革命的教練陣營的兩大招牌。德國足球界對於斯圖加特隊在一九九五年聘用瑞士籍的弗林格教練（勒夫的老師）擔任總教頭一事，並不感到意外，因為弗林格與這兩位巴登—符騰堡邦（Baden-Württemberg）的足球思維者之間，不論在見解或方法論方面，都存在某些共通之處。此外，德國足球界對於勒夫從弗林格手中接下斯圖加特隊總教練一職曾有這樣的觀感：身受瑞士足球影響，後來貴為德國國家隊總教練的勒夫，所代表的足球風格其實跟這些巴登—符騰堡邦的「足球教授」在某些方面很類似。

在霍芬海姆隊（TSG 1899 Hoffenheim）闖出名號，被廣大的足球迷視為朗尼克的球探及戰術謀畫者的葛羅斯教練，率先發起這場原先僅在符騰堡地區幾個小型足球隊醞釀的足球革命。朗尼克和幾位年輕的教練，如托馬斯・圖賀（Thomas Tuchel）等人都一致認為，熱情的足球戰術專家葛羅斯是德國足球界的金頭腦之一。一九八一年，三十四歲的葛羅斯開始在巴登─符騰堡邦擔任足球隊的總教頭，他當時執教於蓋斯靈恩隊（SC Geislingen），並對這支球隊徹底地展開一場足球的變革。葛羅斯教練在青年時期受挫於充斥著舊式父權思維的德國足球風氣，以及素來以防守為重心的足球哲學。他當時已經很清楚，真正的足球活動不應該只包含盯人防守、自由人的防禦以及德意志民族所崇尚的戰鬥力與意志力的美德。四人防守鏈、區域防守和壓迫式打法這些新式足球概念正是葛羅斯企圖在德國足球界落實與發展的東西。吉拉・羅蘭特（Gyula Lorant）、帕爾・瑟爾奈（Pal Csernai）和央斯特・哈波爾（Ernst Happel）是德甲聯賽裡率先在戰術上揚棄當時主流的盯人防守、轉向區域防守的足球教練。針對這項戰術，葛羅斯有進一步的闡明：「區域防守的戰術不需要無謂地緊盯著對手，可以讓球員在球場上的跑動更有效率，因此可以節省一些體力。」

區域防守是正確的方法，但是葛羅斯覺得還不足夠，他還打算進一步開發這類新型的足球戰術。依據他對足球的思考，球員必須立刻把區域防守省下的力氣轉為具有攻擊性的壓迫式圍攻。球員們如果能靈巧地分配各自防守的區域，最後便能逼使對方出現傳球上的失誤。哈波爾在擔任荷蘭國家隊總教練時，也曾使用一些新型足球戰術的概念，不過葛羅斯覺得，哈波爾仍未徹底發揮這種新穎的戰術。他尤其強調，球員應該盡快從對手那裡奪回足球，這才是以足球變動位置為導向的區域防守的重點。葛羅斯曾說：「球隊發動進攻時，球員們的跑位必須盡可能遠離己方的球門，同時以密集攻擊對方的帶球者為目標，盡可能壓縮帶球者控球的時間與空間，以重新取得足球，展開反擊。」因此，在戰術上不宜再透過壓縮空間逼使對手出現失誤，而是盡快搶球，趁著對方因進攻造成防守陣式鬆散時，以快速傳球展開迅猛反擊。由此可知，布陣嚴密、具有攻擊性的壓迫式打法就是有助於己方準備轉守為攻的發端。

葛羅斯首先在他指導的蓋斯靈恩隊進行他的足球實驗，後來才轉到同屬於地方型球隊的基爾夏伊姆隊（VfL Kircheim / Teck）執教。由於他成功地把一套革命性的戰術系統引入這支球隊，而讓該隊於一九八六年獲得晉級，進入上級聯賽（Oberliga，即德國足球聯賽系統的第四級聯賽），並連續兩年獲得該聯賽的冠軍。基爾夏伊姆隊在葛羅斯的帶領下，因為驚人的戰果而轟動德國足球界，但該隊最值得注意的比賽卻是一九八〇年代末期與當時歐洲優勝者盃冠軍基輔發電機隊（Dynamo Kiew）的兩場友誼賽。這支烏克蘭球隊不只有歐雷格・布羅欽（Oleg Blochin）和歐雷格・普羅塔索夫（Oleg Protassow）這兩位國際球星加入，而且還由大名鼎鼎的前蘇聯國家隊總教練瓦列里・羅班諾夫斯基（Valerij Lobanowski）執掌兵符。羅班諾夫斯基以科學的精密性調教這些烏克蘭球員，他們採用以足球移動位置為依準的區域防守而在球賽中展現了高超的戰術水準。這支球隊當時為了躲避家鄉嚴冬的酷寒而決定在巴登—符騰堡邦的瑞特體育學校（Sportschule Ruit）舉辦它的冬令訓練營。一九八七年二月，這兩支球隊上場較量的結果，基爾夏伊姆隊竟只以二比四的成績輸給這支來自基輔的足球強隊。事隔一年後，當這兩支球隊再次在足球場上對陣時，雙方竟以一比一的成績打成平手而轟動一時。根據基爾夏伊姆隊編年史的記載，該場球賽進行當天，巴登—符騰堡邦碰巧出現了「西伯利亞的低溫」。

這支烏克蘭球隊的紀律讓當時的德國人特別感到驚奇，當總教練羅班諾夫斯基用餐結束，喝完餐後的伏特加烈酒並起身離開座位時，所有的球員，不管是否已吃完餐食，都立刻跟著起立，尾隨總教練離開餐廳。同樣地，這支由知名教練督導、不乏足球明星參與的烏克蘭球隊，也詫異地領受了他們的德國經驗，幾位頂尖好手曾表示，他們萬萬沒有料到，一支屬於德國第四級聯賽的球隊，竟可以在與他們對戰的球賽裡運用如此進步的足球戰術，有時甚至還讓他們的球隊無法順暢地運作。

不只葛羅斯，就連當時任職於家鄉一支層級低於上級聯賽，屬於聯會聯賽（Verbandsliga，即德國聯賽系統的第五級聯賽）的小球隊巴克南維多利亞隊（Viktoria Backnang）的朗尼克教練，也驚豔於這支基輔球隊控球穩定以及其他完美的踢球表現。早在一九八四／八五年之交的冬季，他便已首次見識到這支球隊一些令人訝異的足球表現。那時這支來自鐵幕地區的足球隊，從他們烏克蘭的家鄉帶著魚子醬當作伴手禮前來德國，在鋪滿白雪的人工草坪上打了一場亮眼的球賽，終場以七比二的佳績戰勝他所指導的巴克南維多利亞隊。後來朗尼克還透過球賽的錄影帶密集地研究，羅班諾夫斯基所帶領的這支球隊，如何透過隊員的集體移動讓對方的帶球者持續陷入時間的壓力下，以及如何在往前進攻、預備踢球射門時，以經過仔細演練的陣式和非常流暢的接力式傳球，讓對手們毫無奪球反攻的機會。

朗尼克在二十八歲時，曾短期地在一支斯圖加特業餘足球隊擔任教練，後來在符騰堡地區的一處足球教練訓練所受訓而結識葛羅斯，倆人因為志趣相同而一拍即合，並成為德國足球界積極推動足球現代化的教練雙人組，而且戰鬥力旺盛。他們為了讓自己的足球見解和知識更加完備，曾有好幾個晚上一起觀看一些足球比賽的實況錄影，討論其中相關的戰術。除了羅班諾夫斯基所指導的基輔發電機隊之外，他們還特地研究ＡＣ米蘭隊（AC Milan）的球賽過程。這支義大利名隊因為採取總教練阿里格・薩奇（Arrigo Sacchi）挖空心思研發出的變異型的區域防守，而在當時的歐洲職業足壇取得競爭上的優勢。葛羅斯後來回憶說：「我那時買了一台相當昂貴的放影機，是市面上最新型的機種，要價三千馬克。我們當時為了看清薩奇和其他幾位頂尖教練在戰術上的所有細節，經常把錄影帶倒帶或快轉，所以，那台放影機很快就被我們操壞了。」為了讓一些青少年及業餘足球隊的教練們能充分了解以足球移動位置為導向的區域防守戰術，他們倆人便專注地整理這些影像資料上的重要訊息，並從中發展出一套他們特有的足球教學系統。但這套新式足球的理念並不容易推廣，相關的教學效果像滴水穿石般緩慢，而且德國其他地區的足球隊當時幾乎沒有人了解這種戰術的妙用所在。

一九八九年，葛羅斯成為斯圖加特隊附屬青少年球隊的教練，並採用他那套已臻至完備的新式足球戰術系統訓練這批球隊未來的生力軍，其中當然包括四人後衛鏈以及以足球移動位置為導向的區域防守這些基礎概念。葛羅斯的這套足球教學系統，不禁讓人們聯想到齊根塔勒針對瑞士的足球教練培訓所推動的改革。對於這兩位優秀的足球思維者，人們所知甚少，或許這是必然的現象。施瓦本的葛羅斯就跟瑞士的齊根塔勒一樣，都是安靜的沉思者，極少在鏡頭前曝光，而且他們都很滿意自己在職業上的獨立性。無巧不巧的是，這兩位足球戰術大師的謀生職業竟然相同，他們以土木工程師為正職，而且都是建造橋樑的專家。

在這個新式足球的草創時期，朗尼克決定退而求其次，到偏遠的小鎮巴登—符騰堡邦的柯爾博（Korb）訓練當地的足球隊，好讓自己可以擁有充分的自由，繼續實驗與發展一些新穎的足球概念。後來，他在一九九〇年到斯圖加特隊擔任A組青少年足球隊的教練時，便示範性地實踐葛羅斯那套足球戰術系統的一些概念。值得欣慰的是，那時新式足球概念的流行已不限於符騰堡地區，出身北德的芬克教練自一九九一年擔任弗萊堡隊總教頭長達十六年期間也愈來愈認同，應該採用那些他大多以自修的方式獲得的新式足球概念，例如，以球場的空間分布及足球變動的位置為依準的踢球方式。

自一九九五年開始，四人後衛鏈、以足球移動位置為導向的區域防守以及具有攻擊性的壓迫式打法，這些新型足球戰術也在德國中部萊茵—普法茲邦（Rheinland-Pfalz）首府梅茵茲獲得採用。梅茵茲隊是第一支採用新式足球戰術的德乙球隊，當時的總教練法蘭克為該隊引進瑞士的新式足球戰術系統，不過，身為施瓦本人的他，當然也或多或少受到巴登－符騰堡邦（施瓦本族群的大本營）足球門派的影響。早在一九九二／九三年度的球季，法蘭克教練在瑞士的溫特圖爾隊執教時，勒夫正好在這支球隊擔任前鋒球員。二〇〇一年，出身斯圖加特市的俞爾根．克洛普（Jürgen Klopp）在法蘭克離職後，被聘任為梅茵茲隊的總教練。他上任後，經常和朗尼克交換意見，並全力落實已經引入該隊的一些新式足球概念。梅茵茲隊在法蘭克的領導下，以薩奇的AC米蘭隊為仿效的模範，足球的踢法比較靜態。克洛普擔任總教練後，由於側重以進攻為主的壓迫式打法，側翼和中鋒球員在攻擊時，往往大幅挺進，深入對方陣營，或在防守時，趁機從對方奪下足球後，立即調整陣式，由守轉攻，因此梅茵茲隊後來在球賽裡便展現出更充沛的能動性。順便一提，二〇一〇／二〇一一年度的德甲冠軍多特蒙隊正是這種新型足球戰術最精準、最完美的呈現者。

繼任克洛普在梅茵茲隊總教練職位的圖賀是最後一位施瓦本的足球思維者。當圖賀在烏爾姆隊踢球時，朗尼克剛好是該隊的總教頭，後來圖賀轉換職涯跑道改當教練，他首先執教於斯圖加特隊附屬的青少年球隊，著重於教導這些德國足壇的新血一些足球基礎知識與戰術，其中的成員還包括後來赫赫有名的球星薩米．凱迪拉（Sami Khedira）。圖賀在斯圖加特先擔任C組青少年足球隊（年滿十三、十四歲）的總教練，後來成為A組青少年足球隊（年滿十七、十八歲）總教頭漢西．克萊瞿（Hansi Kleitsch）的助理教練；克萊瞿則是葛羅斯在基爾夏伊姆隊的助理教練。總之，上述這些教練全屬於所謂的施瓦本足球門派。圖賀對此曾說道：「朗尼克和葛羅斯在一九八〇年代末、九〇年代初期為斯圖加特隊建立一套全新的戰術體系，這對整個施瓦本地區的足球隊起了示範性作用。斯圖加特隊當時開風氣之先，全面落實這種新式足球戰術，德國其他地區的足球隊後來也紛紛受到這種新穎的足球思維的影響。我在擔任斯圖加特隊附屬的青少年球隊的教練時，也深深受到這套戰術系統的啟發。」圖賀教練還表示，在朗尼克教練主持烏爾姆隊的時代，區域防守對於德國足球界還是一個新的概念，現在這個戰術概念已經很普及，所以即使被球隊採用，也不再有競爭優勢！

話雖如此，勒夫教練卻認為，自己在斯圖加特隊擔任助理教練和總教練時，並未如外人所認為的那樣，實際受益於朗尼克和葛羅斯所創立的那套新型的戰術體系，他雖然長期處於上述的施瓦本足球門派的影響範圍，卻堅決否認自己與該門派的關係。實際上，他並不屬於這個足球門派，因為以葛羅斯為首的這群教練所倡導的新式足球體系和他本身奉行的足球風格並不一樣：勒夫的足球思維聚焦於「如何玩足球」，而不是「如何掌控足球」。

濫觴於施瓦本地區的新式足球戰術雖然當時在其他地區鮮為人知，卻很有吸引力，值得受到重視。這些發生在足球界的轉變不啻顯示，當時不只在瑞士，就連在德國西南地區也出現一種相當有利於足球的創新與現代化的環境。即使勒夫矢口否認自己曾受這群巴登—符騰堡邦「足球教授」的影響，不過，當時身為菜鳥教練的他至少曾受到這股變革風氣的感染。

第四章

邁向未知的教練生涯

輾轉於土耳其和奧地利之間

勒夫至今仍強調，在他的回憶裡，遭斯圖加特隊提前解聘似乎不是一件負面的事，因為從事後的角度來說，這件事雖看似不愉快，後來卻出現相當正面發展，離開斯圖加特隊讓他有機會可以到國外擔任足球教練，獲得全新的職涯經驗。在告別斯圖加特隊之後，他在土耳其大城伊斯坦堡的經歷讓他獲益良多，在為人處世及擔任教練方面得以有所成長。土耳其足球界也對勒夫教練留下絕佳的印象，雖然他在伊斯坦堡足球場的表現非常安靜，絲毫沒有土耳其味——激烈的叫喊和肢體語言。由於勒夫與土耳其有深厚的淵源，因此如果看到土耳其的媒體一而再地報導勒夫即將重回土耳其擔任足球教練的消息時，並不需要感到驚訝。

二〇〇八年，德國隊與土耳其隊雙雙打進歐洲國家盃的前四強準決賽，在這兩支國家足球隊正式對壘之前，某家伊斯坦堡的日報甚至還報導，德國國家隊總教練勒夫已經把好幾箱行李和家當運抵博斯普魯斯海峽旁的豪華別墅裡。根據這篇新聞報導的說法，德國隊的勒夫教練將在歐洲國家盃足球賽結束後，重回伊斯坦堡的費內巴切隊擔任總教練。然而，這種報導也不完全是土耳其體育記者憑空臆想，因為就在德國隊和土耳其隊正式開戰的兩天前，勒夫曾向媒體細說他在土耳其指導球隊期間一些正面的經驗。對於勒夫而言，在重要的國際足球賽裡與土耳其隊對打，意義格外不同。基於過去曾在土耳其球隊任職的資歷，他向來認為，自己應該扮演促進德國和土耳其雙邊關係的親善大使，並殷切地希望，這場兩國之間的足球賽不會擦槍走火，衍生出任何事端。勒夫在這場賽前的記者會上還表示：「身為外國人，我在土耳其足球界的一些經驗讓我獲益不淺，而且還影響我往後的人生。」

二〇〇九年十月，類似的情況又再度出現，當土耳其國家隊總教練法第・鐵林（Fatih Terim）帶領國家隊參加世足賽的會外賽而慘遭淘汰後，立刻引咎辭職。事後那幾天，土耳其的媒體界曾盛傳勒夫可能轉任土耳其國家隊總教頭的謠言，各報紛紛以「勒夫帶來的驚喜」、「一位老朋友的到來」等標題煞有其事地進行相關的報導。勒夫身為一位功成名就、擁有土耳其經驗的外籍足球教練，雖是土耳其國家隊極力爭取的總教練人選，然而，勒夫準備在二〇一〇年南非世足賽之後另謀他職的說法純屬空穴來風。對於這些土耳其媒體的報導，勒夫僅表示，就他對土耳其的了解，在國家隊總教練出缺時期，每天都會有人被媒體點名為國家隊總教練的可能人選，但實際上，土耳其足協卻從未曾詢問過他們出任的意願。

異鄉人總教練

一九九八年夏天，當勒夫被迫離開斯圖加特隊總教練的職位時，他在土耳其仍沒沒無聞。他當時只曉得，自己已不想再擔任別人的助理教練，寧可到一些比斯圖加特隊還要低一、兩級的球隊擔任總教頭，他不打算到德乙或地區聯賽的球隊執教，而是受聘於外國的大型足球隊——伊斯坦堡的費內巴切隊。

這樁美事是由土耳其移民哈崙．阿爾斯藍（Harun Arslan）促成的。阿爾斯藍於一九七一年隨家人移民德國漢諾威時，年僅十五歲。他當時為了賺錢貼補家用，找到工作便幹活，並沒有在德國繼續升學。他曾在一些工廠裡辛苦地工作，後來到餐廳跑堂當服務生，而且還把少得可憐的空閒時間投入他所熱愛的足球活動。他在大漢諾威地區一支頗有傳奇色彩的土耳其業餘足球隊踢球：達姆拉根克隊（SV Damla Genc）成立於一九七五年，在這支球隊裡，他投入許多時間和精力，也從中獲得許多樂趣。當他年過四十，已不適合踢足球時，便想把自己的足球嗜好變成職業。一九九八年，當他通過考試、順利取得國際足協核發的球員仲介商的執照時，便在漢諾威市區開了一家與足球行銷有關的經紀公司。

公司剛開張時，他便面臨一個最大的問題：該如何爭取到第一批顧客？他當時很清楚，自己對於德國和土耳其的足球界瞭如指掌，便決定發揮這個長處。該年夏天，他知道這兩國的足壇有兩件事發生：伊斯坦堡的名隊費內巴切隊正為球隊物色總教練，同時，德國的斯圖加特隊剛解聘了勒夫這位總教頭。阿爾斯藍當時覺得，何不打電話詢問雙方的意願？或許中途被開除的勒夫一時還沒有找到合適的工作？或許費內巴切隊的理事長不排斥聘雇一名德國籍總教頭？事實上，德國足球教練在土耳其足球界享有極好的口碑，德國前國家隊總教練尤波・德爾瓦（Jupp Derwall）在離開德國國家隊之後，曾於一九八七年和八八年執掌伊斯坦堡的加拉塔薩雷隊（Galatasaray SK），並讓該隊接連兩次獲得土耳其頂級聯賽冠軍。後來這支球隊還分別在卡里・費德坎普（Kalli Feldkamp）和萊納・霍爾曼（Rainer Hollmann）這兩位德國籍教練的帶領下，於一九九三年和九四年連續成為頂級聯賽的冠軍得主。此外，前斯圖加特隊總教練道姆也曾到土耳其足球隊執教，他在一九九五年出任伊斯坦堡的貝西克塔斯隊（Be ikta JK）總教頭期間，曾率領該隊勇奪頂級聯賽的冠軍。總之，這個跨國仲介的嘗試是值得的，如果事情沒有結果，對於阿爾斯藍而言，也沒有什麼損失；如果大功告成，不只可以拿到一筆豐厚的傭金，而且還能為自己的經紀公司建立口碑。因為，在土耳其如果有人可以成功地向費內巴切隊引薦合適的總教練人選，那麼他就算是號人物了！

阿爾斯藍決定撥電話連絡雙方，他當時在足球界只是個無名小卒，沒想到竟然促成這件跨國的足球教練的媒合，雙方後來也順利地簽下合約，這一切的發生就像童話般那麼不真實。ＡＥＫ雅典隊（AEK Athen）那時也曾徵詢勒夫，是否願意出任該隊總教練一職，但勒夫卻比較中意到費內巴切隊這支號稱「土耳其的拜仁慕尼黑隊」工作。這件事讓阿爾斯藍不僅談成了一樁生意，而且還因為奉行「知道愈少，行動就愈勇敢」這句格言，而讓人生的經歷更豐富，並拿到一筆為數可觀的仲介費。當然，勒夫的收入比起在斯圖加特隊時期也增加了許多，依據雙方訂立的合同內容，勒夫教練的年薪是三百萬馬克，而且還配有一輛賓士黑頭車、一位司機以及一間三百五十平方公尺的豪華海景公寓。

阿爾斯藍果決地促成了這件事之後，他與勒夫之間的友誼也因此展開並持續至今。阿爾斯藍稱讚勒夫教練正直可靠，只要有人與他面對面接觸，就不會忘記他那充滿魅力的表情、專注而覺知的眼神及迷人的微笑，他曾以「比許多德國人更有德國味」這樣的形容詞描述這位未來的德國國家隊總教練。勒夫則談道，他起初便對阿爾斯藍坦率、慎重、條理分明地處理他出任費內巴切隊總教練的相關事宜，留下深刻的印象。在總教練聘約簽訂完成後，阿爾斯藍還協助他打理在伊斯坦堡生活的種種，並讓他了解土耳其人那種不同於德國人的心態。他很欣賞阿爾斯藍傑出的ＥＱ、細緻的理解力與敏銳的觀察力。阿爾斯藍後來把他的足球經紀公司經營得有聲有色，大漢諾威地區的足球員交易有一半是由他的公司經手完成的，還有許多土耳其球員以及德國境內的土耳其裔球員也是他的客戶，而且直到今天，他還是勒夫個人重要的足球諮商的對象。勒夫成為德國國家隊總教練後，還曾以擔保的口吻公開表示：「我非常認同阿爾斯藍的為人與專業。他很支持我，是我最要好的朋友之一。」阿爾斯藍也說道：「我和勒夫的合作關係後來逐漸轉變成真摯的友誼。」

勒夫還邀請當時剛卸下甯堡隊（FV Nimburg）和帖寧恩隊（FC Teningen）總教練工作的法蘭克．沃姆特（Frank Wormuth）擔任他的助理教練，一同前往伊斯坦堡就任。沃姆特與勒夫都出生於一九六〇年，曾一起在弗萊堡隊踢球。就這樣，這兩位德國籍教練便一道進入了一個全然陌生環境的足球世界。在伊斯坦堡這座位於博斯普魯斯海峽旁的大都市裡，足球向來就是市民信奉的宗教，特別是為數眾多的費內巴切隊球迷。光是在伊斯坦堡舉行的球季開幕賽裡，這支穿著黃藍條紋球衣的足球勁旅就有兩萬五千名球迷到場加油，而且首都安卡拉大多數的足球迷都支持費內巴切隊，如果再加上土耳其其他地區的球迷，這支球隊就擁有兩千五百萬名左右的支持者。也就是說，土耳其幾乎三分之一的人口都是這支足球隊的球迷。因此，當勒夫接任費內巴切隊總教練後，就順理成章地成為土耳其人民心目中最重要的人物之一，甚至比土耳其總統和費內巴切隊理事長更重要。勒夫後來逐漸覺察到：「生來就支持費內巴切隊的人，永遠都會支持這支球隊。身為足球教練，到哪裡工作都會感受到壓力，不過，土耳其這裡的壓力更為極端。」如果費內巴切隊在頂級聯賽只屈居亞軍而未能奪冠，球迷們就會感到很失望，尤其是該隊的死對頭加拉塔薩雷隊最近那幾年已連續好幾次奪魁。他當時很清楚，自己必須讓這支球隊獲勝！必須讓這支球隊登上土耳其頂級聯賽的冠軍寶座！必須戰勝同在伊斯坦堡的加拉塔薩雷隊和貝西克塔斯隊！

費內巴切球會理事長阿濟茲．伊狄里姆（Aziz Yildirim）也給勒夫許多成就的壓力。一九九八年四月，時年四十六歲的伊狄里姆以些微領先對手的得票數打敗許多競爭者，當選該球會的理事長。這位超級富有的營建商當時渴望他的足球隊可以取得最大的成就，他認為，來自德國的勒夫和他在這支球隊所投下的數百萬資金，應該可以讓該隊出現不得了的戰果。這位雄心勃勃的商人在這個球會裡的地位尚未穩固時，便已把費內巴切隊變成一個業績蒸蒸日上的企業，並讓該隊榮獲十八次頂級聯賽冠軍而稱霸土耳其足壇，可惜最近這幾年，他因為參與打假球的謀畫於二〇一一年七月被法院判刑坐牢。

來到土耳其的勒夫很快地便被當地的異文化——神祕東方的顏色、聲響和氣味，魅力萬千的伊斯坦堡大都會以及人民對於足球無止境的熱情深深地吸引。他在這座橫跨歐亞大陸的港都經歷了德國巴登—符騰堡邦的足球賽完全無法比擬的情緒面向。「每一位，真的是每一位土耳其人都對足球很感興趣。連土耳其婦女都知道球員的球衣編號。夏天的伊斯坦堡，所有的小型足球場在凌晨兩點時，還因為有人在那裡踢足球而開著戶外的強力照明燈。」

在伊斯坦堡，人們到處可以察覺該市居民對於足球的狂熱。勒夫剛上任時，才贏了幾場球賽，便已被土耳其人那種人情味、待客的殷勤和真摯的情感徹底地征服。關於這段異國經歷，他曾談道：「只從電視螢光幕認識我的人，甚至包括窮人，都會熱情地招待我吃飯。」在伊斯坦堡的勒夫突然間和一群陌生人坐在一起用餐，大家就像家人一般歡聚在一起。這位新上任的總教練在異鄉備受當地人民的擁護與喜愛，而且令人詫異的是，這位本性拘謹矜持的巴登人竟能跟這些熱情的土耳其民眾有很好的互動。當情緒亢奮的球迷突然熱烈地擁抱他、送他禮物或很驕傲地讓他抱抱自己的孩子時，他也會熱情地回應他們。勒夫在指導斯圖加特隊時，顯得謹慎而靦腆，在土耳其卻能以開放的態度入境隨俗，而讓自己更受土耳其球迷的愛戴。他會走向民眾，與他們握手、擁抱或親吻他們的臉頰，不過，這些行為都是真心真意的嗎？「我總是試著維持真實的自我。我的行為並不是基於某個特定的策略，我的行為只是在表現自己認為正確的行為，自己所接受的教育。」勒夫這麼談論自己。相較之下，勒夫的助理教練沃姆特比較無法輕鬆地融入當地的民情，所以顯得比較冷淡而有保留，但他也贊同勒夫這番自我的評價：「姚吉是典型的水瓶座，水瓶座的人不會討好別人，滿足別人對他的期待。他對於土耳其球迷的熱情並不是基於什麼心機，而是完全發自內心的行為。」

「這裡發生的事，真是不可思議。當我們的球隊獲勝時，這裡的球迷就把我們捧得像聖徒一樣。」被斯圖加特隊以屈辱的方式停聘的勒夫教練在受訪時，這麼告訴《斯圖加特新聞》（*Stuttgarter Nachrichten*）的記者。該年十月，另一位斯圖加特的記者還把自己在土耳其目睹的實況寫成一則新聞報導：「土耳其球迷們那種毫無限度的崇拜讓勒夫整張臉龐都發亮起來，如果他在伊斯坦堡或布爾薩（Bursa）的巷弄內蹓躂，圍在他身邊的群眾就會自動讓出一條路來，就像摩西過紅海時，海水自動分成兩邊一樣。所有人都注視著他，都想碰觸他。總而言之，勒夫在土耳其四處受到追捧。」勒夫在斯圖加特經歷許多攻擊和挫折之後，土耳其民眾的熱情對他而言，顯然是正面的。

當然，土耳其球迷對於自己支持的球隊的輸贏，會出現截然不同的強烈反應，極度的熱情和可怕的憤怒往往形成鮮明的對比。勒夫經歷了頭幾次敗場後，便發現：「當地的民眾只用情感與球隊互動，並不用大腦做理性的思考，所有的比賽對他們而言，不是天堂就是地獄，中間不存在模糊地帶。球隊只要一輸球，球迷就會失控，即使與對方打成平手，從前追捧你的球迷也會突然反過來攻擊你。」曾在土耳其球隊擔任總教頭的道姆教練便曾警告勒夫：「如果你的球隊輸球，記得在比賽過後把住家的百葉簾合上，窩在家裡吃一個星期的罐頭食品，千萬不要出門。」德國籍的萊哈德·薩夫堤西（Reinhard Saftig）於一九九五年在加拉塔薩雷隊擔任總教練時，許多球員因為球隊幾次的敗場而受到球迷激烈的攻擊，後來甚至向他哭求，不要再讓他們上場踢球。由於他已無法說服許多該隊的球員再度披掛上陣，因此，連身為總教頭的他最後都必須在夜裡悄悄搭飛機逃離土耳其。

勒夫和沃姆特這兩位德國教練在伊斯坦堡除了見識到當地足球迷氾濫的歡喜之外，也經歷了他們狂如風暴的憤怒。每當他們帶領費內巴切隊到敵對的加拉塔薩雷隊或貝西克塔斯隊的主場參賽時，沿途的遭遇幾乎就是一場生存的戰爭。勒夫曾提道：「當我們出發前往加拉塔薩雷隊的球場比賽時，對方的球迷會朝我們的巴士丟石頭，這種暴力行為讓我感到恐懼。」費內巴切隊因為顧慮安全問題，必須不斷地為出賽的球員和工作人員更換交通工具，所以沒有配備球隊專屬的巴士。另外，還有一次經歷也讓勒夫留下深刻的印象：當費內巴切隊在外地吃了敗仗，拎著行李飛回伊斯坦堡的機場時，所有隨隊助陣的球迷們卻必須留在機場大廳內，因為據稱航廈外面圍聚著一群暴力滋事分子，正氣沖沖地準備修理戰敗的費內巴切隊球員。後來經過查證才知道，他們只是一群激烈抗議輸球的球迷。對此，助理教練沃姆特下了一個結論：土耳其這個國家就是這樣，人民總是喜歡比較誇張的表現。

在伊斯坦堡，除了廣大球迷們那種全然忘我的狂熱之外（不論是正面或負面的情緒），那些無所不在的媒體對於新上任的勒夫而言，或許才是最大的文化衝擊。每當他一下飛機，就有一百多名記者等著採訪他，每位記者都會寫出自己的報導。費內巴切隊每星期召開三次記者會，而且球隊每次的集訓都會有成群的記者前來採訪。閒暇之餘，不管他在哪裡散步，總會有一些記者和攝影團隊圍繞著他，當他一坐進車內，隨即有狗仔隊在後面追逐。土耳其媒體界渴求這位國內頂尖足球隊總教頭的資訊，就像個無底洞，這個國家的讀者都想知道勒夫位於斯圖加特附近的住家環境，或是他的黑森林家鄉舍瑙鎮。這種對於名人的追逐與窺探實在太瘋狂！勒夫當時已清楚地知道，自己根本無法從這樣的環境中抽身，不過，話說回來，在這樣的國家裡，連發行量最大的體育類報紙都可以用《狂熱》（*Fanatik*）這種名稱命名，報導的內容如何其實已毋需在意。勒夫說：「媒體再怎麼胡說八道，也不會認錯。」、「你在土耳其當足球教練，只能一天過一天，因為那裡的一切比較極端。」新聞記者愛怎麼寫就怎麼寫，體育新聞總是不斷出現哪位球員已被交易到哪一支球隊的報導，追根究柢其實全是新聞記者們的推測，而且媒體還無恥地憑空杜撰一些訪談。勒夫的助理教練沃姆特曾說：「勒夫剛到土耳其擔任總教練時，頭幾個星期還會請人把土耳其報紙與他有關的報導翻譯成德語。後來他發現，有些他曾接受的訪談，說詞已被扭曲或完全被曲解，有些訪談甚至是捏造的。」這些情況根本是他們這些德國教練所無法想像的。沃姆特繼續說道：「一開始，勒夫教練還會嘗試修正媒體的報導，但經過一段時間後，他已經覺得無所謂，因為他知道，自己根本無法影響記者的撰稿行為。」

當費內巴切隊在該年度球季正式開始前的友誼賽，輸給它的死對頭加拉塔薩雷隊和貝西克塔斯隊時，就已經是個不好的兆頭。土耳其的體育報章雜誌紛紛開始批評費內巴切隊，一些與該球會理事長伊狄里姆為敵的人士也在一旁搧風點火。其實，在費內巴切球會十六人的理事會裡，要不是一些嫉妒伊狄里姆當選理事長的理事們在背後運作主導，媒體界實際上很難發動這場攻擊，這才是事實的真相。

極端的足球國度：土耳其

勒夫經歷的土耳其就是一個極端的國度，到處充斥著毫無節制的熱情、極度的不耐煩、過於誇張的期待、徹底的絕望和強烈的憤怒，只有在球隊為他準備的豪華別墅裡，他才能擁有生活的平靜。他那座位於高級住宅區、配有保全人員看守、附設游泳池的的別墅，就位於伊斯坦堡的亞洲城區，緊鄰遊艇港，隔壁鄰居就是球隊的土耳其裔足球明星穆斯塔法・多安（Mustafa Dogan）。這位後衛球員自幼移民德國杜伊斯堡（Duisburg），才參與德甲聯賽一年，便在二十歲的年紀被交易給土耳其的費內巴切隊。多安說，勒夫是個好鄰居，他還記得有一夜，他在別墅裡舉辦烤肉派對，相當吵鬧，勒夫當時是他的隔壁戶，不僅沒有跟他抱怨或抗議，還帶了一大盤馬鈴薯沙拉跟大家同歡。他們相處得很好，相當合得來，不過，隔天在足球場上進行訓練時，他並沒有給這位鄰居什麼特權。對此，多安語帶讚賞地說：「勒夫教練公私分明，是一位很棒的足球專家。在費內巴切隊工作必須承受龐大的壓力，勒夫總是可以處理自己的壓力，我在球隊期間，從沒有看過他情緒失控。」

勒夫雖然需要適應異國環境，但這支伊斯坦堡球隊的球員中心卻有非常完善的設備。勒夫還對來訪的德國記者說明：「費內巴切隊的球員中心除了提供每位球員專屬的房間之外，還設有健身房、桑拿房、熱水按摩池及醫務部門等，設備相當高級。」與德甲球隊不同的是，這支土耳其名隊在球員中心不只練習足球，還在訓練過後一起用餐，許多球員甚至一整天都待在球員中心，他們非常敬業，擁有精湛的踢球技術和堅強的意志力，能以高度的紀律完成應該完成的工作。除此之外，語言的溝通對於勒夫和沃姆特這兩位德國教練而言，並不構成問題。沃姆特後來還表示：「當你有機會到國外擔任足球教練時，應該嘗試學習當地的語言。不過，我們當時在土耳其不一定要說土耳其語，因為費內巴切隊大部分的球員都會說英語或德語，而且球隊還配給我們一名口譯員。」儘管如此，他們當時在足球場邊還是經常把「繼續！」、「開始！」、「攻擊！」等這幾個土耳其詞彙掛在嘴邊。

依照最先進的標準，費內巴切隊的訓練環境絕對是一流的，然而，該隊球員的一些習慣還帶有伊斯蘭文化的特殊性，與西方球員並不相同。比方說，他們基於伊斯蘭教的信仰，在沖澡時不會光著身子，而是穿著運動短褲或泳褲，這種淋浴習慣雖不影響足球比賽的結果，卻讓這兩位德國教練覺得不習慣。比較棘手的是，這支土耳其球隊根深蒂固的傳統階級觀念，相當不利於足球運動的發展，因為傳統的尊卑關係，例如，年紀較輕的球員應在資深球員面前表現退讓、教練與較年長的球員應受到大家的尊敬與禮遇等等習性，無法讓球隊發展出有助於提升球賽戰績的競爭性戰鬥力。此外，該隊球員的體能訓練也不足夠，這些球員習慣以慢速、著重技巧表現的方式踢球，他們幾乎不知道，該如何快速地轉守為攻。勒夫一上任，在進行頭幾次的球員評定後，便已知道，該隊有些主力球員缺乏足夠的企圖心和鬥志，因此在剛上任的前幾個星期，便一口氣解聘了八名他認為踢球方面已無法有所進展的球員。勒夫這位總教練在斯圖加特隊總是被批評過於柔弱，竟在伊斯坦堡的費內巴切隊一口氣開除了八位不適任的球員。

勒夫處理這件事情的方式讓他的助手沃姆特至今仍記憶猶新。根據沃姆特當時的觀察，勒夫在停聘球員時，為了避免傷感情，還會婉轉地跟他們解釋，並不是因為他們表現不好才請他們離隊。還有，在那個年度的球季裡，他留意到勒夫的交際與溝通方式在實際層面上如何運作，勒夫在面對外界的批評與攻訐時，從不會發怒地用拳頭敲打桌面，也不會壓制或反擊那些批評者，而是嘗試去「馴化」他們。如果有人在言詞上衝撞他，他會嘗試在對話裡轉移話題，讓對方發洩體內過多的能量，就像一名鬥牛士拿著一塊紅布讓場上的鬥牛擁有可以戰鬥的目標一般。這些人果真在某個時候就會冷靜下來，不會再隨意放砲，勒夫也會平心靜氣地理解他們，最後雙方便能達成共識。沃姆特還明確地指出，人們幾乎無法察覺勒夫教練真正的感覺和想法，雖然他給人的印象很客氣，總是彬彬有禮，但是他會跟別人維持一定的距離。如果勒夫在私下的談話裡透露些許內心的世界，依據沃姆特的看法，那肯定是最精采、最難得的訊息。

非比尋常的一年卻如常地結束

新上任的勒夫在開除八位費內巴切隊球員後，面臨主力球員不足的問題，依照土耳其足協的規定，每支球隊在比賽時，頂多只能讓四名外籍球員上場。因此，大幅補充外籍球員並沒有意義，至於合適的本國球員卻效力於敵對的加拉塔薩雷隊和貝西克塔斯隊，這兩大伊斯坦堡名隊不可能把這些球員交易給費內巴切隊，這麼一來等於是在壯大敵人、自尋死路。勒夫當時也知道，嚴厲的裁員措施會給球隊帶來很大的風險，不過他堅信這是正確的做法而大膽地採取行動。費內巴切隊的主力部隊雖然戰力轉弱，所幸的是，還有幾位表現突出的外籍新球員，例如，葡萄牙的曼努埃爾・迪馬斯（Manuel M. Dimasz Teixeira）、羅馬尼亞的維奧雷爾・莫多凡（Viorel Moldovan）以及與勒夫一道從斯圖加特隊轉來的土耳其裔瑞士國手雅金。

勒夫在球季一開始曾承諾費內巴切隊廣大的球迷們，不只要獲得更多勝利，而且還要讓他們看到該隊以攻擊為主調的精采球賽。這位德國籍教練確實說到做到，他所指導的這支球隊不只踢球精采，而且戰績輝煌。當費內巴切隊於九月的歐霸聯賽在伊斯坦堡主場以一比〇的成績擊敗義大利的帕爾瑪隊後，球場附近的街道隨即擠滿了慶祝的球迷，直到隔日清晨人潮才逐漸散去。然而，費內巴切隊與帕爾瑪隊的第二回合比賽卻以一比三敗北，賽後該隊球迷們果不出所料，立刻表現出極度的憤怒與失望。不過，這支球隊在土耳其頂級聯賽的比賽卻很順利，在進入冬季休賽期之前，費內巴切隊的總積分暫時高居排行榜之首。球隊理事長伊狄里姆非常滿意勒夫訓練球隊的成果，便把總教練的聘用合約延長到二〇〇〇年夏天。該隊數千名球迷為了觀看這支球隊在安塔利亞（Antalya）冬令訓練營的受訓情形，還大老遠地跟隨球隊，遠赴這座南部大城。當勒夫與出身安塔利亞的守門員魯斯圖・雷克伯（Rüstü Recber）到該市的一間小學演講時，便深切地感受到費內巴切隊在當地廣受歡迎的程度。勒夫回憶道：「學校的大禮堂塞滿好幾百位學童，當我們進入會場時，所有的孩子們全站在椅子上，為我們唱了好幾分鐘的歌曲，當時校長根本無法讓他們安靜下來。」

這位來自德國的總教練內心開始覺得不穩妥，他並不希望球員們感染這種激昂的情緒，「當時我必須適度制止球隊那種興奮之情，這樣他們才不會高估自己。」勒夫這麼做，似乎有先見之明，因為就在該年度的下半球季，費內巴切隊吞下了戰敗的苦果。該隊在下半球季運氣不佳，有些球員以手觸球而被罰球，有些球員犯規而被勒令退場，再加上奈及利亞籍的中後衛主將烏切・歐克楚固（Uche Okechukwu）腿骨骨折，這些都是團隊士氣低迷的原因。當他們四月在主場比賽，以一比二輸給宿敵貝西克塔斯隊時，這對於該隊球迷而言，簡直是一場天大的災難。費內巴切隊在這場球賽失利後，幾乎已無緣問鼎該球季頂級聯賽的冠軍寶座。費內巴切隊那時雖還必須進行八場比賽，卻已遠遠地落後加拉塔薩雷隊和貝西克塔斯隊（分別有八分和五分的總積分差距）。

這支因為精采踢球而普遍獲得讚賞的球隊，最後與頂級聯賽衛冕冠軍的加拉塔薩雷隊在總積分方面又拉近了兩分，得球與失球比例很出色，即八十四比二十九。然而，這些表現有何用處？勒夫無奈地說道：「最後，我們只得了第三名。不論我們在球季期間運氣如何，這些都不重要了！」從一開始，遊戲規則就很清楚：對於費內巴切隊而言，可以取得頂級聯賽冠軍榮銜才是球隊最重要的戰鬥目標，加拉塔薩雷隊和貝西克塔斯隊也是這種心態。

這段瘋狂的伊斯坦堡時光在一年後便結束了！該年度球季最後一場比賽開始的兩小時前，德語口譯員便提醒兩位德國籍教練，該場球賽應該是他們最後一次在場邊指導費內巴切隊出賽。當裁判吹哨示意比賽結束時，他們便正式地被告知，可以回住處打包行李，返回德國。被費內巴切隊提前解聘其實讓勒夫和沃姆特感到很驚訝，因為他們的聘約才在一月分獲得高層延長。然而，從另一方面來說，這種突如其來的解約在土耳其足球界其實很平常。勒夫的前兩任總教練古斯・希丁克[1]（Guus Hiddink）和里奧・邊哈克（Leo Beenhakker）在費內巴切隊的任期都只有三個月。在該年度（一九九八／九九）的球季裡，土耳其頂級聯賽十八支足球隊總共換下二十四名總教練，其中只有兩位總教練撐完整個球季：一位是個性相當情緒化的加拉塔薩雷隊總教練鐵林，這位大師級教練後來還成為揚名國際的土耳其國家隊總教練；另一位就是來自德國的勒夫。大家普遍認為，勒夫能在對立如此尖銳的土耳其頂級聯賽的環境中指導球隊長達一年，已算是了不起的成就了！

雖然，勒夫指導的費內巴切隊只獲得該年度頂級聯賽的季軍，未符合球隊與球迷原先希望球隊能一舉奪魁的期待，但原則上這個來自德國的教練雙人組並沒有讓他們感到不滿意。提供勒夫一些諮詢意見的土耳其裔經紀人阿爾斯藍最近還興奮不已地談論，費內巴切隊的支持者們至今仍對勒夫有相當正面的評價。雖然該隊在勒夫的帶領下只獲得超級聯賽的第三名，球員們的踢球表現卻是二十年來最精采的。球隊理事長伊狄里姆後來甚至公開承認，解聘勒夫這位未來的德國國家隊總教練是他任內最大的失誤，如果當時球會沒有依從他的主張，或許勒夫還可以繼續留在費內巴切隊工作。然而，迫於當時理事會內部競爭對手以及廣大球迷的壓力，他當時真的別無選擇。

勒夫在費內巴切隊獲得了不少正面與負面的經驗，但從整體而言，這些林林總總的經歷對他個人而言，絕對是一大收穫。土耳其足壇讓他明瞭何謂球隊的認同，這種有所歸屬的情感一直讓他很感動。此外，許多因為球隊輸球而蒙受的嚴苛批評也讓他獲益不少，他因此變得比較勇敢，比較能承受外界的責罵。勒夫表示，經過土耳其足球界的洗禮後，他已更果決，更有自信，可以圓熟地在球隊裡發揮身為總教練的權利和地位。或許他現在那股很有個人風格的酷勁，早已在土耳其時期萌芽。他的助理教練沃姆特這麼回顧這段經歷：「如果人們有本事在土耳其擔任足球教練，會比較看得開，不會再為一些小事心煩。」

臨危受命：身為卡爾斯魯爾隊的總教練

在土耳其歷經一年的混亂與喧鬧之後，勒夫只想回到位於巴登地區的家鄉，好好放鬆身心，並安靜地反芻這段期間所累積的大量經驗。勒夫雖然在這段時間離開德國，但德國足球界並沒有把他遺忘。巴

1 譯注：希丁克是前荷蘭足球國手（一九四六—），現為荷蘭國家隊總教練。曾於二〇〇六至二〇一〇年間擔任俄羅斯國家隊總教練。

登－符騰堡邦的卡爾斯魯爾隊連續十一年參加德甲聯賽後，於一九九八年因戰績不佳而被降至德乙聯賽，後來雖經過一番努力，還是無法在隔年重回德甲。因此，卡爾斯魯爾隊高層便相中勒夫，希望他能帶領球隊在戰績方面有所突破，便力邀勒夫擔任該隊的總教頭。勒夫當時還很年輕，由於伊斯坦堡的費內巴切隊付給他豐厚的報酬，所以他剛回德國時，並不急著掙錢。當他面對卡爾斯魯爾隊詢問出任總教練的意願時，一開始還客套地表示謙讓。從前，卡爾斯魯爾隊的前總教練薛佛雖曾讓這支球隊獲得豐碩的戰績而成為德國足壇的偶像教練，但該隊當時的狀況已混亂不明，人們幾乎無法評估，這支有高額赤字，剛被降為德乙的球隊能否在不久的將來重回德甲，並有足夠的實力留在德甲？是否有人可以力挽狂瀾，讓卡爾斯魯爾隊不會再次被降級，成為一支地區聯賽的球隊？勒夫起初拒絕接任該隊總教練，然而沒過多久，他便改變了主意。「卡爾斯魯爾球會理事長羅藍．許密德（Roland Schmider）和體育總監布赫瓦爾德當時堅持要聘用我擔任球隊的總教練，他們十足的誠意讓我很感動。」勒夫說明他那時改變心意的緣由。理事長許密德則顯得很高興，因為他成功地用巴登方言及時說服一位理想的人選擔任該球隊的總教練。

當勒夫在該球季的第十輪賽程接下前任總教練萊納．烏利希（Rainer Ulrich）所留下的職缺時，卡爾斯魯爾隊那時在德乙聯賽排名第十三，總積分九分（兩場勝場得六分，三場和局得三分），只比即將被降級至地區聯賽的球隊多一分。勒夫深受理事長許密德和體育總監布赫瓦爾德的倚重，他也相信，自己可以擔負這項任務。剛上任時，他還表示：「卡爾斯魯爾隊的情況很棘手，但並不是沒有轉機，在冬季休賽期之前，我們必須盡量提高球隊的總積分，避免被降級。從中期和長期的觀點來看，我們這支球隊在未來會有很好的展望。」

然而，勒夫提到的球隊展望卻迅速地黯淡無光，卡爾斯魯爾隊後來不僅沒有振作起來，反而還無可救藥地一路走下坡。勒夫上任後的前七場比賽裡，沒有一場獲勝，只有四場打成平手而獲得四個積分，因此卡爾斯魯爾隊當時已淪為德乙聯賽倒數第二名，距離可以保級的名次還差四分，情況岌岌可危。勒夫那時曾直率地批評該隊球員個人的失誤、足球技巧的弱點、占球率過少以及缺少自信心，而且有些球員在比賽時並沒有竭力發揮體能。總的來說，這支球隊在各個領域都有所不足，例如，戰鬥力、跑位、戰術和踢球技術等。既然根基仍不穩固，勒夫便決定，先對球員們展開基礎的足球訓練。

勒夫後來承認，在這麼糟糕的狀況下，卡爾斯魯爾隊可能無法留在德乙聯賽。由於球隊問題百出，觀看球賽的觀眾群也在這個期間快速流失，勒夫對此莫可奈何地表示，卡爾斯魯爾隊主要的錯誤在於他就任之前球隊的管理缺失。「在最近這段時間裡，卡爾斯魯爾隊約有二十名球員來了又走，流動性太高，無法形成一支能在競賽中彼此協調並與對手匹敵的球隊。」主力球員的高流動率讓球隊的比賽表現愈來愈糟，球隊的財務狀況也隨之惡化，體育總監布赫瓦爾德因此受到嚴厲的批評。三年前，布赫瓦爾德剛從日本回國時，還曾到勒夫當時執掌的斯圖加特隊應徵足球員，如果勒夫當時錄取他，他就成了勒夫門下的球員。布赫瓦爾德在體育行政方面還是一名新手，而且從未證明自己可以勝任這份工作，更何況他的球員交易政策讓大家覺得很不滿意。勒夫在上半球季結束時曾公開表示，如果要拯救卡爾斯魯爾隊，必須採取一些加強措施。

記者們粗魯無禮的提問

由於卡爾斯魯爾隊的比賽成績相當遜色，勒夫必須不斷地面對體育記者們提出的一些愈來愈苛刻的問題，而且有些問題聽起來非常放肆無禮，比方說，一位《海布隆之聲》（*Heilbronner Stimme*）的記者便曾當面問勒夫：「請問，您是足球專業人士嗎？」勒夫當時只回答「是」。接著便有另一名記者問道：「身為一位足球專業人士，該如何指導卡爾斯魯爾隊那些問題重重的的主力球員？」勒夫聽到這樣的提問，便直白地答道：「卡爾斯魯爾隊其實沒有外界想像得那麼糟糕，我們球隊絕對有潛力可以在德乙聯賽裡爬升到中間的名次。」因為，勒夫當時發現，球隊已出現些微的進步。他手下的球員們都努力嘗試，把受訓時學到的理論和技巧轉為球場上的表現。大家都知道，這支球隊正處於艱難時期，特別是一些有待解決的阻礙。勒夫並不打算放棄卡爾斯魯爾隊，雖然當時曾有媒體指稱，他已後悔接手這支球隊。

冬季休賽期一開始，勒夫便陸續和一些讓他憂心的球員們分別展開深入的對談。他已打定主意，和球隊一些「自私自利」的球員分道揚鑣，並向其他的球員呼籲，這個休賽的準備期就是在考驗他們的能力，必須盡快調整自己，才能形成一支真正的團隊。由於資金短絀，卡爾斯魯爾隊已無法再購入新球員，體育總監布赫瓦爾德只能透過從他隊外借的方式，邀請瑞典青年足球隊儲備國手艾瑞克・艾德曼（Erik Edman）和瑞士國家隊前鋒派崔克・迪拿坡里（Patrick de Napoli）加入該隊，以壯大球員陣容，並讓球隊裡的老鳥球員受到更大的競爭壓力。勒夫不斷地激勵球員們的士氣，因為他們必須通過一場嚴酷的生存戰鬥。這個任務當然不容易，但身為總教練的他還是對球員們樂觀地說：「我確信，我們一定會成功。」

一月初，就在下半球季關鍵的那幾個星期裡，由於勒夫已報名參加德國足協在亨內夫體育學校開辦的教練培訓專班第一期課程，於是便把總教練的工作交由助理教練阿敏・華爾茨（Armin Walz）和馬可．培采烏歐里（Marco Pezzaiuoli）處理。然而，該隊後來的戰績卻顯示，這樣的做法並不是明智的決定。勒夫雖已預先向球隊請假幾個星期，不過，他還是事先為球隊完成一份構思縝密的訓練計畫，分析每個球賽的細節，為隊員們做好綿密的準備，以面對即將應戰的球隊。然而，這些努力卻無濟於事，因為球場上的勝利始終沒有出現。二月二十八日，當卡爾斯魯爾隊以一比四的成績輸給慕森加柏隊（Borussia Mönchengladbach）時，該隊以十一連敗打破球隊的紀錄。勒夫對於這場球賽很失望，也很憤怒，在球場旁顯得很無助，一直到第七十一分鐘，他的球隊終於踢進了一球，不過仍以敗場做收。「我們不能指責自己，但在總積分短少九分的狀況下，如果要急起直追，避免被降級到地區聯賽，也只能指望奇蹟出現了。」

卡爾斯魯爾隊後來還以一比二輸給德乙倒數第二名的斯圖加特踢球者隊（Stuttgarter Kickers），這也意味著這支球隊在該球季的第十七輪賽程裡，已從德乙聯賽中出局。對於這樣的比賽結果，勒夫教練只能無奈地表示：「我們這支球隊有些球員其實說不上會踢足球，實在不能被稱為職業足球員。」有鑑於這場比賽七零八落，勒夫便暫時將隊內幾位球員停賽，但是情況仍沒有好轉。在接下來的十場比賽裡，卡爾斯魯爾隊只有一場勝場，在三月十九日以二比一打贏幸運科隆隊（SC Fortuna Köln）。當該隊於第二十七輪賽程裡，在主場以一比三敗給漢諾威隊後，勒夫對這支球隊已心灰意冷，並公開承認自己的失敗。卡爾斯魯爾隊此時在德乙聯賽的排名已敬陪末座，如果要免於不被降級，球隊總積分就必須再增加十二分，不過，這已是不可能的任務。勒夫因此宣布辭去該隊總教練的職務，他當時在記者會上表示：「我已經盡力了，所以我不會責怪自己。我無法阻止這支球隊的戰績不斷往下滑落，因此我決定把總教練的職位空出來，讓球隊能有一個新的開始。」勒夫在任一百七十七天，卻只贏得一場比賽，總積分只獲得十八分，這就是勒夫在卡爾斯魯爾隊交出的成績單。他後來總結自己在這支球隊的經驗：「我的形象當然因此而受損，不過，這次的失敗對我個人後來的教練生涯的發展或許有幫助。」

前瑞士足球國手迪拿坡里當時曾在卡爾斯魯爾隊踢球，他對於勒夫當時的處境曾有一些貼切的描述：「勒夫在戰術方面很有功力，也跟我們這些球員有很多互動和深談。不過，他接任卡爾斯魯爾隊的時機不對，那時這支球隊還缺少一些可以成功的必要條件。」但他認為，現已貴為德國國家隊總教練的勒夫當時確實從這個失敗中獲得一些正面的經驗，「勒夫在那個球季從卡爾斯魯爾隊學到許多東西，特別是如何和媒體及球隊高層人士打交道。」

在二〇〇〇年這個卡爾斯魯爾隊的災難年裡，已在位二十六年之久的理事長許密德終於在五月宣布辭職，由此可知，並不是只有勒夫想跳開這艘正往下沉沒的船隻。因為錯誤的球員購入政策而遭到嚴厲批評的體育總監布赫瓦爾德則悲嘆地哀求，希望大家不要在這個危機時刻競相丟下球隊落跑。勒夫離職後，球員的訓練工作便由助理教練培采烏歐里負責，在接下來與科特布斯隊對打的比賽裡，卡爾斯魯爾隊竟以一比〇的成績獲勝。然而，這個勝場已無法扭轉這支球隊注定在下個球季降級至地區聯賽的命運。

「失敗的救援教練」再次奮起：轉往土耳其的阿達納隊

勒夫在卡爾斯魯爾隊遭逢慘烈的職涯挫敗。為何他會失敗？難道誠如該球會理事長許密德所言，媒體嚴厲地攻擊是導致勒夫失敗的主因？勒夫那時雖被德國足球界稱為「甘冒風險的戰術分析家」，但他絕對希望自己的球隊能在足球場上獲勝，只是球員們沒有實力可以達到這樣的要求。此外，要求一支能力有限、在降級邊緣掙扎的球隊，在球賽中進一步表現足球的創造性，原則上，這已是不切實際的期待。簡言之，勒夫的失敗在於執著自己的想法，絲毫不願意讓步，或與球員們有任何的妥協。在離職一段時間之後，他才體悟到，自己當時的做法其實只會拉低卡爾斯魯爾隊的戰績，讓該隊排名殿後就等於在摧毀這支球隊。無論如何，他個人畢竟從卡爾斯魯爾隊的那場災難中學到一些寶貴的經驗：「身為足球隊教練，我已經學會，有時應該稍微擺脫自己對於足球的一些既定的見解與做法。」

前幾次被球隊停聘並沒有讓勒夫的專業權威受損，然而，卡爾斯魯爾隊的那場災難式失敗卻已大大損傷了他的聲譽。這位「失敗的救援教練」已經被德國足球教練的圈子排除在外，因此，他有充裕的時間，可以安靜而專注地參加德國足協在亨內夫體育學校開辦的教練特訓班。

當勒夫在這個培訓班結業後，卻沒有一支他看得上眼的足球隊想聘用他擔任總教練。他那時失業半年，內心經常懷疑，自己在足球界是否還能有所發展。二〇〇〇年年底，土耳其南部大城阿達納（Adana）的足球隊當時在頂級聯賽的戰績不佳，地位岌岌可危，很可能被降級至乙級聯賽。當這支球隊想聘用他擔任總教練時，這位已被足壇冷落許久的教練便立刻接受聘約，再次飛往土耳其指導足球隊。其實在足球界有一定分量的教練並不想在這種危機重重的球隊執教，只有那些沒有發展、還在職涯中尋求一線希望的教練才會應聘上任。

人們或許會認為，勒夫在伊斯坦堡一連串令他錯愕與惱怒的經驗，會讓他拒絕再度執掌土耳其足球隊。然而，勒夫當時已別無選擇，他無論如何都希望能重返足壇，即使是擔任一支不知名足球隊的總教練。況且，如果自己可以成功地挽救這支土耳其頂級聯賽的球隊不被降級，或許往後還可以獲得更好的工作機會。定居於伊斯坦堡的兩位土耳其媒體大亨烏贊兄弟（Brüder Uzan）是這支球隊的老闆，他們一直相信，勒夫這位前費內巴切隊總教練可以讓他們的球隊起死回生，順利地留在頂級聯賽。

勒夫還說服卡爾斯魯爾隊的助理教練華爾茨及斯圖加特隊的後衛貝爾托德一道前往土耳其，為身陷危機的阿達納隊（Adana Demirspor）效力。此外，足球經紀人阿爾斯藍還推薦土耳其裔的阿德南．阿克巴巴（Adnan Akbaba）擔任德語口譯員，隨同他們前往阿達納。阿克巴巴定居於柏林，畢業於科隆體育學院，曾擔任一支聯會聯賽球隊的教練，在前往阿達納之前，是柏林土耳其裔足球隊（Türkiyemspor Berlin）的青少年部主任。勒夫接手阿達納球隊之後還發現，該隊還有一名德國籍球員，即拜仁慕尼黑隊的知名門將奧立佛．卡恩（Oliver Kahn）的替補守門員斯凡．修伊爾（Sven Scheuer）。

這支來自德國的救援隊伍加入阿達納隊後，一連吃了三場敗仗，後來有一場球賽與對方打成平手而終於讓該隊的總積分增加了一分。當時如果阿達納隊在土耳其頂級聯賽不想被降級，就還需要五個勝場，儘管阿達納隊表現仍不理想，卻不是完全沒有希望。不過，該隊的贊助者賽姆．烏岑（Cem Uzan）卻因為球隊在勒夫上任後毫無表現而不願再支付球員和教練的薪水。德國籍守門員修伊爾便立刻打包行李，準備打道回府，勒夫則不惜以辭職威脅球隊高層，並搭機飛往伊斯坦堡，與烏岑兄弟當面談判。德國後衛球員貝爾托德曾評論當時的情況：「勒夫教練不是那種遇到困難便放棄的人，當地的球迷都知道，球隊表現沒有起色並不是他的過錯，而是運氣不好，當時這支球隊的主幹球員接連受傷，所以沒有合適的球員可以上場應戰。」勒夫遠赴伊斯坦堡談判，卻沒有結果，沒過多久便被阿達納隊解聘。

土耳其裔口譯員阿克巴巴對此下結論說：「理事會對於勒夫教練及球隊的期待並不切合實際。勒夫剛上任時，頭幾場比賽雖然輸球，理事會其實應該給他更多的時間才對。」後衛貝爾托德說得更直接：「我們當時必須面對球隊高層那幾位令人捉摸不透的生意人恣意專斷的作風，球隊當時已陷入一片混亂。」勒夫離職後，阿達納隊的情況仍未好轉，在該年度球季的頂級聯賽中排名墊底而被降級到乙級聯賽。

勒夫原本打算透過執教阿達納隊東山再起，這個嘗試失敗之後，他便返回斯圖加特附近的住家，一切又回到原點，他再度處於失業狀態而且茫然不知所措，就跟他幾個月前還未前往土耳其任職一樣。他的職業生涯因為卡爾斯魯爾隊的降級而暗淡無光，接下來在土耳其城市所遭遇的挫敗則讓他徹底成為德國足壇的邊緣人，此時的他已處於人生的谷底。《星期天時事》（*Sonntag Aktuell*）這份斯圖加特的週報曾這麼描述勒夫當時的處境：「孤獨的家居生活」。勒夫後來也對媒體坦承：「我當時曾思考，該如何繼續前進。我耐心地等待，希望有機會可以奮發向上，不過，卻什麼也沒發生。」

在奧地利提洛地區的勝利

勒夫在一九九九年至二〇〇一年之間，接連經歷卡爾斯魯爾隊的那場災難、半年的失業以及阿達納隊的那場混仗，然後又再度失業，這樣的職業經歷一點也稱不上幸運。當二〇〇一年十月，一通來自奧地利提洛因斯布魯克隊詢問是否願意擔任總教練的電話，確實讓他大大地鬆了一口氣。相較於歐洲的足球強國，奧地利的職業足球聯賽並不重要，因斯布魯克（Innsbruck）的提洛因斯布魯克隊的總教練也不是什麼了不得的職位，對於想要有所表現的年輕教練而言，在奧地利球隊任職不一定是理想的選擇。還有，提洛因斯布魯克隊前一任的教練、也是奧地利前足球國手庫特・亞拉（Kurt Jara）被公認是一位非常靈巧而傑出的足球教練，已連續兩年帶領提洛因斯布魯克隊獲得奧地利超級聯賽的冠軍，為他的後繼者樹立了一個很高的標竿。因此，新上任的勒夫必須面對人們對他的高度期待，必須走出前任總教練因為非凡的成就所留給他的陰影，而且還必須領導這支並非由他組軍的球隊再度問鼎奧超的冠軍寶座。提洛因斯布魯克隊當時在經營方面其實已出現許多困難，特別是財務問題，勒夫當時不僅無法預見這些難題，而且也沒有充足的時間周全地考慮，是否應該到該隊執教。因此，從接獲該隊的詢問到正式上任總教頭只有短短幾天的時間。勒夫的態度顯得很積極，畢竟這份在因斯布魯克的工作對他而言，具有一定的職業願景：前任總教練亞拉由於領導該隊有方，後來便受聘出掌德甲的漢堡隊。

提洛因斯布魯克隊是四十一歲的勒夫擔任總教練以來第五支執掌的球隊，這支球隊當時已出現一些衰敗的跡象，特別是日益嚴重的財務問題：球會高層先前為了爭取奧超的冠軍而花費大筆金錢購入優秀的球員，造成財務過度支出。理事長馬丁・柯爾學（Martin Kerscher）一再否認該球會陷入財務危機的傳言，並信心十足地宣稱，將引入一套改革模式以徹底整頓球會的財務狀況。不過，人們後來並未看到他在這方面有什麼作為，他提到的財務改革計畫基本上不過是爭取一筆紓困貸款，而且該項貸款後來還出了差錯，一家美國佛羅里達的租賃公司透過一名仲介表示，願意提供提洛因斯布魯克隊一千八百萬歐元的貸款，本金與利息分十五年攤還。不過，提洛因斯布魯克隊光是付給這名掮客的傭金便高達八十五萬歐元。

在歐霸聯賽裡，勒夫率領提洛因斯布魯克隊與費倫提那隊（AC Florence）進行第一回合比賽之前，柯爾學便已覺得自己無法勝任球會理事長而決定辭職，繼任者是輪胎商歐特瑪・布魯克穆勒（Othmar Bruckmüller），原是理事會負責財務部門的主管。新任理事長一上台便宣布實施嚴格的樽節措施，因此不可能再花大筆金錢購入新球員，但他向勒夫承諾，不會為了增加財源而把球隊的主力球員交易出去。波蘭籍前鋒拉多斯拉夫・季列維茨（Radoslaw Gilewicz）、德國籍中場馬庫斯・安芬（Markus Anfang）、司職中後衛的米歇爾・鮑爾（Michael Baur）及馬可・施維錫（Marco Zwyssig）都是提洛因斯布魯克隊的支柱。勒夫教練原本打算把斯圖加特隊轉來的守門員齊格勒留下，當時卻已被交易給奧地利維也納隊（Austria Wien）以換取該隊的中場派崔克・耶采克（Patrick Jezek），所以，該隊的老門將斯達尼斯拉夫・闕切索夫（Stanislav Tschertschessow）就得經常先發上場。

就整體而言，勒夫所領導的提洛因斯布魯克隊在奧地利足球界是一支很優秀的團隊，球迷們認為，該隊一定可以在勒夫的帶領下再度在奧超衛冕成功。不過，這支球隊在國際足球賽裡並沒有競爭力：前任總教練亞拉帶領提洛因斯布魯克隊參加歐洲冠軍聯賽（UEFA Champions League）的會外賽時，便因為輸給莫斯科火車頭隊而被淘汰；後來勒夫擔任總教頭時，該隊在歐霸聯賽的會外賽中也被費倫提那隊擊敗（兩回合的比賽成績分別是〇比二與二比二）而未能晉級會內賽。勒夫因為該隊良好的氣氛和旺盛的鬥志而受到鼓舞，他後來曾描述第一次帶隊到維也納進行客場比賽的情況：「因為阿爾卑斯山區起大霧，我們不得不在二百二十公里外的林茲市（Linz）降落。下機後，我們便立刻轉乘一輛租來的大巴士，沿著高速公路趕赴維也納，中途還在休息站用餐。開賽前五十分鐘，我們才抵達球場。如果換成其他球隊，肯定會以交通延誤作為拒絕出賽的理由，但是隊員們當時卻對我說：『教練，我們還是可以贏球的。』後來我們果真以二比〇打敗維也納的阿德米拿莫德林隊（FC Admira Wacker）。」

在冬季休賽期之前，提洛因斯布魯克隊以九分的差距領先第二名，穩居奧超榜首，該隊在球賽的表現令人相當滿意，但財務狀況卻愈來愈吃緊，球員和教練已經好幾個星期沒有拿到薪資。到了二〇〇二年三月底，球員們還是沒領到錢，部分球員便威脅要立刻與球隊解約，勒夫見狀，仍努力安撫他們，以凝聚球隊的向心力。後來勒夫滿意地說道：「許多人當時認為，我們在這種不利的情況下會變得不穩定，後來他們卻對我們刮目相看，因為我們非但沒受到影響而且還在總積分排行榜上遙遙領先，比第二名多了十四分。」勒夫不曾因為提洛因斯布魯克隊陷入財務困境而放棄這支球隊，球員們也不負所望地在球場上全力以赴。這支球隊正朝著冠軍邁步前進，對勒夫來說，球賽的勝利才具有「絕對的優先性」。雖然他那時沒有拿到教練的薪水，但是，他還不至於餓死，還可以支用自己在伊斯坦堡時期存下的積蓄，因為，對他更重要的是，這支球隊可以讓他重新獲得足球教練的尊嚴與聲譽。此外，他還附帶提到：「扮演球員們的心理專家並喚醒他們當下恰當的感受，這個工作對他一直很有吸引力。」

然而，提洛因斯布魯克隊整體的環境已經變得愈來愈怪異！該隊在三月分與奧地利薩爾茲堡隊（SV Austria Salzburg）在主場的比賽因為積雪過厚而被迫中斷，必須等待球場的工作人員清除草坪的白雪後，才能恢復比賽。設備現代化的提佛利足球場（Tivoli-Stadion）才落成不到兩年，球場草坪下方雖安裝融雪的加熱系統，但球隊已無法負擔相關的電費支出！勒夫教練以一比〇打贏這場球賽後，便對理事會提出整頓財務的建議：「我們乾脆把草坪下的加熱系統賣掉算了，反正也用不上！」然而，即使當時理事會同意變賣也已無濟於事，因為因斯布魯克地方法院的強制執行人員已經扣押了該隊的資產及球賽的門票收入。總之，提洛因斯布魯克隊當時的情況相當奇怪而罕見，球隊進入破產程序在即，卻同時穩坐奧超的冠軍寶座。由於該隊的總積分與第二名足足有十七分的差距，因此在球季結束的六星期前，提洛因斯布魯克隊已篤定奪魁。最後，這支球隊以十分的落差領先位居亞軍的葛拉茲風暴隊（SK Sturm Graz）。

冠軍球隊的破產

提洛因斯布魯克隊雖然在奧超大獲全勝，但是，解決攸關球隊存續的財務問題似乎已到了最後關頭。四月初，提洛賴夫艾森州立銀行（Raiffeisen-Landesbank Tirol）挹注提洛因斯布魯克隊七十萬歐元的資金，以暫時解決該球隊現金流量不足的問題。雖然球隊可以因而暫時維持營運，情況卻一點也不樂觀。提洛賴夫艾森州立銀行的董事長在審閱提洛因斯布魯克隊的財務報告後，下了這樣的評斷：「這支球隊總共需要一千五百萬歐元的資金。」然而，理事長布魯克穆勒和球隊經理羅伯特．霍賀胥達弗（Robert Hochstaffl）卻仍矢口否認球隊將面臨宣告破產的困境。六月六日，奧超已拒絕發給提洛因斯布魯克隊參賽許可，該隊提出的異議也於六月十七日被駁回。隔日，由於該隊已確定無法償還三千六百萬歐元的債務，而向法院聲請破產宣告。

冠軍教練勒夫此時悲喜交集。球隊高層數星期以來，一再昧著良心向大家保證會讓球隊生存下來，這種不誠實的做法以及缺乏處理財務危機的意願與能力，一方面讓勒夫大失所望，另一方面也讓他清醒過來。當時他已不打算留在因斯布魯克擔任甫於六月成立的華克提洛隊（FC Wacker Tirol）的總教練。這支新球隊是提洛因斯布魯克隊的延續，它後來與施華洛世奇公司（Swarowski）贊助的瓦滕斯隊（WSG Wattens）合併為華克瓦滕斯隊（Wacker Wattens），並準備於下個球季加入奧地利的第三級聯賽（若未與瓦滕斯隊合併，這支因斯布魯克的新球隊當時只能參加奧地利最低級的聯賽）。勒夫當時認為，在這種條件下重組的新球隊體質不佳，不太可能在兩年後重回奧超聯賽，而且該隊如果要擁有突出的戰績，至少應聘用五名原先效力於提洛因斯布魯克隊的球員，但新球隊的高層基於資金短缺的考量，不可能接受勒夫這項提議。他後來向記者表明不願意擔任因斯布魯克華克隊總教練的立場，同時還強調自己未來期待的工作條件：「我完全處於開放狀態，但是，我不會再去一個完全陌生的國家或是一支小型球隊。」

因斯布魯克的足球界後來出現這樣的發展：在二〇〇二／〇三年度的球季裡，剛合併完成的華克瓦騰斯隊在西區的地區聯賽奪得冠軍後，便遭重組而改以華克隊這個名稱進入第二級聯賽踢球，而且順利地在該年度球季奪冠，取得進入奧超聯賽的資格。這支提洛地區的新球隊在成立後，也就是在提洛因斯布魯克隊破產後，以最快的速度重回奧超聯賽，前後只花了兩年的時間，與勒夫先前的預測完全相反。然而，提洛因斯布魯克隊破產仍餘波盪漾，相關的法律和財務問題無法像足球方面得以快速地獲得解決，該隊的經理霍賀胥達弗於二〇〇二年六月因為詐騙罪嫌而遭到逮捕，這起案件經過法院五年的審理，霍賀胥達弗被判處四年有期徒刑。二〇〇九年一月，勒夫還從該球隊的破產清償程序中獲得百分之十的薪資，對此他意外地表示：「我從來沒有想過，還可以拿到這些錢。」

從冠軍教練到流浪教練

二〇〇二年夏天，勒夫雖成為奧地利職業足壇的冠軍教練，卻也是沒有球隊可以棲靠的流浪教練。由於條件較好的教練職缺遲未出現，勒夫這次的失業期長於以往。二〇〇三年一月底，《踢球者》報導，姚阿幸·勒夫已拒絕出任阿布達比和喬治亞共和國的國家隊總教練，當時的他幾乎已被德國足球界徹底遺忘。幾個月之後，勒夫終於找到比較中意的新球隊：奧地利維也納隊。在德國，幾乎沒有人注意勒夫在因斯布魯克訓練提洛因斯布魯克隊的成果，然而，奧地利人卻對這位德國籍教練留下深刻的印象，只不過在這期間奧地利球隊所出缺的總教練職位勒夫都看不上眼。同年六月，勒夫便與該年度榮獲奧超與奧地利足協盃雙料冠軍的奧地利維也納隊簽下兩年的總教練合約，成為名氣響亮的道姆教練的繼任者。

一開始，勒夫在維也納碰到的情況與在因斯布魯克很類似，他接手一支衛冕冠軍的球隊，然而，該隊的框架條件卻不理想，這次倒不是迫近的破產宣告，而是球隊難搞的大金主兼獨裁者法蘭克・施卓納賀（Frank Stronach）。一九九九年，這位奧地利裔加拿大企業家買下這支來自維也納工人區、身著紫色球衣的奧地利維也納隊，冀望這支實力不錯的球隊能在歐洲冠軍聯賽嶄露頭角。他那家位於加拿大、專門生產汽車零件的瑪格納國際公司（Magna International）就是奧地利維也納隊的主要贊助商，他雖貴為這支球隊的老闆，卻沒有任何職位，只是透過一份經營管理合約掌控這支球隊，對於球隊的每一件事都擁有發言權。這位億萬富豪那時還擔任奧地利足協主席，並主持負責國家隊青訓的奧地利足球學院。截至當時為止，施卓納賀在不到四年的時間，已在奧地利維也納隊投入一億歐元的資金，購入五十四名球員，並更換了八位總教練，這些教練的任期最短只有二十七天，最長也只有八個月（道姆教練）。

身為施卓納賀時期的第九位總教練，勒夫一上任便發現這支球隊還有許多尚待改進之處。經過一番了解之後，他知道：「與球隊有合約的球員將近四十位，其中有一部分外借出去，有一部分已經返回。不過，為了球隊的發展，勢必得以球員的質量代替數量。」此外，勒夫還主張：「必須致力於發揚球隊的理念，球隊的精神如果有傳承性，就比較能獲得球迷的認同，提高球迷的忠誠度。」還有，他已經打算重新整頓球隊那些形形色色的球員，包括一些新進的或廣受球迷爭議的球員，例如，從敵對的葛拉茲風暴隊交易來的前鋒伊維卡・瓦斯蒂奇（Ivica Vastic）或已過氣的德甲球星維拉特和西恩・登迪（Sean Dundee）。

奧地利維也納隊的球員平均年齡過高，其中許多人在球場上表現平平，而且球隊氣氛不佳，球員之間喜歡勾心鬥角。儘管如此，勒夫教練仍信心十足地表示：「我們當然可以拿到聯賽的冠軍！」他剛上任便活力十足地開始幹活，希望能迅速營造一種有助於球賽表現的氛圍。在一些不乏衝突的談話裡，他明確並強硬地要求隊內一些自大、自我感覺良好的球星們收斂自己的行為，與其他球員們和睦相處。他開心地宣稱，擔任這支球隊的總教練是一項令人興奮的任務，雖然他的工作或多或少會因為隊內那幾股勢力的存在而無法輕鬆愉快。總的來說，他還是樂觀地相信，球隊的一切全在他的掌控之中。

勒夫接掌這支球隊後，起初的比賽表現就沒有符合球隊老闆的高度期待，因為在他的帶領下，這支曾二十二次獲得奧超冠軍的球隊卻在歐洲冠軍聯賽的會外賽裡以〇比一和〇比〇的兩回合戰績輸給法國的馬賽隊（Olympique de Marseille）而慘遭淘汰。後來又在歐霸聯賽的會外賽以一比二和〇比一的成績敗給多特蒙德隊而正式出局。相較於國際比賽出師不利，奧地利維也納隊卻在國內的奧超聯賽有不錯的表現，球季一展開，該隊的戰績便維持在積分排行榜的第二名，在第十九輪賽程之後，還躍升為第一名。然而，當該隊在三月二十一日以〇比二輸給在奧超排行敬陪末座的康騰隊（FC Kärnten）後，球隊內部便發生強烈的爭執。儘管它仍與積分相同的葛拉茲隊（Grazer AK）名列前茅，但當時剛從加拿大飛回維也納的球隊老闆施卓納賀已對上任十個月的勒夫失去信任，而且毫不避諱地表達自己的不滿：「他帶隊將近一年，球隊卻沒有什麼進展。」更糟糕的是，自從那次被康騰隊打敗後，施卓納賀便規定勒夫必須三天兩頭地用電話向他報告球隊的狀況，這種無理的要求幾乎讓勒夫忍無可忍。後來這位富豪老闆還宣布，球隊未來將由體育總監鈞特・柯隆史代納（Günter Kronsteiner）統籌領導，並增設一名在球賽布陣和戰術方面負責執行柯隆史代納指示的訓練總監。如果勒夫有意願，可以立刻出任球隊的訓練總監，如果他不接受，就會被解雇。勒夫當時並不願意降格以求，屈居訓練總監的職位，便隨即表態拒絕：「好吧，那就把我解雇吧！在球隊裡，只有總教練可以做所有的決定，即使是在位的最後一天。」

當時只要施卓納賀留在維也納，人們總是喜歡交頭接耳地談論，奧地利維也納隊又要更換總教練了！然而，把勒夫換下並無法讓這支維也納傳統名隊在該球季的奧超聯賽中順利奪魁，最終它還是敗給葛拉茲隊，只獲得亞軍。後來這支球隊於二〇〇六年再次拿下奧超冠軍，沒過多久，施卓納賀便出脫該隊的股權，轉而買下施瓦嫩施塔特隊（SC Schwanenstadt），然後以這支球隊為基礎，籌組瑪格納維也納新城隊（FC Magna Wiener Neustadt）。這支新球隊成立後，得以沿用原球隊的參賽許可證，並順利地在二〇〇八／〇九年度的球季晉級奧超聯賽，至今仍不斷展現旺盛的進取心。

至於離職後的勒夫呢？一方面，他可以因為正直與不妥協的表現而感到問心無愧，另一方面，他又得重回熟悉的失業生活，無法擁有具體的人生目標。如果他那時願意做些讓步，是否是比較明智的做法？不！當他數年後回顧這段往事時，他倒很高興自己當年沒有屈服於那位球隊老闆的權威。勒夫現在已是功成名就、廣受民眾愛戴的德國國家隊總教練，他當然可以輕鬆地這麼說，然而，當他二〇〇三年春天在維也納遭到解雇時，處境卻很艱難。截至當時為止，他所累積的教練資歷並不出色，他在斯圖加特隊時期的戰績是唯一受到歐洲主流足球界認可的成就：一九九七年獲得德國足協盃冠軍、一九九八年入圍歐洲優勝者盃的冠亞軍總決賽、在這兩個年度球季均獲得德甲聯賽第四名。後來，勒夫還帶領提洛因斯布魯克隊奪得奧超冠軍，雖然在比較沒有分量的奧地利足球聯賽獲得的榮譽其實無助於提升本身的專業聲望，這項資歷甚至還不如他帶領費內巴切隊獲得土耳其頂級聯賽第三名的戰績。在擔任總教練期間，他曾五度被提前解聘，曾讓卡爾斯魯爾隊從德乙聯賽降級至地區聯賽，這些都算是勒夫教練生涯的負面紀錄，因此，如果想憑藉上述的帶隊資歷再度獲聘為傑出球隊的總教練，幾乎是不可能的事。

勒夫只能到處宣揚自己那套曾在斯圖加特隊和費內巴切隊獲得階段性實踐的足球哲學，這兩支球隊確實在他的指導下，展現出一種富有魅力且相當出色的攻擊式足球。當然，他還希望打造一支不僅能橫掃歐洲足球賽的常勝軍，而且還能在足球場上表現出球隊的充沛活力以及一些經過深思熟慮的戰術。不過，這些期待對於擔任國家隊總教練的他而言，已遙不可及，當他還是菜鳥教練時，反而比較有機會實踐這些理想。德國名教練希斯菲爾德在二〇〇一年率領拜仁慕尼黑隊在歐洲冠軍聯賽奪得冠軍，二〇〇二年勒沃庫森隊在克勞思．托普穆勒（Klaus Toppmöller）的指導下闖入歐洲冠軍聯賽的冠亞軍爭霸賽，與該聯賽最成功的球隊皇家馬德里隊（Real Madrid CF）展開轟轟烈烈的對戰，不過，這些戰績卓著的足球教練努力的面向卻迥異於勒夫的足球理念。勒夫雖稱不上是傑出的教練，但他總是深信自己對於足球的見解與觀點。在他看來，一些德國足球隊在歐洲冠軍聯賽的表現雖然可以取得不錯的名次，不過，它們不只是可以被超越的球隊，甚至還與勒夫所追求的最高水平的戰術與球技相差甚遠。依據他的經驗，一些其他國家的頂尖球隊，諸如，義大利、英國、西班牙和法國，在足球理論和實際運用方面已在某種程度上領先德甲勁旅，因此德國足球界有必要向這些國外球隊多加學習。

鳥瞰全局的高度：參考國外足球隊的經驗

足球教練遠赴國外球隊見習的正面意義早已獲得廣泛的認同，幾乎所有德甲球隊的教練都會出國進行短期的參訪學習，其中以朗尼克和密爾寇．斯隆卡（Mirko Slomka）最為熱衷。

在勒夫被解聘數年後、才執掌斯圖加特隊的馬加特教練曾對這種現象表示：「看來所有的德甲教練都曾親自求教精通英、德語，在英超擁有輝煌戰績的法國籍名教練溫格，而且在拜訪過後仍很佩服這位歐洲足壇的教練大師。我承認，自己也曾向溫格叩問討教，也曾訪問英格蘭名隊利物浦隊，不過，每當我思考自己風塵僕僕地跑到海外到底學到什麼時，我總是告訴自己，什麼也沒有。」馬加特教練會說這番話，大概是因為他的海外考察之旅沒有讓他獲得值得重視的經驗。然而，德國大部分的足球教練並不認同這樣的說法，就連現在貴為德國國家隊總教練的勒夫也不願錯過任何到國外球隊見習的機會。他每次被球隊解聘後，通常會有好幾個月賦閒在家，失業的他總是會利用這段空檔自修足球。比方說，他被奧地利維也納隊解雇後，雖沒有從事比較像樣的計畫，卻也沒有懶散地過日子，消極地在家裡等待下一個就業機會，而是把失業的生活當成私下進修的大好機會。

勒夫很早以前便已發現，國外足球界有許多值得學習的長處。比方說，義大利青少年足球員所接受的訓練：「他們比德國的青少年選手更習於運用足球的戰術。由於他們對於戰術相當嫻熟，許多戰術的概念早已內化成肢體的反射動作。有時他們會花好幾個鐘頭練習球隊的擺陣、相互傳球並透過繩索的輔助以達到精確的跑位。」勒夫曾前往荷蘭的洛達隊（Roda JC Kerkrade）和最著名的阿賈克斯隊觀摩學習。當他離開提洛因斯布魯克隊之後，還利用失業的空閒參訪一些南歐的足球隊，以徹底掌握這個歐洲足壇的主流地區盛行的足球訓練觀念。他在西班牙北部的皇家社會隊（Real Sociedad San Sebastian）遇到雷納德·德努伊克斯教練（Raynald Denoueix），這位法國籍教練曾在法國南特（Nantes）的青少年足球學院執教，後來還成功地發掘出兩位法國國手，即一九九八年獲得世足賽冠軍的迪迪埃·德尚（Didier Deschamps）和馬塞爾·德賽利（Marcel Desailly）。然而，勒夫當時並不太認同德努伊克斯教練的想法和作風。後來他還到畢爾包隊（Athletic Bilbao）向該隊經理，也是前德國足球名將尤普·海因克斯（Jupp Heynckes）請教一些關於足球員的訓練方法，並拜訪當巴塞隆納隊（FC Barcelona）的塞爾維亞籍總教練拉多米爾・安蒂奇（Radomir Antic，安蒂奇後來還升任塞爾維亞國家隊的總教練）。離開西班牙北部後，勒夫繼續前往葡萄牙北部的波爾圖隊（FC Porto）拜會當時仍未在歐洲足壇闖出名號的葡萄牙籍教練穆里尼奧。數月之後，波爾圖隊便獲得那個年度球季（二〇〇二／〇三年）的葡萄牙超級聯賽及歐霸聯賽的雙料冠軍，然而，勒夫當時在參訪這支球隊時便已經看出，穆里尼奧採用了哪些方法而讓他的球隊在球場上無往不利。

勒夫後來發覺，被迫失業對於一位足球教練的成長至關重要，因為教練在執掌球隊時，會持續陷於繁重的工作中，沒有多餘的時間和精力讓自己透過學習而在專業領域上有所精進。勒夫透過觀摩國外的足球隊而獲得許多經驗，大大地增進了自己的足球功力。當他接任德國隊的助理教練時，仍有許多時間深入思考一些足球概念，他曾說：「加入德國國家隊之後，我終於可以擺脫職業足球隊繁重的工作，比較有時間可以從鳥瞰全局的高度看待足球。」勒夫還把「敬業的教練絕對不可以停止學習」這句話奉為他的座右銘。即使他後來被德國足協拔擢為國家隊總教練，卻仍謙遜地表示：「我還必須在某些足球領域裡多加學習。」勒夫認為，持續到歐洲頂尖的球隊觀摩和學習非常重要，例如，英超聯賽裡以快節奏和強勁力道著稱的切爾西隊以及長期由溫格教練執教、號稱「一按鈕便自動操作的機器」的阿森納隊。「我從西班牙的巴塞隆納隊和執掌英超阿森納隊的溫格教練身上學到不少東西而大幅進步，從此我對於足球也有了更完整的認知。」

所有頂尖的足球隊都孜孜不倦地訓練隊員們如何回應球賽可能出現的各種狀況，這種做法已被證實為球隊的致勝關鍵。以英超強隊為例，不論是切爾西隊、阿森納隊或曼徹斯特隊都會讓隊員們在接受訓練時，不停地以不可思議的快速節奏，重複練習比賽可能出現的各種情況與過程，直到相關的足球判斷與技巧內化為隊員們的血與肉為止。巴塞隆納隊附設的「拉馬西亞足球學校」（La Masia）也採取這種訓練方法。當勒夫前往這所全世界最優秀的足球青訓中心進行短期訪問時，曾非常著迷那些令人讚嘆不已的訓練成果。特別提及：「在我參觀的那幾天，那裡的青少年球員們不斷重複一種傳球練習——一名後衛把二十公尺遠的低平球踢入中場，一位不宜背對球門的中場球員在接球後，便繼續把足球低平而精準地往前傳給前鋒，前鋒得球後，先做個假動作虛晃一下再射球入門。當這個傳球練習一完成，後場的球員又開始往前傳球，這種練習一天大約重複一百次左右。在傳球時，足球只被低平地傳遞，並不會往上誤觸接球者的胸部或膝蓋。」

勒夫還提到，他在觀摩巴塞隆納隊時，確定了一件很重要的事：訓練球員就是持續不斷地讓他們重複一些基本的足球練習。當他於二〇一一／一二年度球季再次參訪該隊時，他甚至在球隊附屬的U11（十一歲以下）少年足球隊裡觀察到一些傑出的練習成果：「他們可以飛快地跑位和傳球，也可以正確地使用左、右腳，連細節部分都能精確無誤。這些孩子們彼此協調得很好，真是棒極了！」

勒夫最佩服英超阿森納隊的溫格教練。溫格能敏銳地覺察一些足球天才的發展潛力，並強調性格的培養比踢球的天分更重要。「溫格教練曾告訴我，要在球賽中獲勝，球員們必須具有聰明才智，也就是本身對於足球的興趣、對於新事物的開放態度以及願意接受正向的生活轉變。」由於溫格教練可以精準地篩選出優質的年輕選手並正確地引導他們，因此他的青訓成果往往優於其他的足球教練。

當勒夫被任命為國家隊總教練並於二〇一四年帶領德國隊獲得世足賽冠軍後，他也成為其他足球教練渴望觀摩與研究的對象。在勒夫指導提洛因斯布魯克隊奪得奧超冠軍的那個球季，華爾特．寇格勒（Walter Kogler）正好是該隊的後衛。寇格勒後來轉任教練，曾為了取得歐洲足協頒發的最高級教練執照而專程到德國國家隊觀摩。他跟從前在因斯布魯克踢球時一樣，依舊覺得勒夫有許多令人激賞的優點：「他激勵球員的方式，還有，他的足球觀念具有寬廣的視野，總是可以把一些東西妥當地架構起來。」

來自世界各地的足球經驗

二〇一一年一月，德國國家隊的助理教練福立克便透過以下這段談話力挺勒夫數年來不斷向國家隊球員闡明的觀點：「我認為，懂得把火把舉高並仔細察看國際足壇當前的發展就是我們德國隊的長處之一。這種做法就像一家企業在推出新產品前，會進行市場測試，然後再依據測試的結果，衡量接下來應該如何開發這項產品。」這位助理教練曾被派往英格蘭和西班牙觀摩一些頂尖球隊的訓練與比賽。此外，德國國家隊的首席球探，也是勒夫在瑞士足球隊踢球時的恩師齊根塔勒也曾不辭辛勞地造訪一些南美洲和法國球隊附設的青訓中心，二〇一〇年南非主辦世足賽期間，他還親臨現場觀察球賽的進行。總而言之，德國國家隊的教練團為了從世界各地快速學習一些值得參考與仿效的足球新概念與新方法，經常在海外進行考察。

德國隊至今對於國際足壇動態的掌握，主要仍由齊根塔勒負責提供相關的資訊與意見。身為總教練的勒夫還特別強調，齊根塔勒觀摩國外頂尖球隊的比賽過程與賽前訓練所獲得的寬廣視野，是國家隊持續進步及建構整體概念的根源，因此許多由齊根塔勒提出的建議與指點都獲得德國隊的採納而融入該隊的球員訓練計畫中。當然，齊根塔勒也會警告，純粹複製其他球隊的成功模式只會阻礙德國隊的發展。如果巴塞隆納隊在陣式裡擺出三名前鋒而在球賽中獲勝，德國隊其實不必一味地跟進，以恰當的方式吸取國外球隊的成功經驗才是正確的做法。

到目前為止，德國隊採借的足球新思維大部分來自英超，然而，德國隊有時也會因為這些英格蘭球隊的刺激而出現自己的看法。二〇一〇年四月，教練團全體成員為了觀察前德國國家隊隊長巴拉克在英超切爾西隊的表現，而到場觀賞切爾西隊對斯托克城隊（Stoke City FC）的那場比賽。切爾西隊在那場足球賽裡以七比〇的成績把斯托克城隊打得落花流水，當球賽仍在進行而雙方勝負已定時，切爾西隊仍緊咬斯托克城隊不放，最後讓對方吞下慘敗的戰績。當時德國隊的教練們一致認為，德國隊應該學習切爾西隊這種全力以赴，對於對手毫不鬆懈的競賽倫理。

德國隊學習新訊息的方式不只觀察國外足球強隊的球賽，就連球員的生活照顧也一併參考，比方說，有幾支國家足球隊給予年輕國手專業的日夜照料，也是值得德國國家隊採行的模式。除此之外，勒夫還在二〇〇七年夏天明確地指出，國外許多職業足球隊不僅在球技的訓練和戰術的教導上領先德甲的球隊，而且在培養球員的情緒管理方面也略勝一籌。以英超四強之一的阿森納隊為例，該隊附設的青少年球隊會透過一些訓練，促進十五至十七歲的小球員們在智能與社交能力的發展。「青少年球員在那裡可以獲得系統性與全面性的栽培，他們必須接受智力測驗、性格養成訓練以及往後的職業生涯的規畫。」勒夫後來把他對於這支青少年球隊的觀察總結成一句口號：「每位球員必須成為自己的公司，對於自己的一切進行精確而有效率的管理。」

勒夫還會參考其他國家足球協會的工作內容與運作方式，例如，法國足球協會。早在一九八八年，法國足協便已實踐勒夫和他的教練們渴望實現的構想：設立國家足球訓練中心，讓獲選的國家隊隊員們可以受到國家全日的照顧而達到卓越的培訓目標。為法國爭取一九九八年世足賽冠軍的國家隊隊長席內丁．席丹（Zinedine Zidane）和他那一代的法國足球國手都受益於這個訓練中心的照顧與栽培。但是，德國足球協會高層卻對於打造德國隊專屬的國家足球訓練中心的構想有所保留，遲至二〇〇八年年底，協會才派出代表團參訪法國足協設於巴黎附近的克蕾楓丹（Clairefontaine）的「國家足球技術中心」（Centre Technique National）。勒夫當時還強調：「法國讓它的國家足球隊獲得很好的關照和訓練，而且整支球隊所奉行的足球理念清清楚楚。」他全力支持國家隊經理比爾霍夫致力於爭取國家足球訓練中心的成立，但德國足協高層向來對於打造這樣一座訓練中心頗不以為然，因為全國總共有二十二所體育學校可供德國國家隊使用。但教練團卻一致認為，如果能有一座國家足球訓練中心可以長期集結所有的足球國手，那就更完善了！國家隊建議德國足協，把位於杜伊斯堡市體育公園內的維道體育學校（Sportschule Wedau）改造為一座含有四、五個足球訓練場，七十個床位以及最先進的高科技配備的國家足球訓練中心，他們希望這個具體的構想可以打動德國足協的主事者，讓他們願意支持這項計畫。

訓練更加科學化

勒夫在國外進行考察期間，不只可以蒐集許多實際的經驗，而且還可以深入探究一些具有科學與統計根據的足球訓練具有哪些優點。使用筆記型電腦進行戰術的準備與斟酌對於當時一些勇於創新的足球教練而言，已不可或缺，因為人們愈了解自己與對手的能力，擺出的球隊陣容與布局就愈能達到獲勝的目標，更能游刃有餘地擊敗對方。當一些外國頂尖的球隊已透過電腦進行所謂的「數位球賽分析」時，許多德國球隊在戰術教學課程裡才剛把黑板換成可以翻頁的活動掛圖。在一九九〇年代，已有愈來愈多從事軟體設計的公司紛紛開發合適的電腦軟體，以滿足足球界對於球賽分析的需求，例如，一九九五年左右在法國尼斯成立的「環球體育資訊處理公司」（Sport Universal Process），它也是二〇〇一年在杜塞道夫開張的「大師級教練」（MasterCoach）這家德語區規模最大的體育軟體公司的大股東。此外，還有一九九六年設立於倫敦的「歐普塔體育公司」（Opta Sports），德國職業足球聯賽協會就是它的重要客戶之一。

二〇〇一年，沙爾克04隊、柏林赫塔隊和維也納迅速隊（SK Rapid Wien）均向「大師級教練」這家體育軟體公司訂購「企業」（Enterprise）這套足球分析軟體。由科比・庫恩（Köbi Kuhn）領軍的瑞士國家隊為了在二〇〇四年葡萄牙主辦的歐洲盃足球賽有更好的表現，也購入「企業」這套足球分析系統，可惜的是，該隊獲得的成效並不顯著，在分組賽的三場比賽裡，以兩輸一平的成績在該組墊底而遭到淘汰。二〇〇五年，德國足協也向「大師級教練」這家公司購買球賽分析軟體。當時德國隊的教練團採用「波西運動帽」（PosiCap）這種動態式球賽分析系統，不過，曾擔任瑞士國家隊球探，後來受到德國隊首席球探齊根塔勒的延攬而加入德國隊教練團的克里斯多夫・克雷門斯（Christofer Clemens）卻建議改用它的下一代產品「專業阿米斯可」（AmiscoPro）。這套電腦軟體至今仍是國際足球界最重要的球賽分析工具，透過紅外線熱感應攝影機的錄影，球員們在球場上的移動路徑、球賽出現的標準狀況，以及各個球員的優、缺點等都被確實記錄下來。藉由電腦軟體的使用，一些由攝影機拍下的關鍵性連續鏡頭就能獲得有系統地整理與呈現，特定的觀察角度也因為圖表的呈現而更加清晰，此外，人們還可以透過這套軟體的「熱力地圖」（Heatmap）的功能（以紅色表現球員的熱力場域）看到球員們在球場上的活動範圍。

二〇〇六年年底，勒夫的助理教練福立克開始建構一個內容廣泛的資料庫，種類涵蓋統計、圖表和影片等項目，建檔對象甚至擴及德國國家隊隊員以及附設的青少年球隊年滿十三歲以上的未來國手。這個資料庫不僅包括球員個人的健康檢查資料，還有一些關於足球能力的測驗結果，即速度、耐力、力氣、與其他球員的配合度、多方面的發展，以及球技與戰術的進步。簡言之，就是評判一位足球員的所有面向。福立克表示：「我們不只希望完全掌握球賽陣式裡被分配到某個球員位置的第一位和第二位球員，而且還要徹底了解第三位和第四位球員。」福立克是德國國家隊領導階層的電腦通，還投入極大的熱情執行所需的數位資料處理，包括為國家隊製作專供足球練習的DVD影片等。福立克說：「足球算是最複雜的球類運動之一，球賽進行時，兩隊一共有二十二位球員在足球場上對戰，每位球員都有自己的優點、缺點和問題，因此足球比賽變得相當難以預測。」他後來下了這個結論：人們知道愈多，就更能提高自身對於相關事物的掌握、衡量與判斷。

所有加入德國足協的教練在二〇〇九年以後都可以使用這套資料查詢系統，而且裡面的資料因為經常更新而具有高度的參考價值。國家隊總教練勒夫則希望藉由這個資料庫，為自己所有的足球問題找到客觀的答案：例如，青少年儲備國手必須具備哪些能力與特質，才能在日後成為正式國手？足球國手應該符合哪些主要的條件？還有，前鋒球員應該具備哪些能力，才能及時踢球入門？

上述的問題其實也顯示，一個只含有德國足協球員的資料庫，其實沒有多大的用處。為了建立客觀的衡量尺度，人們還必須掌握國際足壇在某些領域的頂尖標準，當然，這些國外足球員的資料可以透過某些專業的足球資料庫取得。假如德國足球專家從一些球賽資料中發現，英格蘭球隊的球員在動作方面比德甲球員還要迅速，便可以據此督促德國的足球隊正視自己的不足，而且還可以立刻舉證，比方說，在二〇〇八／〇九年這個球季，英超的前鋒球員每場球賽都比德甲前鋒多跑了七、八百公尺，每場的衝刺快跑甚至可以多出十五次，這些並不是來自人們的視覺假象，而是千真萬確的事實分析。然而，這類資料庫雖能提供一些具有說服力的資料，卻仍無法完全取代現場觀球所得到的收穫。二〇一一年四月，德國隊的教練團一道飛往英國觀賞切爾西隊的足球賽，並進行第一手的足球觀察。即使人類已步入數位化時代，具有情緒感染力的現場比賽仍舊比球賽的數位分析資料更有價值性：畢竟一場實質的足球賽還無法徹底被解析成數位資料，就連最具有改革、創新精神的教練也無法否認，一場現場球賽所呈現的直接而強烈的整體印象確實很重要。

第五章

世界盃的致勝計畫&足球革命家克林斯曼

克林斯曼革命：德國國家隊大破大立的改革

葡萄牙在二〇〇四年夏天主辦歐洲國家盃足球賽，德國隊在分組賽便已被淘汰出局，過去被德國民眾視為「人民英雄」的佛勒隨後辭去國家隊總教練一職，號稱足球強國的德國也跟著倒地不起。回顧過去，德國隊五年以來與那些足球大國，如英格蘭、法國、義大利、巴西、阿根廷和荷蘭等國之間的交戰從未獲勝。分析當前情勢，德國隊在國際足協的世界總排名已掉出十名以外，在體能方面並沒有領先其他國家的代表隊，足球技巧的表現也不傑出，獨獨只有巴拉克仍具有世界級水準。展望未來，一切仍無法達陣，由於當時投入德甲職業足球隊的年輕德國球員過少，國家隊因而缺少新血的注入，雖然德國足球界自二〇〇一年開始推動一些青少年足球員的培訓計畫，卻還未出現顯著的成效，人們依然看不到任何希望。那真是個令人難堪的夏天！那時德國足協的「國家隊教練遴選委員會」還陷於慘敗的沮喪中，似乎還無法為國家隊找到一個合適的總教練。

在二〇〇四年的夏天，德國足協籠罩著一片消沉而混亂的氛圍。「國家隊教練遴選委員會」的委員，也是前國家隊總教練福格茨正與他的兒子賈斯汀在前國家隊隊長克林斯曼位於南加州的家中作客。當時克林斯曼已在知名的運動行銷公司「足球解答」（Soccer Solutions）任職三年。福格茨與克林斯曼徹夜長談，非常欣賞克林斯曼的許多想法，當他們的話題觸及國家隊的問題時，福格茨便問他：「你真的不想成為德國隊的總教練？」克林斯曼回答：「我想過了。但這樣一來，我就必須進行大刀闊斧地改革。」隔日上午，福格茨便在電話中向德國足協祕書長霍爾斯特．施密特表示：「如果有人跟克林斯曼討論過他的足球理念，就會了解，他對德國足協有多重要了！」施密特在聽完福格茨的報告後，也深有同感。後來施密特與德國足協主席麥爾─佛菲德便與克林斯曼聯絡，約他兩天後在紐約碰面，鄭重地邀請他出任國家隊總教練。之後克林斯曼還提到：「這兩位德國足協的主事者都覺得，我為這次在紐約的會談做了詳細而充分的準備。我告訴他們關於我對國家隊總教練這個職務大致的想法，薪資的問題倒是次要，只花一個小時就搞定了。工作內容、職權範圍、依照我的構想聘用一些共事的工作伙伴的承諾，這些對我來說最重要。」如果他們兩位當時無法接受他的意見，他就不會接下這份工作。雖然他們顯得有些驚訝，倒是很尊重他的想法，而且願意直率地面對他的要求與期待。總之，他們很高興能與克林斯曼碰面，因為他們終於找到了一位經得起外界檢驗的總教練人選，而且還是一位具有精神感召力的人選。

佛勒下台三十五天後，克林斯曼便於四十歲生日的前兩天，在法蘭克福接任德國國家隊總教練。在記者會上，他向媒體代表表示，德國隊的目標就是在兩年後獲得德國自己主辦的世界盃足球賽的冠軍。此話一出便讓在場人士驚訝得目瞪口呆。之後他對於自己這種近乎一步登天的意圖解釋道：現階段也只有這麼一個理所當然的目標，況且人們在提出一項新穎的計畫時，一開始就擬定願景是很平常的事。克林斯曼此刻的「任務」已經很清楚，他必須引進嶄新的措施，必須備妥一些相關的、有用的「信息」。他認為，人們必須把德國足協從它僵硬的外殼中解放出來，並以激進的手段進行結構性改革。他還尖銳地表示：「原則上，人們對於這件事必須大破大立。」根據他的觀點，德國足協正處於一種癱瘓狀態，深深受到僵化而陳舊的結構所壓迫，幾乎窒息而死。他把「清除舊事物，導入新事物」奉為座右銘，他認為，德國足協如果要達成遠大的目標，整個組織的新陳代謝與改造是絕對必要的。

克林斯曼曾是一九九〇年世界盃與一九九六年歐洲國家盃冠軍隊的成員，他在斯圖加特隊開始他的職業足球員生涯，之後便加入國外一些重要的球隊，如義甲的國際米蘭隊（FC Internationale Mailano）、法甲的摩納哥隊（AS Monaco）與英超的托特納姆熱刺隊（Tottenham Hotspur FC）等，後來他和妻子黛比及兩個孩子移居洛杉磯南郊。雖然這位名氣響亮的足球明星有時也會對自己有所懷疑，不過，他那時確實覺得自己可以勝任德國隊總教練這個職務。因為他認為，自己很了解年輕球員的需求，知道怎麼跟他們打交道，他還擁有一整套完整而精確的足球概念，而且在各種不同的足球領域裡都能獲得優秀的專業人士支持，比方說，球員們的體能及爆發力的訓練，這些練習項目在一些國外的大型球隊，早已行之有年。

克林斯曼還帶了一位「專家」上任，就是他在一九九六年歐洲盃奪冠時的隊友比爾霍夫。成為國家隊經理的比爾霍夫不僅直接取代了當時的組織工作部主任伯恩特．普法夫（Bernd Pfaff），而且還被賦予一整套的管理職權。他不只從事組織籌畫與市場行銷，還負責國家隊與媒體以及德甲聯賽之間的聯繫。在此之前，德國足協從未設置國家隊經理，比爾霍夫接任這個職位已讓整件事趨於明朗，克林斯曼似乎想讓國家隊的運作獨立於德國足協之外，因此德國足協往後只能放手讓這個企圖自主運作的國家隊自由地發揮。

接下來的幾個星期，國家隊經理比爾霍夫一塊塊地拼裝起「克林斯曼體系」。除了組織籌畫的任務之外，他還得盡力讓總教練克林斯曼無後顧之憂，並在總教練受到民眾批評時，扮演緩衝的角色。對於總教練克林斯曼來說，國家隊第二重要的職位便是助理教練。由於他自己沒有任何執教球隊的經驗，因此，適當的人選不僅應該具有高度的忠誠，而且還必須有能力獨自接管球隊全部的訓練工作。克林斯曼無法與足壇前輩碧根鮑華推薦的霍爾格・歐席克（Holger Osieck）一起共事。國家隊新上任的領導階層也曾向克林斯曼建議幾位助理教練的人選，諸如朗尼克、阿斯蓋爾・希古爾文森（Asgeir Sigurvinsson）以及姚阿幸・勒夫。克林斯曼當時雖不置可否，其實心裡已經有定案：他覺得，前幾年在亨內夫的教練特訓班為他清晰地解說「四人後衛鏈」戰術的勒夫應該是個理想的人選。

勒夫絕非帽檐上的裝飾品

克林斯曼在法蘭克福召開記者會不久，便提名勒夫為國家隊助理教練的候選人。勒夫回憶當下的情景時說道，當克林斯曼打手機給他時，他正在家鄉的森林裡慢跑。克林斯曼問他，是否願意當他的助理教練？面對這樣的詢問，他一開始有點遲疑，因為他多年來一直擔任總教練，並不想當助理教練，扮演別人的副手。但他很快便進入情況，知道這份工作對他來說是一個很好的機會。他講完手機後，便立刻跑回家打包行李，開車前往義大利米蘭北方湖畔的避暑勝地科摩鎮（Como）與克林斯曼相會。克林斯曼剛好在那裡做私人的停留，希望在沒有媒體與好事者的打擾下，與他的新任助理教練就雙方的合作敲定最後的細節。

隔幾天，克林斯曼在記者會上表示，已找到心目中理想的助理教練人選，並接著描述勒夫數年前如何簡明清晰地跟他解說四人後衛鏈的這段過往，並且他們雙方在足球理念與組織更新方面見解完全一致。「對我來說，勒夫教練絕不是什麼帽檐上的裝飾品，我會賦予他更多的任務，而且我保證，他絕對是處理這些事務的不二人選。」勒夫將全權負責球隊訓練的內容與實際的指導，以補足克林斯曼在領導球隊以及確認訓練方向上的不足。另外，克林斯曼還強調，勒夫在國外的執教經驗對他很有幫助。勒夫見識過各種不同的足球體系，因此可以給德國國家隊許多寶貴的建議。

八卦報《畫報》隔日便報導：「這是施瓦本的德式麵疙瘩完美的連結」。因為，參與國家隊運作的所有要角，德國足協主席麥爾－佛菲德、國家隊總教練克林斯曼及助理教練勒夫，都與施瓦本地區的斯圖加特隊有淵源，這一點確實令人吃驚。勒夫後來被媒體問道：麥爾－佛菲德在一九九八年擔任斯圖加特球會理事長時，曾中途解聘他這位總教練，讓他以如此不光彩的方式離開該隊，他和麥爾－佛菲德真的可以再次共事、相互協調配合嗎？勒夫只是簡短地回應，他與麥爾－佛菲德之間並沒有任何芥蒂，他實在沒有興趣炒作這件早已陳腐的往事。對目前的他來說，談論總教練克林斯曼或他自己的新職位更重要。「我在國家隊並不是帽檐上的裝飾品。」他重複克林斯曼對他的形容。「我把擔任國家隊助理教練當成一項莫大的榮耀，我和克林斯曼對於進攻式及攻擊式足球都有相同的看法。」勒夫深信，克林斯曼是總教練的最佳人選，他會忠誠地扮演助手的角色，也完全認同自己所肩負的任務的艱鉅性。最後他還讚揚他的新老闆曾參加各種足球比賽，擁有豐富的球賽經驗，而且還跟許多人一起完成教練特訓班的課程，完美地處理了許多足球的問題。總之，克林斯曼擁有一種巨大的「正面能量和動力」，簡直是個天生的教練。勒夫身為他的助手，會在這份工作中融入他在教練生涯裡累積的全部知識與經驗：「我很清楚，該怎麼在國家隊裡工作。」

就這樣，這位失業而且幾乎已被民眾遺忘的教練突然被拔擢為國家隊助理教練。這整個過程其實充滿偶然，因為勒夫雖然一九九八年在那場斯圖加特隊的告別賽時便和克林斯曼認識，然而，一直等到二〇〇〇年兩人不約而同地參加亨內夫的教練特訓班時，彼此才熟識起來。於是人們便會推想：如果勒夫依照先前的規畫，提早完成自己的教練培訓，就不可能有機會以足球專家的身分在亨內夫體育學校獲得克林斯曼的青睞。「我不認為這一切只是幸運的意外。」勒夫如今為這件事情的經過這麼下注解。最終，他讓克林斯曼在教練培訓課程裡深深被他折服，也因此而獲得一個意外之喜。這位新科國家隊助理教練無論如何都會好好利用這個大好機會，儘管必須面對外界一些質疑的聲浪。他第一次督導國家隊進行足球訓練時，便在場邊大聲咆哮，完全違反他從前的執教風格，這也是他在教練職涯裡第一次想要爭取球員們的尊敬。

邁向強力足球之路：嶄新的德意志價值

「那時我們的基本理念就是，我們需要另一種足球文化。」勒夫在二〇一〇年曾這麼回想六年前開始的那場「克林斯曼革命」。「我們意識到，應該主動給對手施加壓力，而不是被動做出回應。」德國國家隊的球員們應該嘗試一種在這個國家裡久未出現的踢球方式：進攻式的快速足球。用侵略性取代不痛不癢的比賽，不再龜縮在己方的半場窺伺對方的攻擊，而是勇往直前地打入敵方陣營，並使其認輸臣服，這就是德國隊的使命。「德國足球必須重返世界頂尖的水準。」克林斯曼要求。然而，這條邁向成功的道路必須貫徹一種足球思維：快速、勇往直前並全力以赴。「只透過盲目的拚鬥而艱苦地獲勝並不會令人感到振奮。球迷，在一定程度上就是我們的顧客，他們也希望看到球員們積極進攻，完全沒有保留的精采比賽。」克林斯曼說。

如果德國隊想要完成這個遠大的目標，克林斯曼認為，必須把德國人典型的消極悲觀拋諸腦後。「美國文化讓我不再恐懼失敗。」他如此解釋並暗自希望他的聽眾也能立刻以他為仿效的模範。他承認，人們可能會一而再地失敗，但失敗的可能性不該讓人們喪失生命的活力。他的信條是：「試試看才知道。」他堅持，德國隊要有勇氣以「侵略性、行動、攻擊及掌握風險」邁向強力足球之路，這麼一來，無論如何都能在球場上旗開得勝，不論這是不是二〇〇六年德國世足盃計畫的起點。克林斯曼深信：「人們即使無法得知一件事情的結果，也必須著手進行，而且這個理念對於球隊的發展比教練更重要。」

克林斯曼足球哲學的基礎正是一種嶄新的德國認同。國家隊應該在球賽裡體現一個全新的、完全不同的德國形象：不是一個悶悶不樂、陰鬱易怒的德國，而是一個勇敢無懼、興高采烈的德國；不是一個充滿歷史罪過、固守傳統德意志價值的德國，而是一個既開放又包容的德國。克林斯曼說：「德國可以藉由主辦二〇〇六年世界盃足球賽而重新定義自己的國家，把德國打造成一個全新的品牌。」德國國家隊錄用派崔克・歐沃莫耶拉（Patrick Owomoyela）、傑拉德・阿薩莫阿（Gerald Asamoah）、奧利佛・諾伊維爾（Oliver Neuville）這些混血或毫無德意志血統的隊員就是這種「新德國」理念的發揮。他認為，德國人民不僅可以為此靜靜地感到自豪，而且還可以安然地向外國人展現這種自豪。

德國這場足球改革其實已遠遠超出了純粹足球的範疇。德國國家隊的改造最終延伸為一場德意志的文化革命，總教練克林斯曼的「加州生活感」對於這場革命還發揮了推波助瀾的作用，他那些論調是當時德國足協的員工們從未曾聽過的。往後每當他在評價自己率先發難的這項足球使命時，情緒總是很亢奮，總會極力地誇讚一番。他始終稱讚這些足球國手「超級傑出」與「絕對優秀」，不斷地表示，德國隊後來的進展讓他「非常、非常滿意」，並對於改革的成效「佩服得五體投地」。

而勒夫如何呢？他參與了所有相關的事務，而且在發言時看起來就像克林斯曼的分身。他清楚地知道這項任務的重大意義，並毫不動搖地確信，自己可以撐住這個偉大的計畫。人們可以在如下的言詞中感受到勒夫在克林斯曼時代頭幾個月裡所發生的轉變：「在國家隊工作，壓力當然是『無比巨大』，但球員們對於他們的任務卻『十分、十分』堅定，他們在訓練中『非常、非常』投入。」當然，勒夫自己已「完全」適應這個新角色，對於這項新任務感到「非常」振奮，也對於規畫事項的實施進度「絕對滿意」，不過，他還必須斟酌「許多、許多」戰術上的細節。克林斯曼發覺，他這位工作勤奮的助手實在很優秀，甚至是超級優秀，以至於幾乎天天公開稱讚他。克林斯曼雖曾是一名非常出色的球員，卻缺乏在場邊解讀球賽過程以及辨識對方戰術運用的經驗，因此他那時便完全倚重勒夫而且還一再強調：「勒夫以前擔任過球隊的總教練，他在戰術方面的心得體會比我還要深入，所以，我每天都跟他學習足球的戰術。」

勒夫的足球戰術

勒夫把克林斯曼立下的三大目標銘記在心：獲得世界盃冠軍、賦予德國隊與德國一種正面而積極的形象，以及提升德國足球水準。當然，前兩個目標完全取決於第三個能否達成。一方面，第三個目標需要長期規畫，這就涉及到德國足協與德國職業足球隊在青訓政策方面必須有根本上的轉變；另一方面，德國隊必須在短時間內盡快轉化調整，才能達成第一個目標：兩年後在自家主辦的世界盃足球賽裡奪冠成功。但站在第一線負責實現第一個目標的人並不是發動德國足球革命的克林斯曼，而是具有實際球隊指導經驗的勒夫。這個吃力不討好的任務擺在勒夫面前，他只能透過速成課程在為時不長的集訓期裡加強球員們的足球技巧。但是該如何讓這一切順利進行？該如何在兩年內把佛勒教練指導的那支在二〇〇四年歐洲國家盃出盡洋相的德國隊打造成具有奪冠實力的隊伍？由於德國是應屆世界盃的東道主，自動晉級決賽圈，所以在世界盃前十六強淘汰賽之前，根本沒有機會經過任何嚴格的賽事檢驗。那麼該如何在友誼賽裡檢驗德國隊有無進入決賽圈的真正實力呢？德國隊八月八日在維也納以三比一打敗奧地利隊，這是克林斯曼／勒夫這個教練組合的第一場比賽，戰績雖然很有說服力，但一切仍舊不明朗。

可以確定的是，德國隊應該引入一批年輕、體能充沛、頭腦清晰的生力軍，而且人們需要一套含有具體指導內容的足球理念，讓球員們在球場上能有所遵循。「在那不管是身體的鍛鍊，或是戰術的訓練，對大多數隊員來說，都是全新的經驗。」勒夫回憶起自己擔任助理教練的頭幾個月。當克林斯曼公開說明國家隊的新路線時，他就得在幕後艱苦地承接相關的工作，但令他欣慰的是，至少他和克林斯曼在想法上相當類似。一九九六年，當勒夫接掌德甲的斯圖加特隊時，便已展現自己對於進攻式足球的喜愛，而且經常使用「足球文化」、「創造力」與「樂於冒險」這幾個言簡意賅的名詞，解釋自己的想法，此外，「速度」、「準確」與「紀律」也是他的核心概念。他強調戰術的「自發性」及「靈活度」，拒絕採用僵化呆板的戰術計畫。他從前在伊斯坦堡擔任球隊總教練時，便反對打造一種所謂「絕對正確」的戰術系統，畢竟決定一支球隊是否具有國際頂尖水準的指標，不是戰術系統而是足夠數量的優秀球員。然而，在勒夫看來，整個國家隊除了巴拉克之外，幾乎沒有一位球員能有最高水準的表現。在缺乏頂尖球員的情況下，只有透過整體的改革才能讓球隊出現較好的運作，因此勒夫發現，他最緊要的任務就是先穩固德國隊的根基，然後再讓個別的要素盡可能相互協調而臻於完美。他認為，必須等到德國隊能以傳統的踢球方式表現得四平八穩後，再加入「創造力」的要素，才會有實質的幫助。

在接下來的幾個月裡，球員們都知道，這位助理教練是一位強硬、毫不留情的戰術教師。他會使用磁性戰術板進行教學，讓這些國手們了解四人後衛鏈陣式的基礎知識。「我們不能被對手牽著鼻子走，而是要注意自己的隊友在哪裡。我們要像鏈條一樣集體移動。梅特薩克、拉姆、弗利德利希，你們都明白了嗎？就是要一起移動！」感興趣的民眾也逐漸認識這位助理教練是一位傑出的戰術教師，他總是講述另一個世界的知識，闡明許多人只是略有耳聞或道聽塗說的訊息。他喜歡扮演行家的角色，經常以一些強而有力的手勢輔助講解。他還一針見血地指出：「球隊的戰績會受到各種不同因素的影響。強壯的體魄是實現所有戰術的前提，球員的球技也必須達到一定的程度，也就是傳球的準確性。然而，目前對於我們的球隊而言，一套明確的戰術規則是最重要的。」基本上可以確定的是，死命地攻擊與狂野地戰鬥已是足球場上過時的踢法，球員們已不時興把球回傳或相互地來回傳球等這些傳統的踢球方式。面對任何對手時，展現自己的自信與條理才是最重要的目標，所以應該先選定一個合適的戰術系統，由它支撐球隊的整體戰略並允許人們把各種不同的戰術元素注入其中。

勒夫決定以4—4—2陣式（即四個後衛、四個中場和兩個前鋒）作為德國隊的戰術基礎，他尤其看重中場的菱形陣式。這種陣式易於理解，每個球員都有清楚的任務及位置，不需要做太多的移動。在四個後衛組成的防禦鏈前面的中間位置有一名防守中場（又稱「六號球員」，因為這個位置的球員通常都穿背號六號的球衣），他是鞏固防守的「清道夫」，也是球隊快速轉守為攻的第一站，己方如果搶球成功，便由他率先發動攻擊。中場菱形陣式的另一個尖端則是一名攻擊中場，即「十號球員」，他經常發揮傳統典型中場的功能，位置就在兩位前鋒的後面，他在助攻時會把球往前傳給他們。另外兩位中場，即左、右翼中場，也會參與攻擊。所以，在這個戰術系統中一共有五名球員（兩名前鋒和三名中場）負責球賽的進攻，不過，還有兩位邊後衛也可以通過邊路走廊而增加球隊的攻擊力道，增加中場的傳球機會，甚至帶球突破到前場而開啟一波又一波的攻勢。

4—4—2陣式特別適合用於快速短距離傳球，而且具有激烈的攻擊性，但在由攻轉守時，卻會出現嚴重的缺點，中場球員之間距離太遠，因此無法快速形成四位後衛前方的第二條四人後衛鏈；而且邊後衛經常前進太多，側翼的邊路防守很容易產生缺口而遭受攻擊。

勒夫在接下來的日子裡，仍不斷深入研究這些足球的戰術思維。然而，德國民眾卻開始關注德國隊的其他面向，也就是球員們體能條件的不足。為了解決這個問題，德國於是便決定聘請國外的體能訓練專家。

閃電進攻：速度與體能

二〇〇四年九月，德國隊與巴西隊在柏林進行比賽之前，德國隊在克林斯曼的主導下，首次接受來自美國的體能教練的指導。這些德國國手們必須參考個人的體力測試結果，在世界盃舉行之前，努力讓自己的各個體能面向達到巔峰狀態。耐力、速度與爆發力是大家熟知的三個決定性的關鍵詞。不過，當時德國足球界對於一些有待專家團隊提升為標準化的措施仍感到很陌生，諸如，身體機能診斷、跑動的生物力學分析、協調性及穩定性的訓練等，因而引發圈內對於這些新觀念的爭論。

當然，德國隊早就有專門照顧球員的身體狀況與飲食營養的專家，例如，隊醫穆勒—沃爾法特博士（Hans-Wilhelm Müller-Wohlfahrt）、物理治療師克勞思・艾德爾（Klaus Eder）和主廚薩維耶洛・普格里斯（Salviero Pugliese）。聘用美國的體能訓練專業人士只是這次重整照護團隊的序曲，該團隊的專業性也透過這項改革而具有準則性。這個來自美國的專家小組的領導人是作風很像軍隊訓練士官的馬克・威斯提根（Mark Verstegen），他是著名機構「運動員表現」（Athletes' Performance）的主持人，各種運動項目的世界頂尖好手都會找上這個機構，以尋求體能狀況的改善或讓自己在運動傷害痊癒後，可以回復過去的表現水準。威斯提根這家位於美國亞利桑那州的公司聘用二十五名經驗豐富的專家，他們分別司職不同的專業領域，比如耐力、彈力和營養等。他與工作伙伴謝德・佛席特（Shad Forsythe）及葛雷格・弗利德曼（Graig Friedman）一起在柏林負責規畫德國隊全新的訓練方式而引發注目。不久之後，所謂的「橡皮繩訓練法」（Gummitwist），也就是套在球員們大腿之間，使他們不得不蹣跚行走的藍色橡皮帶，便成為國家隊嶄新訓練方法的標誌之一。

許多觀察家會氣惱地搔著頭，但克林斯曼卻很清楚自己想要什麼。他希望這些最棒的外國專家們可以為每位德國國手提供最好的個別照管，以逼出這些運動員體內最後一丁點可能的潛力。他說：「我如果刻意加強中鋒的彈跳力訓練，也許他們每人每年就能多進兩三個頭球，其中一球可能就在世足賽裡頂進。」他以自己為例：「如果我在二十歲時沒有跟著短跑教練從事特別的速度訓練，我的百米短跑成績可能永遠是十二秒而不是十一秒了。」勒夫也親身體驗過針對性訓練的重要性，他認為，如果當年有這些體能訓練專家的幫助，也許他可能不只是一個不錯的德乙球員！那麼這些專家從美國遠道而來又妨礙誰了？實際上，德甲聯賽的相關負責部門已開始嘀咕了。這些美國專家的出現難道不是一種無聲的批評，直指這些德甲球員在體能上有重大的缺陷，在自己的職業足球隊裡未能獲得正確的訓練？德甲球隊的反彈不只針對美國的體能教練，還涉及那些強制國手們參加的體能測試，有時安排的時間點確實不太湊巧，比如二〇〇五年十月德國隊敗給土耳其隊（當然，批評者總是這樣放馬後砲）的那場測試賽的前幾天，德國隊隊員還必須接受這個美國團隊的體能測試。總之，來自德甲的諸多質疑在世足賽開始之前是不會停止的。

然而，克林斯曼和勒夫十分清楚，他們的球隊只有憑著非凡的好體能才有機會在世足賽中奪冠。增強體能並非因為教練應該鞭策球員們不斷進步，而是因為在獲得球權之後，必須以更快的速度展開攻擊。「我們如何在對手還來不及反應時，快速地完成射門？」勒夫認為，球賽勝負的關鍵取決於球員們能否快速抵達對手的致命地帶，那種橫傳的老把戲太緩慢，只會讓對手有時間重新布置防線。穆里尼奧教練調教出來的英超切爾西隊就是現代縱深足球的典範，這支球隊搶下球後，只需兩秒鐘便可以衝入對方的禁區。但如果對手一開始就把守門員以外的十個球員布置在本方的半場進行嚴密的防守，那麼，即使是對付像拉脫維亞隊這樣的弱隊也不會有什麼得分機會。己方有愈多球員在持球後參與進攻，而且未持球者的位移愈不引起對方的注意時，就愈有機會在以多打少的情況下，快速攻入對方的禁區並獲得機會射門。簡單的說，就是在持球之後立刻快速進攻，不讓對手有任何喘息的機會，速度、速度，再一次強調速度，跟英超聯賽一樣，速度就是基本信條。因此，體能和速度很重要，甚至可以說極度重要。

認知能力的鍛鍊：運動心理學

二〇〇四年十二月，德國隊一行人浩浩蕩蕩地踏上了一趟三段式的亞洲之旅。在在這次旅行裡，還有新任的守門員教練安寇普克隨行，他在十月底依照克林斯曼的意思取代了門將卡恩力挺的塞普・邁爾教練（Sepp Maier）；另一位隨行人員則是運動心理專家漢斯・赫爾曼（Hans-Dieter Hermann）。此時，一些德國的足球觀察家又開始嘲笑這位心理專家像極了招搖撞騙的江湖郎中，但事實上，在國外已經有一些足球隊相當信任心理學家的協助。赫爾曼的心理輔導就是和每一位球員進行個別面談，並針對他們個人的問題提供建議。有時球隊的心理諮商還涉及運動方面的問題，例如，開賽前過度緊張，或由於在比賽中表現很差而產生的不安全感等。狹義的心理治療在一般情況下並非必要，重要的是，比方說介紹鬆弛神經的方法。勒夫在這方面經驗豐富，他說：「我還在當足球員時，就已發現了潛意識的力量。透過自我暗示訓練，能比較有效地轉化負面情緒。」

但還不僅僅如此。赫爾曼認為，運動心理學是一項特別重要的訓練。「為大腦設計的頭腦訓練可以讓球員達到盡善盡美的表現。」首先，它是認知能力的鍛鍊。「將注意力集中於一點，重新評估某種情況並快速地自我調整，而且這種訓練還涉及犯錯之後的自我意識、承受壓力的程度以及短期的自我驅策能力。」教練們也可以善用心理專家所提供的服務，比如赫爾曼會提點教練與球員們說話的正確技巧。關於這一點，勒夫還解釋：「舉例來說，不要太常使用『不』這個字，用正面的言詞表達要求和目標是更好的做法。」除此之外，還有團隊精神的培養，例如，讓圍站成一圈的球員們高聲呼喊「我們是一個團隊」的口號，這種令人印象深刻、近乎儀式的做法是赫爾曼給體能教練威斯提根的建議。

在這趟被克林斯曼稱為「學習要素」的冬季亞洲之旅中，赫爾曼只是倡導他的心理諮商，沒有什麼了不得的貢獻。他對德國隊的心理建設既沒有在三比〇力克日本的比賽裡發揮積極的作用，也沒有對克林斯曼時代德國隊的第一場敗仗（以一比三輸給南韓）有什麼負面的影響。德國隊在首爾時，球踢得很差，運氣也背，韓國人只嘗試三次射門，結果三次都進球，而德國人射門十九次才進了一球。「我們說過了，我們想要發展進攻式足球。德國隊在開賽十五分鐘後，便展現了向前施壓的能力。」助理教練勒夫這麼解釋，而且認為德國隊沒有理由妄自菲薄。接下來在泰國時，他講述了一件當年跟瑞士的溫特圖爾隊到越南時發生的一起八卦事件：當地的服務人員那時遞給他一小杯新鮮的眼鏡蛇血，並說：「血還是溫熱的，喝起來就像茉莉花茶。」然而，德國隊以五比一戰勝泰國國家隊的突出戰績，並不需要借助那種新鮮而溫熱的興奮劑就順利達成了！

當這趟亞洲之行結束後，教練團曾滿意地表示，德國隊已經展現出所謂的進攻式足球哲學，儘管戰績不是那麼具有說服力：不論是之前的比賽（在柏林一比一踢和巴西、在德黑蘭三比〇勝伊朗、在萊比錫三比〇贏喀麥隆）或之後的比賽（對阿根廷與俄羅斯都以二比二踢平、一比〇勝斯洛維尼亞、四比一贏北愛爾蘭）。要等到洲際國家盃足球賽（Confederations Cup）時，德國隊才真正脫胎換骨，這個比賽於二〇〇五年在德國舉行，算是隔年世界盃的序幕。為了獲得優秀的戰績，此時有一位足球專家加入了德國隊的教練團，他就是來自瑞士的齊根塔勒。這位瑞士人受到助理教練勒夫的推薦後，還與總教練進行數度面談，才正式被任命為德國隊的首席球探。首席球探主要的任務是探查對手的戰術布置，剖析他們的強項及弱點，然後改進己方的戰略，以求能夠順利地擊敗對手。

齊根塔勒必須像醫生一樣，準確地發現對方球隊的病灶，因為其中就隱藏著致勝的關鍵。他把一些覺察到的事實轉化為幾個要點，再把這些資訊簡化成幾個原則，然後傳遞給正在準備比賽的德國隊，因為他知道，球員們畢竟無法消化太多的資訊，那只會干擾他們的注意力。「他擁有這樣的才華，帶來許多資訊，卻只教導我們其中最重要的部分」，勒夫一針見血地點出齊根塔勒的能力。齊根塔勒會提醒隊員們注意對方球隊的一、兩個決定性弱點以及一、兩樣值得學習的長處，這樣一來，他們就會特別留意，該如何在球賽裡迎戰對手。

首席球探的戰略分析

「誰想要成為世界盃冠軍，就必須先在這次的競賽中獲勝！」德國足協主席提奧・茨旺齊格（Theo Zwanziger）為激烈競爭的二〇〇五年洲際國家盃足球賽提出這個口號。德國隊在這個「迷你世界盃」的分組賽裡第一個迎戰的對手便是大洋洲冠軍澳洲隊。勒夫不畏俗套地說：「在第一場比賽就獲得勝利對於德國隊參加這次大賽非常重要。」克林斯曼則表示：「我們已經清楚定義了我們的足球哲學，就是奮勇往前。」然而，德國隊在洲際國家盃比賽中實際上必須面對極高度的成就壓力。在對澳洲隊的比賽中表現雖踉蹌不穩，但德國隊最終還是以四比三獲勝。一些缺失，特別是防守方面的缺失，雖然很明顯，但克林斯曼卻不吝於自己的美言，對於被媒體狠批的年輕後衛羅伯特・胡特（Robert Huth）他表示「非常、非常滿意」。「當然，如果球隊的表現還有待加強，克林斯曼私底下還是會責備他們，但在面對外界的批評時，他覺得必須保護這些年輕球員。」比爾霍夫解釋克林斯曼的作風。

與突尼西亞隊對戰的第二場分組賽之前，齊根塔勒首次講述他個人對這支北非球隊的看法。他顯得有些緊張，因為他之前只觀察過一次突尼西亞的比賽，這有違他的習慣，因為他無法提供比較中肯的判斷，而只是談論一些初步印象。他的建議是：德國隊在失球之後，一定要緊追不捨；這些北非人並不擅於調整後衛之間的距離，因此，該處正是突破和獲得射門機會的地方。他們都嚴格遵守戰術紀律，不過，也沒什麼好害怕的。德國隊在該場分組賽以三比〇獲勝，齊根塔勒很高興，特別是對於前兩個進球。「賽後最棒的一點就是，一些球員從更衣室門口朝我走來，邊與我擊掌邊喊『間隔』、『緊追』這兩個詞。這兩個概念其實就是德國隊可以踢進前兩球的原因。尤其是九十分鐘的比賽過後，球員們還對我這麼說，這就表示，我的足球分析真的做得很好。」他那時直接這麼誇獎自己，不帶一點虛偽的自謙。

德國隊在下一場進入決賽圈的比賽與上屆世界盃冠軍阿根廷隊對壘，開賽之前，齊根塔勒提醒隊員們必須注意高卓人[1]（Gaucho）的踢球慣性。因為，他們的足球戰術系統，例如：壓縮防守、由守轉攻等，好幾年來都維持相同的模式，並沒有改變。德國隊還是作足準備，踢了一場在各方面都受到讚揚的球賽，雙方最後以二比二和局收場。「我們並不像許多人指責我們的那樣，我們並沒有那麼糟糕，但現在我們也不是那麼好，就像許多人所看到的那樣。」勒夫近乎頑固地評論著。後衛球員胡特雖然在對澳洲隊時出現一些失誤而給人留下很差的印象，但這是因為中場沒有給予他足夠的支持，而這次德國隊移動較快速，已沒有防守的漏洞，因此胡特的表現也好轉許多。

「進攻時的無球跑動以及前鋒們快速向前傳球都對足球比賽愈來愈重要。」勒夫在德國隊即將於前四強準決賽與巴西隊對抗之前，表達他從最近的球賽觀察中一些深刻的心得。之前，巴西隊與日本隊的比賽為德國隊提供一個絕佳的觀察學習機會。其中那個由羅納迪諾（Ronaldinho de Assis Moreira）助攻而由羅比尼奧（Robson de Souza）射門的進球就是一個範例。「這樣的移動路徑完全是事先演練好的。」這位助理教練羨慕地說著。這個進球基本上與巴西球員個人的能力無關，而是全隊對於足球戰術的諳熟，勒夫其實很希望能在自己的隊員身上也看到這一點。此時，首席球探齊根塔勒又再度指示：中場和前鋒應該在巴西球員快接近中線時就展開奪球，然後迅速回擊。在這場前四強準決賽裡，德國球員雖然一再搶球成功，但這些機會不僅沒有變成快速的反擊，反而還放慢比賽的節奏。比方說，有一次凱文·庫蘭伊（Kevin Kuranyi）乾脆將球回傳，另外一次則是托爾斯騰·弗林斯（Torsten Frings）錯失良機，他本應在傳球後向前快跑接球的。比賽結果，德國隊表現不夠穩定，以二比三輸掉了比賽，接下來只能和墨西哥隊爭奪季軍。這兩支球隊都喜歡採取大膽的進攻，但防守方面都不穩定。這場季軍賽在加賽延長之後，德國隊最後以四比三獲勝。

批評與反駁批評

德國隊在洲際國家盃的表現還過得去。但球隊的表現是否夠好呢？德國隊展現的進攻精神及活力讓球迷們興奮不已，球隊的革新措施果真奏效，特別是球探的表現甚具說服力。為了支援齊根塔勒，杜塞道夫的運動軟體公司「大師級教練」也加入了球探團隊的工作。足球分析師克雷門斯成為齊根塔勒的左右手，主要處理專業的數據資料，至於基礎的數據資料則交由「科隆團隊」負責。這個團隊是足球教師俞爾根·布胥曼（Jürgen Buschmann）帶領的學生小組，他們將持續為德國隊搜集對手所有的重要數據，直到世足賽舉行前夕。

---

1 譯注：高卓人是指阿根廷的牛仔。他們是西班牙人和印第安人混血的後代，頭戴黑色西班牙帽，身穿燈籠褲，披著印第安披肩，在彭巴大草原過著游牧式生活。

事情順利地進行，然而批評的聲浪仍此起彼落。德國隊在人員、結構及訓練內容方面的改革措施從一開始就引發德國足協內部、德甲聯賽代表及許多專業人士的不滿。這個現象其實是可以理解的，這些德高望重的專家們一輩子從事與足球相關的工作，卻覺得受到國家隊新高層的排擠而敏感地跳了起來。突然間，從美國飛來一個到目前為止都還未當過教練的人，而且還告訴他們，足球應該怎麼踢！這簡直就是赤裸裸的挑釁！另外，還有各項費用的飛漲（包機費用、支付專家的酬金以及豪華大飯店的帳單）以及所謂的「住宿地點的爭論」。碧根鮑華、烏里・何內斯（Uli Hoeneß）及許多足球界人士至今仍在指責克林斯曼，因為已移民美國的他始終在德國短暫停留後，便飛回他在南加州杭廷頓海灘（Huntington Beach）的住處。克林斯曼則辯解說，距離德國遠一點，反而可以讓他不受干擾地工作，實際上好處多多，更何況還有勒夫等人在德國隨時觀察德甲聯賽的情形。

助理教練勒夫直到當時仍未遭受輿論的攻擊，他始終與克林斯曼同心協力地帶領德國隊。他在洲際國家盃前四強準決賽與巴西隊對打之前，曾發表一番頗經典的見解：「我們十分尊敬所有前國手和足球專家們，對於他們那些來自遠處的質疑與批評，我們總是一笑置之。我們真誠邀請他們每一位到我們這來看看，至於前輩布萊特納指責我們是在培養田徑運動員，這就荒謬了。我們絕對沒有這麼做。當有人問，美國人（體能訓練員）和瑞士人（比賽觀察員）究竟能教會我們什麼？這個問題其實很沒禮貌，我們作為德國人沒有權利如此狂妄自大。如果我們自以為無所不能，我們是最成功的國家，所以不須讓視野跨越國境向外探尋，這種想法絕對是一種傲慢。」

勒夫逐漸嶄露頭角後，他在克林斯曼旁邊也開始吃苦頭了！儘管他一向態度謙卑，並不斷強調，還有許多事情有待完成，且將加強與德甲各球隊之間的聯繫，並希望與各球隊總教練交換意見，然而，勒夫實際上卻時常指責德甲球隊。這些來自國家隊的批判深深激怒了德甲的總教練們，便挺身反駁勒夫非難德國職業足球隊缺乏體能以及訓練方向錯誤的批評。此外，一向與克林斯曼／勒夫這個教練雙人組敵對的拜仁慕尼黑隊經理何內斯也展開反擊：「當然啦，在德國隊的世界盃計畫裡，我很樂意聽到『我們』這個詞。『我們』當然也包含所有德甲聯賽的球隊，而且每位德甲的教練都受到這種氣氛的感染，覺得自己也和國家隊互為一體。但如果一位德甲教練聽到，他手下那位被選入國家隊的球員的足球能力還有待提升二〇至三〇％，那他肯定會覺得自己被打了一巴掌，而且還是被這位勒夫先生，可他自己在職業足球隊踢球時，表現並不出色。」何內斯這番言論確實一針見血，國家隊如果要反擊，必須得拿出好成績。

但國家隊迫切需要的好成績並沒有及時出現，從六月洲際國家盃結束到十月之間，德國隊的整體戰績只能說馬馬虎虎：與荷蘭二比二踢平，值得欽佩；〇比二敗給斯洛伐克；四比二力克南非；一比二輸給土耳其，令人沮喪；在漢堡只以一比〇戰勝中國。十一月十二日，克林斯曼與勒夫於該年度最後一場國家隊賽事在巴黎與法國隊對打之前，嘗試做了一些戰術方面的調整。隊長巴拉克正式的位置在前鋒的後面，即4－4－2陣式的菱形中場的前端，不過，這兩位教練特別讓他遠遠地留在原來位置的後方，以便加強防守並從後場發動進攻。結果，德國隊在該場球賽大多時候處守勢。由於後衛前方又布置了兩名防守中場，德國隊的防守顯得固若金湯，全場未失一球，雖然攻擊力道變弱了。因為兩隊都沒有進球，最後雙方以〇比〇和局。德國隊，從一方面來看，雖然表現還不錯，另一方面卻未達到獲勝的目標。

設置技術總監的構想

二〇〇六年二月，在德國世足賽開幕的四個月前，國家隊最後一項懸而未決的人事案終於塵埃落定。截至當時為止，克林斯曼的團隊成員包括勒夫（助理教練）、比爾霍夫（球隊經理）、齊根塔勒（首席球探）、寇普克（守門員教練）、赫爾曼（心理專家）以及幾位體能教練與物理治療師，還缺一位技術總監。克林斯曼上任後不久，便向德國足協提議設置這個新的職位，以便長期在寬廣的基礎上執行已制定的球賽理念與球員訓練方針，當時前國家隊總教練福格茨被克林斯曼視為這項新職的第一人選，接下來是曲棍球國家隊總教練班哈特．彼得斯（Bernhard Peters）。德國足協後來雖同意增設技術總監一職，卻已內定由前國手後轉任教練多年的薩默爾擔任，而薩默爾並不是總教練克林斯曼中意的人選。

助理教練勒夫以阿根廷的「荷西．佩克曼學校」為例並說明，總教練克林斯曼將如何與這位技術總監共同展望未來。佩克曼還未成為阿根廷國家隊總教練時，曾於一九八二至二〇〇四年期間大力改革阿根廷足協的青訓事務，阿根廷國家青年隊在他的指導下總共贏得三次「U20世界盃」（FIFA U-20-Weltmeisterschaft）冠軍，由於他長期從事青訓工作，後來幾乎所有的足球國手都受到他的基礎戰術訓練的影響。「這麼一來，一位曾參加『U17世界盃』（FIFA U-17-Weltmeisterschaft）的球員在參加『U20世界盃』時，就知道教練對自己有什麼戰術的基本要求。一套相同的戰術思維模式可以由下往上地貫徹，包括在正式的國家隊。」勒夫這麼說。這也正是德國隊所需要，卻不是一夕之間就能完成的結構。接下來那幾年，大家都知道，為國家隊扎根的青訓工作實際上包含了相關的職權分配及人事問題，而這也為日後許多的衝突埋下了導火線。

克林斯曼則對於自己合意的人選彼得斯未獲德國足協聘用而感到不悅，因為彼得斯不但是卓越的組織管理專家，而且他原本打算借重彼得斯的專業經驗與知識為國家隊注入所謂的「感性領導」及「性格塑造」。依照彼得斯的見解，球隊對於頂尖球員的建議和照顧應該考慮他們的性格差異，也就是擴及私領域。職業球員應持續在各個領域尋求進步，他們的發展不宜受限於純粹的運動競技方面，還必須提升本身的才智與自我負責的能力，才能進一步拓展自己的職業生涯。

即便沒有彼得斯，新一代遊戲機及iPod還是能提供德國足球國手一些有助於拓展視界及人格塑造的活動，而且國家隊還會安排他們遊覽博斯普魯斯海峽，參觀德黑蘭的巴勒維故宮（Saad-Abad-Palast）或柏林現代藝術博物館的展覽等，以增強他們在文化藝術方面的鑑賞力。除此之外，克林斯曼還希望，其他運動領域頂尖專家的訓練、對手國家的文化背景介紹，或企業顧問、極限登山家有趣的演說都可以成為國家隊的常態活動，讓隊員們有機會獲得不一樣的學習效果。最後，這些足球以外的活動已不僅是隊員們生活的消遣與調劑，他們還應該透過這些訊息的刺激，學習把握自己的職業生涯。

以上就是克林斯曼想推動的「全新思考過程」，他希望藉此而能擁有一批成熟、獨立自主的德甲球員。現今的職業球員必須面對諸多嚴苛的要求：更強的體能、更好的球技、掌握更複雜的戰術等等，所以，只有在自我負責的情況下，才能完成大量的訓練。或者，按照勒夫的話說：「球員們應該問自己，每天如何獲得進步？」當然，這就不僅僅涉及體能、球技及戰術領域了。同樣地，國家隊的球員們也不宜對於身體狀況的恢復、飲食與生活方式等方面有所鬆懈，他們必須持續而嚴格地要求自己。總結地說，能自主地過著適合職業球員的生活是國手們應該擁有的素質，而且只有符合這些要求的人，才有可能獲得國家隊的徵召。

然而，國家隊對於球員自我負責地提升體能的信任，卻與二〇〇六年世足賽前準備階段的定期體能測試發生矛盾。「我們非常感謝這些體能測試，客觀而清晰的測驗結果呈現在我們眼前，讓我們可以知道，誰的體能真的進步了。」不過，這句話反過來也就意味著：誰如果沒有改善，就不是懂得自我負責的職業球員。如果教練們相信，必須透過抽查的方式進行體能測驗或透過球探在隊員所屬的職業球隊裡祕密觀察，才能控制隊員們的體能狀態，這無異於表示，教練們普遍認為，隊內其實還有許多不守規矩的球員。

在義大利的慘敗以及克林斯曼的問題

國家隊的領導團隊在各方面都非常用心，因此他們相信，成功只是時間的問題。「只要在世足賽第一次出賽時好好表現，我們的同胞就會支持我們了！」勒夫在二〇〇六年二月底這麼表示，而偏偏就在幾天過後，德國隊便在佛羅倫斯以一比四慘敗給義大利隊，這個令德國隊相當難堪的敗場也凸顯出那些德國球員們到底有什麼本事。德國隊在那場球賽裡由延斯．萊曼（Jens Lehmann）擔任守門員，四名後衛分別是弗利德利希、梅特薩克、胡特與拉姆，弗林斯（主守）與巴拉克（主攻）司職防守中場，塞巴斯提安．戴斯勒（Sebastian Deisler）及伯恩特．施耐德（Bernd Schneider）分任左、右翼鋒，雙前鋒是克羅澤與盧卡斯．波多斯基（Lukas Podolski）。德國隊後來在這場球賽裡換上兩位有潛力在世足賽中固定出場的球員，史旺斯泰格（換下施耐德）與梅策爾德（換下梅特薩克），這批球員已是當時德國隊所能展現的最強陣容，同時也是德國隊在世足賽的首發陣容。然後呢？德國隊那時在佛羅倫斯的足球場上顯得毫無動力而且混亂無序，尤其是在回防時。後衛們就如同一群母雞般漫無章法地移動，中場已失序，輕易就把球丟失，前鋒的克羅澤與波多斯基也毫無作為。開賽不過七分鐘，德國隊便以〇比二落後

仍無法流暢地表現既定的戰術。

德國隊迫切需要重新贏回聲譽，三月二十二日果真在多特蒙德以令人信服的比數（四比一）戰勝美國隊，終於讓那些足球評論家啞口無言。克林斯曼的情緒當然還未完全平復，他表示，如果那場比賽輸給美國隊，他很可能在世足賽開賽之前就被德國足協解雇了！後來德國隊在克林斯曼、勒夫及比爾霍夫三雄領導下，於世足賽開幕前五週正式展開一場「全國親善之旅」，以便於媒體代表及經過挑選的民眾面前再次凸顯他們兩年來接掌這支國家代表隊的成果。

第六章

心思縝密的戰術負責人

世界盃足球賽前的熱身

五月天雖然陰雨綿綿，但德國世界盃足球賽卻已進入火熱的備戰階段。五月十五日，克林斯曼在柏林公布德國隊的參賽名單；五月十六日，德國隊的體能訓練營於義大利薩丁尼亞島展開；緊接著便是五月二十三日在日內瓦開始的戰術訓練營；五月三十一日，於杜塞多夫的公開集訓一共吸引了四萬兩千名觀眾，其中以青少年居多數。最後在六月二日於魯爾區的勒沃庫森與哥倫比亞隊進行一場熱身賽，作為世足賽開賽前的最後測試，終場以三比〇獲勝，之前還有兩場測試賽，分別以七比〇戰勝盧森堡隊，二比二戰平日本隊，比賽過程也進行得十分順當。然而，當時外界仍不清楚德國隊真正的實力。這支地主國球隊在世足賽開始之前就像一只驚奇袋，沒有人確實知道，這只袋子在緊要關頭能變出什麼令人驚喜的東西。即使如此，積極樂觀的克林斯曼對於自己提出的「偉大路綫」的正確性沒有絲毫懷疑，而且勒夫也堅信，他們已選出最適合代表德國出賽的足球國手。這些球員們不僅具備最佳體能狀態，而且戰術素養最高超。不過，關於「隊員的挑選」及「訓練營」這兩個議題卻有待更深入地探究。

充滿意外的徵召名單

克林斯曼／勒夫這個教練雙人組曾為了挑選參賽隊員而列出一套標準，這種做法與其他教練並不相同。他們在這套制式的篩選標準裡，不只注重運動的專業能力，還把一些優質的性格面向一併列入考量，比如可靠、正直、團隊合作的精神以及與人溝通相處的能力等等。勒夫強調：「我個人非常厭惡不專業和狂妄自大的球員，後者在面對旁人、隊友、球迷或媒體時，總是表現出一副自以為是的樣子。」職業球員仍應該表現某種程度的感恩、謙卑及質樸的態度，此外，還有一點相當重要，隊內的替補球員不可擅自離開團隊，必須從一開始就明確接受自己的配角身分。一支優秀的球隊必須淡化個人色彩，著重集體運作的順暢，隊員們在性格及踢球方式上都要能彼此契合。

最可憐的倒楣鬼是守門員卡恩。在似乎不急迫的情況下，教練團宣布，他必須和另一位主力守門員萊曼輪替上場，那時不只是社會大眾，就連這兩位門將在相當長的一段時間裡也不清楚，誰最終會在這場競爭中勝出，意即誰可以先發上場，誰只是替補的角色。教練團經過兩年的觀察與討論後，才在世足賽開始的兩個月前做出決定：萊曼是德國隊的一號門將。一些消息靈通的觀察家們早已聽到一些風聲，克林斯曼和勒夫心目中理想的門將人選必須具備堅實的球技，以球門球重新恢復比賽時，能迅速而精準地踢球，而且有能力預見自己即將扮演第一位發動進攻者或最後一位防守者的角色，在這個標準下，萊曼顯然比卡恩更有優勢，雖然卡恩在球門線上的反應非常出色且心理特質無懈可擊。令人訝異的是，卡恩得知教練團的這項決定後，並沒有大發雷霆，反而還在世足賽期間成為德國隊幕後的精神支柱。

卡恩在二〇〇二年日、韓合辦的世足賽裡彷若日耳曼超人，此時的他不僅被貶抑為替補守門員，還連帶失去了隊長袖章。也許教練團不讓權力意識強烈的卡恩繼續擔任一號門將，是為了避免德國隊內部出現更激烈的階級鬥爭。總之，巴拉克後來被選為新任隊長，這位德國隊唯一的世界級球員將以「隊長」的身分為球隊帶來更明確的等級結構。巴拉克應該成為球隊的領導者，弗林斯、施耐德及梅策爾德則是輔佐他的助手。特別是深受勒夫信任的梅策爾德，這名中後衛由於成熟的人格特質而在隊上享有高度聲望，而且有能力統領防守陣式，扮演團隊組織者的角色。

除了施耐德與梅策爾德之外，還有一些球員也靠得住，如克羅澤、塞巴斯提安·克爾（Sebastian Kehl）、弗利德利希、阿薩莫阿和提姆·博羅夫斯基（Tim Borowski）。此外，便是大幅的世代交替，年輕且活力充沛的球員如拉姆、史旺斯泰格、梅特薩克及波多斯基已成為德國隊的中堅力量。其他如克利斯提安·舒茲（Christian Schulz）、法蘭克·法倫霍斯特（Frank Fahrenhorst）、盧卡斯·辛基維奇（Lukas Sinkiewicz）、馬可·恩爾哈特（Marco Engelhardt）或歐沃莫耶拉雖曾短期入選為國家隊隊員，後來卻離開。馬塞爾·楊森（Marcell Jansen）則一直留在第二線，扮演德國隊的伏兵。

當時最令人驚奇的是，一些原本沒沒無聞的德國足球員突然在國外闖出了名號，因此，阿斯頓維拉隊（Aston Villa FC）的托馬斯·希策斯佩格（Thomas Hitzlsperger）、倫敦的富勒姆隊（FC Fulham）的莫里茲·福爾茨（Moritz Volz）以及英超切爾西隊的替補後衛胡特，最後也被列入德國隊的出賽名單中。中場球員希策斯佩格以強勁的踢球力道及頭槌攻門著稱；司職後衛的胡特則被克林斯曼認為幾乎是上個世代的後衛國手弗斯特的翻版。然而，他們在二〇〇六年世足賽的實質表現並不出色，甚至有時會因為防守方面很不穩定而出差錯。

「我們的信念來自於，我們在寬廣的選擇層面上擁有強大的執行力。」克林斯曼在上任半年後，便針對下一屆世界盃的參賽球員甄選做此評論。助理教練勒夫身為球賽前線的主要觀察員還語重心長地補充說，如果德甲球隊的教練能給年輕、有天分的球員更多的機會，我們就有更多的選擇。「我很希望，德甲球隊能讓自己的青訓球員有更多上場比賽的機會。」現在每支德甲球隊都設有附屬的青訓中心，接下來應該讓這些培訓完成的儲備球員有更多出賽應戰的機會，另外，基於栽培德國足球人才的考量，有關單位其實應該限制德甲聯賽的外籍球員人數。

不過，這些都是未來才能完成的事。德國隊的教練團首先要面對這批素質參差不齊的球員，在迫不得已的情況下，還得接受他們當中有些人在他們的職業球隊裡並非主力球員的事實。由於教練團仍在考慮許多人選，當自家主辦的世足賽已進入倒數計時的階段時，他們每週便針對這些潛在主力球員的狀況提出報告。總教頭克林斯曼會公開發布，誰剛剛往前進了一點，而誰還些微落後，雖然他還是強調，國家隊的整體氣氛很融洽。隨著球賽開幕時間迫近，有愈來愈多候選球員從世界盃參賽名單中被刪除，正式參賽者的名單也逐步浮現出來。

第一位被剔除的球員就是著名的後衛克利斯提安・沃恩斯（Christian Wörns）。這位自一九九二年起曾六十六次代表國家隊出場的球員，在多次國家隊測試賽未被指派上場後，便公開抱怨總教練克林斯曼說話不算數，未落實他向來強調的「以實際表現進行球員篩選的原則」。沒過多久，教練團便把沃恩斯從世界盃參賽名單中刪去。勒夫後來對此表示，國家隊明確禁止隊員公開批評，當有人不遵守規定時，我們一定會請他離隊，雖然我們因此而少了一個選擇，但我們傾向於優先挑選那些性格上沒有缺陷，為目標而努力不懈的球員。沃恩斯這位優秀的中後衛來自舊式作風的曼海姆學派[1]（Mannheimer Schule），慣用傳統盯人防守的戰術，因此比較無法配合國家隊剛採行的區域防守策略。同樣的情況也出現在英超利物浦隊的防守中場迪迪・哈曼（Didi Hamann）身上。這位身經百戰的球員因為跑動速度過慢，所以後來也沒有機會代表德國參加世界盃足球賽。

當克林斯曼於世足賽開賽一個月前正式發布德國隊二十三人的參賽名單時，有幾位球員原先頗被看好，最後卻未能入選，比如文達不來梅隊的後衛歐沃莫耶拉、沙爾克04隊的中場法比安・恩斯特（Fabian Ernst）和前鋒庫蘭伊。這幾位球員代表國家隊出賽的經驗相當豐富，其中庫蘭伊在克林斯曼／勒夫這個雙人組接掌國家隊後，在二〇〇四與二〇〇五年還頻繁地被指派出賽，因此他會落選令人相當意外。曾有一則傳言聲稱，這名前鋒應該是國家隊教練們「祕密」探察下的犧牲者：據說，庫蘭伊在沙爾克04隊的訓練總是懶懶散散，因此不符合國家隊對於隊員們必須勤勉不懈的基本要求。

另一方面，替補球員如揚森、米可・韓克（Mike Hanke），還有經驗豐富的老將諾伊維爾與延斯・諾沃特尼（Jens Nowotny）卻受到克林斯曼和勒夫的青睞而雀屏中選。還有，在這份德國隊的參賽名單中，大衛・歐東寇爾（David Odonkor）無疑是最大的驚奇，因為這位多特蒙德隊的翼鋒短跑好手直到那時還未曾代表德國隊出賽，在資歷上宛如一張白紙，照理說，應該沒有教練會考慮這樣的人選。助理教練勒夫則闡述克林斯曼錄用他的理由：歐東寇爾在多特蒙德隊一直出場比賽，教練團在觀察他的比賽表現超過十五場之後，便得到一個結論：他那飛快的奔跑速度對德國國隊應該很有幫助。

接下來要進行的是，從這二十三名球員裡挑選出十一名先發球員。勒夫提醒大家，所有隊員必須在三個多星期的世足賽裡保持樂觀的情緒，即使沒有入選為先發球員，也不能因為個人的挫折而損及團隊最終的目標，而且所有的替補球員都必須以積極進取的精神參加這次世足賽。在迎接世界盃挑戰的最後階段，勒夫還給德國隊一番精神喊話：「我們希望德國隊在球場上有競爭力和戰鬥力，每位隊員都覺得這個團隊非常需要他。德國隊能否在第一場比賽便旗開得勝並不重要，只有所有人都超越自己，德國隊才有可能成為世界冠軍。我是指我們每一個人，從一號到二十三號隊員，我們這些教練以及整個團隊。」

體能訓練營、戰術課程與心理練習

克林斯曼剛接任國家隊總教練時便已經決定，德國足協的幹部和他們的賓客們不可以進入國家隊的訓練營地，因為他們的參觀只會干擾球員們的注意力與安靜的作息，總之，這項新規定與從前的慣例大不相同。在德國世足賽開幕的一個月前，德國隊在義大利薩丁尼亞島舉辦體能訓練營，總教練還特別允許隊員的家屬可以在訓練營的前五天留下來陪伴這些即將在世足賽應戰的悍將們。雖然，這對於德國國家隊是一件破天荒的新鮮事，但克林斯曼卻認為這對隊員們是一項恰當的激勵措施。在旅館的游泳池游泳以及舉辦卡丁賽車比賽（Go-Kart-Rennen）都是訓練營在放鬆時段的休閒活動，不過，大家在玩樂時，不宜認為自己是在島上度假。營隊每天都有嚴格的訓練課程，這些都是經過教練團嚴謹的規畫以及

1 譯注：曼海姆學派指的是沃恩斯出身的鳳凰曼海姆隊（MFC Phönix Mannheim）及瓦德霍夫曼海姆隊（SV Waldhof Mannheim），這兩支具有深厚傳統的足球隊都有一百多年的歷史。

考慮前後安排的一致性才制定的。

薩丁尼亞體能訓練營的精神就是克林斯曼這句格言：「我們雖然不是巴西人，但如果我們擁有良好的體能條件，我們也能做很多事。」各種不同的身體測試可以清晰地顯露出球員們在運動方面的弱點與強項，那時就連教練團也以身作則，每天都會練習這些健身項目。在訓練營開始之前，德國隊隊員已接受四場體能測試，除了一些健康檢查之外，還測量了他們的力量與靈活度。這些測驗數據顯示，大約一半的球員在體能方面有所增進，而另外一半仍沒有改變。從拜仁慕尼黑隊借調到國家隊的體能教練奧利佛．施密特萊恩（Oliver Schmidtlein）當時曾估計，球隊大約只有一半的球員確實進行規律的體力鍛練。依照某個評分系統，這套包含力量、靈活度、血液循環及穩定度的測試的滿分是二十八分，德國隊隊員起初接受這套訓練時，平均只有十九分，在世足賽前夕的薩丁尼亞訓練營時，平均分數已上升到二十二分，有顯著的進步。這個訓練營相當著重提升這些德國國手的耐力，而且體能教練們深信，即使訓練時間較短，比如兩個星期，這些吃苦耐勞、訓練有素的職業球員在嚴格的訓練下，還有許多增強體力的空間，只要他們能在各個訓練項目之間取得平衡，在規定的時段放鬆自己並避免過度勞累。

增強體能是平衡球技不足的方法之一，另一個就是戰術細節的講究。繼薩丁尼亞島的體能訓練營之後，由勒夫負責的戰術訓練營緊接著在日內瓦展開。德國隊當時借用塞爾維特隊的主球場進行戰術訓練，為了讓球賽不論是在對手持球或己方控球的情況下都能順利地運轉，勒夫站在場邊經常高分貝地用他的巴登方言要求隊員們遵守「最高的」紀律。就如同本書第二章末提到的，4—4—2陣式（四名後衛、四名中場、兩名前鋒）是現代足球中最基本，也是最重要的陣式，因此，勒夫曾非常熱衷於將時間和精力投入這個足球的基本機轉上，以便讓德國隊能運用這個陣式有效地應對任何比賽情況。不過，勒夫也跟許多教練一樣，認為４—４—２陣式的菱形中場過於冒險，為了鞏固防守，他後來決定讓菱形尖端的進攻中場（即德國隊最優秀的球員巴拉克）往後撤退，如此一來，這位進攻中場便成了防守中場，球陣中就同時有兩名防守中場。德國隊採用這種新陣式後，已通過好幾場球賽的測試，弗林斯及巴拉克這兩名防守中場也因而成為德國隊的戰術核心。當對手持球時，他們必須在一條線上建構一道堅固的防線；當己方控球時，巴拉克就應該在適當的時機往前移動，發動進攻。此外，整個中場還因為有兩名優秀的翼鋒而更加完備，進攻是他們的主要任務。

勒夫當然願意密集地讓德國隊練習整套的戰術、傳球及謀略，然而，為了達到高水準的足球表現，許多基礎練習還是不可或缺，畢竟這支國家隊的後衛防守鏈仍無法順暢地整體移動。由於時間所剩不多，德國隊甚至無法針對球賽的標準狀況進行練習（例如，自由球和角球）。雖然如此，勒夫還是暗自希望，史旺斯泰格和巴拉克那夥人屆時在場上能有精采的表現。

把「積極思考」當作萬靈丹雖然會引發非議，但德國隊的心理專家赫爾曼在這方面確實教導有方。他訓練這些足球國手如何透過語言的自我暗示激勵自己，或如何透過壓力的克服而提升自信。以十二碼罰球這個訓練項目為例：在做這項心理練習時，射十二碼球者必須向教練及隊友大聲宣告，自己「絕對有把握」立刻射門成功，然後才把球踢出。這個練習過程可以大大增強踢球者的自信，進球率便因而提高，雖然這項行為引導不起眼，但並非不重要。

按照自己的節奏比賽

世足賽這場夏日的盛會已逐日迫近，氣象人員預測，這將是個晴天較多、天氣狀況較穩定的夏天。然而，德國隊在六月初顯得有些危急，因為在最後幾場測試賽裡，並沒有顯著的進步。德國隊此時已入住位於柏林古納華德區（Grunewald）一家由舊宮殿改裝成的大飯店，這個下榻地點正好位於藍白柏林隊（SV Blau Weiß Berlin）的訓練球場旁邊。這家飯店住起來相當舒適，豪華的程度不輸給之前在薩丁尼亞島及日內瓦投宿的飯店，如果德國足協還跟上次（一九七四年）主辦世足賽一樣，只讓德國隊住在北德基爾附近的馬連特體育學校，讓這些國手們依舊在斯巴達式訓練的嚴苛條件下備戰，那就不符合時代潮流了！德國足協甚至還改變這家飯店的室內擺設，例如，換上比較有現代感的家具，提供電玩遊戲機，好讓這些年輕的國手可以在這個起居空間裡，好好地發洩比賽期間的壓力和情緒。隊員們不只覺得生活起居舒服自在，而且還能在首都柏林感受到足球狂熱所帶來的「積極能量」，這一點也是克林斯曼特別看重的。在世界盃比賽期間，這個住宿地點周邊總是擠滿了熱情的球迷，因此，整支球隊在教練團刻意的安排下，也不斷感受到球迷們衷心而熱烈的支持。同樣地，民眾後來也能得知國家隊在參賽期間的實際情況，而這股激情的催化劑就是德國導演松克．佛特曼（Sönke Wortmann）。青少年時期曾當過足球選手的佛特曼在世足賽之前，曾接受德國足協的委託，為德國國家隊這支地主國球隊拍攝紀錄片。他在大賽期間全程跟拍球隊，而且不論德國隊在世足賽的排名如何，這部名為《德國：一個夏天的童話》（*Deutschland. Ein Sommermärchen*）的紀錄片將會在世足賽結束後，如期在電影院上映。

當世足賽進入倒數計時，媒體與民眾卻把話題聚焦在隊長巴拉克身上，因為負傷的他非常希望在開幕賽時可以登場應戰。「當然，每個隊員都想在世界盃的開幕戰裡出場比賽。」勒夫充滿理解地表示。

然而克林斯曼／勒夫這個教練雙人組卻決定不讓巴拉克在開幕賽中上場。「他敢冒這個險，但我們不願意，」勒夫說明反對的理由：「因為，在接下來的比賽裡，我們還需要他呢！」六月七日，一位最高層級的球迷——女總理梅克爾，來到德國隊下榻的飯店探望這些國手並送上她的祝福。六月八日，齊根塔勒出現了，他這次並沒有向隊員們報告迎戰哥斯大黎加隊應採用的足球戰術，而是播放一張關於這個中美洲國家的DVD，裡面的內容除了一些風光明媚的風景畫面（火山和自然保護區等）之外，還報導當地人民的一些生活樂趣以及因為警力不足而備受困擾的情形。齊根塔勒播放這張DVD的用意是想告訴隊員們：大家雖然不了解哥斯大黎加這個國家，但無論如何，現在總算知道了一些，整體來說，哥斯大黎加的人民真是親切又和氣。最後在六月九日星期五下午六點，德國隊終於在慕尼黑與哥斯大黎加隊開踢了！

在這場世足賽的開幕賽裡，德國隊的左後衛拉姆首先從右側漂亮地踢進一球，讓德國隊取得領先，但哥斯大黎加隊很快便追平比數。德國隊後來因為克羅澤連進兩進球又以三比一超前，沒過多久，這支中美洲球隊又攻入一球，把比數追成三比二。接下來弗林斯又射入一球，德國隊最終以四比二力克哥斯大黎加隊。總結：進攻相當順暢，但防守並不穩定。齊根塔勒則滿意地表示：「賽後德國球員告訴我，他們在比賽時似乎想起我在播放DVD時說的那番話！當對手進兩球，比數追成三比二時，他們仍覺得很有把握，因為他們知道：哥斯大黎加人的進攻不會很兇悍，他們會讓我們按照自己的節奏比賽，所以，勝敗已經確定。」儘管如此，德國隊接下來還必須接受一場根據比賽畫面而進行的分析訓練，以避免繼續犯下這場比賽曾出現的一些可怕錯誤，尤其是在防守領域。哥斯大黎加隊的前鋒，也是最優秀的選手保羅．萬喬普（Paulo Wanchope）在比賽中踢進兩球，便殘酷地突破了德國隊的防線，無論如何這都必須好好地檢討與改善。克林斯曼與勒夫決定，德國隊在迎戰下一支球隊時，將讓中場的四名球員組成一條防衛鏈，也就是說：到目前為止站在比較前面的兩名翼鋒將會後撤，轉而扮演防守的角色，並與中場的兩名六號球員站在一條線上，再加上後衛的四人後衛鏈，德國隊一共有兩條緊密排列的防守陣線，這麼一來，便不容易被對方突破。然而，兩名翼鋒球員在這個陣式的站位選擇得十分小心，而且必須更勤於跑動。

德國隊如此改變陣式應該會讓這支球隊最具經驗的雙駕馬車在比賽時更加強大——「隊長」巴拉克及「棒棒糖」弗林斯。巴拉克將在下一場比賽上場，他已長期被教練們要求，必須加強防守。這個中場雙人組就是隊伍的核心，他們將從下一場球賽開始凸顯自己就是德國隊無可質疑的領導者。

德國坦克啟動

德國隊在分組賽的第二場比賽對上波蘭隊，一開始便發動一波又一波的攻勢，相當具有攻擊性，然而對手的球門卻像被封死一般，怎樣都無法把球射入。到了第六十四分鐘，勒夫終於亮出他的祕密武器：換上兩名替補球員。翼鋒短跑好手歐東寇爾接替後衛弗利德利希，不消多久，前鋒諾伊維爾也上場，換下踢球不順的波多斯基。當波蘭球員拉多斯拉夫・索柏列斯基（Radoslaw Sobolewski）對德國前鋒克羅澤犯規而累積了兩張黃牌後，裁判便掏出紅牌請他出場，自此情勢終於出現轉機。德國隊再次加強攻勢，波蘭門將阿圖・博魯茨（Artur Boruc）賣力地左撲右擋再加上德國隊兩次射中球門橫樑，波蘭隊才勉強沒有失球。在最後的傷停補時階段，一個絕佳的機會終於降臨在歐東寇爾身上，當他接到施耐德的傳球後，快跑突破對方後衛的防線，從右邊路把球傳給前鋒諾伊維爾，諾伊維爾立即射門成功，讓德國隊以一比〇獲勝。總歸一句：在這場球賽裡，替補球員決定了德國隊的勝利。當德國隊的世界盃出賽名單公布時，從未代表德國隊出賽的歐東寇爾竟赫然在列，當時幾乎沒有人領會教練團的用意，即讓飛速奔跑的歐東寇爾在緊急時刻成為德國隊致勝的祕密武器。

這場勝利已讓德國隊晉級十六強淘汰賽，但最後一場對上厄瓜多的分組賽也不能表現得太丟臉，勒夫在賽前便警告隊員們，這支南美洲國家隊採用的足球戰術是最標準的4—4—2陣式。「他們可以迅速組織隊陣，隊員們的串聯就像連在一根繩子上，而且還懂得極力壓縮防守空間，整體移動也很優秀。」後來的比賽過程卻不如預期地理想，德國隊未能維持球賽的快速節奏，而且後衛和中場之間總是漏洞大開，但由於對手意外差勁，毫無攻擊性可言，德國隊最終不費吹灰之力，以三比〇勝出。總教練克林斯曼此時還信心滿滿地說，他的隊伍「只要發揮到極限，就不必再懼怕世界上任何一支球隊」。

在十六強淘汰賽對抗瑞典之前，總教頭克林斯曼在休息室裡的精神講話讓他的小伙子們深深受到鼓舞，他的助手勒夫也完成了該場球賽的戰術準備。對厄瓜多時，勒夫雖再次嘗試攻擊性的菱形中場，但在進入決賽圈的第一場比賽裡，他卻選擇了對抗波蘭時已採用的「四人一條鞭」，站位離己方球門較近的中場陣式。隊長巴拉克為了執行這個變陣的加強防守策略，被認為採取太多後防的安全措施而引起某些隊員的反感。

德國隊接下來與瑞典隊對戰的表現就令人心服口服了：速度快、組織運作良好、拚鬥時信心十足、持球率六三％。球賽開始才不過十二分鐘，前鋒波多斯基就連進兩球，勝負似乎已成定局，而且後來還徹底打散瑞典隊的陣式，讓這支球隊的戰術無法有效運作。勒夫對於德國隊的表現感到相當欣慰，因為，這是球隊頭一次實現了賽前所有的策略規畫。德國隊在這次比賽中打出漂亮的一仗，其祕訣就是後撤的巴拉克。他由進攻中場轉為防守中場後，不僅讓先前早已不堪負荷的唯一防守中場——弗林斯獲得大力的援助，還給予向來表現不穩定的中後衛梅策爾德及梅特薩克一些必要的支持。助理教練勒夫表示：「德國隊現在的防守很穩定，因為後衛們幾乎不再受到對方前鋒的突襲，負擔因此減輕了許多。巴拉克後移之後，非常融入球隊，與隊友們合作無間。他的新位置讓球隊的防守更穩固，如果他還在菱形中場的前端，就不可能這麼快速回防。現在四名中場球員緊密排列成一線，而且都相當自律。」然而，瑞典隊那些並不相當精通戰術的觀察員並不容易發現德國隊已調整戰術，因為，光是波多斯基和克羅澤這兩名前鋒就給瑞典隊帶來許多麻煩，再加上巴拉克也一再衝到最前線嘗試射門，讓技高一籌的瑞典門將安德烈亞斯・伊薩克森（Andreas Isaksson）備受挑戰。

PK得勝的關鍵

在八強淘汰賽中，勒夫的偶像佩克曼教練證明了他一手調教出來的阿根廷隊是一支相當難纏的足球勁旅，而且似乎在球場上所向無敵。這支南美洲強隊機智地運用戰術而掌控了整場比賽（五八％的持球率），並在第四十九分鐘踢入一球而以一比〇領先。德國隊只能咬緊牙關，再度發揮奮戰不懈的傳統精神，所幸在第八十分鐘由前鋒克羅澤踢進一球，以一比一扳平比數。在和局的延長賽裡，雙方都沒有進球，接下來只能以十二碼ＰＫ戰進行對決。德國隊的守門員教練寇普克透過遞小紙條的方式，告知門將萊曼那五名被指派上場的阿根廷隊員的射門習慣，德國隊由於萊曼攔下兩球而擊敗這支南美洲強隊，順利地晉級四強準決賽。這場球賽的勝利必須再度歸功於德國隊的統計研究，因為寇普克的字條上所提供的，關於阿根廷球員十二碼球的資訊都是齊根塔勒的「科隆團隊」所蒐集調查的成果。萊曼撲到第二個十二碼球的場景深深烙印在勒夫的腦海裡，後來他開心地表示：「我們的內心在那一刻洋溢著喜悅和火焰般的激情，這是我在足球生涯裡從未經歷過的。」

比賽結束的哨音響起之後，德國隊勝利的喜悅，卻因為雙方球員間不必要的衝突所造成的處罰而煙消雲散。國際足協根據事發現場的錄影畫面的分析，判定弗林斯率先攻擊一位阿根廷球員，因此被禁賽一場，不得在下一場比賽中上場。這樣一來，德國隊在接下來與義大利隊對戰的四強準決賽中就少了一名主力球員。沒有人知道，德國隊擁有弗林斯是否會有更好的表現，但可以確定的是，弗林斯缺席的德國隊會在值得敬畏的強敵面前，明顯而快速地達到能力的極限，光是四三％的持球率，二比十的射門比數便已說明了一切。不過，決定性的時刻要到延長賽的下半場才真正來臨。在第一百一十九分鐘，義大利隊的安德烈亞．皮爾洛（Andrea Pirlo）傳出夢幻般的一球給法比歐．葛羅索（Fabio Grosso）射門，徹底突破德國隊的後衛防線，此時雙方勝負已定，一分鐘後亞歷山卓．德爾．皮耶羅（Alessandro del Piero）再射入一球只不過擴大了雙方的比數差距而已。

對勒夫來說，葛羅索的進球意味著最深沉的恐懼終於降臨。「球進門觸網的那一瞬間，讓我相當震驚，似乎我的血液頓時凝固了起來，而且還有一根針刺入心臟裡。那個足球觸網的畫面整個星期都在我眼前揮之不去。」他事後自責說：「我們應該在皮爾洛傳球之前堵住他的路線，當時是我們疏忽了，這個失誤相當嚴重，讓義大利隊有機會進球得分。我們的隊員本來應該鞏固防守，儘量把比賽時間拖過去，因為只要進入十二碼ＰＫ戰，我們就有可能贏球，但我們那時卻一心一意想早早進球，贏得這場比賽。」這場輸掉的比賽停留在他腦海中達數月之久，其中的畫面不斷來來回回地出現在他的眼前，不論是在記憶裡或在播放錄影的螢光幕上。「為什麼我們無法在比賽的過程中貫徹我們的戰術規畫？為什麼我們無法迫使義大利球員出現失誤？」後來，他終於承認這個殘酷的事實：「我們已經達到極限，根本找不到任何可以撼動義大利隊的辦法。」簡單地說，德國隊在這一百二十分鐘裡表現不夠強大，所以無法以勝利者的身分離開球場。當時的德國隊如果遭遇強隊，只能把比賽拖到十二碼ＰＫ戰，才有獲勝與晉級的機會。德國隊在世足賽被淘汰出局後，勒夫只能嘗試忘記這場令人沮喪的比賽，期待未來與新的隊員們在新的條件下好好努力，達到更好的表現。

處在瘋狂邊緣的歡樂：一個夏天的童話

季軍賽是德國隊在二〇〇六年世足賽的最後一場比賽，憑著中場球員史旺斯泰格那兩個石破天驚的進球，最後以三比一輕鬆擊敗葡萄牙，獲得世足賽季軍，並接著在柏林布蘭登堡門旁舉行一場狂歡派對，正式告別這場令人振奮的世界盃盛會。後來勒夫這麼總結他的這段回憶：「有時候，人們投入足球的情感已經觸及了瘋狂的邊緣，這也是足球迷人的地方。以德國隊來說，隊員們經歷了第九十三分鐘對波蘭的勝利，十二碼ＰＫ戰擊敗阿根廷，然後在對上義大利的第一百一十九分鐘徹底跌入谷底，淚水決堤，陷入巨大的空虛裡。這種經歷實在無法形容，球員們根本不知道該如何面對它，處理它，內心的情緒在短短的幾天內激烈地上下起伏。事後即使要平復情緒，也不是一件容易的事。」儘管如此，在這屆世界盃足球賽裡，身為地主國隊的德國隊仍在球賽裡有優秀的表現。德國隊對瑞典是「令人心服口服的」，對阿根廷則是「非常棒」，對義大利則始終表現出「相當精采的戰術」。德國隊在球場上應戰時，不僅沒有退縮，還展現出進攻式足球，讓球迷們又驚又喜。

德國人希望透過二〇〇六年的德國世足賽推動德國足球的發展，呈現歡樂的德國形象，當然，還殷殷企盼德國隊能獲得世界盃冠軍。最後一項雖然功敗垂成，勒夫仍指出：「從整體來說，德國透過這次主辦世足賽已成功地在國際間建立了積極正面的國家形象。德國隊的踢球風格與親切和善的態度，球迷的認同與世界盃的和平慶典都一再顯示：德國是一個既和平又友善的國家，人們可以隨時隨地大肆慶祝，而且距離夏天結束還有六個星期的好天氣！」無疑地，克林斯曼把美國加州的陽光帶回德國了！無論怎麼說，他的世足賽計畫是成功的，他當時曾表示：「我想看人們翩翩起舞，看他們歡樂的笑靨。我想要展現的德國是一個文化多元、語言多元，而且經過東、西德分裂而再度統一的國家。這是一個嶄新的、不同於以往的德國，而世人也接受了這個想法。」德國足協主席茨旺齊格也受到德國世足賽的鼓舞，他開心地說，這屆世界盃為德國境內的族群融合做出了巨大的貢獻。「這屆世界盃足球賽還透露出，足球這種運動可以促進族群關係。來自各種不同文化背景的人們一起慶祝這項足球盛事，族群的藩籬實際上已被打破，大家不妨留意，土耳其裔居民在德國舉辦世足賽期間，還在他們的餐飲店掛上了德國國旗呢！」

不容辯駁的是，滿腔熱忱的克林斯曼在這屆為期幾星期的世界盃足球賽裡扮演了決定性的引導者角色，他必須把整個德國帶動起來，不過，外界一向不清楚，這位總教練在國家隊實際從事哪些工作。克林斯曼有許多共事的專家，他們在許多領域都比他有能力，因此他必須讓賢，比如德國隊的體能訓練已委交威爾斯提根與施密特萊恩負責，戰術的規畫與說明則由助理教練勒夫一手掌理。克林斯曼在接受《南德日報》專訪時曾表示，自己並不是一位典型的國家隊總教練，也許比較像個計畫領導人。「我認為，我的任務就是讓團隊裡的每個專家可以充分發揮自己的長處，國家隊二十到二十五人的專家小組，包括醫生、物理治療師、運動心理專家、體能教練等，都在我的領導下一起工作。」一位總教練兼計畫領導人的任務在今天看來是如此龐大而複雜，克林斯曼在國家隊的主要工作就是指導並管理這個專家小組如期達成這些任務。

實際上，克林斯曼從來就不是德國隊真正的主帥，他的角色反而比較接近一位理念的提出者與推動者。球隊經理比爾霍夫曾提到克林斯曼的特殊才能在於能把自身的動力傳達給其他人，有時他會拋出簡單的問題，然後期待有人主動出來承擔與解決。尤其是他名義上的副手、足球戰術暨訓練專家勒夫曾接手做了許多工作，隨著德國世足賽的迫近，他在德國隊的「二〇〇六計畫」（Projekt 2006）所負擔的工作量也日益加重，最終被冠以「二號國家隊教練」的稱號。勒夫說，他和總教練克林斯曼從一開始便有一種緊密的信任關係，彼此同舟共濟，並非一般那種享有共同利益的伙伴關係。

如果沒有克林斯曼這位足球狂熱者的倡導與推動，二〇〇六年德國世足賽的夏日童話很可能無法實現。如果沒有心思縝密的執行者勒夫以堅持不懈的精神訓練這些德國國手，讓他們的足球戰術實力突飛猛進，那麼這部童話就無法如此絢麗地呈現在世人眼前。今天如果有人想重溫當年這些人物所扮演的角色，不妨找出佛特曼當時為德國隊拍攝的紀錄片《德國：一個夏天的童話》。只要把ＤＶＤ放入放影機，就可以在電視螢光幕前重溫當時那些美好的情景，當然，您必須有把握，自己不會受到影片裡那些毫無吸引力，卻又陰魂不散的賓士及愛迪達廣告所干擾。

第二部

總教頭勒夫的金盃路

第七章

勒夫時代的來臨

理所應當的接班人

當德國隊挺進二〇〇六年世界盃八強淘汰賽時，所謂的克林斯曼時代才初嘗成功的滋味，德國隊最後獲得季軍，算是不負眾望。世足賽結束後，德國媒體紛紛關心新的國家隊總教練人選，當時德國足協主席茨旺齊格除了克林斯曼之外，並不做第二人想。但當事人克林斯曼卻不這麼認為，他在這個時間點反而希望助理教練勒夫能成為他的接班人：「姚吉可以毫不費勁地接下這個任務，完全不成問題。」但是，其他人卻對這位助理教練是否能勝任持保留態度，球隊經理比爾霍夫曾回憶當時的景況：「我現在依然能想起，當我提名勒夫為克林斯曼的繼任者時，足協內部的那些人士就是一副不信任的態度。因為，他們已經習慣德國隊的總教練由一些大名鼎鼎的重量級球星擔任，如碧根鮑華、佛勒或克林斯曼，根本不相信勒夫能勝任這麼重要的職務。」因此，茨旺齊格首先還是希望克林斯曼能夠留任，頂多只把勒夫視為「B計畫」，尤其是勒夫自己也強調，最希望在原本的人事結構下繼續工作，也就是跟以往一樣，在克林斯曼這個強勢人物的背後擔任他的副手。

副手升任主帥

當克林斯曼愈不願明言自己未來的動向時，隊員們就愈期待助理教練勒夫能成為他們的新主帥。門將萊曼便跨出了決定性的一步，他在德國隊順利獲得世界盃季軍後，便直接找德國足協主席茨旺齊格表明，如果克林斯曼不續任，在足球戰略方面已廣受肯定的勒夫就是最好的繼任人選，茨旺齊格當時也被萊曼說服。然後在七月十一日，一切終於明朗。克林斯曼告知德國足協，他在國家隊已感到精疲力盡，想回美國加州和家人團聚。克林斯曼再次推薦勒夫為他的接班人，於是所有相關的人士：勒夫、克林斯曼、比爾霍夫，以及德國足協主席茨旺齊格與祕書長沃夫岡・尼爾斯巴赫（Wolfgang Niersbach），便在斯圖加特碰面，希望能盡快敲定勒夫接任國家隊總教練一事。在該市的皇宮花園飯店（Hotel Schlossgarten）裡，勒夫與足協高層議妥並簽署一份為期兩年、任期到二〇〇八年歐洲國家盃足球賽後的合約。勒夫的年薪據估計大約是兩百萬歐元（德國足協並未公布確切的金額），比前任的克林斯曼少了一百五十萬歐元左右。另外，雙方也進一步確認，國家隊無論如何都必須延續克林斯曼時代所施行的足球理念。

簽約隔天，德國足協便在法蘭克福總部召開記者會，正式向各界介紹姚阿幸・勒夫是國家隊的新任總教練，也是繼奧托・涅爾茲（Otto Nerz）與李貝克之後，第三位非國家隊國手出身的國家隊總教練。記者會一開始，熱情如昔的克林斯曼率先發言，對於勒夫升任總教練一事表示相當欣慰，因為，國家隊如果要繼續落實與發展兩年以來他所致力於推行的足球理念，由勒夫出任總教練深具意義，也是順理成章的結果。勒夫這兩年擔任助理教練的優秀表現已有目共睹，他的角色不只是一名助理教練，還是球員訓練及戰術規畫的負責人。克林斯曼還表示：「我自己其實比較像是個觀察與掌握整體發展的監督者，球隊實際的工作都是交給他執行的。」

主席茨旺齊格在記者會上這麼闡述他決定聘用勒夫的理由：「我們主席團已達成共識，必須極力延續克林斯曼在德國隊建立的足球理念，因此，情況已經很明確，我們將會和他原來的副手勒夫繼續朝這個方向努力。」比爾霍夫也以部分內容幾乎一致的措辭證實了這項聲明，甚至連即將卸任德國足協副主席的麥爾─佛菲德也表示，勒夫早就是他心目中的理想人選。當所有人紛紛表達他們對於新任國家隊總教練的信任、誠意甚至讚賞時，勒夫則坐在一旁不發一語，只是偶爾點點頭。最後輪到他這位主角說話時，他便謹慎而從容不迫地表示，將會遵循前任總教練克林斯曼的腳步繼續為國家隊服務。他還轉身對克林斯曼說：「俞爾根，你兩年前也坐在這個位子，而且還信誓旦旦地說：我們要成為世界盃冠軍。我這時也要明白地說，那也是我們的目標，包括比爾霍夫、寇普克、我以及足協高層，不過，我們打算先拿下兩年後的歐洲國家盃冠軍。」

勒夫在這場記者會上雖然態度親切溫和，卻也做出握緊拳頭的手勢，展現自己的強勢。顯然地，他還在探索自己作為國家隊主帥的領導風格，而且他還在這個場合裡首次解放了自己的服裝。在長達四星期的世足賽期間，克林斯曼／勒夫這個教練雙人組始終穿著相同款式的衣服：「史綴內瑟」（Strenesse）品牌的白色襯衫，此刻在德國足協總部的記者會上，他們終於出現不同的衣著，勒夫穿上深色西裝，克林斯曼則穿著淡色Polo衫。當時勒夫還對媒體強調，他上任之後，不會做太多改變，換句話說，他會繼續推動前任總教練的理念，與守門員教練寇普克、首席球探齊根塔勒、心理專家赫爾曼以及幾位美國體能教練一起指導戰力已受肯定的德國國家隊。

之後，媒體記者們又展開了新一輪的猜謎遊戲，情況就和兩年前他被任命為助理教練時有些類似。那時大家都不太認識這位勒夫；現在人們雖知道有這麼一號人物，卻仍不了解他是什麼樣的人。到底這位勒夫是誰？一位充滿智慧的教練，這是肯定的，而且他還是一位頂尖的足球分析家，具有堅實的戰術基礎，言談實事求是，說理明白。他雖是克林斯曼的助手，做起事來卻能獨當一面。但他真的有擔任主帥的格局嗎？他在公開場合並不多話，顯得平靜自在，感覺放鬆而不拘束。他的性格真是如此？或只是做做樣子？他看起來很可靠，但真的可以信任他嗎？

記者們早就熟悉這位新科國家隊總教練，他在擔任克林斯曼的副手時，總是以友善而愉悅的態度代替克林斯曼回答新聞媒體的提問。媒體界都知道，這位剛上任的國家隊主帥雖然平易近人，卻也很有個性，不容易掌握，在回答問題時，總能像一條滑溜溜的魚，從記者們的掌心中掙脫溜走，這就是德國媒體對他的固有印象。當德國足協發布勒夫為國家足球教練這項人事消息後，一名《南德日報》的記者便在相關的新聞報導中寫道：「德國國家隊有史以來第一次不接受總教練，而選擇接受一套理念的訓練與指導」。

這麼看來，勒夫其實有必要為自己辯解，因為，這位新主帥當年執教斯圖加特隊時，作風內斂，形象較不鮮明，讓人覺得有些無趣。《時代週報》的一則報導又重新挑起這個老話題：「勒夫知道有些人指責他個性太溫和、太退縮、太謙遜、太缺乏領導人的魅力，根本不適合擔任國家隊總教練。」其他媒體的記者也紛紛拿一些老掉牙的問題質疑勒夫：隊員們也會直呼他的小名姚吉嗎？「不，他們稱呼我『教練』。」他是否相信自己能夠取代渴求勝利、懂得激勵人心的克林斯曼？「我以前在德甲擔任總教練時，也必須激勵自己的球員。」他會擔心前任總教練留下的陰影嗎？「我走自己的路，不會去模仿任何人，包含克林斯曼在內。人們必須保有真實的自我。」德國隊剛在世界盃取得不錯的戰果，他該如何面對這項成就所帶給他的壓力？「要維持穩定並不容易，就盡力而為吧。」他會像克林斯曼一樣充滿激情嗎？「到了慶祝的時候，我就會跳到空中了！」當他被問到，曾向哪些人學習時，他提到一些德國教練的名字，包括克林斯曼、海因克斯以及道姆等，結束時還補上這句話：「最後還是由我自己決定。」

究竟勒夫只是《南德日報》所輕鄙的「縮小版克林斯曼」，或如同《世界日報》（*Die Welt*）所贊許的「遠超過對於克林斯曼的模仿」？對《明鏡週刊》（*Der Spiegel*）而言，勒夫早已不是克林斯曼的依附者，而是克林斯曼時代的戰術與戰略的首腦。《法蘭克福匯報》從前也曾用「二號國家隊教練」形容勒夫在德國隊的地位，並明確地表示，身為主帥的他將「在沒有任何虛矯作態的情況下，很快地展現個人的風格」。

很顯然，這個交接的過渡時期會相當平順。畢竟勒夫已公開表示，將繼續實踐那種解說起來興味盎然，做起來更具吸引力的進攻式足球；他將維持球隊階級的平面化；他會進行充分的溝通，並讓原來的工作團隊繼續處理球隊的事務。他還保證，球隊訓練的過程雖由教練團負責規畫，但細節方面會尊重球員們的個別差異性，而且會參酌許多專家們的專業知識。唯一顯著的改變，就是總教練的領導風格，那位引人注目、擅於大聲鼓動，並精於運用各種風格鮮明的口號激勵人心的足球專家已經離開，接替者是一位性情抑鬱、溫和而不受矚目的教育家，也是一位工作認真並講究細節的戰略暨戰術家，因此，他的領導風格會比較沉著冷靜。在擔任克林斯曼助理教練的那兩年，勒夫的專業、溫和的言詞以及為人處事各方面已普遍贏得隊員們的肯定與尊重。然而，他是否擁有獨當一面的領導能力？是否能隨著球隊任務的加重而成長？是否能平息從前被人們認為性格「過於和善」，以至於不適合升任國家隊真正的主帥這樣的批評？總之，一切仍有待時間的驗證。

新任助理教練福立克

德國隊與瑞典隊在八月十六日的友誼賽，是勒夫上任後的第一場比賽。球賽開始前，勒夫在球場的休息室裡只簡單地對隊員們說：「我們要徹底掌控球賽。」後來德國隊果真踢進三球，每次進球時，勒夫都欣喜地握緊拳頭。球賽獲勝後，這位新任總教練便果敢地宣稱：「克林斯曼的時代結束了，德國隊現在已經展開一段嶄新的旅程。」但球隊這趟旅程卻還需要一張有效的通行證，即助理教練。在法蘭克福的記者會上，勒夫最後被問道：是否已物色了助理教練的人選。他當時打趣地回答：「雖然還沒找到，但我已經約了克林斯曼一起吃飯，他或許會同意成為新任的助理教練！」當勒夫在八月二十三日的記者會上正式宣布福立克教練是他的副手時，德國的足球專家們幾乎無法相信這則消息，和兩年前克林斯曼任用已被德國足球界遺忘的勒夫的情況相類似。四十一歲的福立克，雖然知名度不高，而且跟勒夫一樣從未入選國家隊，但在教練的專業領域很優秀。「我之所以選擇福立克，是因為他有新穎的想法，而且辦事嚴謹可靠。我們對新任助理教練最主要的要求就是精通進攻式足球的理念，福立克到目前為止已經在這個新領域做出一些成績。」勒夫說明任用福立克的理由。福立克第一次以國家隊助理教練的身分發表談話時，表現出既謙遜又積極戰鬥的精神：「現在我會盡力完成分內的工作，國家隊會先取得歐洲國家盃會內賽的參賽資格，然後一路過關斬將，贏得冠軍獎盃，這也是勒夫設定的目標。」

福立克與勒夫之間的友誼開始於一九八五年夏天。那時勒夫的弟弟馬可・勒夫（Markus Löw）接替福立克在巴登－符騰堡上級聯賽的詹特豪森隊所留下的中場位置。當時福立克才十九歲，剛與德甲的拜仁慕尼黑隊簽約，並在後來代表這支球隊踢了一〇四場比賽。在結束職業球員生涯後，福立克首先到海德堡附近的巴門塔隊（FC Victoria Bammental）擔任教練，之後在二〇〇〇年執教於附近上級聯賽的霍芬海姆隊，隔年便順利地帶領這支球隊晉級地區聯賽。不過，球隊老闆狄特馬・霍普（Dietmar Hopp）還希望球隊能更上層樓，升入第二級的德乙聯賽，福立克經過四個年度球季的努力依然無法達到霍普設定的目標，便因此遭到解聘。福立克離開霍芬海姆隊後，該隊由於獲得SAP軟體公司[1]的富豪老闆大量的資金挹注，他的繼任者朗尼克在資金充足的情況下，還讓這支球隊連跳兩級，晉升德乙的隔年便成功地躍進德甲聯賽。

福立克坦言，那次解雇對他來說是個沉重的打擊，而且還造成他長期的心理陰影。他只能安慰自己說，未來的職業生涯還有可能出現轉機。他後來到奧地利超級聯賽的薩爾茲堡紅牛隊（FC Red Bull Salzburg）工作，擔任喬瓦尼・特拉帕托尼（Giovanni Trapattoni）及馬泰斯這個領導雙人組[2]的助手，然後才突然跨越了一大步，成為德國國家隊的助理教練。早在二十幾年前，他便在詹特豪森隊總部認識馬可的大哥姚阿幸・勒夫，只是無法想起當時發生的一些細節。馬可話多又愛開玩笑，懂得掌控並炒熱整個場子，瘦削又拘謹的姚阿幸站在這位孔武有力的弟弟身旁顯得很不起眼。

勒夫與福立克決定性的會面大概是在二〇〇四年。當時他和克林斯曼接受霍芬海姆隊老闆霍普的邀請，專程前往參觀該隊附設的青訓中心。福立克說：「那是我在兩年後進入德國隊工作之前，與勒夫最近的一次碰面。」克林斯曼的好友霍普說了一句在這個圈子裡相當引人注意的話：「站在那的是目前的國家隊總教練，而這一位卻是未來的總教練。」他當時所謂的「未來的總教練」並非指蒞臨參觀的貴賓勒夫，而是指身旁的福立克。由此可見，霍普對福立克相當器重，然而卻因為霍芬海姆隊的戰績遲遲未見突破，不久之後，便被掃地出門。

福立克在民眾之間幾乎不具知名度，在專家圈子裡則被視為一位真正優秀、聰明、勇於創新的教練。當這位受過正規金融專業訓練的足球員於二〇〇三年取得足球教練執照時，他和托馬斯・多爾（Thomas Doll）還以並列第一的成績結業。雖然他執教的霍芬海姆隊只是一支低級別聯賽的球隊，但他手下的球員們在他的指導下已能踢出最具有現代特色的足球戰術：進攻、四人後衛鏈、系統性的整體移動、壓迫式打法以及隊員們彼此通力配合。福立克曾用這句精簡的話，為自己的教練工作下定義：「觀眾在比賽中要能夠分辨哪支球隊是霍芬海姆隊。」福立克也在球員培訓方面立下新的標竿：早在克林斯曼和勒夫之前，他便已使用橡皮繩進行球員穩定度的練習，並與專家們合作讓全隊投入完整的進攻模式訓練。福立克對於所有新的事物都保持開放的態度，他在球員生涯的最後階段效力於莫頓・歐爾森（Morten Olsen）執教的科隆隊，並發現自己對於教練工作的喜愛，而且還把阿賈克斯隊的總教練路易斯・范豪爾（Louis van Gaal）視為自己的偶像。「當我剛到霍芬海姆隊擔任總教練時，便立刻引入范豪爾在阿賈克斯隊的四人後衛鏈戰術，並發給每位球員一本手冊，裡面還有範例說明，應該如何組成防守鏈以及整個隊伍應該如何移動。」

1 譯注：歐洲最大、世界第三大軟體企業，總部位於巴登—符騰堡邦瓦爾道夫（Walldorf）鎮。

2 譯注：特拉帕托尼出任該隊的體育總監，馬泰斯則是總教練。

新加入教練團的福立克不僅要從事教練工作，還要擔任球探並負責建立球員的資料庫。當記者詢問他對於這份新工作的感想時，他回答：「我怎麼看待足球，我就怎麼處理，我並不需要適應教練的工作。」其實這番話也意味著，福立克就是勒夫的完美助手，他不僅在專業領域上可以精確地配合，而且性格與為人方面也無從挑剔。他和他的上司勒夫都來自巴登地區，他的足球教練生涯開始於內卡河（Neckar）畔內卡爾格明德（Neckargemünd）的穆肯洛赫隊（BSC Mückenloch），他的工作態度謹慎、仔細又認真，是一位非常敬業的足球教練。勒夫內心很篤定，他知道他的助理教練對待他就如同他自己從前對克林斯曼那樣地忠誠。

二〇〇六年九月二日，新組成的國家隊教練團歡喜地迎接德國隊在歐洲國家盃首場會外賽的勝利，對手是愛爾蘭隊，比賽地點恰好就在勒夫以前執教的斯圖加特隊的主場，當時該隊球迷們還熱烈地歡迎這位前總教頭的「歸來」。不過，賽前卻發生了一件不愉快的事，雖然總教練勒夫沒有受到太大的波及，萊曼與克羅澤那天打破德國隊隊員穿著愛迪達（幾十年來壟斷該隊用品採買的供應商）球鞋的慣例，而穿上了自己選擇的品牌運動鞋上場。在這場對愛爾蘭隊的比賽裡，德國隊的表現並不突出，僅靠著穿著愛迪達球鞋的波多斯基在第五十七分鐘從左側踢入一記漂亮的自由球，為德國隊爭得一分。總之，要在這場比賽贏球並不容易。賽後勒夫於記者會上公開強調，德國隊的表現完全匹配得上這場勝利。

不是克林斯曼的影子：腳踏實地的戰術大師

勒夫就任國家隊總教練的頭幾個星期，德國隊便因為表現出色而相當被看好。在歐洲國家盃會外賽中，德國隊以十三比〇大勝聖馬利諾，並在斯洛伐克首都布拉提斯拉瓦（Bratislava）以四比一力克斯洛伐克隊，再加上先前對瑞典及喬治亞的兩場友誼賽都大獲全勝，一連取得四個勝場，得失球比例是令人難以置信的二十三比一，這是勒夫擔任國家隊總教練一個非常成功的開頭。對斯洛伐克一役尤其精采，德國隊透過快速傳接球，卯足全力地執行既定的戰術規畫而淋漓盡致地展現勒夫進攻式足球的理念。

因此，勒夫被質疑職業生涯資歷不足，只是個無名小卒並沒有資格擔任國家隊總教練的疑問，幾乎隨著這波接二連三的勝利而煙消雲散。沒錯！勒夫執教於職業足球隊時，確實表現平平，而且不是真正靠著自己的努力爬上國家隊總教練的位置，然而，職業生涯中偶然所帶給他的幸運並不表示他本身毫無實力。他的優點在於，懂得持續跨步向前，懂得為決定性的時刻做好充分的準備，就像他在等待上天的召喚一樣。「並非只是克林斯曼的影子」——後來《南德日報》總算對勒夫做出公允的評價，因為他向來都能用心地把握迎面而來的機會。十一月初，這位新任的國家隊總教頭在第一次期中總結報告裡表示，前兩年擔任克林斯曼的助理教練讓他獲益良多，因為他不必再像從前擔任職業足球隊的教練那樣，整個思考與作為都受制於短期必須達到的預設目標。他說：「我現在已經沒有這樣的壓力了。我可以長遠地觀察各種發展及趨勢，而不只是注意下個對手的左後衛是誰。我在國外時，可以在很輕鬆的氣氛下看許多球賽，也從中學會如何用分析的眼光觀察比賽進行。」他還高聲地宣稱，自己現在已經可以用較快的速度組合每一塊散落的拼圖，並針對目標找到解決方案。勒夫的說詞聽起來雖然很有自信，但他也知道必須腳踏實地，絕不能放棄這個堅持，對此他還有感而發地表示：「畢竟我經歷過太多短時間內的高低起伏了。」

十一月十五日，德國隊在賽浦路斯首都尼古西亞（Nikosia）與該國的國家隊對戰之前，勒夫在一場小型媒體招待會上，輕鬆地喝啤酒吃點心，與通訊特派員們閒聊，大部分在場人士都為勒夫自然不做作的態度所折服。《法蘭克福匯報》坦白地表明：「在克林斯曼卸任四個月後，根本無法想像會有另一位教練繼續實踐這場足球改革。」該報還稱許勒夫為「理所當然的國家隊總教練」。現在來自美國加州那些宣傳性質的華麗口號已經消失，取而代之的是一位腳踏實地的巴登戰術大師，以及其務實而冷靜的專業足球知識。勒夫在賽前曾警告德國球員們，賽浦路斯隊實力堅強，在球場上能量十足，對付這樣一支強隊必須有耐心，團隊運作要流暢而且動作得像「瑞士錶」那麼精準。他嘗試把對手說得很強大，但卻沒有獲得實質的效果，因為德國球員們當時都急於攻球入門，都著眼於德國隊將以何等得分落差戰勝賽浦路斯隊。實際上，靈活的賽浦路斯球員控制了整場比賽，而且不斷干擾德國隊的節奏，雙方最後以一比一和局收場。賽後沒有人確切知道，到底是什麼原因導致這樣的結果：是賽浦路斯隊實力強大？或者如同人們所看到的，德國隊根本還不夠好？

一場平局的球賽還不至於掀起什麼波瀾。在接下來的耶誕假期裡，一切會變得比較平靜，勒夫終於可以鬆弛一下緊繃的神經了！此刻他才意識到，過去幾個月的行程如此密集，而一切又進行得如此迅速。世足賽的壓力還未消散，被任命為國家隊總教練的他，又得為下屆的歐洲國家盃會外賽全力衝刺。勒夫並不諱言自己的辛苦：「不能放鬆，一點也不能放鬆。真是不可思議！」他還透露，在德國世足賽結束之後，為了更能鑒別、理解並合理地釋放自己的各種感覺，他曾經找心理專家做諮商。他在這個耶誕假期裡完全靜下心來，只待在家裡觀看世界盃足球賽的各種錄影資料，也許這也屬於他自我情緒管理的一部分。他在螢光幕前才真正感受到，這場夏日的足球盛會竟讓整個國家陷入狂歡狀態，從主辦單位在戶外電視牆下規畫的球迷區到德國隊下榻的大飯店周邊都擠滿了喧鬧的群眾，真是瘋狂！

一場計畫中的勝利：教練團的資料蒐集

二月七日對瑞士隊的那場友誼賽是德國隊在二〇〇七年的第一仗，德國隊最後以三比一贏得一個平淡的勝利。接著在三月二十四日，德國隊就得「瘋狂」一下了！德國隊在布拉格與捷克隊對抗的比賽裡因為背負高度的期待而倍感壓力，由於捷克隊有托馬斯・羅斯基（Tomáš Rosický）、揚・科勒（Jan Koller）、米蘭・巴羅斯（Milan Baroš）這些王牌球員加入，實力不容小覷，因此，這場球賽也被視為歐洲國家盃會外賽的高潮。德國隊在這場球賽的任務就是以自信及優勢贏得客場比賽的勝利！德國隊當時只靠著替補克羅澤上場的庫蘭伊踢進兩球而逆轉局面，最後以二比一擊敗捷克隊，這種贏球的方式確實令人印象深刻。這場比賽不只讓德國隊往二〇〇八年歐洲國家盃邁進了一大步，還讓人們看到德國隊令人信服的表現。身為總教練的勒夫在經過這場比賽之後，才算真正通過了考驗。

這場球賽的獲勝就是教練團的球探們成功地蒐集對手資料的佳例。「掌握一支球隊的特徵，並在賽前把歸結出的重點傳達給隊員們。」勒夫認為這就是他身為總教練的主要任務之一。在每場比賽前，教練團都會聚在一起，花許多時間進行討論，分析對手的比賽模式並研擬相應的戰術，以削弱對手的強項並充分利用他們的弱點。工作的細節大概是這樣：「首先我會播放DVD，把上一場比賽再看一遍，但不是一口氣看完，而是不斷地暫停畫面、倒回到某些場景，然後再思考，應該怎麼改變踢球方式，並把這些心得寫下來。」然後勒夫會和助理教練福立克一起觀看對手在上一場比賽的錄影資料並交換意見。一旦他們整理出重點，就會跟齊根塔勒聯絡，把認知的結果與他現場觀賽的見解做比較。「之後我們會一起為國家隊擬定一套比賽戰術。」勒夫這麼說。「我們需要好幾天才能達成共識，最後我們的解決方案就這麼出爐了。」

在對捷克的比賽裡，首席球探齊根塔勒很快找到了一把勝利之鑰，問題的關鍵就在捷克身高兩公尺的前鋒科勒身上，他在捷克隊的攻勢中扮演主要接應者的角色，因此齊根塔勒建議：「我們不要管科勒，因為他總是用他高大的身軀背對我們的球員護球，並找機會接住自由球，我們在防守上應該略過他。當身旁突然沒有緊迫盯人的對手時，他一定會感到相當不自在。」此外，教練團還為巴拉克及弗林斯這兩名防守中場球員製作一張DVD，讓他們觀看羅斯基和他的捷克隊友們如何處理對方發動的「第二波攻擊」。「捷克隊並沒有使用DVD的影像資料進行戰術分析和學習。」勒夫頗得意地說。在球賽準備期間，除了讓全隊看一張一般性的DVD之外，還播放一些具有個別或各組針對性的DVD。例如，後衛球員可以透過某些影像資料確實掌握如何在球賽中破壞科勒、羅斯基與巴羅斯的進攻鐵三角。而前鋒與進攻中場也可以在某些畫面中發現，哪裡才是他們突破捷克後防的最佳路線。

「我坐在板凳上就已經感覺到，這是一場超級快速的比賽。」總教練勒夫在賽後敘述自己的觀賽經驗。「一開始還沒什麼戰術可言，兩隊的節奏都很快。後來我們的後衛就變得像是一堵牆，中場也踢得很靈巧，前鋒就像強力離弦的毒箭可以穿破對手的防線。」勒夫在言談間不只對於後防巧妙破解捷克前鋒科勒的戰術，還對於球員們充分發揮訓練時密集練習的傳接配合感到很滿意。

舉例來說，在比賽的第二十分鐘便出現德國球員們完美傳接配合的一幕，這個動作在訓練時曾經過許多次反覆練習，「直到完全自動化為止。」勒夫這麼說。「這場在布拉格舉行的比賽，此時的比數還是〇比〇。」《時代週報》評論這場球賽時，一開始還帶點惋惜的語氣：「後來突然間，那顆足球似乎被看不見的磁鐵吸住一般，在陣列間穿來穿去，就像鐘錶那麼精密而準確。而球員們在球場上彼此交錯地來回跑動宛如有人在遠處遙控他們一樣，這絕對是一場難得的藝術表演，也就是足球專家所謂的『一腳球[3]』，因為每位隊員只碰球一次，接球後必須立即把球傳出。」當時德國隊整個傳接配合已幾近完美的自動化動作，完全符合「概念教練」勒夫的期待而讓他感到很滿意。這位國家隊主帥為此在場邊雀躍不已，甚至比稍後庫蘭伊在第四十一及第六十二分鐘兩個冷靜的頭錘進球還要高興。當他看到辛苦的訓練在比賽中開花結果，細節作業的勞累被上帝之手神奇地轉成球員們輕盈流暢的表現時，就是他最大的收穫。對於勒夫這位戰術思索者來說，這場球賽的體驗其實就是純粹的喜悅。

當然，對於一位完美主義者而言，這場比賽並非無可指謫。德國隊本來可以早早以三比〇的比分獲勝，卻錯失良機，而且還在第七十六分鐘讓對方踢進一球，其實德國隊那時可以在某些情況下更快速地踢球，表現出更強烈的獲勝決心。總結來說：二比一力克捷克當然不錯，但還談不上很好，更別提什麼完美了。「在賽後分析中，我們看到一些錯誤的移動路線、不準確的傳球以及偏差的踢球時機。」足球大師勒夫不乏吹毛求疵地說明著。「球員們在許多情況下所進行的戰術根本是錯誤的。這方面我無法講好聽的話。我們只能密集地在足球基礎上持續下工夫，才能降低過高的錯誤率。完美地掌握簡單的事物——這才是決定性的關鍵。」

計畫的完成者

勒夫時代的第一次失利是在二〇〇七年三月二十八日對丹麥的友誼賽（〇比一），啟用六名新隊員

---

3 譯注：擔任英超阿森納隊迄今近二十年（自一九九六年起）的法國籍名教練溫格，為了讓現代足球達到直接快速進攻的目標而提出「一腳球」這個新概念。

是德國隊在這場球賽失敗的原因。大家並沒有認真看待這次挫敗，因為德國隊後來在歐洲盃會外賽中仍繼續過關斬將。八月二十二日在倫敦與英格蘭隊進行一場攸關國家榮譽的測試賽之前，勒夫對於他自領導德國隊以來十一場九勝的戰績做了一個整體回顧，並認為他的隊伍已可以與義大利、法國、葡萄牙或英格蘭平起平坐。後來德國隊在倫敦即使處於球員不夠齊備的窘境，仍以二比一戰勝這支「三獅軍團」[4]。勒夫信任自己的戰術眼光而決定在賽前調整德國隊的陣式，把邊後衛拉姆移至防守中場，這個調度確實很有說服力，它也是德國隊在該場球賽的致勝關鍵。德國隊接下來在歐洲國家盃會外賽D組又連獲三個勝場，最後在都柏林以〇比〇與愛爾蘭隊踢和而提前晉級會內賽。但四天後，在慕尼黑與捷克隊對戰時，德國隊的表現卻罕見地軟弱無力，不僅以〇比三敗陣，而且許多方面的表現都很糟糕。當時球迷的噓聲很明顯，德國隊這一年來在勒夫的指導下，表現可圈可點，難道好景不常？勒夫時代的第一場正規賽事的失利，讓德國必須排在捷克之後以小組第二名的資格晉級，這樣的狀況往後不應該再發生了！

德國隊在勒夫上任這一年所參加的比賽有些踢得很棒，許多場還過得去，只有一、兩次表現得很差勁，最後它還是毫不費力地獲得晉級，這就是勒夫上任一年後交出的成績單。二〇〇八年歐洲國家盃對他個人而言也很重要，因為他可以藉由這個過程強化個人形象，徹底擺脫克林斯曼的陰影。

不管媒體記者們向誰詢問勒夫，幾乎都會得到正面的回答。前德甲斯圖加特隊後衛托馬斯．施耐德認為，國家隊總教練勒夫從前執教於斯圖加特隊時，就已經是個不折不扣的足球戰術專家，他當時的口才雖然生澀，但現今在演說修辭方面已經有顯著的進步。意外獲得克林斯曼任命而代表德國隊參加二〇〇六年世足賽的諾沃特尼表示，這位前助理教練在二〇〇六年世界盃期間所表達的意見已經比較果決而強硬。德國隊前鋒波多斯基則坦承，對他來說，德國隊在二〇〇六年其實已經有兩位總教練；二〇〇八年與二〇〇六年的差別只在於，德國隊少了那位「有時嗓門較大的」總教練克林斯曼。德國足協主席茨旺齊格則直言自己對於這位新任總教練的評價：「我一向認為，勒夫對於克林斯曼創造的奇蹟有至關重要的貢獻，現在大家都看到了！」

勒夫此時依然保持謙遜的態度。和二〇〇六年相比，他覺得自己並沒有什麼改變，仍舊親自擬定戰術並直接向球隊下達指示。對於球員們來說，現任總教練勒夫和前任助理教練勒夫其實差不多，其中只有一點不同：現在是這位安靜的戰術專家處於鎂光燈的焦點，而不是有時嗓門有點大的那位。勒夫表示，自己根本不畏懼克林斯曼所立下的標竿。「一位國家隊總教練在任何方面都會受到評斷，把我和我前任的前輩們做比較並不會對我造成什麼影響，包括克林斯曼在內。」

基本上，實際的問題在於：和克林斯曼比較到底有沒有意義？社會學家烏利希·布略克林（Ulrich Bröckling）嘗試分析克林斯曼的世界：克林斯曼從來都無法承擔他的接班人所處理的實務工作。在克林斯曼那個「以計畫為基礎」的世界中，那「初始的興奮」從未消退，那活潑的脈動並未停歇，然而，在這樣的世界裡，日常工作的細節可能會被忽略。拋開布略克林的分析不談，勒夫自己則明確地強調：克林斯曼是執行「所有短期措施」的理想人選——體能訓練員、體能測試、來自瑞士的球探等等。但德國隊接下來的發展是關乎「長期的願景」，因此，已經執行的足球理念需要獲得鞏固與貫徹，這就是他的工作。克林斯曼當然是「計畫的開創者」，然而，耐心和嚴謹的勒夫卻更適合成為「計畫的完成者」。

4 譯注：英格蘭足球協會的徽章標誌就是三隻獅子。因此，英格蘭國家足球隊便贏得「三獅軍團」這個稱號。

足球教授：冷靜的姚吉

國家隊經理比爾霍夫堅信，德國隊在勒夫的帶領下，一定能為未來的挑戰做好充分的準備，包括接下來的歐洲國家盃足球賽：「球隊跟隨教練的引領，大家同心協力，合作無間，即使在歐洲國家盃輸了一場比賽，也不會影響德國隊內部的團結。」這位國家隊經理應該察覺到，勒夫在這期間已發展出何等的領導才能。當比爾霍夫向一群媒體記者說明，年齡已達上限的守門員萊曼將隨著歐洲國家盃結束而退出國家隊時，勒夫便對他的發言不留情面地回應：「比爾霍夫對於國家隊的運動專業領域比較沒有影響力。」這句話頗為強硬，但因為勒夫當時面帶微笑地說著，因此聽起來比較不尖銳，這也是一位精明、自信與老練的人的表達方式。事情已愈來愈清楚，那位說話輕聲細語的助理教練已躍升為德國隊真正的明星，困擾他多年的那個「過於和氣」的形象已經消失無蹤。勒夫為人仍一如過往，彬彬有禮，客氣周到，但他已不再顯得柔弱，而是放鬆，甚至有點慵懶。或者，他只想把一些真實與不安穩的感受隱藏在那張始終輕鬆、又堅定的面具之下。

無論如何，勒夫已適度地展現了身為球隊主帥應有的自信。「一個人要先有自信，權威和成功才會隨之而來。」這是他那些愈來愈精闢的見解之一。在經歷一連串的挫折及自我懷疑後，他已成為一流的球賽解讀者與掌握者。他所建立的球員訓練模式已發揮作用而且已出現成果，他現在還怕什麼？比爾霍夫認為：「勒夫從未模仿克林斯曼，他總是用自己的方式帶領球隊前進。他以平和的方式指導國家隊，成功地讓全隊的情緒冷靜沉著下來。」

有一次，這位「冷靜的姚吉」在接受《明鏡週刊》專訪時曾表示，緊張與激動的感覺對他而言是陌生的。他可以隨便打賭，即使是在二〇〇六年世界盃對阿根廷最後的十二碼ＰＫ戰，他的脈搏一分鐘也只有六十下。作為受過訓練、耐力極佳的足球員，他的脈搏顯然低於常人，然而在扣人心弦、攸關勝負的十二碼ＰＫ戰時，球場邊的他看起來上半身緊繃僵硬、雙唇緊抿、眼神緊張、臉部皮膚緊繃到幾乎要迸裂，在這樣的關鍵時刻，他的脈搏應該不只六十吧！很顯然地，勒夫現在的戰略就是建構並擴大自己「冷靜」的形象，因此他在二〇〇八年歐洲國家盃開幕前的記者會上，總是用極度放鬆的態度回答所有與巨大的壓力及繁重的責任有關的問題，這樣的表現讓在場的記者們覺得有點怪異，但勒夫卻強調，雖然緊張感與日俱增，內心並不慌亂，也未受德國隊可能提早出局的恐懼所折磨，甚至離大賽愈近，他睡得愈好。「坦白講，我不覺得自己處在什麼特別的壓力下。」他反而很期待第一場比賽吹哨開踢的那一刻。「其實對我來說，這種樂趣遠遠大於緊張。」這位總教練在面對他入主德國隊的第一輪大賽時，絲毫不覺得有什麼負擔，而且還用刻意展現的冷靜強調，他在克林斯曼手下時，便已經承擔這樣的責任了！

這位總是穿著得體、保養有方、一頭濃密黑髮的男人，在公開場合絕不表露一絲絲緊張情緒與不確定感，絕不讓別人有這方面的疑慮，他的個體性也幾乎消失在他那些標準化的措詞裡。《布麗姬特》（*Brigitte*）這份德語女性時尚雜誌曾這麼報導：「這就是典型的勒夫時刻，那些想搞懂他的人，到頭來都毫無所獲。這是足球的專業見解，那是謙虛和親切，但表象後面的東西，才是人們應該理解的勒夫。」

德國隊經理比爾霍夫有時為了要表現自己的嚴肅和正經，會稱呼這位令公眾難以捉摸的總教練「姚阿幸」，但後來已不拘小節地把「姚吉」這個暱稱掛在嘴邊了。「姚吉」廣受德國民眾喜愛，甚至是喜愛非常，這個發展似乎令人有些詫異，因為撇開歐洲國家盃會外賽不談，他所帶領的德國隊當時其實還拿不出什麼了不起的戰績。當然，他為德國隊所規畫的足球風格，即大膽的進攻式足球，在大部分時候顯然比他前任的總教練們所指導的球賽還要精采許多。然而，這真的是全國民眾普遍對他懷有好感的原因嗎？

《時代週報》稱勒夫為「足球教授」。《法蘭克福評論報》（*Frankfurter Rundschau*）和《柏林日報》（*Berliner Zeitung*）分別讚許他是「邁步向前的國家隊總教練」及「國家隊的最高領導人」。《法蘭克福匯報》認為：「勒夫就像一位造型藝術家，已成功地把德國隊塑造成一支完美的球隊」。《南德日報》如此評價他：「勒夫已躍居德國的代言人」。《世界日報》則用「隧道盡頭出現曙光，勝利手到擒來」這樣的詞句恭維他。《明星週刊》（*Der Stern*）當時簡短地擬了這樣的標題：「國家相信此人」。總而言之，勒夫在德國儼然成為一位偶像。德國流行樂團「蜂鳥」（Die Kolibris）在歐洲國家盃開賽之前，及時推出一首改編自德國搖滾樂團 The Lords 的經典老歌，並為偶像勒夫重新填詞：「我們有一位偶像，姚吉・勒……夫／誰是我們的足球英雄？姚吉・勒……夫。」勒夫到底變成了誰？這其實無所謂，無疑地，他現在已經是一位偶像，姚……吉・勒……夫。誰能把冠軍獎盃帶回德國？除了他還有誰！或者就像《畫報》所寫的：「勒夫是國家隊最冷靜的酷哥！他可以帶領德國隊在歐洲國家盃奪冠嗎？」

然而，僅憑冷靜就可以拿下歐洲國家盃冠軍嗎？「我不知道，自己在面對球賽的壓力時是否冷靜。但德國隊如果在球場上可以展現動能與執行力，在歐洲國家盃肯定會有傑出的表現。」國家隊總教練勒夫以他慣有的慵懶語調回答這個問題。動能？執行力？這難道不是在重彈二〇〇六年克林斯曼的那些老調嗎？《時代週報》那時還質疑勒夫，當比賽不順利時，他是否有能力像從前的克林斯曼那樣鼓舞受挫的隊員們？人們果真可以把這位勒夫（即使看起來非常冷靜，仍帶有些許的靦腆）當成確實可靠的危機處理者？對於《時代週報》這位記者提出的問題，勒夫的回答就像人們在球員休息室聽到他的談話一樣：「你知道你能做什麼。現在，我要說：野獸們該出籠了！」不過，勒夫即使這麼說，人們還是有疑惑：以這種方式放出籠的野獸真的有殺傷力嗎？

教頭勒夫的特質

冷靜、無法掌握的勒夫。人們真正了解他什麼？什麼事令他困擾，什麼事讓他他開心？我們就從那些運動類和娛樂類媒體喜愛的問題著手吧！那些報章雜誌總喜歡報導名人與明星的個人訊息，包括嗜好等等。以下是刊載過的勒夫的資料。家庭狀況：已婚。星座：水瓶座。興趣：旅行、閱讀，當然還有運動。音樂的品味多變，這幾年最喜好惠妮・休斯頓、席琳・狄翁、艾咪・麥克唐納、英國雙人組「燈塔家庭」（Lighthouse Family）、德國流行歌手烏鐸・俞爾根斯（Udo Jürgens）、赫伯特・格林邁爾（Herbert Gröenemeyer）、克薩維爾・奈杜[5]（Xavier Naidoo）等人的歌曲，還有一些搖滾流行樂、義大利音樂、古巴和拉丁美洲的音樂。總之，勒夫並不是內行的音樂愛好者，聽什麼音樂完全視情況而定。另外，他還喜歡什麼呢？最喜歡的顏色：藍色。最喜歡的演員：傑克・尼克遜、黛咪・摩兒和卡洛

5 譯注：奈杜的專輯金曲〈這條路〉（Dieser Weg）還獲選為二〇〇六年德國世足賽的主題曲。

琳・荷芙絲（Karoline Herfurth）。最喜歡的料理：土耳其小吃。最喜歡的飲料：礦泉水和義大利紅酒。弱點（在尚未學會使用電腦之前）：所有與科技有關的事物。為了保有生活的寧靜與慢步調，他至今仍拒絕使用臉書及推特。

大家都知道，勒夫非常重視總理梅克爾，他們密切保持聯繫，一年會有一、兩次碰面吃飯，但勒夫並不公開談論政治。只有在不得不然的情況下，他才表明自己的看法，比方說，在二〇一二年波蘭和烏克蘭合辦的歐洲國家盃足球賽舉行前夕，媒體記者們詢問他對於烏克蘭政情的意見時，他便表示，自己始終認為人權是普世價值，也是人類最大的財富。勒夫並進一步聲明：「我們致力於維護世人的人權與言論自由，其中當然包括被烏克蘭當局監禁的前總理尤莉亞・季莫申科（Julia Timoschenko）女士。」兩年後，他在巴西世足賽舉行之前曾公開說，自己在巴西看到「許多人過著貧窮的生活」，並且認為：「示威群眾完全有權利走上街道。」當時巴西當地的民眾曾針對國際足協在這場大賽的爭議性角色發起抗議活動，勒夫的言論則充分顯露他對於這些抗議人士的同情。「國際足協用他們的經費做了什麼？巴西這個國家做了什麼？誰曾收取賄賂？這些問題現在全世界都在談論，也許把問題攤開來也不錯。」

勒夫上述的發言聽起來與其說是特別冷靜，不如說是矜持而且缺少關注相關事物的熱忱。他在發表談話時，總是儘量不得罪別人，因此社會上的流言蜚語幾乎不會扯到他身上。他雖是公眾人物，不過，這個角色僅與國家隊總教練的職務有關，與私人生活完全無關，這方面他區分得很清楚。實際上，與運動不相干的事物他根本不表示意見，而且還固執地堅持這個底線。「我想避開所有不屬於我工作上的事物，對於一些立意良善的活動我也許會配合，但我實在不想出現在政治脫口秀的節目裡。我還想保有自己的可信度。」他始終拒絕上約翰・凱爾納（Johannes Baptist Kerner）、萊厚德・貝克曼（Reinhold

Beckmann）、麥布麗特・伊爾娜（Maybrit Illner）等脫口秀主持人的節目，因為他們會在錄影的現場提問。不過，他曾有一次出現在德國公共電視第二台（ZDF）的綜藝節目《想挑戰嗎？》（*wetten, dass?*）。那是二〇〇七年四月的錄影，節目的高潮就是國家隊總教練勒夫與變裝成伴舞女郎的節目主持人托馬斯・郭特夏克（Thomas Gottschalk）相擁，一起跳了一小支舞。

此外，要從勒夫身上挖出可供寫作的材料還真不容易。但他總還會透露一些無傷大雅的壞習慣，以及對於時裝的偏好與極限運動的興趣。真的愈來愈酷了！

勒夫的菸癮

勒夫最受詬病的壞習慣就是抽菸，它總是一再引發社會大眾的關切，特別是在《畫報》大肆報導之後。二〇〇六年七月，四十六歲的勒夫剛從克林斯曼手中接下總教練的職務，兩個星期後，《畫報》便刊登一張他在薩丁尼亞島切爾沃港（Porto Cervo）度假的照片，慵懶的勒夫赤裸著上半身，頭上戴著軍隊樣式的便帽和連接iPod的耳機，鼻樑上掛著一副昂貴的太陽眼鏡，手錶戴在右手腕上（他是左撇子），嘴裡還叼著菸。照片旁邊則用諾大的德文字母寫著：「酷斃的姚阿幸」。《畫報》的記者在那則報導中這麼評論：「您能想像姚阿幸的前輩福格茨教練或德瓦爾教練也是這副酷樣嗎？」

勒夫重視生活的享受，是個癮君子。媒體記者們發現，他在午飯過後喜歡喝一、兩杯義式濃縮咖啡，然後來一根萬寶路香菸；晚間則小酌一杯紅酒（尤其是義大利的「提亞涅羅」（Tiagnello）或西班牙的「里歐哈」（Rioja）紅酒），當然也少不了香菸。在面對記者會或棘手的談判時，他習慣喝杯義式濃縮咖啡，也許還搭配一小塊蛋糕、巧克力或一份冰淇淋，接下來再喝一杯濃縮咖啡，等事情結束之後，他會走到門口抽根香菸。在某些時候，他會有興致多抽點菸，不過基於禮貌，他會事先詢問旁人，抽菸是否會干擾到他們。

「我只是一個凡人，有優點也有缺點。」他試著為自己辯白。「有時候，我會抽根菸或是在晚間喝杯紅酒。」他承認，這種習慣會對球員們產生影響，特別是在帶隊的時候。「在國家隊裡，我嘗試集中注意力，保持情緒的樂觀及上進心，謙虛待人而且生活簡樸，期待能發揮以身作則的示範性作用，成為他們願意起而仿效的榜樣。」他認為，抽菸應該不是什麼大問題，甚至還表示，他可以接受球員們適度地抽菸。舉個例子，大家都知道曾在二〇〇六年世足賽為德國隊立下功勞的足球英雄伯恩特・施耐德，偶爾也會抽根萬寶路香菸。「但是他的表現並沒有因此而受到一絲一毫的影響。」勒夫這麼說。

勒夫有間歇性的抽菸習慣，有時他會戒菸一陣子，然後又開始抽菸。他在二〇〇八年歐洲國家盃舉行之前曾指出，人們必須正確看待他停菸的時期。「我並不是戒菸失敗，而是有意識地不讓自己在某段時間內抽菸。等歐洲國家盃的賽事結束後，我會嘗試一直到年底都不再吞雲吐霧。」

勒夫雖然抽菸，卻很注重健康。他有自覺地維持良好的飲食習慣，少肉而多蔬果，每天慢跑一小時或從事其他的運動。他曾為德國「大都會零售批發集團」（MetroGroup）附設的「為了你好」（Gut für Dich）這個推廣運動暨正確飲食的公益組織拍了一支電視廣告，還在裡面說了一句宣傳詞：「掌握健康生活方式的策略，對你是好的。」身材高瘦、喜愛運動的勒夫也參與腸癌預防性檢查的宣傳推廣，不過，卻因為本身抽菸的習慣，並不適合宣導肺癌的防治。為了抵銷這種不良嗜好所造成的負面影響，勒夫覺得有必要從事一些公益活動，因此，他開始投入一些社會關懷行動，包括支援SOS兒童村及一所坦尚尼亞孤兒院。二〇〇〇年，一些前足球國手們從亨內夫體育學校的教練特訓班結業後，便共同創辦一個青少年足球基金會，由勒夫擔任副主席。這個基金會後來為年輕的足球迷架設一個入口網站，並大力贊助「街頭足球世界」（streetfootballworld）這個連結世界各地的公益足球計畫的全球性體育組織。

足球場邊的時尚偶像

勒夫接下國家隊總教練的職務時，才四十幾歲，因為沒有發胖與禿髮，看起來很年輕。直到今天，他那一頭濃密烏黑的頭髮仍未染過，他的髮型就是從前英國披頭四團員的蘑菇頭，當這位愛打扮的勒夫遠遠走過來時，看起來就像足球界的保羅．麥卡尼（即前披頭四樂團的主唱）。勒夫總是找同一個理髮師剪髮，而且一直維持相同的髮型，因為他的髮流比較特別，毛髮會往前長，「我根本無法把頭髮往後梳，自從我懂事以來，我就留這種髮型，只是有時候長一點，有時候短一點。」要解決這些三千煩惱絲，或許唯一的方法就是把它們剔得很短或全部理掉。一九九七年，他帶領斯圖加特隊贏得德國足協盃冠軍後，曾把頭髮剃光，但他後來就沒有再這麼嘗試了。如果比賽時遇上傾盆大雨，像二〇一四年世界盃對美國隊那樣，其實也沒法做什麼，只能讓頭髮緊緊地黏在頭皮上。

勒夫是一位講究服裝儀容的人。他討厭鬍渣，所以每天刮鬍子；他因為皮膚乾澀，喜歡抹潤膚乳液，而且愛用「拉格斐」或「亞曼尼」品牌的香水。總的來說，他對於品味與風格別具鑑賞力。他的第一份廣告是一九八八年為弗萊堡的波列樂（Bollerer）時裝公司擔任男模特兒，拍攝一系列服飾照片，他當時主動要求，以最新款式的服裝作為拍照的報酬，而不是金錢。當他和主帥克林斯曼在二〇〇六年德國世足賽期間穿著腰身剪裁的「史綴內瑟」白襯衫登場時，便已晉升為男性時尚趨勢的領導者。「史綴內瑟」這個男裝品牌現已成為德國足協的標準服裝配備之一，這家服飾企業的負責人蓋爾德．史綴勒（Gerd Strehle）還特別說明，當時國家隊的教練雙人組這樣的穿著其實很「犯規」，「那時教練們都應該穿上西裝上衣才算得體，不然也得穿整套的訓練服裝。然而，德國隊卻有兩位教練突然穿著剪裁合身的白襯衫出現在球場邊，這讓那些規規矩矩穿著正式西裝的教練們非常生氣。」克林斯曼對於衣著比較無所謂，史綴勒這麼說，而勒夫卻會在這方面堅持自己的看法和品味，並進而說服克林斯曼。「克林斯曼和我希望一起出現時，服裝方面能夠一致。」勒夫自己澄清。「就像球員們穿著款式相同的全套訓練服，我們教練在服裝上也必須一致。直到今天，我和助理教練福立克也還是如此。」

在二〇〇八年歐洲國家盃足球賽期間，勒夫又再度穿上這種領子較大、剪裁合身、正面有兩條車線的白襯衫亮相，而讓這款所謂的「姚吉襯衫」大賣特賣。對此人們不禁要問，老闆史綴勒真的沒有參與籌畫「史綴內瑟」這個服裝品牌的銷售活動嗎？史綴勒無奈地表示，自己並未加入自家公司的服飾行銷工作，他還說：「勒夫很重視他的服裝，也很清楚自己的穿著風格，我們的產品能被他挑中實在很幸運。」勒夫在史綴勒的女兒維多莉亞的諮詢與協助之下，總是可以挑到自己最喜歡的款式，而且風格相當明確。勒夫曾開心地說：「我很樂意穿上我個人喜愛的服裝。」或許他在未來也會看上時髦的寶藍色深V領喀什米爾毛衣，而再度帶動這款男裝的時尚流行。

直到今天，這位國家隊總教練大多時候仍穿著黑、藍、灰這三種深色的衣著，並偏愛這樣的穿搭，窄管的黑長褲而且經常搭配半高筒男靴，上半身穿著毛衣並圍上圍巾，全都是不顯眼的顏色。不論是輕鬆的裝扮，如未扣領的襯衫搭配LV牛仔褲，或是穿著高價位的深色西裝，他的衣著看起來總是很合身，很好看。高領毛衣是他冬天的正字標記，他經常紮著領巾或圍上圍巾，顏色偏愛淡褐色或米白色。「我對風的吹動以及潮濕陰涼的天氣很敏感。」他說明自己偏好的服裝造型的理由：「我在冬天如果沒有充分保暖，脖子和肩膀的肌肉就會出現輕微的痙攣。」

接任國家足球教練之後，講究衣著風格的勒夫還成為德國的時尚偶像，不僅一度被稱為足球場邊的男模特兒，甚至在二〇〇七年十月《法蘭克福匯報》舉辦的一項票選活動中，被選為「德國最懂得穿著的名人」。勒夫講求服裝的細節以及個人的特色，例如，配上一條絲質領巾。勒夫紮著領巾顯得輕鬆自在，看起來既不像花花公子，也不顯得過時。他把絲質領巾像羊毛圍巾般披束在胸前，讓它成為理所當然的服裝配件，而且這樣的造型還很有特色。《南德日報》也曾深入報導國家隊總教練勒夫的穿著：「圍巾已成為勒夫的時尚標誌，男人配戴圍巾將在德國再度風行。勒夫身上的圍巾好像隨意披上似的，其實他很用心地纏紮：必須先在頸部繞一圈，經過一番調整後，才在胸前打一個結。總之，這個技巧需要一定的熟練度。」

不論配戴領巾或圍巾，都已成為勒夫的穿著風格。《畫報》甚至推測，這位品味不凡、外型像男模特兒的總教練已讓足球變得「更性感」，這也是德國女性對於這項球類運動愈來愈感興趣的原因。我們可以理解為何媒體要這麼詮釋勒夫的打扮，勒夫被炒作成時尚偶像，但這樣的炒作在某個時候也造成了他的困擾。自二〇〇八年夏天歐洲國家盃足球賽落幕之後，人們幾乎已不再評論與他有關的時尚問題了。不過，這並沒有阻礙他追求衣著的優雅，他仍繼續穿著「史綴內瑟」（德國足協指定品牌）、「博斯」（Boss）及其他品牌（私人而非代言）的服裝。

愛好運動的極限主義者

勒夫在足球場邊從未穿過整套運動服，只有在訓練球隊或自己運動時才會穿上。他固定在森林裡慢跑，或到健身中心使用跑步機跑步，有時他也參加運動比賽，比如二〇〇五年四月他在弗萊堡以兩小時又七分鐘跑完一場馬拉松賽跑。他會在夏天騎著登山越野車穿越黑森林，也會在國家隊的訓練營裡每天和教練團運動一小時。勒夫並非肌肉發達型的運動好手，他不喜歡重量訓練，體型雖細瘦，但精力充沛。自從他當上國家隊總教練後，只有在私人度假時才放慢步調，他會刻意安排夏天的短期旅行以放鬆身心並恢復活力，通常會到北德的敘爾特島（Sylt）、義大利的薩丁尼亞島、托斯卡尼地區，或去北希臘哈爾基季基州（Chalkidiki）的達奈海灘（Danai Beach）的豪華度假村。從前休閒時間較充裕時，他會到較遠的地方旅行，認識不同的文化。基於好奇心的驅使，他喜歡追求生活的多樣性，此外，體驗極限的興趣也一直鼓動著他。

在他心目中，登山是最具挑戰性的活動。二〇〇三年，他曾和一位朋友一起登上海拔將近六千公尺的吉力馬札羅山。他一直認為，那次登山的攻頂是他的生命的巔峰經驗，「我們花了超過五天的時間辛苦地攀登而上，我的身體和心理狀況在最後一夜達到了極限，我們持續在攝氏零下三十度的暗夜摸黑前進，腳下踩著冰雪與石礫，那時我們已在白天走了十二小時，期間只做一次極短暫的休息。我一直想掉頭往回走，但不知是什麼力量驅策我繼續朝目標邁進。我不認為自己能攻上這座非洲的最高峰，但在日出時，我們確實已抵達峰頂。我當下緊緊抓住從心底湧上的幸福感，而且覺得世界上幾乎沒有無法達成的事，直到今天，那一夜的奮進仍歷歷在目。」

學習超越自己，超越意志，在達到自己的極限後再嘗試突破它，這樣便能體驗某種自由的滋味。為了追求這種奇妙的經驗，勒夫總不斷地想衝撞自己的極限，不論是在身體或精神方面。「我想探索極限，讓自己可以脫離生活的常態。」至少在他的生命中，他想再次面對攀登高山的挑戰，「當然，沒有必要像極限登山家萊厚德・梅斯納爾[6]（Reinhold Messner）那樣勇闖七千公尺以上的高山，但至少要讓自己達到個人的極限狀態。」南美洲應該是個很理想的目的地。「我希望有三、四個星期揹著背包穿越安地斯山脈，在智利與祕魯的山區到處健行，純粹只為了獲得極限的經驗。」不過，這樣的閒暇恐怕要等到他卸任國家隊總教練之後，才可能擁有吧！因此，在冬季假期裡，征服住家門前的那座海拔僅一千五百公尺的菲爾德山（Feldberg）或許也可以暫時獲得滿足！

我們其實不必訝異於內心出門遠行的願望，因為勒夫也認為自己有冒險的傾向。他的冒險的衝動，不只讓他願意接受登山健行的挑戰或去賭場玩輪盤賭博，他甚至會在開車時大踩油門，曾經兩次在路上飆車，因為車速超過速限而被吊銷駕照。他對於風險的興趣讓他可以盡情地享受令人暈眩的高空，「我童年的夢想就是當飛行員。」他說：「我對於飛行有某種偏好。」因此，每當他飛到空中時，總是覺得很興奮。「在上頭那種自由的感覺真是太棒了！我曾嘗試操作許多飛行器，例如直升機、飛行傘和超輕型小飛機。」勒夫曾和前競技體操的世界冠軍艾伯哈特・金爾（Eberhard Gienger）計畫從事一次雙人上下相疊式跳傘，但因為天氣不好而取消，他當時發誓，無論如何也要另找時間完成這項行動。

6 譯注：出身義大利南提洛地區（Südtirol）的梅斯納爾，是全世界第一位不使用氧氣瓶而登上珠穆朗瑪峰的極限登山家，同時也是登遍地表十四座八千公尺以上山峰的第一人。

喜歡冒險與熱愛充滿不確定性的教練工作之間是否存在某種關聯性？人們必須考慮失敗的可能性，並從中學習生活之道，畢竟現實的種種可能不符合我們的預期與推想。國家足球隊總教練是一個相當富有挑戰性的工作，如果這位總教練還要全力發展具有風險性的進攻式足球，那他本身對於冒險的胃口一定不小！不是嗎？

第八章

「概念教練」進化成「球賽教練」

新主帥的調兵遣將

當德國足協召開記者會宣布勒夫為新任國家隊總教練時，勒夫當時便已清楚地表明，他的目標就是帶領德國隊在兩年後的歐洲國家盃奪冠。在這場足球盛會揭幕的幾個月前，勒夫再度重申：「我無法保證我們一定會拿下冠軍，但我們一直以爭取冠軍的態度來準備這個大賽。」他在德國隊第一場會內賽開踢之前還特別聲明，自己最看重隊員們必勝的決心與精采的表現，對於比賽的勝利則隻字未提，當時他似乎打算用這番話為德國隊可能出現的敗場留下轉圜的空間。不過，他後來受邀上《運動時事攝影棚》這個電視節目時，曾帶著調皮的表情暗示自己對於國家隊的期待：「我們嘗試打贏前六場的比賽，然後再看看接下來會怎樣。」一些參加現場錄影的觀眾便會意地笑了起來！他們當然聽得懂勒夫的幽默：德國隊如果贏得六場比賽，不就登上了歐洲國家盃的冠軍寶座？

如果德國隊在歐洲國家盃落敗，勒夫是否要辭職下台？勒夫表示，不會把時間浪費在這種問題，「我不會理會這個問題，這樣更可以讓我沒有負擔地面對這個歐洲足球大賽。」勒夫還堅信自己的足球理念正確無誤：「我擔任總教練絕對會守住我的原則，哪怕會引發批評或輸了球賽，因為，我們國家隊相信自己所奉行的足球理念。」他知道，他已經盡可能地為國家隊付出，這樣的勤懇與努力也讓他獲得一定程度的鎮靜及安全感，而且球迷們也相當認同他在國家隊的表現。在德國ＺＤＦ電視台的一項民意調查中，有高達七六％的受訪者以「好」或「非常好」這兩個選項肯定勒夫的工作能力。

民眾對於國家隊總教練的工作留下最深刻印象的，無疑是球員參賽名單的擬定。勒夫上任後的第一年，一共錄取三十五名新隊員，這個數量已遠遠超越了前幾任總教練。佛勒在任期間的頭一年裡試用了六名新手，他的繼任者克林斯曼則引進十三名新球員。勒夫在二〇〇六年德國世足賽過後接任總教練，德國隊的隊員人數因為新主帥大量錄用新人而大幅增加。「比起一年前，我們現在已經有許多選擇。」勒夫對此說道，他還證實德甲斯圖加特隊的凱迪拉與塞爾達．塔斯奇（Serdar Tasci）以及勒沃庫森隊的岡薩羅．卡斯楚（Gonzalo Castro）將會受到德國國家隊的重用。當歐洲國家盃會外賽還在進行時，德國隊仍有其他年輕並受注目的球員持續加入，例如彼得．特羅霍夫斯基（Piotr Trochowski）、賽門．羅爾費斯（Simon Rolfes）、克雷門斯．弗立茲（Clemens Fritz）、史蒂芬．基斯林（Stefan Kießling）和馬利歐．戈麥斯（Mario Gomez）。德國隊的教練團因為挑選球員的可能性大大地增加而相當欣喜，雖然在這期間有不少球員因為表現不理想，已從參賽名單中被剔除。

隨著歐洲國家盃足球賽的迫近，愈能凸顯出勒夫對於某些球員特別地信任，即使這些人在他們的職業球隊裡經常是坐在板凳上待命的替補球員，不是被視為技能不足，就是狀況搖擺不定，比如：萊曼、梅策爾德、弗利德利希與弗林斯；或是一些在世足賽過後實力已或多或少轉弱的球員比如：史旺斯泰格、波多斯基與克羅澤。「在二〇〇六年世界盃固定上場的先發球員，通常在歐洲國家盃不會缺席。」勒夫這麼宣布，而且有鑑於時間壓力，德國隊還應該及時補充優秀的生力軍。歐洲國家盃參賽球員的篩選標準基本上與二〇〇六年世界盃並沒什麼差別，除了技能之外，還要考慮性格特徵，特別是有助於比賽表現的意志力、耐力以及受挫後再接再厲的能力。

攀登楚格峰的參賽隊員

二〇〇六年的歐洲國家盃足球賽由瑞士與奧地利這兩個阿爾卑斯山區國家聯合主辦，德國隊的教練團決定在開賽之前讓參賽隊員們攀爬德國阿爾卑斯山的楚格峰，以「登山之旅」的概念宣傳德國隊這次參賽，而且這樣的做法也相當符合曾征服吉力馬札羅山的勒夫的登山熱情。這個登山的點子是教練團在一次閉門會議中提出來的。心理專家赫爾曼說明這個活動背後的想法：「這次『登山之旅』會讓我們明白，沿途路徑崎嶇難行，途中雖有一個基地營，但也可能碰上壞天氣。但全隊人員都要有一個目標：大家最終都必須站在楚格峰的峰頂上。」勒夫強調，德國隊應該在這次登山活動中凸顯本身不屈不撓的信念——只要有堅定的意志，就能克服種種困難！現在正是終結德國隊已十二年未拿下歐洲國家盃冠軍的時候！現在正是德國隊開始取得一連串巨大勝利的時候！現在正是贏得勒夫所謂的「德國隊有史以來最艱難的國際足球賽」的時候！對於球隊經理比爾霍夫來說，國手們這場攀登德國最高峰的活動必須達到成功的行銷效果，即將在下個月出賽的國家隊隊員穿著整套講求造型的傳統登山服在所有德國媒體前出盡風頭，幾乎成了所有報紙的頭條新聞。這樣的公關效應該相當完美了！

二〇〇八年五月十六日，總教練勒夫在標高二千九百六十二公尺的楚格峰頂遊客中心觀景大廳，正式宣布德國隊暫定的參賽隊員名單，一共二十六名。勒夫還聽從他的助理教練的建議，把額外三名仍可能被淘汰的新隊員列入參賽名單中，請他們也一同隨隊攀登楚格峰。其他未參與登山的隊員在名單公布之前便已知道自己未入選的消息。做事始終周到的教練團已事先詢問一些表現不理想的球員們，何時方便用電話與他們聯絡，畢竟只用電子郵件告知對方被拒絕的訊息，實在有點不近人情。

實際上，德國隊的這份參賽名單並沒驚人之處，勒夫大費周章地讓這些國手們登上德國最高峰之後才正式宣布，其實只是做做樣子。勒夫總共續用十五名二〇〇六年世足賽的參賽球員，這些經驗豐富的球員構成這支德國隊的核心。另外，勒夫還把拉姆、史旺斯泰格、波多斯基、梅特薩克與楊森這批年輕球員選進代表隊，他們雖未參加過世足賽，卻已在許多國家隊比賽中展現了自己的實力。幾位表現不穩定、並非一定得錄取的人選，比如諾伊維爾、博羅夫斯基與歐東寇爾，也受到勒夫的青睞。如果不把三位守門員及重新被召回的庫蘭伊計算在內，保守的勒夫竟一口氣把八位「新人」球員——弗立茲、羅爾費斯、戈麥斯、特羅霍夫斯基、海克・威斯特曼（Heiko Westermann）、杰曼・瓊斯（Jermaine Jones）、馬可・馬林（Marko Marin）、派崔克・黑爾默斯（Patrick Helmes）等人列入德國隊暫時參賽名單中，這一點倒是出乎大家的意料之外。

雖然《每日新聞》（*Tageszeitung*）已指出，勒夫擁有挖掘新人潛力的特殊「嗅覺」，但在比賽即將展開之前，他顯然喪失了任用新人的勇氣。是否他並不真的相信這些小伙子能在「這麼令人神經緊繃的戰役」中持續交出頂尖的戰績？無論如何，勒夫當時仍偏愛那些經過大賽洗禮的球員，即使他們未處於最佳狀態，對他而言，球賽的實戰經驗終究是關鍵的篩選標準。當德國隊在地中海馬洛卡島

（Mallorca）的第一階段訓練營結束後，勒夫便從暫定的參賽隊員名單中（二十六位）挑出正式代表德國隊參賽的二十三名球員，瓊斯、馬林與黑爾默斯這三位被淘汰的球員只好打包行李，返回德國。

這三名年輕球員在比賽前夕才從參賽名單中被剔除，這種挫折必定會對他們造成心理創傷。勒夫對於處理這類事情已經有一定的敏銳度，他還想起從前德國隊的主力球員庫蘭伊。當他在二〇〇六年世界盃前夕接到無法代表德國隊參賽的通知時，這則壞消息對他而言幾乎就像世界末日降臨一般，讓他非常激動。即使大家在馬洛卡島都替這三位被除名的新球員感到難過，但總教練仍必須不帶情感地下決定並貫徹這項決定，「我無法給予同情，因為這牽涉到整個德國隊的比賽成績。」或者，這一切只能用隱喻的方式進行說明：這位德國國家隊總教練必須向大家證明，自己擁有登山嚮導那種不帶情感的敏銳度，那些他不認為可以攻上峰頂的球員們，就只能留在山下的基地營了！

完美的賽前訓練營

德國隊自五月十九日在馬洛卡島展開為期三週的訓練營，然後再把陣地轉移到瑞士提契諾州做最後階段的衝刺。為了讓參賽的隊員獲得適度的放鬆，他們在訓練營的頭四天可以留太太或女友在飯店裡作伴，這後來也成了德國隊一項頗具人性化的慣例。在馬洛卡島的這家五星級飯店裡，隊員們每天都按表操課地進行每項訓練，而且所有的訓練項目都事先經過教練團精密地規畫，助理教練福立克尤其擅長賦予訓練內容豐富的變化。此外，球隊整套後勤支援也影響了這個訓練營的硬體規畫：為了讓球員們獲得最好的生活照顧，德國足協還特地從德國空運一些價格昂貴、可經由遙控裝置調整個人所需硬度的特殊床墊，並在旅館大廳裡裝設超大型電視屏幕，另外還擺放幾座彈珠檯與多轉軸的足球遊戲檯。球隊高層認為，球員們如果在訓練營裡可以充分享受休閒生活，那麼他們在訓練球場上的專注力就會增強。為了避免球員分心，國家隊不論在馬洛卡島或之後在瑞士阿斯科納下榻的湖畔度假飯店都徹底獲得保護，完全與公眾隔離。外界對於這項措施曾有一些批評的雜音，勒夫則極力反駁說：「我們的任務是讓球迷們在比賽時對國家隊感到滿意，而不是在訓練營裡，所以，不需要對外公開球員們的訓練狀況。」

賽前的所有訓練項目都已事先公布，所以受訓隊員們都已有心理準備，並不需要再做調適。在體能訓練方面，球員們除了跳柵欄、在室內騎健身腳踏車之外，還借助心跳頻率測量器以及肺活量訓練器（Spiro-Tiger）以強化胸腔的呼吸肌肉系統。在戰術訓練方面，球員們還必須更熟悉在進攻與防守時應該採行的移動路線、傳接球、射門以及集體運作的自動化。由於歐洲國家盃的球隊比世界盃球隊的實力落差還小，因此，德國隊一開始在分組賽裡就會碰到非常強勁的對手。有鑑於此，勒夫還特別著重球員們的心理建設，讓他們預先適應一些不如預期的比賽狀況，也就是說，在得分落後時，可以忍受挫折，不至於驚惶失措，如果有球員突然被裁判驅逐出場而寡不敵眾時，必須鎮靜地根據演練過的危機應對模式繼續進行比賽。

總教練勒夫已預先針對所有可能發生的狀況準備了相應的解決方案，甚至可以讓球隊反過來增強攻擊的力道。他與福立克還一起苦思戰術並沙盤推演各種不同的陣式。即使已做了所有的規畫與討論，勒夫在每天工作結束後，總還覺得不滿意。「在夜晚上床就寢時，我總是自問，是否在訓練上還有需要檢討的地方？是否一切的準備已經完整？其實，當賽前準備進入緊鑼密鼓的階段時，教練團一天二十四小時都把心思放在比賽上。」然而，放鬆自己還是必要的，教練團在馬洛卡島時，每天早晨七點鐘都在飯店的健身中心一起運動，大家都汗流浹背地在跑步機上跑步或騎健身腳踏車。當他們住在瑞士的阿斯科納時，教練們每天在晚餐前都會聚在一起踢踢球、跑跑步或騎自行車在這座湖畔小鎮裡四處逛逛，以達到運動的效果。勒夫在入睡之前還必須讓自己擺脫球賽的壓力，徹底放空自己，所以他還在行李中放了兩、三本歷史類和文學類書籍，準備就寢前在床上閱讀，或許這些讀物還會給他一些新的想法呢！

德國隊總共在賽前完成了十九個訓練項目，另外還進行兩場與白俄羅斯隊（二比二和局）及塞爾維亞隊（二比一獲勝）的練習賽。德國隊與白俄羅斯隊以二比二踢平之後，勒夫倒是顯得很輕鬆，頗令人意外。他甚至還為德國隊在某些時刻出現的防守失誤辯護，雖然他大有理由可以強烈質疑這場測試賽的過程與結果，後來大家才知道他受了風寒，不想強求手下的隊員。勒夫整個人顯得無精打采，他向探詢他健康狀況的女記者莫妮卡．列豪斯（Monica Lierhaus）解釋，自己必須咬緊牙關熬過這次的足球大賽，德國隊的球員們也是如此。他們和白俄羅斯隊打成平手固然令人失望，因為起初還以二比〇領先，不過，情況並不糟，這些國手在歐洲國家盃舉行之前畢竟還有進步的空間。雖然，球員們看起來有些疲倦，不過他可以保證，在歐洲國家盃正式開踢時，所有球員的狀態都會大幅改善。勒夫這種面對媒體的做法很酷，他一開頭便以如此開誠布公的態度自我檢討，這麼一來，便可以及時遏止所有剛露端倪的批評，這位女記者也不會再針對這些問題大作文章了！因此，與塞爾維亞隊的測試賽獲勝之後，勒夫就更不需要為德國隊辯解了！塞爾維亞隊全場一共有三次射門的機會，卻只有一次突破德國隊的防線而攻球入門。這得歸功於隊長巴拉克的防守，他的表現仍一如預期地出色，而且還能加強進攻，勒夫此時對他的讚賞已表露無遺。

充滿戲劇性的分組賽

德國隊在歐洲國家盃的第一場分組賽與波蘭隊對壘，賽前，勒夫在奧地利克拉根福市（Klagenfurt）的足球場邊已板著臉，緊繃的臉孔顯露出他對於自己因應各種危急狀況的策畫其實相當沒把握！中場球員史旺斯泰格並未在德國隊的首場比賽中登場，取而代之的是，在賽前訓練時表現令勒夫相當信服的波多斯基。德國隊在防守上雖然有幾次出現漏洞，所幸對方並沒有利用這些機會進球得分；在進攻方面，則出現幾次精采的表現，比如在第二十分鐘順利踢進一球，以一比〇領先，讓教練團終於鬆了一口氣。這個得分是來自一次純熟的傳接球——拉姆傳球給戈麥斯，戈麥斯傳給克羅澤，克羅澤再往內側傳給未被對方盯住的波多斯基，由他射球入門。當波多斯基於下半場再次接獲克羅澤的傳球後，隨即射門成功，繼續把比數擴大為二比〇，此時勒夫還因為無法抑制內心勝利的喜悅而突然間高高地跳了起來。勒夫在賽前便已經強調：「我們在這場球賽會積極採取行動，而不只是被動地回應對方。」德國隊在球賽裡的表現果真如同這位總教練先前的期待。德國隊在領先兩分後，勒夫的心情就變得很輕鬆，終於可以安心地深呼吸了。

德國隊在分組賽的下個對手是克羅埃西亞隊，比賽地點仍在克拉根福的足球場。比賽開始時，勒夫便把他的西裝上衣掛在教練席的棚頂上，他看起來很緊張，不發一語。之後他把西裝上衣拿在手上，穿著那件名牌白襯衫六神無主地站在場邊，有時神經緊繃地走來走去，有時還失望地把雙手一攤。當德國隊以〇比一落後時，他的表情變得很驚慌，還緊咬著嘴唇；當比數拉開成〇比二後，他顯得相當錯愕，還彎腰繫緊鞋帶；在波多斯基緊接著射入一球後，他的神情突然變得很狂熱，臉部表情浮現出專注及堅定的意志。當他稍後把德國隊最後的祕密武器庫蘭伊換上場時，還朝著克拉根福的天空密集地做出祈求的手勢。但所有這些情緒性的表達都無濟於事，史旺斯泰格在比賽結束前不久，因為嚴重犯規而吃了一張紅牌，被裁判驅逐離場，德國隊在減少一名球員的情況下已無法再扳回一城，直到終場比數仍維持一比二，這也是德國隊在歐洲國家盃的第一場敗仗。

勒夫在賽後接受訪問時，顯得相當疲憊而失望，說話的音量也減弱許多，面對德國隊潰不成軍，球員之間無法協調配合的指責，他只能無言以對。三年之後，後衛的拉姆才把當時德國隊的情況全盤托出，並以「自私」及「烏合之眾」描述這支球隊。他公開揭露：「德國隊那時在球場上根本就是亂七八糟，大家都在發牢騷，不斷地埋怨，球隊已缺少那股足以維持秩序、紀律，以及團結隊員們的能量。」此外，他還把炮口對準德國隊那時的兩位領頭球員——中場的巴拉克隊長與弗林斯。被克羅埃西亞隊擊敗後不久，總教練勒夫對心情沮喪的隊員們只做這樣的表示：「球賽裡的溝通還有改善的空間，每位隊員最主要的任務就是為比賽而奮鬥。前鋒、中場、後衛都必須堅守自己的崗位。」巴拉克與弗林斯這兩位資深的帶頭球員由於曾粗暴地叱責幾位新進隊員而讓球隊的氣氛變得很糟糕。還有，勒夫應該承認自己犯了一個戰術上的錯誤：他在第四十六分鐘為了逆轉情勢而讓跑步快速的歐東寇爾換下楊森。這個做法其實不恰當，因為，德國隊當時必須加強防守，並沒有什麼反擊的機會。也就是說，勒夫那時操之過急，讓歐東寇爾上場翻轉比賽的時間點實在太早了。

在輸給克羅埃西亞的當天，這些德國國手們的女友、太太和孩子們也到達球隊下榻的飯店和他們團聚。這個生活安排早已定案，即使德國隊吃了敗仗也不會有所變更。隊員們當時都放鬆心情，開開心心地和家人或情人團聚，只有隊長巴拉克很不高興，因為他認為隊員們應該立即針對這場災難性的失敗積極檢討。這位德國隊隊長還對某些年輕資淺的隊友相當不滿，而且在比賽時就已明顯地表現出來，這些隊員也不甘示弱，力圖反抗巴拉克的領導風格。對此勒夫表示：「在比賽過後，我已經察覺雙方開始在相互指責對方的過失」。勒夫發現這個衝突的端倪後，便要求巴拉克與萊曼一起坐下來，好好把事情說開來，不要讓這起衝突演變成公開地自相殘殺。後來雙方人馬確實聚在一起交換意見，卻未能達成共識，拉姆曾這麼敘述當時的情況：有些球員毫不掩飾自己對他人的反感，只是沒有講明罷了！當時只剩下擊敗奧地利隊這個共同的目標，還能讓隊員們緊密地團結在一起。

至於總教練勒夫呢？德國隊吃了這場敗仗之後，他曾和被裁判處罰離場，因而備受媒體攻擊的史旺斯泰格單獨談話，而且還主動諮詢他所信任的足球經紀人阿爾斯藍以及媒體顧問羅藍・伊特爾（Roland Eitel），看看能否獲得一些有益的建議。

危機球賽：被逐出技術區域的勒夫

德國隊在分組賽的第三場、也是最後一場對奧地利地主隊的比賽，當然非贏不可，不過，勒夫當時也曾有過可能因為比賽失利而必須引咎辭職的念頭。如果這次德國隊又像二〇〇〇年及二〇〇四年那樣，在分組賽裡提前出局，勒夫幾乎已沒有理由繼續留任國家隊總教練。然而，隔天早晨起床時，他卻對自己說：「我們當然要擊敗這些奧地利人。為什麼我們要帶著可能輸球的想法前往維也納比賽？不管怎樣，我們都會獲勝。」當時已有傳言繪聲繪影地指出，德國隊的技術總監薩默爾將被安排接任勒夫的位子，對此德國足協主席茨旺齊格立刻出面駁斥：「不管比賽結果如何，勒夫仍會留任國家隊總教練。」

身陷各方批評的勒夫在大批媒體面前卻表現得相當堅決而且充滿自信：「如果我在比賽前就已經考慮輸球時該怎麼辦，這就好像一位汽車駕駛人在未上路之前便已經在思考，出車禍時該去哪家醫院一樣。」不，他仍然相信自己在國家隊的努力與付出，並不會因為一場敗場以及隨之而來的指控與吹毛求疵的挑剔，而放棄身為國家隊總教練的使命。他對於球迷與球評突然唱衰他的激烈反應感到相當不解，他們不該為了一場失敗就把幾天前還很看好的事情講得一文不值。當然，德國隊的處境並不輕鬆，但這也是一種挑戰啊！勒夫甚至以果決的自信說道：「德國隊處於這種壓力狀態其實也不錯。如果隊員們可以從這次對克羅埃西亞的失敗中有所學習並做出恰當的回應，就可以獲得完成下個任務所需要的能力。」勒夫還挺身捍衛球員的女友與家人造訪下榻飯店一事，雖然，它曾在記者會上受到嚴厲的批評，而且隊長巴拉克也相當不以為然。「這是先前早已確定的安排，它還會進一步成為德國隊的慣例，不會因為比賽的贏輸而有所改變。」即使遭逢球賽失利，球員們仍應該放鬆與休息，不過，他也很清楚，何時必須讓球員承擔更多的壓力。

德國隊在最後一場分組賽的基本立場非常清楚：至少必須與奧地利隊踢平，才有資格晉級八強淘汰賽，但在遭逢上一場輸給克羅埃西亞隊的災難後，德國隊其實應該在分組賽再取得一個勝場才說得過去。勒夫那時曾公開表示，面對這場嚴峻的挑戰，對他而言，是一種樂趣。在比賽開始前，他還解釋：「我們當然感受到責任和壓力，但這是正面的。足球會出現一些極端的情況，我在休閒時就很喜歡接受這類挑戰。」這番話語不禁讓人們看到，足球教練勒夫和征服吉力馬札羅山的勒夫以及玩飛行傘的勒夫其實沒啥兩樣：「我喜歡冒險，而且還想不斷地挑戰自己的極限。」

對抗奧地利隊的這場分組賽是一個挑戰，卻不是一場出色的比賽。德國隊並未在球場上展現傑出的足球技藝，而是混亂的戰鬥。勒夫與奧地利隊總教練約瑟夫·希克斯貝格（Josef Hickersberger）為了指揮球隊，在場邊的技術區域激動地打著手勢，還跳來跳去。負責賽場管理的第四裁判員達米爾·史柯米納（Damir Skomina）一再跑向勒夫並警告他：「回去，回去，回去。」勒夫對這位裁判相當不以為然，還私下戲稱他為「鸚鵡」。當史柯米納也準備逼回奧地利隊總教練時，勒夫便出面干涉了！「我只是走過去，請這位裁判不要干擾我們指揮球隊。」勒夫在賽後談論這件事發生的過程，而且還強調，自己完全無意冒犯這位裁判員。當勒夫出面與史柯米納爭辯之後，這位第四裁判員便立刻聯繫主裁判員，然後對這兩位總教練舉紅牌，勒夫卻覺得這樣的判決根本毫無理由。不管是否合理，總之，兩隊的總教練在第四十分鐘後，已被迫離開場邊的技術區域，坐進了看台的觀眾席。

後來只能由助理教練福立克負責在技術區域指揮德國隊作戰，這場比賽的決定性時刻終於在下半場開賽後的第四分鐘出現，德國隊隊長巴拉克以驚人的力道與帶有些許狂怒及絕望的勇氣用頭錘把一記自由球頂入球門，成功地為德國隊奪得一分。人們那時不禁揣想，如果沒有這位隊長在球賽中奮勇向前，不斷督促那些漫不經心的隊員，德國隊會是什麼樣子？當隊員們已無法改變時，身為隊長的他便以不可思議的意志力承擔了整支球隊的任務。

比賽獲勝之後，勒夫認為這場比賽雖然格局不大，卻是一場要求德國國手們必須具備「高度韌性」的危機球賽。德國隊在這場比賽的表現既不光榮，也沒什麼看頭，但隊員們畢竟歷經艱辛的戰鬥，才以一比〇獲得勝利。勒夫說：「幸好晉級了，不然還真是奇恥大辱呢！打敗奧地利隊之後，我心中這塊石頭也落了地，不過，我對這場比賽並不滿意，這是很清楚的。我也對球員們說：『大夥們，我們有兩場球賽都踢得很爛，我不喜歡這樣。』我們勢必要有所改變，不然在接下來的淘汰賽裡很快就會嘗到失敗的苦果。」

在貴賓室觀球的國家隊總教練

勒夫因為在上一場與奧地利隊對陣時冒犯了第四裁判員，根據歐洲足球協會紀律委員會的裁決，他在接下來與葡萄牙隊對戰的八強淘汰賽中，不論在賽前或比賽進行中，總教練勒夫均不得與球隊接觸，不得出現在更衣室、球員走道以及場邊的技術區域。而且依照歐洲足球協會的規定，受申誡的一方不得提出申訴，這樣一來，反而讓勒夫有機會冷靜下來。「我也可以讓自己氣個兩天，但這無濟於事。如果我還生氣，這就表示我還想改變什麼，但目前的情況已不可能扭轉。」德國足協主席茨旺齊格甚至還樂觀地看待此事：「這個裁決反而激發了德國隊的士氣。我們的球員們一定可以在八強淘汰賽中勝出，順利晉級四強準決賽，到時候勒夫就可以坐在球場邊的教練席上了。」現在助理教練福立克只好獨挑大樑，在場邊的技術區域指揮全隊與葡萄牙隊對抗，而且還無法透過傳遞紙條、口信或打手機等方式從總教練勒夫那裡獲得任何訊息。

金髮藍眼的助理教練福立克雖已四十三歲，看起來卻很年輕，他因為勒夫不得在球場邊指揮國家隊而首次成為眾人目光的焦點，在此之前，人們對他的認識僅止於媒體記者在球賽中場休息時間對他的採訪。當他必須在攝影機鏡頭前解釋為什麼要替換球員（或者為什麼剛剛沒有替換）時，總讓人們覺得他很不自在，對此，這位個性拘謹的巴登人再次公開表示：「我並不是那種喜歡站在第一線的人。」德國的體育記者們根本不清楚這位性情靦腆的助理教練在國家隊的教練團裡，究竟扮演什麼角色。在德國隊力克波蘭隊而獲得歐洲國家盃第一場勝利之後的例行記者會上，福立克也隨總教練勒夫一起列席，一位

「德國公共電視第一台」（ARD）的記者便抓住這個機會直接問他：「您總是在幕後工作，在記者會及國家隊的比賽以外，社會大眾幾乎不認識您。您是不是可以舉兩、三個具體的例子向我們說明，您平常的工作除了建立球員資料庫及觀察對方球員之外，還有哪些？」福立克其實不知道該怎麼回答這個問題，他有點不知所云地表示，他在團隊裡工作，大家各司其職，都很自由，而且也在工作中獲得許多收穫和樂趣，因此誰有什麼權限，外界又如何認知，這種問題對他來說，並不是那麼重要。

外界並沒有因為福立克的這番回答而更了解他在國家隊實際負責的工作，但很清楚的是，這位助理教練在這個團隊裡享有高度評價，總教練勒夫曾特別公開稱讚他是「絕對的專家」和「理想的伙伴」。儘管在國家隊備受肯定，但這位到目前為止仍不受注目的助理教練卻得獨自一人上前線了。當然，他並不需要表現得像一位有實權的球隊主帥，因為總教練勒夫早已事先與他商討過所有可能發生的情況，並已確定因應的方式：比方說，如果有球員拿到紅牌，該怎麼處理；如果無法阻擋葡萄牙足球天王克利斯提亞諾．羅納度（Cristiano Ronaldo，暱稱C羅）的進攻時，該怎麼辦；如果球賽最後必須以十二碼PK戰決勝負時，該派哪五位球員上場。勒夫還在賽前主動宣布，史旺斯泰格這次將獲派上場，而且還特別提到：「當史旺斯泰格發現，自己並不在與波蘭對陣的頭場球賽先發名單上時，內心感到很失望，相當難以接受。當時我必須開導他，幫助他重新建立自信心。但當他後來在那場與克羅埃西亞隊的比賽裡因為嚴重犯規而被裁判驅逐出場時，情況已有所不同。這時我並不需要重建他的信心，而是要讓他明白，他當時被驅離球場，造成德國隊戰力降低，這已對德國隊造成傷害。現在我宣布他可以參加這場對葡萄牙隊的比賽，因為我知道，德國隊需要他，他在他的中場位置上是個能量充沛的球員。」

德國隊在戰術上也必須有所改變。在克羅埃西亞之役失利後，司職中場的巴拉克已被要求加強防守。德國隊從維也納飛回下榻的瑞士阿斯科納途中，教練們便與首席球探齊根塔勒討論出新的戰術計畫：把在隊陣中，擺進希策斯佩格與羅爾費斯這兩名防守中場，讓中場的防守更緊密，不讓對方有任何射門的機會；占球時，必須更加沉穩，這兩位防守中場球員還可以降低進攻時所面臨的風險性；當巴拉克深入敵陣，完全側重進攻時，就會造成防守上的漏洞，這一點必須留意；側翼由波多斯基（左側）及史旺斯泰格（右側）強化戰鬥力；而克羅澤作為唯一的前鋒應為尾隨在後的隊友們創造進攻的空間。總之，德國隊不再採用4—4—2，而是4—5—1陣式，這對於球員們來說是一個新陣式。勒夫原本不喜歡球隊進攻時，前場只有一名前鋒，但這項戰術的調整也許會讓他覺得比較輕鬆，因為前鋒戈麥斯在之前的比賽狀況奇差無比，所以，他當時也不想再採用雙前鋒陣式。

德國隊與葡萄牙隊對戰的這場球賽在瑞士巴塞爾的足球場舉行，德國足球員的表現既不精采也不完美，但至少讓觀眾們再度獲得觀球的樂趣。德國隊因為陣式調整的緣故，踢球節奏已流暢許多，前鋒波多斯基轉為左翼鋒後，顯得活力十足，右翼鋒的史旺斯泰格則展現出精湛的球技。最美妙的畫面是德國隊在第二十二分鐘進球而以一比〇領先：波多斯基在左翼往前快衝，與羅爾費斯相互傳球，再與巴拉克相互傳球後，才一眨眼的工夫，球便平飛往內側吊，然後由史旺斯泰格直接把球鏟入球網。這個進球等於是在示範新陣式的可能性，當時，在這個基礎陣式中位於右翼的史旺斯泰格因為快速掌握了情勢而往內側衝去，在傳統中鋒的位置把波多斯基自邊線吊內的傳球踢入球門。接下來德國隊又進了兩球：史旺斯泰格完美地發出兩個自由球，再由克羅澤和巴拉克分別以頭錘射球入門。處於落後的葡萄牙隊在這期間雖曾把比數追成二比一，甚至在比賽結束前不久還又把差距縮短為三比二，但仍無法改變德國隊獲勝的事實。德國隊在這場球賽的勝利不只歸功於陣式的調整，還有球隊對於自由球勤加練習，因此，一件原本粗鈍的武器便成了一把鋒利的刀劍。

戰勝葡萄牙隊之後，德國的媒體記者便開始廣泛地討論，這次陣式的調整主要是由誰提出的？是巴拉克率先要求教練團在陣式方面進行修改？還是齊根塔勒的主意？或是被稱為「戰術狐狸」的勒夫自己？助理教練福立克在比賽進行時，代替吃紅牌的勒夫站在球場邊指揮德國隊作戰，在賽後的記者會上，他則用閃躲的言詞回答記者的提問：「我們在教練團裡同心協力地工作，調整陣式的想法究竟由誰提出根本無所謂。大家應該這麼想才對。」勒夫後來才把整件事情的原委說明清楚。他不只對於自己明智地決定讓史旺斯泰格出賽一事感到自豪（勒夫說，教練有時應該覺察到，某個球員將要有突出的表現了！），而且還表明，德國隊的陣式調整就是由他首先提出的，當然，齊根塔勒在重要的細節方面也有所貢獻。也就是說，球員移動路線與陣式的改變都是他決定的，隊長巴拉克雖然一直都是他重要的諮詢對象，但關於這次戰術的變動，他只是被告知結果而已。另外，這個戰術的改變並非如同部分媒體記者的報導，是一個大幅的變革，而只是一種修正，因為，原來採用的4－4－2陣式已無法使德國球員們在對陣奧地利與克羅埃西亞時，能像先前許多比賽一樣充滿力量與動能。「當情況不對勁時，教練團就必須另行找出解決的辦法。現在許多報導都把德國隊的陣式轉換寫得天花亂墜，但新採用的4－5－1陣式其實在戰術效果上與4－4－2是一樣的，它們都著重快速踢球、直線向前傳球，不讓球落入無人地帶等，總之，新陣式幾乎跟舊陣式一樣，只是空間的責任分配不同罷了！」

當時剛從國家隊退役的前國手伯恩特．施耐德在接受《世界日報》訪問時，曾這麼評論勒夫：「他是一位了不起的足球教練，懂得適時脫離自己原有的構想，沒有偏見地接受一些改革的建議。當別人向他提出一些建設性的意見時，他總是仔細傾聽，這就是勒夫。他要讓球隊執行新的戰術時，會先和隊長溝通，取得共識。」現役隊員梅策爾德則解釋，在歐洲國家盃的參賽隊伍中，德國隊在賽期裡調整陣式並非唯一的個案。「人們看待歐洲國家盃足球賽就好像一場足球博覽會，從愈來愈多的球隊加強中場布局來看，這個新戰術已成為歐洲足壇的新趨勢。」4—5—1陣式，或更確切說4—2—3—1陣式，幾乎已取代從前最普遍的4—4—2而成為歐洲國家盃流行的標準陣式，因為當時大多數的球隊都已改採這種布陣方式。所以，嚴格說來，德國隊調整陣式並不是什麼戰術上的革新，而比較是遲緩地回應已在歐洲足壇廣為採行的新型戰術。

德國隊打敗奧地利隊順利晉級八強淘汰賽後，勒夫又再度在足球賽裡找到他的樂趣。「雖然，我因為足球而必須面對壓力或承受精神的緊張，但對我而言，它一直都是很棒的體育活動。」勒夫認為，這世間幾乎沒有比足球賽更美妙的事了！大型足球賽尤其是一大享受！只不過勒夫這次在對葡萄牙隊的八強淘汰賽裡無法在場邊的教練席上緊盯球賽進行，只能坐在貴賓室，透過那一大片鏡面反光玻璃觀賽。各電視台的攝影機經常會把鏡頭轉向貴賓室，隱隱約約地捕捉勒夫在裡面的身影。

歐洲足球協會為了讓勒夫克服激動的情緒與緊繃的神經，還特別提供他阿斯匹靈和纈草（Baldrian）這種具有安神效果的傳統草藥製劑，但勒夫卻選擇不停地抽菸。雖然隔著鏡面反光玻璃，人們無法從外頭清晰地看到勒夫，但球場的貴賓室畢竟屬於公共空間，身為國家隊總教練的勒夫卻公然在那裡抽菸？這樣的行為是否恰當？德國社會民主黨（SPD）的國會議員洛塔．賓定（Lothar Binding）便抱怨說：「勒夫先生應該意識到他的責任，身為國家足球隊總教練，他在公開場合的抽菸行為會對社會大眾產生示範作用，特別是對青少年造成不良的影響。」然而，大多數媒體對於勒夫在貴賓室抽菸的反應卻是正面的，其中以《每日鏡報》（*Tagesspiegel*）的評論最友善、最熱情：「親愛的勒夫，在這件事上實在萬分感謝您！您這項弱點讓您顯得如此可愛又可親。」勒夫公開抽菸的行為雖然不正確，但在人情上卻是可以理解的，德國社會對此普遍的反應仍以正面居多。德國隊將在四強準決賽迎戰土耳其隊，屆時勒夫會再度回到場邊的教練席，當然，他會放棄抽菸。

征服土耳其隊，邁向維也納的冠亞軍爭霸賽

截至目前為止，技術精湛的土耳其隊，在歐洲國家盃賽事裡的傳接球很穩健，球隊戰鬥意志強烈而且心理狀態非常穩定。特別值得注意的是，這支足球勁旅由土耳其著名的鐵林教練指導，在賽前的培訓時期還特地聘請美國體能教練加強這些土耳其國手的體能訓練，因此該隊隊員們的體力已達到絕佳狀態。在過去的四場比賽中，土耳其隊有三場比賽是靠著球賽快結束時的進球而逆轉獲勝的。因此，勒夫在賽前便告誡隊員們：「土耳其隊是一個相當難纏的對手，球員們的足球技巧非常好。他們如果贏了兩、三場比賽，就會變得非常亢奮，並對於自身的能力特別有信心。土耳其人有一種令人欽佩的心性，他們很有自信，而且總是能夠及時給予反擊。」由此可見，德國隊很難針對這支球隊進行賽前準備。面對葡萄牙隊，德國隊還知道，那是一場結構清楚的球賽；土耳其隊卻由於強烈的情緒性與偏好即興的創意踢球而令人捉摸不透。此外，他們意圖贏球的強大意志力讓他們即使在球賽的最後幾秒鐘都還具有威脅性。當然，他們也有弱點，比如在一般情況下的後衛防守，因此德國球員們在進行球賽準備時，觀看並分析土耳其隊的相關錄影資料會有不錯的收穫。最後，勒夫還特別提醒隊員們：「與葡萄牙的對抗是關於結構與戰略；迎戰土耳其，情緒和戰略就很重要，所以必須要有激情和意志力。」

那麼就開始拚鬥吧！德國隊用對抗葡萄牙隊的那套系統在巴塞爾與土耳其隊對壘。教練團還在賽前播放一部德國隊受到廣大的球迷夾道歡迎的短片來炒熱氣氛，激勵德國隊的士氣，目的是讓這些德國球員明白，有好幾百萬的德國人熱情地支持他們。德國也有熱血球迷，不是只有土耳其人才有。這真是一

場從頭到尾情緒激動的比賽，球賽的結構不易辨識，有時交戰的雙方還會出現一些如飛鳥般快速而狂野的行動。一開始土耳其隊便占了上風，他們的傳接球很穩定，中場布陣緊密；德國球員們則顯得注意力不集中，經常在對手的後頭跟著跑，防守方面錯誤百出。簡單地說，這場準決賽幾乎未依照一般足球賽的架構進行。土耳其隊在第二十二分鐘就踢進一球，當之無愧地取得領先，但沒過多久德國隊的中場史旺斯泰格也射門得分，雙方便以一比一的成績進入中場休息時間。到了下半場的尾段，也就是第七十九分鐘，德國隊的拉姆從邊線向內傳球，接球的前鋒克羅澤用一記頭錘把球頂入球門而讓德國隊取得領先。德國隊的教練團頓時壓力減輕了不少，然而，在七分鐘後，總教練勒夫又得再度絕望地扯著頭髮了：土耳其隊的薩布里・沙利奧古（Sabri Sarioglu）騙過拉姆，把球傳給賽米・森圖爾克（Semih Sentürk），森圖爾克便趁機急速攻球入門，讓德國門將萊曼無法及時攔下。當一切都指向延長賽時，意志堅強的拉姆卻不放棄，他一心一意想彌補剛才的疏忽，將功折罪，果真在正規比賽的最後一分鐘踢進一球而確保了德國隊勝利。

德國隊在巴塞爾的表現大多是拜運氣之賜，整場比賽從頭到尾緊張刺激，心臟不夠強的人還真無法承受呢！「土耳其人讓我們經歷一次不可思議的戰鬥，這場比賽相當耗盡體力與精力，一種不可置信的緊繃貫穿全場，直到最後一刻才確定了輸贏。」勒夫評論。拉姆最後神來一筆的畫面應該會在他的腦海裡停留很久吧！「當比數被追成二比二後，我們已經準備投入延長賽了，沒想到最後關頭又進了一球。這時我知道，我們德國隊已經踢進冠亞軍決賽了！比賽結束的哨音響起後，我還獨自在更衣間裡待了幾分鐘，完全讓自己沉浸在那個勝利的片刻。我當時感受到的，就是最深層的喜悅。」當然，如果六月二十九日在維也納與西班牙爭奪冠亞軍時，能再次取得勝利，這個最深層的喜悅就會達到極致。

與西班牙隊的「全能足球戰術」對決

在冠亞軍爭霸賽尚未開踢之前，德國隊便已確知：號稱「短距離傳球之王」的西班牙隊剛在準決賽以三比〇大勝實力堅強的俄羅斯隊，為了擊敗這支技巧完美的球隊，德國隊勢必得超越自己平常的水準。這些來自伊比利半島的足球藝術家只要掌握控球權，就幾乎不會再交出，即使面對敵方重重壓迫，他們照樣能穩健地直接進攻，以高速率連續傳球，而且總是可以找到射門的機會，這就是西班牙式的「全能足球戰術」（「Tiqui-taca」）[1]。比賽開始後，德國隊不僅無法充分反擊西班牙隊，也沒有清楚的戰術規畫，只有在前十五分鐘似乎還能和西班牙隊抗衡，接下來就只能在後頭跟著跑了！首先是西班牙的接力傳球，接著還是西班牙的接力傳球，比賽進行到第三十三分鐘時，由於後衛的拉姆欠缺注意而讓西班牙的前鋒費南多．托雷斯（Fernando Torres）射球入門，德國隊以〇比一落後。勒夫嘗試為德國隊注入新的動能，他在第五十八分鐘換上第二個前鋒庫蘭伊，最後還讓德國隊的進球王克羅澤換下攻擊力不足的戈麥斯，但這些努力仍無濟於事。西班牙球員繼續進行這場屬於他們的比賽，直到終場德國隊都沒有進球的機會，德國隊在比賽中一直屈居下風，最後僅以〇比一敗北其實已經不錯了！

當西班牙的勝利者雀躍歡呼的同時，德國的失敗者正垂頭喪氣地準備離開球場。儘管德國隊榮獲歐洲國家盃亞軍的榮銜，卻沒有隊員感到高興，剛被西班牙隊擊敗的挫折讓球隊的氣氛相當低迷。當裁判吹哨示意球賽結束的那一剎那，總教練勒夫必須面對這個明顯技不如人的失敗結果，他看起來思緒紛亂、心情低落，卻仍打起精神向在場的重要人士一一致意。他對獲得冠軍的西班牙國家隊總教練路易斯．阿拉貢內斯（Louis Aragonés）道賀之後，便開始安慰他手下那些沮喪的德國球員，不斷地說話鼓舞他們。德國隊後來在維也納的頂級餐廳鳳凰俱樂部（Phoenix-Club）舉行惜別晚宴，勒夫帶著他的太太丹妮葉拉一起出席，而且試圖帶動宴會的氣氛。他主動播放奧地利歌手俞爾根斯的熱門金曲〈但請加上鮮奶油〉（Aber bitte mit Sahne）並請大家跳舞。德國隊就這樣狂歡到早晨，而且還在某個時候喊出這句口號：二〇〇六年世界盃我們是第三，這次歐洲盃第二，在南非世界盃我們就是第一了！

德國隊在維也納榮獲歐洲國家盃亞軍的隔天，球隊經理比爾霍夫便在柏林的布蘭登堡門舉辦一場歡迎會，讓這些國手們接受現場數千名球迷的齊聲歡呼。然而，這項活動卻招惹一些批評，譬如，德國隊的技術總監薩默爾便指謫比爾霍夫：在冠亞軍決賽失敗後，舉辦這樣的慶祝活動可能會有誤導的效果，而且還會消磨某些年輕國手的求勝意志。根據德國足協正式的規定，國家隊如果未奪得冠軍，而只獲得亞軍，便不宜高調地公開慶祝；球員們頂多只能短暫地現身，表達對球迷衷心的感謝，如此而已。

當德國隊被西班牙隊擊敗這件事逐漸遠離後，德國隊在歐洲國家盃普遍獲得的成就的喜悅終究超越了決賽吞敗的挫折。然而，勒夫有時仍會想起與西班牙隊交鋒時那種無助的落敗，甚至還因此引發要命的胃痛。這個敗場帶給他的衝擊比較不是德國隊輸球的傷痛，而是導致德國隊輸球的方式。他曾在一次總結中這麼分析：「持續掌控比賽的能力是西班牙球員的優點，即使受到對方的壓迫也不受影響。他們的帶球、傳球與接球都非常精確。在比賽裡，完美的表現其實來自每位球員紮實的基本功。」所以，西班牙隊與其他的國家隊交戰時，往往能處於優勢，其中德國隊也包括在內。

1 譯注：**Tiqui-taca**這個西班牙文擬聲詞原是形容密集短傳時發出的足球碰撞聲，後來成為足球專有名詞，意指一種短距離傳球、頻繁跑動並能保持控球權的「全能足球戰術」。

西班牙國家隊卓越的實力絕非偶然，他們在許久以前便已嶄露頭角，這次能在歐洲國家盃一舉奪魁其實是二、三十年堅持不渝的訓練所結出的豐碩果實。反觀德國隊，由於缺乏像西班牙隊長期對於青訓及正規隊員的培養，戰力已達極限，無法再有所突破，因此在那場決賽裡，德國隊始終無法對西班牙隊造成威脅。勒夫認為，這種情況不可以、也不應該持續下去，他意圖扳回一城，並且宣稱：「下次再與西班牙對戰時，我們一定要抓住西班牙鬥牛的角。」

實際上，德國隊的表現並不差，它是上屆世界盃四強中唯一一支在本屆歐洲國家盃再度站穩四強的隊伍，而且還在參賽球隊實力堅強的本屆歐洲國家盃裡，一路挺進冠亞軍決賽。這個戰績在某種程度說明了一個事實：德國隊這兩年來持續處於穩定的發展狀態。勒夫在參考對戰西班牙隊的球賽表現後表示：「德國隊仍有些地方需要改進，而且球員間傳接球的配合應該熟練到自動化的程度。」此外，德國隊還必須更靈活地踢球，這畢竟是正向的發展。現在德國隊除了4—4—2陣式外，還多了4—5—1陣式，因此，未來比較不容易被對方掌握德國隊將採用何種戰術系統。當然，勒夫也會對自己無法靈活地轉換球隊的陣式而懊惱不已，比方說，德國隊在準決賽與土耳其隊對戰時，應該採用4—4—2陣式才對，而不是當時使用的4—5—1陣式（投入五名中場球員），勒夫這麼認為。「我們當時應該對土耳其隊發動更多攻擊，施加更多壓力，而不該花那麼多時間戰戰兢兢地進行防備。」至於和西班牙隊爭奪冠軍的那場決賽其實在戰術方面並沒有什麼值得非難的地方，因為，德國隊即使改變球賽的策略也無法改變整體實力落居下風的事實。

德國隊在二〇〇八年歐洲國家盃足球賽的種種其實稱不上順利圓滿，但足球評論家在做總結時，對於它的整體表現其實很滿意。在球場邊的國家隊總教練勒夫總是給人留下好印象，他的能力也已通過大部分評論者的檢驗。當時《南德日報》曾這麼報導勒夫的轉變：德國隊的總教練在歐洲國家盃的冠亞軍決賽中，已從「概念教練」轉變為「球賽教練」，已從只能根據事先的戰術規畫指揮球隊的主帥，變成可以視情況的變化而進行調整，並且做出明智決定的足球導師。

勒夫個人的宣傳策略與形象經營

這幾年，勒夫把一些事務全交由他的足球顧問阿爾斯藍、媒體公關顧問伊特爾以及律師克里斯多福·胥克哈特（Christoph Schickhardt）打理。他們替他協商談判，幫他起草合約，還提供各種生活細節的建議，好讓他沒有後顧之憂，可以專心從事國家隊的教練工作。伊特爾負責維護勒夫在社會大眾前的形象並親自安排可以採訪他的媒體記者；阿爾斯藍一直都是勒夫生涯的陪伴者，長年為他提供足球方面的諮詢；胥克哈特律師為勒夫處理合約，其中還包括最微小的細節修改。他們的職權範圍有時會在某些項目重疊，比方說，廣告合約就由伊特爾與胥克哈特律師共同負責。

伊特爾是塑造勒夫公眾形象的關鍵人物，一九五八年出生於施瓦本地區的路德維希堡（Ludwigsburg），曾是《斯圖加特日報》運動版編輯，之後還擔任過斯圖加特隊的媒體發言人。他在斯圖加特隊任職時期，便已是該隊球星克林斯曼的顧問，後來還在一九九五年認識那時的斯圖加特隊助理教練勒夫，至今他仍與這兩位前、後任國家隊總教練維持深厚的友誼。伊特爾表明自己其實不是真正的公關經理，他從事公關工作並非為了金錢報酬，而是這項工作本身。他認為他的主要任務是讓他的客戶在公眾面前維持良好的狀況，並讓他們擁有正面的形象。他深信，只有先讓自己被自己的公關工作說服，然後才能對別人產生說服力。伊特爾並不想讓他的客戶在公眾面前戴著面具，他甚至不太修飾他們自然顯露的外在形象。

每當伊特爾談起勒夫時，總是不假思索地否認「真實的勒夫」與「公眾形象的勒夫」的落差。勒夫從不狂妄自大，因為他就是有一副好心腸；勒夫從沒有為自己的職業生涯做規畫，因為他只是全力投入每一份工作，做自己想做的事，即使只能在德乙球隊踢球；勒夫始終沉著冷靜，不會激動不安，即使在最緊張、處於最尖刻的批評聲浪中，仍可以從容不迫，泰然自若。對公關專家伊特爾而言，勒夫是一位正面思考、富有幽默感、身心平衡而且尊重別人的人，面對這麼優質的客戶，事實上根本不需要為他做形象的修正。

勒夫的公眾形象隨著時間而改變，這似乎不是偶然的現象。實事求是、總是有些嚴肅、有時又有些靦腆、看起來既友善又憂鬱，這就是斯圖加特時期的「姚吉形象」。當他接任國家隊的助理教練後，《法蘭克福匯報》曾描述他一直是一位「不起眼的足球愛好者」。《南德日報》則宣稱，他的領導魅力只限於那一方足球戰術板。勒夫總認為，不宜讓自己的情緒成為他人的負擔，當然，這樣一位高EQ的人會令人覺得有些單調乏味。「親切的勒夫先生」這個早期的正面形象並沒有被積極地傳播，也許部分原因是因為當時伊特爾尚未替勒夫從事公關工作。

二〇〇六年秋天，「運動與市場」（「Sport + Markt」）這家位於科隆的市場調查機構的理事哈穆特・查斯卓夫（Hartmut Zastrow），曾這麼評斷剛升任國家隊總教練的勒夫的形象：「勒夫不是個超級巨星，不像克林斯曼那樣會造成轟動。但他一向讓人感覺真實可靠，值得信賴，所以，他應該很適合代言投資理財或保險方面的商品。」勒夫在擔任國家隊總教練的頭兩年拒絕了所有拍廣告的機會，直到他在二〇〇八年帶領德國隊獲得歐洲國家盃亞軍之後，才開始從事合乎形象的商品廣告。勒夫那種圓融、不鮮明的性格後來反而被社會大眾認為很「酷」，於是便有人推測，這種群眾反應應該來自一種刻意的操作，況且媒體公關專家伊特爾當時還曾為勒夫這位客戶擬出一份長達十四頁的形象策略計畫。

公眾反應的轉變果真是一些公關手法運作的結果？這當然還有爭議。身為公關顧問的伊特爾曾公開稱讚勒夫具有一種「不可思議的鎮靜」，實在令人感到驚奇，的確是自然散發出來的氣質。勒夫自青少年時期便結識的好友沃夫岡・凱勒（Wolfgang Keller）也明白指出，姚吉已改變許多，然而他講話的方式和伴隨的手勢卻還是老樣子，一點也不矯揉做作。相反地，社會心理學者洛夫・凡・狄克（Rolf van Dick）卻於二〇一四年公開堅稱，勒夫經常給人留下一種不真實，而且僵硬不自然的印象。他還說道：「一位優秀的領導人應該具有卡里斯瑪的魅力，而且懂得運用語言說服並鼓舞人們。但我卻發現，勒夫所說的話和他的臉部表情及肢體語言並不搭配。很奇怪，竟然沒有人跟他說這件事！」

勒夫在一些大型足球賽事之前的記者會及專訪時的表現，尤其可以印證凡・狄克這些精細的觀察。比如說，勒夫往往會在這種場合宣稱，自己一點也不緊張，完全處於放鬆狀態，但同時他的身體卻顯得緊繃而僵硬，這種言詞的表達與臉部表情之間的差異實在很明顯，讓人無法忽視。

不管如何，專家所指出的這種言詞與肢體語言的不協調性，並不會消滅群眾對於勒夫的熱情與愛戴，在社會調查暨統計分析有限公司（Forsa）舉行的「最受歡迎的德國人」的問卷調查中，勒夫甚至在二〇〇八年攻上第一名的位置。而且相當罕見地，他在廣告裡的表現比在召開記者會或接受訪談時要好得多。似乎扮演國家隊總教練這個角色比那些為他個人量身訂做的廣告人物，還令他感到陌生。

在幾支已簽約合作的商品廣告中，「姚吉形象」的核心是：姚吉是值得信賴的，他辦事可靠而精確，很有工作能力，能激勵人心，維護紀律，他有非凡的成就而且講究生活風格，此外，他的言行舉止謙虛而自然，相當受人歡迎。勒夫就是這樣的人，因此，商業市場上有許多產品原則上並不符合勒夫的形象。勒夫有幾位顧問曾替他拒絕了一些拍廣告的機會，其中阿爾斯藍便強調，必須仔細想清楚，某些商品是否確實符合勒夫的個人特質，不可以只考慮賺錢。最後，勒夫的顧問團隊建議他為三家公司做商品代言，即德意志資產管理公司（Deutsche Vermögensberatung，德國十大財務顧問暨金融經銷公司之一）、歐洲規模最大的旅遊集團TUI，以及生產「妮維雅」（Nivea）護膚產品的拜爾斯朵夫公司（Beiersdorf）。根據一些未經證實的說法，這三項品牌代言每年大概能為勒夫帶來一百五十萬歐元的額外收益。

第九章

新德國隊誕生

德國隊的全新面貌：以「實力原則」提升戰力

二〇〇八年歐洲國家盃足球賽結束後，德國國家隊便宣布即將啟動世代交替。近年來表現優異的球員，如守門員萊曼，以及以靈巧的踢球技巧而被暱稱為「德國的巴西人」的中場球員伯恩特．施耐德，紛紛結束了他們的國家隊生涯。其他的隊員，有的被暫時剔除，或被放入觀察名單當中。梅策爾德在這期間由於不斷受傷，戰力似乎嚴重衰退，已愈來愈不可能回到原有的水準。還有，巴拉克的作戰副手弗林斯也出現技巧退步的問題，當時一直未能先發上場。其他比較年輕的球員則陸續遞補上陣獲得正式出賽的機會。為了讓國家隊在挑選參賽球員時能有較多選擇，勒夫刻意要求與拔擢二線球員，如特羅霍夫斯基、希策斯佩格、羅爾費斯等人。此外他還宣布，立即加強測試新進球員。這個測試階段應該在二〇〇九年年底結束，接著就必須確定新一批能勝任二〇一〇年南非世界盃足球賽的主力球員。

依照計畫改變主力球員的結構當然也連帶引發一些不愉快。比方說，勒夫當時曾對此表示，未來只按照「實力原則」篩選國家隊隊員，然而這句話卻激怒了某些球員，因為從反面推論，那些參加二〇〇八年歐洲國家盃的隊員們難道不是依照「實力原則」而入選國家代表隊？不管怎樣，隊內對於「實力原則」這個概念還有一些爭執，特別是隊長巴拉克的中場戰友弗林斯經過幾個月的延宕，終於在二〇一〇年一月確定離隊的這件事。甚至連資深的巴拉克在面對這波主力球員的結構性轉變時，處境也愈來愈艱難，因為它勢必鬆動球隊內部原有的階級與權力架構。隨著世界盃會外賽的進行，德國隊內部勢必將陸續續出現更多衝突，待一一解決之後，德國隊便能展現全新的面貌。當然，主力球員汰舊更新必然會帶動球員角色的重新分配，勒夫在這方面已經有他的打算與規畫：他在二〇〇八年歐洲國家盃結束後不久，便已敦促某些球員應該準備扮演球隊中的領導角色，如拉姆和史旺斯泰格。

跌跌撞撞地展開世界盃會外賽

二〇〇八年九月，勒夫的德國隊在世界盃會外賽的第一場比賽以六比〇大勝列支敦士登隊，由於該隊實力不強，這樣的結果還算符合一般預期。接下來在赫爾辛基與芬蘭隊踢成三比三和局，就讓德國人相當不舒服了。當體育節目主持人凱爾納不客氣地批評德國隊在這場比賽中的表現「很糟糕」時，勒夫一開始並沒有回答什麼，只是用不苟同的表情點綴著自己的沉默。後來勒夫試圖解釋，為何德國隊會在該場比賽失守「防線」，之後凱爾納卻繼續質疑：「即使此刻我讓人感覺粗魯無禮，我還是要問，那是什麼『防線』？」勒夫又再度陷入沉默當中，卻已無法掩藏他的憤怒。對於外界這種近乎幸災樂禍的批判，勒夫始終無法認同。在德國隊表現不佳的情況下，他必須坦承，他的球隊在世界盃會外賽一開始確實踢得很吃力。所幸的是，接下來的兩場比賽都是勝場（對俄羅斯隊二比一；對威爾斯隊一比〇），而且比賽的過程以及終場的比數都頗有說服力。德國隊當時已名列會外賽第四組第一名，對於取得二〇一〇年南非世界盃的參賽資格似乎已勝券在握。

然而，接下來的兩場友誼賽卻讓德國隊連吞兩敗，使得全隊氣氛相當低迷：二〇〇八年年底，德國隊在柏林以一比二蹩腳地輸給英格蘭隊，沒隔多久，又於二〇〇九年的第一場球賽在杜塞多夫以〇比一敗給實力普通的挪威隊。與英格蘭對陣時，拉姆、弗林斯及巴拉克這三位經驗豐富的老將未上場比賽，再加上弗利德利希與馬文．康柏（Marvin Compper）這兩名中後衛被改置於側翼，而讓德國隊無法有效進行組織動員，進攻也不具壓迫性。此外，瓊斯與羅爾費斯這兩名防守中場也一直沒有發揮領導球隊作戰的能力，畢竟德國隊還無法找到實力與默契相當的中場雙人組來替代巴拉克與弗林斯這個「經典的組合」。後來在對抗挪威隊的那場比賽中，除了威斯特曼、安德烈亞斯．貝克（Andreas Beck）、塔斯奇與黑爾默斯這幾位新人被指派出賽之外，拉姆、弗林斯與巴拉克這幾位「老鳥」也再度加入戰局，但這場比賽的戰績非但沒有好轉，反而是勒夫接掌德國隊以來最糟糕的一場賽事。勒夫那時只輕描淡寫地表示，自己對於德國隊的表現有些不滿意，並企圖以巴登人慣有的鎮靜嘗試減輕這個敗場對於德國隊的負面衝擊，反而是德國足協主席茨旺齊格對於德國隊如此軟弱無力的表現大為光火，他甚至擔心自己的形象會因而受損，所以便建議勒夫必須精確地分析該場球賽。當然，工作勤奮的勒夫一定會對這場戰敗的球賽分析檢討。不過，大家似乎忘了一點：其實不需要對友誼賽投注如此高度的注意力。

在後來的會外賽裡，德國隊以四比〇取勝列支敦士登隊，並以二比〇擊敗威爾斯隊，這樣的戰績已有顯著的進步，不過二〇〇九年五月底／六月初展開的那次極富爭議性的亞洲之行中，德國隊在幾場友誼賽事上的表現再度下滑：在上海對抗中國隊時，以一比一和局收場，德國隊的表現還算有看頭；在杜拜與阿拉伯聯合大公國隊對壘時，德國隊雖踢進七球，卻也讓對手進了兩球。德國隊這次遠赴亞洲參加的幾場友誼賽，主要是為了配合德國足球職業聯賽協會的廣告宣傳，並不具有多大的體育價值。屬於官方機構的德國足協當時已讓步妥協，同意德國隊把隊員的體能測試，以及德國隊參與世界盃的宣傳影片製作順延到冬季。總的來說，這次的亞洲足球之旅無論如何是一個很好的機會，它讓勒夫可以藉此徵召一些有潛力的球員並近距離細察，而且也能和一些比較有問題的球員進行個別深談。

八月中旬，德國隊還必須再度遠行，前往亞塞拜然共和國的首都巴庫（Baku）參加一場與該國國家隊對抗的世界盃會外賽。前德國國家隊總教練福格茨當時擔任亞塞拜然隊的總教練，這支高加索球隊在他的指揮下奮力作戰，德國隊則表現平平，最後由史旺斯泰格及克羅澤各進一球，終場以二比〇獲勝。

追求攻守兼備：迅速而多樣的變陣

德國隊在歐洲國家盃對抗葡萄牙隊時，曾機動地把陣式從原先的4—4—2變更為只使用一名前鋒的4—5—1，這個新陣式雖讓德國隊在該場球賽中獲得不錯的成果，不過，接下來在四強準決賽對壘土耳其隊的結果並不成功，甚至在冠亞軍決賽對陣西班牙隊時，更是毫無射門機會，有鑑於此，勒夫在歐洲國家盃落幕後，便把德國隊的戰術系統改回原來的4—4—2陣式。在巴庫對戰亞塞拜然隊時，勒夫便讓克羅澤／戈麥斯以標準的雙前鋒組合登場，並搭配巴拉克／希策斯佩格這兩名球員在中場進行防守，但競賽的結果仍無法令人滿意，因而引發教練團再次針對德國隊應採用哪種陣式而展開通盤考量。九月初，教練團為了徹底分析、評估並討論過去進行的一些比賽，在一個巴登小鎮的旅館入住三天，最後他們決定把陣式從4—4—2調整為4—3—3。他們希望靠著史旺斯泰格、波多斯基，以及盤球高手馬林這三名翼鋒加強德國隊在側翼的攻擊性，文達不來梅隊的後起之秀梅蘇特・厄齊爾（Mesut Özil）則被推薦為進攻中場的最佳人選。德國隊後來在科隆及漢諾威附近的巴興豪森體育學校（Sportschule Barsinghausen）的足球訓練場地，進行這次陣式調整的訓練，並在與南非隊的測試賽中完成這項新戰術的試驗。厄齊爾與馬林這兩名新隊員都是第一次代表德國隊出賽。

勒夫把德國隊新採用的陣式稱為4—3—3，這個說法其實有點爭議，因為這個新陣式根本不是真正使用傳統翼鋒且受荷蘭式足球影響的4—3—3陣式，而是一種具備三名攻擊中場的戰術系統，也就是德國隊剛在歐洲國家盃試驗完成的4—5—1陣式，更確切地說，是4—2—3—1陣式。勒夫之所以為國家隊的新陣式貼上令人觀念混淆的標籤，主要是基於塑造德國隊形象的理由，因為4—3—3這個陣式擁有三名前鋒，聽起來更具攻擊性，因此比較符合他的足球哲學；再者由於4—5—1陣式用於歐洲國家盃比賽時，德國隊的組織運作並沒有那麼協調，因此便刻意避用這個名稱。德國隊把隊形調整為只有一位前鋒的系統後，主力前鋒克羅澤便失去許多施展的空間。拜仁慕尼黑隊的荷蘭籍總教練范豪爾早在好幾年前便採用同樣稱為4—3—3的4—5—1陣式，前場由戈麥斯司職中鋒，法國籍的法蘭克・李貝里（Franck Ribéry）與荷蘭籍的阿揚・羅本（Arjen Robben）擔任翼鋒，克羅澤身為該隊的前鋒球員，經常在場邊坐板凳待命，沒想到數年後，他在國家隊也必須面臨相同的處境。

對戰南非隊的友誼賽裡，德國隊靠著戈麥斯與厄齊爾踢進兩球而以二比〇獲勝，這也意謂著新陣式的試驗成功。這項新戰術的基本目標就是讓德國隊在比賽時更有活力，相對於傳統的4—4—2陣式，4—5—1陣式擁有非常機動靈活的優點，可以更容易地建立人員優勢，並藉此掌控及支配中場區域，五名中場球員可以讓防守更加嚴密，更能攔阻對手的長傳急攻，因為當對方持球時，其中的兩位攻擊中場便可以立刻轉為防守中場，與另兩名防守中場在後衛前方建構出第二條四人防衛鏈，此時4—5—1便自動轉為4—4—1—1陣式。在進攻時，這種陣式由於傳球距離較短，球員們比較能聚集在足球附近，對方不容易奪球，衝入前場的翼鋒交替地往前鋒位置跑動，藉此干擾對方球員的防守，因此更有可能出現射門得分的機會。當中場的兩名翼鋒從側翼往前進攻，快速進入前鋒的位置時，這個4—5—1陣式實際上已靈活地轉成了4—3—3陣式。

4—5—1陣式，或更細分地稱為4—2—3—1陣式最大的優點在於完美的空間分配。當球隊處於守勢時，任何一位防守中場球員都能與後方的兩名後衛組成一個三角防線，以共同壓迫控球的對手球員；處於攻勢時，球員們的移動路線不長，進行三角傳球則有助於在狹小的空間裡完成快速的配合打法（Kombinationsspiel）。另外，這個戰術系統也可以配合球賽的各種變化，如果隊員們足夠熟練這個陣式，還可以進行迅速而多樣的變陣。

德國隊當時只對外宣稱，已安排球員們額外接受另一種新戰術的訓練，而不想提及戰術系統的改換。隊長巴拉克一直希望德國隊可以加強防守，因此，相當支持4—5—1這個新陣式，更何況投入中場的五名球員還可以發動比較具有結構性及靈活性的攻勢。4—5—1陣式的優點也充分呈現在與亞塞拜然隊對戰的第二回合賽事裡：德國隊由戈麥斯擔任前鋒，由史旺斯泰格和波多斯基司職左、右翼鋒，上半場踢得並不順利，只有巴拉克因為射入一記十二碼罰球而獲得一分，讓德國隊暫獲領先，後來在下半場，德國球員們才表現出令人激賞的配合打法。當勒夫換上資深的主力前鋒克羅澤以替換戈麥斯後，這位號稱德國隊的進球王便一連踢進兩球，再加上波多斯基後來射進的那一球，最後德國隊以四比〇大獲全勝。

以戰略拿下關鍵一役

二〇〇九年十月，德國隊在世界盃會外賽最關鍵的一場比賽終於在莫斯科上場。倘若德國隊在這場比賽敗給由荷蘭籍總教練希丁克領軍的俄羅斯隊，這支在分組成績暫居第二的球隊就會讓德國隊無法保有優勢，德國隊可能必須因此多踢兩回合的附加賽才能取得世界盃會內賽的參賽資格。德國隊為了備戰，還特地在梅茵茲足球場進行賽前訓練，因為那裡的場地也跟莫斯科足球場一樣，都鋪設人工草皮，德國隊可以預先適應人工草皮的場地。「不可以把人工草皮當成失敗的藉口。」勒夫在賽前這麼告誡隊員，同時還要求他們，必須在這場艱苦的比賽中發揮參與冠亞軍決賽的精神，無論如何都要爭取獲勝。

比賽開始了！克羅澤在厄齊爾的美妙助攻下在第三十四分鐘踢進一球，讓德國隊以一比〇領先。厄齊爾當時盤球攻入禁區，與波多斯基相互傳球後，假裝射門而騙過對手，接著便漂亮地把球傳給前鋒克羅澤順利進球得分。隨著比賽進行，跑動相當敏捷的俄羅斯球員已對德國隊構成愈來愈強烈的壓迫，當德國後衛杰洛姆・博阿騰（Jérôme Boateng）在第七十分鐘由於再度犯規拿到紅牌，而被裁判驅離球場後，俄羅斯隊更在人數上占了優勢。勒夫為了補足後衛人數而讓替補後衛的弗利德利希上場，換下中場的厄齊爾。儘管德國隊的攻擊力道因而減弱，但後衛防線的加強對於門將雷涅・阿德勒（René Adler）的防守非常重要，畢竟俄羅斯球員曾幾度嘗試突破德國防線，所幸全被阿德勒一一化解。德國隊就這樣以一比〇的比數撐到球賽結束。德國隊能獲勝一方面是運氣不錯，一方面是因為俄國球員缺少一舉突破德國隊防線的力道。德國隊的勝利算是實至名歸，在戰術方面的表現尤其傑出，這場勝利也讓德國隊順利拿到二〇一〇年南非世界盃的參賽門票。

德國隊在莫斯科獲勝後，《法蘭克福評論報》對此分析：「勒夫已經把他的國家隊從克林斯曼時代的『事件式足球』（Ereignisfußball）調整為一種經過更冷靜考量的『重視結果的足球』（Ergebnisfußball）」。由於德國隊這次表現得相當出色，勒夫也就更加受到民眾的愛戴。「姚吉，我們愛你」——這是獲勝隔日德國《畫報》的新聞標題。而且人們現在也會因為他巨大的情緒起伏而喜愛他，勒夫在莫斯科那場耗損精力的分組賽裡，既激動又不安地站在球場邊，臉部痛苦地扭曲著，身體因為緊張而顫抖，在球賽危急時，整個人還會激烈地晃動，即使德國隊已經以一比〇領先，他全身依然處於緊繃狀態，幾乎沒有放鬆，總隨著球賽的順利與受挫，或歡呼或哀嘆。其實早在奧地利和瑞士主辦的歐洲國家盃足球賽裡，原本形象冷靜的姚吉已變得愈來愈暴躁，他不再像從前那麼冷靜與自信，而是激動地打手勢、破口大罵，一臉氣急敗壞，有時會不贊同地搖搖頭，有時又熱烈地表示鼓勵。

德國隊先前在漢堡對抗芬蘭隊時，表現並不理想，僅以一比一踢平。不過，這樣的戰績其實也足夠了，因為在力克俄羅斯隊後，德國隊已坐穩第四組的第一名，其餘的會外賽只是形式罷了！德國隊在世界盃會外賽總共參賽十場，其中八場勝場，沒有敗場，七場令對手掛零，得失球比為二十六比五。總之，成績非常優異。

一位門將之死

德國隊在告別二〇〇九年之前，還必須進行兩場友誼賽：十一月十四日在科隆與智利隊對陣，四天後，於蓋爾森基興（Gelsenkirchen）對上象牙海岸隊。然而，對智利隊的那場比賽卻突然取消，因為，德國隊門將羅伯特・恩克（Robert Enke）自殺了！這是令人震撼的消息，德國足球界有史以來從未發生過這樣的事。

恩克亦效力於德甲的漢諾威隊。自從一號門將萊曼從國家隊退役後，恩克曾一度被認為是萊曼的接班人，但勒夫在年初只讓他擔任暫時的先發守門員。這也意味著，如果他在國家隊要成為一號門將，仍須與阿德勒、提姆．維澤（Tim Wiese）和曼紐爾．諾伊爾（Manuel Neuer）競爭。勒夫安排恩克在世界盃會外賽出賽三場，但他卻在最後一場於八月十二日在亞塞拜然出戰該國國家隊的比賽裡缺陣，德國隊對外宣稱，恩克因為細菌感染而無法上場，必須臨時換將，其實他當時無法出賽的真正原因是憂鬱症，這是恩克自殺後，國家隊才證實的消息。至於他的自殺是否與巨大的成就壓力以及爭取成為一號門將的激烈競爭有關（主要是與積極奮發的阿德勒之間的對決），目前依然是個謎團。

勒夫就恩克的自殺事件請教駐隊心理專家赫爾曼博士，該如何與其他隊員談論伙伴發生的這起悲劇。赫爾曼當下建議，大家必須用積極正面的態度看待恩克選擇結束生命這件事。「悲慟與傷感並不容易消失，但我們的哀悼總得在某個時候結束。現在我們應該去回想與恩克相處的美好時光。」勒夫後來便對全體隊員如此表示。恩克的告別式於十一月十五日在漢諾威足球場舉行，隊員們參加完告別式，在返回訓練中心的車程裡一路沉默不語，大夥仍陷於一股悲戚的氛圍裡。

隔日，德國隊必須到杜塞多夫足球場受訓，隊員們也重新回復平日的生活。勒夫在當天召開一場悼念恩克的記者會，除了表揚他的為人與工作態度之外，他還特地指出，不應該為了這個自殺的悲劇而責怪國家隊的任何人，這樣大家才能繼續走下去。畢竟這是個成就掛帥的社會，身為職業足球員就必須面對高度的競爭壓力。「隊員們在球隊裡競爭某些位置是很重要的，未來還是應該如此。為了讓國家隊有更好的表現，我們還是會鼓勵隊員們相互競爭。」勒夫雖這麼說，但他也表示，國家隊未來會特別要求隊員們在相處時應該表現更多人性的溫暖，應該懂得傾聽隊友的心聲。

兩天後，德國隊在蓋爾森基興對抗象牙海岸隊的那場友誼賽先以默哀一分鐘開場，接著在球場架設的大銀幕上播放恩克在球賽與生活裡的一些畫面。德國隊還在替補球員的板凳上擺放恩克的球衣，上場的球員們全配戴黑色臂帶。最後德國隊以二比二與象牙海岸隊踢平，德國隊的兩球都是波多斯基踢進的，他每次射球入門時都往天空高舉他的手臂，似乎在向天上的恩克致意。

勒夫內心依然懷念恩克，他在南非世界盃足球賽落幕之後，還再次公開表示：「恩克是我們德國隊重要的一分子，我們所有人都思念他。」他指出，這位守門員的死亡後來讓隊員們比較容易感受球隊的整體氛圍，但職業足球員仍必須面對殘酷的成就壓力，這是無法改變的事實。勒夫還聲稱，恩克其實不會因為公開自己的憂鬱症病情而無法獲選參加南非世界盃。雖然，這番話可以視為勒夫所展現的善意，但對於國家隊嚴格篩選參賽隊員的程序而言，恩克如果這麼做，顯然是不會過關的。

天賦與態度比經驗更重要

勒夫在二〇〇八年及〇九年的友誼賽裡測試了許多年輕的德國球員，其中有不少人確實符合他的基本要求——戰術運用靈活、技巧精湛、跑步快速。他後來逐漸篩選出一批國家隊的生力軍，準備與之前參與歐洲國家盃的核心隊員組成一支進軍南非世界盃的主力球隊。許多新加入的隊員來自巴登—符騰堡邦的德甲球隊，即霍芬海姆隊和斯圖加特隊，例如，康柏、塔斯奇、凱迪拉、貝克、托比亞斯·魏斯

（Tobias Weis）、卡考（Claudemir Jerônimo Barreto）、克里斯蒂安・特雷施（Christian Träsch）、克里斯蒂安・根特納（Christian Gentner）。此外，還有來自其他德甲球隊的球員，諸如薛佛、黑爾默斯、馬林、博阿騰、阿德勒、厄齊爾、薩夏・里特（Sascha Riether）以及後來加入的托馬斯・穆勒（Thomas Müller）、諾伊爾、丹尼斯・奧戈（Dennis Aogo）與托尼・克魯斯（Toni Kroos）。

勒夫在二〇〇九年夏天開心地說道：「德國隊內部的競爭已不斷增強，情況會愈來愈好，我看到許多優秀的新進球員極力爭取進入國家隊的A隊。這些球員與二〇〇六年世界盃之前的德國國手很不一樣，他們大部分是所屬職業足球隊裡的固定先發球員，這也是他們的一大優點。」尤其像博阿騰（漢堡隊）、凱迪拉（斯圖加特隊）和厄齊爾（文達不來梅隊）都是德國足球界頂尖的足球人才。他們曾代表德國U21（二十一歲以下）青年國家隊在二〇〇九年於瑞典舉行的U21歐洲青年國家盃足球賽奪得冠軍，而且都是該隊的主力球員，前途看好。凱迪拉與博阿騰是向來重視青年培訓工作的斯圖加特隊及柏林赫塔隊的「產品」，厄齊爾雖然在十七歲加入沙爾克04隊後，足球技巧才逐漸成熟，但他在少年及青少年時期，即二〇〇〇年至二〇〇五年間，便在以青訓工作著稱的紅白埃森隊（Rot-Weiss Essen，屬於德國第三級聯賽）獲得相當紮實的足球訓練。依照德國足協規定，每支德甲球隊自二〇〇一年起必須設立球隊專屬的青訓中心，在這期間德甲雖只為德國足球界培育出這三位足球新星，不過他們的職業足球生涯卻見證了德國足壇在這段期間已相當重視這些年輕的人才，這些球星不僅更有自信心，還能提早在頂尖球隊裡占得一席之地。勒夫讚揚這些年輕新秀不只有天分，而且還有極優秀的專業能力與旺盛的企圖心。「他們有自信，卻不會顯得狂妄自大，作風仍然樸實謙虛。」他還高興地說，這批優質的生力軍已為國家隊注入一股活水，能遇上這些新世代的球員是每位教練的福氣。

二〇一〇年四月中旬，在南非世足賽開幕前兩個月，德國隊的教練團（勒夫、福立克、寇普克和齊根塔勒）又在他們前次入住的那家巴登小鎮的飯店聚會三天，準備擬出一份進軍南非世界盃的球員參賽暫定名單。五月初，教練團在斯圖加特的賓士博物館裡召開記者會，公布德國隊的參賽暫定名單。勒夫在記者會上解釋，他的決定無法讓每位隊員滿意，不過卻只能這麼做，他還為此預先跟某些隊員說聲抱歉。

總共有二十七位隊員在名單上，其中有七位是德甲聯賽該年度冠軍隊伍拜仁慕尼黑隊的現役球員，八位球員是二〇〇六年德國世界盃國家隊的主力球員。另外，勒夫還徵召一些很有潛力的新隊員，他們將在隔週對馬爾他隊的友誼賽中代替幾位無法出賽的主力球員上場。當時這些德國隊的固定先發球員除了英超切爾西隊的巴拉克必須參加英格蘭足協盃的決賽以外，有些還是文達不來梅隊與拜仁慕尼黑隊的隊員，必須在德國足協盃的決賽中對戰。拜仁慕尼黑隊的隊員還必須參與五月二十二日舉行的歐洲冠軍聯賽的決賽，因此還要更晚才能向國家隊報到，但國家隊已於五月十五日在義大利西西里島上開始備戰世界盃了！

針對已被剔除的沙爾克04隊前鋒庫蘭伊，勒夫語帶暗示地表示，德國隊的參賽球員並不是隊內最好的球員，而是一群最能相互配合的團隊。他還向媒體記者保證，當前所徵召的代表隊球員都是他這幾年密切觀察與分析的結果，這些在競爭中勝出的隊員們，絕對值得信賴。肋骨骨折的門將阿德勒和膝蓋受傷的中場羅爾費斯都因為無法參賽而沒有被列入名單之中。就整體而言，德國隊這份世足賽參賽名單對於專業的觀察家來說，全在他們的預期之內，並沒有什麼驚異之處。

勒夫的信念已相當清楚，他要為南非世界盃打造一支能整體相互配合的德國團隊。他那時已傾向於放棄一些具有參賽經驗的資深球員，比如弗林斯、庫蘭伊以及後來被剔除的希策斯佩格，因為，他希望把出賽的機會留給那些雖已入隊卻少有上場機會的青年。新生代門將諾伊爾與中場球員凱迪拉在被列入參賽名單時，已出戰過三場國家隊的比賽，穆勒和霍爾格・巴德史都博（Holger Badstuber）才只出賽一次。參賽名單中有六位成員剛在前一年的U21歐洲青年國家盃足球賽中贏得冠軍，由於年紀很輕，使得德國代表隊的平均年齡壓低到二十五歲以下。勒夫所錄用的參賽成員許多都是技巧尚未完全成熟、但受過良好足球訓練的隊員。勒夫已把「天賦重於經驗」這句話奉為座右銘。德國國家隊其實已經很久沒有出現這麼多盤球能力高超而且球技相當精巧的足球好手，人們當時相信，這些德國隊的新血可以在球場上實現勒夫注重傳接配合的足球哲學，並以他們那股青春的動能把這些足球概念演繹成形式優美的足球演出。

多年來一直被視為德國隊唯一的世界級球員隊長巴拉克是百分之百的中場領頭羊，他與拉姆、史旺斯泰格和克羅澤這組已通過許多比賽考驗的鐵三角，共同構築了德國隊堅實的核心：擔任邊後衛的拉姆在這幾年的表現始終很傑出，性格方面也有所成長，並擁有隊友們高度的信任；史旺斯泰格已於這段期間裡逐漸在個性與球技方面趨於成熟，他在拜仁慕尼黑隊的防守中場位置表現得游刃有餘，這個位置簡直是為他量身訂做似的；這個鐵三角組合的最後一角是拜仁慕尼黑隊實力已減弱的前鋒克羅澤，雖然他遭到一些球評嚴厲的批評，但勒夫仍對他信心十足，而他也以一些出色的表現回報勒夫的信任。

以上這幾位球員構成了德國隊的中心軸線，通常這個主軸的一端應該還有一位門將，但勒夫在公布國家隊的參賽球員名單時，卻還沒有確定由誰擔任一號守門員。原一號門將阿德勒負傷，因此參賽名單上只列出維澤和諾伊爾這兩名守門員，後來勒夫便把經驗豐富的約爾格・布特（Jörg Butt）列為第三位守門員，這項決定一如德國足球界的預料。在最後幾場國家隊的比賽中才登場的諾伊爾是沙爾克04隊反應敏捷的門將，由於他相當符合現代足球對於守門員積極參與球賽與擴大防守範圍的要求，因而被視為先發守門員的優先人選。此外，他還具有優異的人格特質，他在出場比賽時非常冷靜，防守能力也相當卓越，能預先做正確的判斷並透過精準地踢出球門球而迅速地發動攻勢。

這份世足賽參賽名單中最大的驚奇，無疑是拜仁慕尼黑隊的巴德史都博及漢堡隊的奧戈這兩位後衛人選，勒夫曾這麼說明他的決定：巴德史都博在拜仁慕尼黑隊的後場防守表現相當冷靜而且實事求是，此外他還可以精確地執行戰術；徵召奧戈主要是因為他高水準的技巧以及參與德國U21青年國家隊的比賽經驗。另外，思慮周到、嚴謹認真的組織能手弗利德利希（柏林赫塔隊）以及交鋒乾淨俐落、傳球穩健準確的梅特薩克（文達不來梅隊）是德國隊最有經驗的後衛球員。勒夫認為，他們在場上比賽時有一種發自內心的冷靜，即使身處於壓力也能有傑出的表現。交戰纏鬥與頭錘功力極強的防守全才威斯特曼以及極具天分、攻擊力強大，但戰術執行尚未熟練的博阿騰，很有機會在德國隊站穩先發位置，前者是即將加入，後者則是已離職的漢堡隊隊員。此外，還有幾位替補的後衛球員：控球穩定的斯圖加特隊中後衛塔斯奇；像蜜蜂一樣勤快，且已是熟練老手的漢堡隊左後衛楊森；始終熱情盡責投入球賽的霍芬海姆隊右後衛貝克。

在中場方面，勒夫把凱迪拉與厄齊爾這兩位年輕隊員列入參賽名單中，因為他們過去幾個月的表現讓他相當激賞。他稱讚來自斯圖加特隊的凱迪拉具備不可思議的潛力，能把「對稱均衡性」帶入球賽當中，是一位防守的組織能手。凱迪拉曾參加德國青年國家隊，並在U21歐洲青年國家盃奪冠，他能將足球美學、踢球的優雅靈巧以及清晰的戰略組合在一起，他的能力已明顯超越希策斯佩格、羅爾費斯或弗林斯這些前輩，是一位難得的足球人才。此外，勒夫還把文達不來梅隊的厄齊爾稱為「簡單大師」，他能在最適當的時機把決定性的一球完美地踢向前場。他的風格並不華麗，但很有效率，勒夫慶幸地表示：「我能碰到這樣的球員，同時他還這麼地年輕，實在很幸運。」在替補球員方面，勒夫把勤奮賣力的斯圖加特隊隊員特雷施（防守中場）、漢堡隊的射門藝術家特羅霍夫斯基（右中場，著重攻擊）以及拜仁慕尼黑隊的球技高手克魯斯（防守中場與攻擊中場）全列入德國隊的參賽名單中。還有被勒夫視為盤球大師的馬林（文達不來梅隊）也在名單裡，他最大的優點是在替補登場後就能立即有所表現。

前鋒的攻擊陣容除了長青樹克羅澤以外，還有來自拜仁慕尼黑隊的戈麥斯。他是一位典型的射手型前鋒，雖然體能較差，卻幾乎無法被取代。後來才被徵召的卡考（斯圖加特隊）則被勒夫視為擅於傳接配合的攻擊好手，他如果位於一位射手型前鋒的後面，如克羅澤或戈麥斯，就可以充分發揮他的能力。另一位在參賽名單上的前鋒是拜仁慕尼黑隊的年輕新秀穆勒，他能從後頭迅速跑向前場並尋求射門機會。穆勒負責前場右側的攻擊，至於司職左側的邊鋒則是表現不穩定的波多斯基。他和克羅澤的情況有些類似，雖然在職業足球隊的表現並不那麼具說服力，卻仍獲得勒夫的信任。勒夫經常說，當波多斯基的潛能被激發出來後，他的動能及射門強度會讓他變成一枚「火箭」。跑動迅速的拜爾勒沃庫森隊的基斯林雖然於二〇〇九／一〇年度球季在德甲聯賽射進二十一球，已是一名進球穩定的前鋒，卻只能擔任替補球員，應付球隊的緊急狀況。

世足賽前夕的晴天霹靂

五月十五日，勒夫帶著十五名參賽名單中的隊員到西西里島為南非世足賽進行賽前培訓，隊員們在頭幾天可以讓妻子或女友陪伴，這也幾乎成了德國隊訓練營在重要賽事之前的慣例。此時距離世足賽開賽只有一個月，所有事情都已做了最詳盡的規畫。「並沒有什麼事需要靠直覺做決定，所有這一切都讓我覺得很平靜而且從容不迫。」勒夫這麼表示。他還用「通關時刻」（Schleusentage）這個獨特的字眼形容德國隊在西西里島的培訓，這半個月期間，每位參賽隊員可以在體能和球技方面獲得個別的加強。等到六月一日，勒夫就會把暫時的二十七人參賽名單精簡為二十三人，並為德國隊找出十一位實力最堅強的先發球員。

由於後來有幾位隊員受傷無法參賽，因此徵召的隊員人數自動縮減，不大需要勒夫再大傷腦筋了！隊長巴拉克無法參加比賽，這無疑是個晴天霹靂的消息，德國公共電視第一台甚至把這件事處理成新聞焦點：效力於英超切爾西隊的巴拉克在英格蘭足協盃的決賽裡遭到凱文·博阿騰（Kevin-Prince Boateng）（德國國家隊隊員杰洛姆·博阿騰同父異母的哥哥）犯規式的攻擊而導致踝關節受傷及內側韌帶撕裂。激動的評論員們當時便評估，德國隊在南非世界盃封王的機會已趨近於零，然而，勒夫卻不動聲色，對於參賽隊員的補提名或現有戰術系統的更動都不感興趣，這個反應頗出乎人們的意料。由於後來特雷施（關節囊撕裂）和威斯特曼（足舟骨骨折）這兩人也受傷，勒夫最後只需要在原先暫定的參賽名單中刪除一名隊員即可。六月一日晚間，當德國隊已移師到第二階段訓練營所在的義大利南提洛地區（Südtirol）時，勒夫才公布他的決定：最後被剔除的隊員是霍芬海姆隊的後衛貝克。

守門員恩克過世後，德國隊已如火如荼地展開南非世足賽的預備工作。未料在世足賽前夕，另一位守門員阿德勒發生了肋骨骨折的意外，巴拉克、羅爾費斯還有特雷施這三名中場以及後衛威斯特曼也都相繼受傷，德國隊這張傷兵名單真是一長串！羅爾費斯、特雷施及威斯特曼不是一線球員，他們的缺席雖不會對德國隊的先發陣容造成迫切的影響，但如果繼續有人缺陣，尤其在防守中場方面將出現人選不足的情況。然而，總教練勒夫卻是一派氣定神閒，即使突然少了巴拉克這張王牌，他認為還是可以達成他的戰術計畫。「巴拉克可以精采地執行德國隊的戰術系統，在人格特質與經驗方面，也很難被取代，不過我們不一定要因為這位傑出球員的缺席而改變或調整德國隊踢球的基本方式。我的想法其實很清楚，有沒有巴拉克都是一樣的。」勒夫顯得很樂觀，因為每位資深球員的退出也意味著年輕的球員可以有表現的機會，這批生力軍早已獲得總教練的信任，而現在他們有機會在球賽中證明自己的能力！

德國隊的賽前訓練計畫已全速運轉，而且不限於身體的鍛鍊及戰術的推演，連心理方面也必須做好準備：文達不來梅隊在德國足協盃的決賽裡敗給拜仁慕尼黑隊，因此必須鼓勵該隊幾位加入國家隊的球員們，讓他們再度振作起來；這個心理輔導也同樣適用於拜仁慕尼黑隊的球員們，他們雖在德國足協盃奪魁，卻在隨後的歐洲冠軍聯賽的決賽中輸給國際米蘭隊；後衛弗利德利希由於所屬的柏林赫塔隊從德甲被降級到德乙聯賽而顯得相當沮喪。此外，波多斯基與克羅澤在自己的職業球隊的表現仍舊不穩定，波多斯基在科隆隊從未找到讓自己可以得心應手的表現方式，而克羅澤在拜仁慕尼黑隊淪為待命球員已有一個球季，這樣的挫折只能隱藏在內心裡。

對於勒夫如何在剩餘不多的時間裡把德國隊帶入應戰的狀態，大家可能會感到有些緊張。當時最常被提出來的，已不是以往那些眾所周知的老問題——克羅澤和波多斯基是否能及時進入狀況、四人後衛鏈的戰術是否有足夠的時間練習以達到熟練流暢的運作。討論最多的是，巴拉克退出之後，德國隊已不存在真正的領導者了！後衛球員拉姆隨後被拔擢為隊長，然而勒夫卻發現真正的領導者，是對於隊員們具有情緒感染力的史旺斯泰格。史旺斯泰格原本擔任左、右中場，後來他所效力的拜仁慕尼黑隊的總教練范豪爾讓他轉司防守中場而有搶眼的表現，原本不看好這項位置調整的勒夫便接受了他的新角色。史旺斯泰格控球穩健，隨時準備好傳接球，而且由於高度的出賽率而經常在比賽裡發號施令並督導隊員，他已成為德國隊的指標性人物，會帶領隊員並適時地激勵他們。然而許多事情仍取決於史旺斯泰格是否能與另一位新進的中場凱迪拉充分合作，這是勒夫對於史旺斯泰格的期待。另一個重大質疑則落在厄齊爾身上，這位極具天分的中場球員果真能以他的原創性在最前線通過考驗？還有，許多年輕、新進的隊員們（其中也包括有希望成為主力球員的穆勒與克魯斯）是否能挺過外界巨大的期待壓力？

人們覺察到，在南提洛孜孜不倦地接受賽前訓練的德國隊不只年輕、有天分，而且還充滿雄心壯志，也都已立下明確的目標。值得欣喜的是，全隊已處於高體能狀態，這得歸功於德甲各球隊這幾年紛紛聘請體能訓練專家以克林斯曼建議的方法培訓球員（雖然這些方法一開始曾受到德國足球界的嘲笑）。勒夫讓他的隊員們在許多體能測試中接受耐力及敏捷度的測驗，並在測試後分派給各球員一些私下必須加強練習的項目。他確信，體能強弱將在屆臨的世足賽中扮演決定性的角色，而且不只在耐力方面，速度也是一大關鍵，一些針對國際足壇的觀察與分析結果顯示，如果球隊想在世界盃賽事中勝出，只有採取快速踢球的節奏才有機會。此外，德國隊在南非世界盃還需要克服一些特別的挑戰，由於各比賽地點的海拔高度有所落差而且相隔較遠，沿途舟車勞頓將為隊員們帶來不小的壓力，同時，他們還必須適應南半球冬天的寒冷天氣。「因為南非當地早晚溫差大，所以我們會經常提醒球員們注意保暖，淋浴後，一定要用吹風機把頭髮吹乾。」在分組賽進行期間，助理教練福立克談論著德國隊內部預防感冒的方法。為了避免著涼，勒夫和他兩人都穿上了套頭毛衣。

透過賽前密集的體能訓練，球員們便可以達到優異的體能狀態及敏捷度，並透過短距離衝刺在足球賽中取得致勝的優勢，總之，這就是教練團的信念。不過，這真的可以讓德國隊達成榮登冠軍寶座的目標嗎？這支球隊果真能完成預期的任務——不但在戰術上有說服力，而且還能把球賽踢得很精采嗎？如果可以達成這些目標，向來勇敢堅持自己決定的勒夫便可以獲得一大肯定。

二〇〇八年歐洲國家盃之後，勒夫在選用球員方面出現了重大的轉折，在此之前，他通常只徵召五名沒有大賽經驗的年輕國手。然而，在準備二〇一〇年南非世界盃時，他已更有自信，一口氣把十一位新手（再加上三位剛入隊的守門員）列入參賽的隊員名單中，至於先前二〇〇八年歐洲國家盃的主力球員僅剩下九位，其中有七位「老鳥」參加過二〇〇六年德國世界盃。這支準備參加南非世界盃的德國隊是由一個已通過國際大賽考驗的主力班底，以及許多儘管足球能力有待考驗但年輕上進的新秀所組成的。總教練勒夫在兩年前就已預告國家隊這項球員政策的調整與變革，也就是逐漸淘汰資深的球員，並招募有足球天賦的新血，這些構想在兩年後的此刻已經落實。他把希望寄託在這些有天賦的年輕球員身上，相信他們可以比前輩們展現更高水準的球技以及戰術運用的能力。對於即將到來的南非世界盃，德國隊在球賽的戰術與策略方面已經有所提升，而且已演練過數個不同的陣式，因此可以靈活地回應球場上的各種挑戰。自從二〇〇八年歐洲國家盃結束以來，勒夫不曾放過任何機會，安排德國隊密集練習集體傳接球配合，並讓這些技巧熟練成自動化動作。由於德國隊已明顯展現出這些訓練的成果，再加上這次參賽隊員擁有較強的潛力，因此人們不禁期待，這支足球勁旅將在南非世足賽裡大顯身手！

從世界盃會外賽結束到啟程前往南非參賽的這段期間，德國隊除了幾場與其他國家隊的友誼賽以外，並沒什麼機會可以檢驗球隊真正的實力。對抗阿根廷隊的那場比賽，以〇比一敗給這個南美洲的「足球大國」，實在令人鬱悶。之後雖以三比〇踢贏馬爾他隊，但由於德國隊幾位頂尖的球員沒有參賽，因此，這場比賽並沒有什麼表現可言。可喜的是，德國隊在世足賽開幕前的最後兩場友誼賽表現相當卓越而使得全隊信心大增。五月二十九日，德國隊在布達佩斯以三比〇打敗匈牙利隊，從整體來說，德國隊組織運作完善，傳接球的配合靈活而流暢，即使曾漏掉不少射門得分的機會，勒夫仍相當滿意，因為他在這場比賽中所派出的年輕球員，如：凱迪拉、厄齊爾、克魯斯與巴德史都博等人，都以精湛的球技與戰術能力回報他的信任。六月三日，德國隊在法蘭克福對波士尼亞—赫塞哥維納隊的那場比賽尤其令人印象深刻，在落後的情況下，德國隊於下半場精采地讓情勢逆轉而獲得最後的勝利。三個漂亮的進球、許多射門的機會、實力強大的中場球員（凱迪拉、史旺斯泰格）、一位有創見的配球球員（厄齊爾），以及表現傑出的替補前鋒（卡考、穆勒），都讓德國人可以有所憑藉地做起他們的足球大夢。德國隊的高層及一些足球觀察家們都一致認為，這支國家隊具有巨大的潛力。當德國隊成功地完成南非訓練營最後的練習項目後，新任隊長拉姆便以充滿自信的口吻說：「這是我所經歷過最好的德國隊，它的實力已超越二〇〇六年世界盃及二〇〇八年歐洲國家盃的表現。」勒夫此時也信心滿滿，只簡短地說：「我現在覺得不錯而且很樂觀。」

第十章

南非世足賽嶄露德意志價值

展現優質的德式足球

在德國隊展開賽前訓練的幾個星期以前，勒夫對於外界不斷談論德國隊這次能否獲得世界盃冠軍一事感到非常厭煩。難道人們就不能談論其他的足球話題嗎？特別是所謂的「優質足球」？為了導正這個風氣，他後來便絕口不提世足賽的冠軍頭銜，而是刻意談論他對於德國隊的信任與期待，也就是希望他的球隊能在比賽中表現出足球的樂趣、足球的戰略思考、足球的文化，以及能喚起觀眾情感的「優質足球」的踢球方式，而不是只為了贏球而理性地經營規畫球賽。他無法擔保德國隊能獲得冠軍，但他絕對可以承諾，他的球隊在球場上會有精采的表現。他有把握，他的小伙子們有能力在球賽裡讓對手們窘態畢露。此外這些德國國手們在賽場及場邊的形象對他而言相當重要，簡短地說，德國隊應該表現出一種正面的、令人心生好感的氣質。

德國隊風塵僕僕地飛往南非參加世足賽，這些球員不該只是完備地傳達嶄新的德式足球文化，他們還必須成為有潛力競爭冠軍寶座的球隊。所以，在球賽中總是非常專注的勒夫並不會讓他的球隊因為講究足球美學而輸球，而是要透過一場又一場的勝利全力挺進冠亞軍決賽。在邁向冠軍的道路上，德國隊首先必須在分組賽裡對抗澳洲隊、塞爾維亞隊及迦納隊，而且這三支球隊都必須慎重看待。勒夫曾針對這三支國家隊分析道：澳洲隊——組織嚴密，球員身體結實強壯、性格剛強，一向積極進取、主動掌控局面；塞爾維亞隊——有幾位球技精湛的球員、性格狡猾，傳球巧妙而快速；迦納隊——二〇〇九年U20世界盃的冠軍隊伍，球員體能絕佳、性格熱情、跑位迅速，隨時準備進行耐力戰。德國隊要在這個小組裡勝出並不容易，但這些球隊並非無法擊敗。

勒夫始終信任德國隊在這期間經常試驗且確定可行的4—2—3—1陣式。七月十三日，德國隊在南非世足賽的首場比賽對上澳洲隊，拉姆、梅特薩克、弗利德利希及巴德史都博在門將諾伊爾的前方建構了四人後衛鏈；兩名防守中場球員由強調組織重要性的史旺斯泰格與凱迪拉擔任。擅長短傳的中場高手厄齊爾被挑選為「偽十號球員[1]」，在唯一的前鋒克羅澤後面主導德國隊的進攻。波多斯基與穆勒這兩名左、右翼鋒在側翼進行壓迫性防守時，必須盡可能與邊後衛合作。

德國隊在德爾班與澳洲隊對戰的比賽進行得很順利，終場以令人陶醉的比數（四比〇）大獲全勝。德國隊在比賽裡的傳接配合相當順暢，有時就像從繪圖板一躍而上在球場中進行似的。穆勒往前傳給波多斯基；拉姆從側翼長距離傳球給克羅澤；穆勒獲得波多斯基的傳球；替換下克羅澤的卡考獲得厄齊爾的傳球——就這樣，德國隊踢進了四球，輕鬆地獲勝。特別是厄齊爾總是一再發動攻勢而受到注目，他的傳球往往像刀刃一般，鋒利地切穿澳洲隊後衛的防守線。德國隊幾乎所有的傳接球都很準確，球的傳遞很流暢，就如同隊員們的期待。這時還有誰會惦念巴拉克呢？世故的勒夫不想評論這個問題，反而是荷蘭國家隊的進攻中場衛斯理・斯奈德（Wesley Sneijder）率直地指出：德國隊沒有巴拉克其實運作得更好，沒有了巴拉克，德國隊在場上的速度顯著地提升。

巴爾幹的災難

接下來德國隊的遭遇宛如在二〇〇八年歐洲國家盃一樣，只是這次讓德國球員們吃癟的不是前南斯拉夫的克羅埃西亞人，而是塞爾維亞人。德國隊在這場比賽裡根本找不到踢球的節奏。前場的攻勢不強，後場的梅特薩克／弗利德利希這組中後衛的防守岌岌可危，左後衛的巴德史都博大多時候看起來就像對手的跟班。接下來是德國隊咎由自取的損兵折將，而且完全沒有必要，已拿到一張黃牌的克羅澤在第三十七分鐘時，因為再度犯規而遭判紅牌，被罰出場。不久之後，塞爾維亞隊就射進一球而取得領先。此時德國隊並未驚惶失措，即使少了一名球員，仍漸入佳境，而且還在下半場製造許多進球的機會，只是未獲幸運之神的眷顧，總是欠缺臨門一腳。接著在第六十分鐘時，由於塞爾維亞的球員以手觸球而讓德國隊獲得踢十二碼球的機會，但波多斯基卻沒有射入，這讓勒夫氣急敗壞。德國隊後來以〇比一落敗，比賽結束的哨音響起時，勒夫怒不可遏地把水瓶狠甩在地上。

在那之前，人們還未見過情緒如此激動的勒夫。似乎以前那位形象非常冷靜的姚吉本來帶著面具似

1 譯注：十號球員是球隊中場的核心、銜接前場與後場的樞紐以及進攻的發起者與組織者。由於球王比利及馬拉度納均穿著十號球衣，後來十號球員便在球隊中具有特殊的意義與尊貴性。

的，自二〇〇八年歐洲國家盃結束後，他在場邊的臉部表情和手勢逐漸變得戲劇化，隨著德國隊的比賽表現而高低起伏，然而在這場塞爾維亞的災難裡，他突變成了暴怒的妖怪。當時曾有新聞媒體用鏡頭拍下勒夫當時充滿無力感、顯得徬徨而悲傷的反應。他無法相信眼前的事實，隨著比賽推進而陷入負面的情緒當中，最後更是勃然大怒，他必須知道，他的球隊為何在比賽中愈來愈遲鈍，他理想中那種流暢的配合式踢法怎會不斷在毫無結果的行動中崩塌瓦解。後來唇語專家尤莉雅・普洛布斯特（Julia Probst）還把勒夫說話時的錄影畫面解讀出來，並張貼在網路上讓大家知道他當時在場邊說了什麼話，例如：「混帳，不應該這樣的。」

在賽後的記者會上，五十歲的勒夫看起來疲憊不堪，這不僅表現在他那張受到驚嚇的面容上，還顯露在他的言詞當中。針對前鋒克羅澤因為一個沒有必要的犯規動作而被驅離出場一事，他表示：「我們必須說，在這場與波士尼亞隊對抗的比賽裡，並不需要如此深入地進攻。」有位記者還詢問他，是否曾在賽前評估過對手在這場球賽裡的獲勝機會？他回答：「我當時覺得，這些克羅埃西亞球員在場上確實有贏球的可能性。」當勒夫接連口誤地把塞爾維亞說成波士尼亞和克羅埃西亞時，在場的媒體記者終於明白，這位既失望又憤怒的國家隊總教練真的連巴爾幹半島的國家也搞不清楚了。

那時曾有閒言說，勒夫在這場愁雲慘霧的比賽過後，最想把他的球員們痛揍一頓，不過，這種沒頭沒腦的行為畢竟不是他的本性。他是個懂得自我克制的人，並不希望自己因為再度情緒失控而亂丟瓶子。他在生氣時，雖曾踹踢更衣間的門片、擺出輕蔑的態度，或因為球員軟弱無力的橫向傳球而劈哩啪啦地痛罵一頓（「混帳東西，這些該死的球！」），但像在這場對塞爾維亞隊的比賽中如此發火，其實還未有過。

儘管如此，社會大眾，特別是德國球迷，並不認為這位情緒失控的國家隊總教練有多麼糟糕，因為陷於怒火中的勒夫反而顯出人性化的一面。什麼時候人們才能了解那位始終冷靜、自制、衣著有風格的姚吉內心真正的世界？他在那場對塞爾維亞隊的比賽裡雖然火冒三丈，但這不就是他真正心理狀態的揭露？基本上，人們會這麼激烈地釋放情緒並不是因為本身缺少自信，而是擁有自信。只有信心十足的人才能夠坦率地表現自己的情緒，並不需要戴著面具把它們隱藏起來。因此，沒有壓抑自己的惱怒、在電視播放的黃金時段、在數百萬觀眾面前，把這股憤懣以令人印象深刻的方式表達出來的人，反而廣受國人同胞的歡迎而大紅大紫。

撇開勒夫的情緒性表現不談，就指揮球賽而言，勒夫當時是否可以做得更好呢？如果他能提早把已不堪負荷的巴德史都博換下，而不是等到第七十七分鐘，就不會有人對他這麼不滿了！後來他把穆勒與厄齊爾替換出場，這個決定對於比賽並沒有太大的意義。還有，馬林、卡考、戈麥斯這一干傢伙全令人失望。但另一方面，我們也可以從一段比賽的錄影分析中明顯地看出，德國隊其實沒有表現得那麼差勁。德國球員們那時必須在人數不足的劣勢中進行比賽，許多時候仍有相當不錯的表現，甚至還能主導比賽進行，只不過有時運氣不好，而讓對方有進球的機會。

戰敗畢竟是不爭的事實。德國隊接下來該如何？勒夫鼓勵隊員們不能垂頭喪氣，要信任自己的能力，必須繼續拚搏，奮勇向前。他還對外表示：「我們還有把握可以踢進十六強淘汰賽。」

不知怎麼地，德國隊兩年前在歐洲國家盃碰到的情況好像在南非世界盃又重來一次：德國隊被一支前南斯拉夫的代表隊打敗，接下來還與實力平平的球隊進行一場雖然獲勝卻乏善可陳的比賽，只不過這次在南非世足賽中，是由迦納隊取代從前奧地利隊所扮演的角色，當然，德國隊只要過了這一關便能晉級十六強淘汰賽。為了面對這個艱鉅的任務，勒夫還特地讓他的球員們接受橄欖球隊專有的訓練，然而德國隊在與迦納隊對打的這場球賽裡卻表現得有氣無力，沒什麼說服力，就跟兩年前在歐洲國家盃對抗奧地利隊的情況如出一轍。迦納隊曾有兩次射門得分的好機會，幸好都被後衛拉姆及時化解。兩年前，意志堅強的中場樞紐巴拉克是德國隊攻勢的主導者。現在巴拉克的角色已被厄齊爾取代，這位中場新秀在第六十分鐘以頭錘破網，讓德國隊以一比〇領先，後來德國隊也以這個比數贏得比賽。不過，這場球賽平淡普通，連總教練勒夫也不想對此深入分析。「大家都知道，我們這支平均年齡較輕的球隊承受了巨大的壓力，但無論如何，都必須以獲勝為目標。」最重要的是，德國球員們在贏得這場賽事後，已經征服分組賽的挑戰，順利挺進十六強。此外，勒夫還補充說道，他始終對德國隊的能力深信不疑，因此可以用平靜的心情面對這場比賽。當然他也不避諱地表示，德國隊的表現仍有改進空間，特別是防守組織一直都有缺陷存在。

德國獵豹追殺不列顛「三獅軍團」

對迦納隊的比賽雖令人緊張，但只是一場例行的比賽。進入十六強淘汰賽後，德國隊才開始面臨真正的挑戰——英格蘭隊。根據當時《踢球者》的南非世足賽專刊報導，身為「戰鬥教練」的勒夫在接受訪問時，曾描述自己喜歡置身於高度壓力的極端狀況，為了克服挑戰贏得戰鬥，會擺脫所有外在的影響與干擾，以便專心致志地達成這個最終的目標。現在他的球隊必須與有「三獅軍團」之稱的英格蘭隊對壘，在這個賽前的專訪中，他還表示，自己最喜歡生活不斷出現新的變化，而且壓力愈大，就覺得比賽愈重要，也更熱愛教練的工作。「我希望球賽可以帶有不可思議的爆炸性，那讓我激昂。」「您可以相信我，這讓我很有樂趣。足球賽牽涉的一切都是我關心的事情，在足球裡，我真是如魚得水。」二〇〇六年世界盃對上阿根廷，二〇〇八年歐洲國家盃對上葡萄牙，本屆世界盃會外賽對上俄羅斯，以及現在對上英格蘭。這位足球教練用狂熱與亢奮迎接這些挑戰，也為這些激昂的狀態而存在。最後不是勝利就是失敗！

布隆泉（Bloemfontein）這座南非城市將決定德國隊接下來的命運。在奔波的路途中，球隊專屬巴士依舊播放德國隊專為本屆世足賽挑選的德語饒舌歌曲〈風中的火炬〉（Fackeln im Wind），以營造球隊歡樂興奮的情緒。在當地居民的塞索托語（Sesotho）中，布隆泉這個城市被稱為Mangaung，意思就是「獵豹的居住地」。這個地名與德國隊的這場比賽非常相配，因為德國球員們在開場哨音響起後，就像一群凶猛的獵豹般毫不留情地追殺英格蘭人。

英格蘭隊擁有世界一流的前鋒韋恩・魯尼（Wayne Rooney），以及中場法蘭克・藍帕德（Frank Lampard）和後衛約翰・特里（John Terry）這兩位身材壯碩、訓練有素的球星。勒夫在賽前已經發現這支由義大利籍總教練法比歐・卡佩羅（Fabio Capello）督軍的不列顛球隊在戰術組織方面有一個主要的弱點。由於英格蘭隊採取含有兩位防守中場球員的傳統4—4—2陣式，勒夫認為，應該可以利用快速反攻將這支球隊逼入困境，因為他們的回防動作受限於4—4—2陣式，無法及時完成防衛系統的組織。但勒夫還無法確定，這樣的攻擊策略是否行得通。比賽一開始，這位德國首席戰術大師顯得相當疲累，當他出神地挖鼻孔時，幾乎沒有注意到他的助理教練在對他說話。德國隊在第二十分鐘便已踢進一球而取得領先，之後勒夫的心情便很放鬆，而且愈來愈著迷於德國隊那幾位年輕球員精采的表現。這些身手矯健敏捷的球員在事先演練過的跑動路線上一再發現英格蘭隊的防線漏洞，獲得射門得分的良機。

史旺斯泰格掌控攻防；厄齊爾球技酷炫；穆勒奔跑自如；已滿三十二歲的克羅澤則展現出那股猶如新進球員的衝勁。勒夫也因為幾次在場邊歡呼跳躍而成為注目的焦點。

德國隊在第二十分鐘踢進的第一球，是來自門將諾伊爾與前鋒克羅澤之間完美無間的配合。諾伊爾開出的球門球飛得相當遠，而且還不偏不倚地落在對方中後衛的位置，但克羅澤早已埋伏在該處，球一落地便立即以右腳將球鏟過英格蘭隊守門員大衛．詹姆士（David James）而順利射球入網。隨後波多斯基接住穆勒的傳球，並以左腳射門將比數擴大至二比〇。落後的英格蘭隊打起精神繼續比賽，才過一分鐘便踢進一球，該球射中門楣後，掉落在球門線內側，依照球賽規則應該算進球，但裁判當時並沒有察覺，門將諾伊爾則鎮定地把球立刻擲入場中繼續比賽。英格蘭隊這次進球卻不計分，這等於讓德國隊報了一九六六年在倫敦溫布利球場（Wembley Stadium）的一箭之仇[2]，而讓有些德國球迷暗自偷笑。特別是身手像獵豹、在場上追逐英格蘭球員的穆勒在下半場敏捷地掌控攻勢，終於在決定性的時刻讓這個遲鈍的「三獅軍團」續嘗失敗的滋味：在第六十七分鐘，德國隊獲得自由球後，像箭一般快速地反擊英格蘭隊，穆勒與史旺斯泰格相互傳球並謹慎地攻球入門，此時比數已是三比一。在第七十分鐘，克羅澤成功地長傳給左側的厄齊爾，再由厄齊爾橫向傳球給快速向前移動的穆勒，穆勒伸腳射門，球進門落網，終場的比數是四比一。

勒夫的隊伍已達到「偉大的成就」，關於這一點，沒有人會有異議。這群德國獵豹的演出令人印象深刻，一切都進行得如此順利，而且還沒費什麼勁。所有賽前的規畫與演練都能在球場上獲得實踐：不用犯規就能成功地奪球並立刻反攻；當史蒂芬．傑拉德（Steven Gerrard）與蘭帕德這兩位英格蘭中鋒發動攻擊而進逼防線時，隊員們能立即利用中場位置予以反擊；三、四或五名隊員能精準地、並以最快的速度進行傳接球配合，毫不遲疑地執行既定的戰術規畫；當前鋒克羅澤往後撤退而負責盯住他的英格蘭中後衛特里仍緊跟著他時，其他的隊員會立刻利用英格蘭隊防守上的漏洞而大舉進攻。總之，所有隊員都不可思議地達成任務，特別是穆勒，他上場時，絲毫不緊張，相當冷靜而且不帶情感。勒夫曾讚美這幾位新加入團隊的子弟兵：穆勒在球場上就是這麼獨一無二，至於球技超群、傳球十分有看頭的厄齊爾則是一位足球天才。

在這場對戰英格蘭的精采比賽裡，勒夫以最美妙的方式證明，他捨經驗豐富的資深球員而晉用年輕力壯的新秀的策略是正確的。他在世界盃舉行期間，曾有一次這麼評論：「年輕的隊員如果有真本事，基本上他們的表現會優於資深隊員，況且球員的經驗在現在的足球賽裡只占有次要的地位。」年輕球員比較耐於操練，甚至在比賽進行時，還能再加強訓練。「他們的身體擁有非常好的恢復能力，對於較年長的球員來說，這就不容易了。」當時勒夫已歸結出一道公式：平均年齡愈低，成功的機率愈大。此外當然還必須加上最關鍵的要素：好勝心，也就是追求成就的人格特質。總結來說：「球員的能力最重要，其次才是耐操度以及實現求勝意志的能力。這些素質都比實戰經驗明顯地重要許多。」勒夫還針對那時已在南非世足賽被淘汰出局的義大利隊發表自己的看法，這支來自南歐的藍衣軍團雖然擁有豐富的比賽經驗，能掌控比賽，但卻無法撕咬獵物，也無法全程九十分鐘快速踢球，總妄想會有決定性臨門一腳的機會，到頭來卻是白忙一場，最後只能提前打道回府了。

2 譯注：英格蘭隊與西德隊在一九六六年英格蘭世足賽的冠亞軍決賽裡，雙方以二比二踢平而進入延長賽，英格蘭隊那記著名的「第三球」在擊中門框反彈後，便落在門線上，經過雙方爭議之後，裁判判決進球，而讓英格蘭隊以三比二領先。

以壓倒性的勝利擊敗阿根廷「藍白軍團」

大家幾乎從未見過如此心滿意足的勒夫，畢竟對抗英格蘭隊的那場球賽表現得相當完美，完全符合他預先的構想與規畫。接下來在八強淘汰賽對上阿根廷隊，大概就不會這麼順利了，因此德國隊即刻就必須做好準備，以免吃敗仗。勒夫說，德國隊無論如何都想繼續晉級，但如果德國隊還沿用與英格蘭隊交戰的方法來對抗阿根廷隊，那麼德國隊便有可能被這支南美洲強隊打敗！

但德國隊是否必須害怕這支穿著藍白條紋球衣的阿根廷隊？也就是所謂的「藍白軍團」呢？阿根廷隊擁有世界足球天王李昂內爾．梅西（Lionel Messi），由於他的球風與上一代阿根廷球王迪亞哥．馬拉度納（Diego Maradona）相似，而被稱為「新馬拉度納」。因此，德國隊有必要嚴加看管這個狠角色，不宜讓他有任何攻門的機會，同時還不能對他的隊友掉以輕心。南美的足球員擁有高水準的踢球技巧，而且體格健壯，隊員們必須持續自我告誡，絕不能被他們一些粗野的舉動所激怒。根據首席球探齊根塔勒這幾個月與他的團隊分析，阿根廷隊的陣式布置兩名前鋒，卻只有一名防守中場球員，因此防守組織經常顯得鬆散。換句話說，這支南美球隊存在結構性的缺陷，再加上幾位帶頭進攻的球員在球隊轉攻為守時，竟怠於回防的跑動而與團隊脫節，配合度不高。「阿根廷隊是一支分裂成兩半的球隊。」勒夫一針見血地道出對手的致命弱點，「只要我們的隊員快速踢球，對方的防守就會出現漏洞。」

為了激勵德國隊的士氣，勒夫總是用他所能想到的各種言詞鼓舞他的球員，比如他會說：「你們比較年輕，你們跑得比較快，你們的耐力比較強。」此外，他還有一個簡單的勵志方法：運用視覺圖像。他會把《畫報》一整頁關於德國球迷歡呼雀躍的照片，包括那行醒目的大標題「我們相信你們！」剪下，並把這份大幅的簡報掛在德國隊下榻的飯店裡。而且他還會安排隊員們觀賞一部大批德國球迷如何興高采烈地聚在電視牆下觀看德國隊出賽的現場轉播短片。這些畫面盡是美好且令人感動的場景，對於球員們也確實很有鼓勵的作用。勒夫在公開發言時，雖刻意隱藏自己對於德國隊的高度期待，但此刻的他其實相當期待他的隊伍能在這場與阿根廷對戰的球賽裡有精采絕倫的表現。也就是說，不只照本宣科地依照教練團的指示與規畫正確地踢球，還必須因應球賽的各種變化，敏捷而靈巧地回應，最後如願地克敵致勝。

在七月三日的八強淘汰賽中，這些年輕的德國球員帶著十足的動能在開普敦與阿根廷隊展開精采的對戰。由於德國隊的身手較快，有時看起來好像場上多了兩、三名德國球員似的。他們總是不斷地向阿根廷隊搶球，並在得球後立刻把陣式轉成進攻模式。德國隊便在一波又一波的攻勢下，獲得進球的機會：比賽才開始沒多久，翼鋒穆勒便在第三分鐘快速向前，用頭錘把史旺斯泰格開出的自由球頂入球門，率先為德國隊奪得一分。後來德國隊仍有不錯的表現，但遲遲未再進球，直到第六十八分鐘，克羅澤射入一球而讓德國隊以二比〇領先。隨後才過六分鐘，弗利德利希便獲得史旺斯泰格的助攻而踢進一球，雙方比數再度擴大，勝負已定。後來克羅澤還為德國隊補上最後的神來之筆：他在接下厄齊爾的那記夢幻的傳球後，便射入他個人在這場比賽的第二球，最終德國隊以四比〇獲勝。這支由前足球天王馬拉度納領軍的足球勁旅自始至終竟未進一球！

大獲全勝之後，勒夫便任由他那些好似患有亨丁頓舞蹈症的球員們盡情在球場邊歡騰起舞。一敗塗地的阿根廷隊總教練馬拉度納後來公開坦承：「德國隊比較有想法而且控球技術比較好。」勒夫則非常滿意地指出，他的球員們受到強烈意志力的驅使，特別是在下半場時，成功地把對手逼入困境並且巧妙地踢進了好幾球。他的球員們自從參加賽前訓練營以來，已有大幅進步，而且可以把事先演練過的策略與戰術，以近乎完美的方式在球賽中執行出來。勒夫認為：「能試著說服球員們接受教練團的期望，這或許是教練相當重要的能力之一。因為，這麼一來，球員們就會願意真心地承擔教練的規畫與構想，也能明白這些高度要求背後的意義。」教練團已將隊員們的訓練結果一一記錄，並一再與球員們針對這些資料進行分析與討論，雖然這些足球專家們也必須考慮到，完美的傳接配合其實無法完全靠練習而達成。「不過，有些球賽的機制和流程是一樣的。」勒夫補充說。這些參賽的德國國手們有時在練習時，便已能近乎完美地表現出教練團提出的想法，有時則是等到比賽時才真正落實，就如同之前對抗英格蘭隊時的表現那樣。

當然，德國隊在這場獲勝的球賽裡並不算表現完美，因此，身為總教練的勒夫總不免在賽後還要挑剔一下：「德國隊其實可以踢得更好，我們在中場休息時段的前後都丟了一些球，這種情況其實是可以避免的。」然而不容置喙的是，勒夫所指導的德國隊，無疑是自一九七二年德國隊傳奇性地奪得歐洲國家盃冠軍之後，最成功的一支團隊，這是無法否認的事實。其實不論球迷（不限於德國人）、各國球評，或是在球賽結束後到休息室親自向球員們道賀的梅克爾總理，並沒有人在乎德國隊這些缺點！全世界都對這支了不起的球隊以及他們迷人的踢球方式感到敬佩不已。更有趣的是，法國發行量最大的八卦報《巴黎人》（*Le Parisien*）那時還這麼報導德國隊在南非世足賽這場壓倒性勝利：「德國是另一個星球的國家。」是的，看起來幾乎是如此了。只是，這個星球還住了西班牙人。他們的國家隊和西甲聯賽的巴塞隆納隊在過去這幾年已成為國際足壇的一方之霸，而現在就等在那準備和德國隊展開四強準決賽。德國隊在二〇〇八年歐洲國家盃的冠亞軍決賽與這支伊比利半島的球隊交戰時，根本毫無進球的機會。現在德國隊已脫胎換骨，或許可以扳回一城，有機會在這個關鍵時刻證明自己的實力。

再度遇上剋星：西班牙隊

德國隊幾乎無法想像，還會有哪一支球隊像西班牙隊這麼難纏！這個隊伍也跟英格蘭隊及阿根廷隊一樣，有幾位傑出的足球明星，例如哈維・埃南德斯（Xavier Hernándes Creus）及安德烈・伊涅斯塔（Andrés Iniesta Luhán）這兩位世界級的中場球員，而且整支球隊在球技上幾近完美，知道如何透過運作優越的組織系統進行一場球賽。勒夫滿心敬畏地表示，控球穩定的西班牙隊踢球流暢，攻擊力道強勁，而且球賽策略深思熟慮，這些優點都是其他的國家隊還未具備的。首席球探齊根塔勒則分析，西班牙隊在球場上井然有序，幾乎不會出狀況。這支隊伍很有自信，卻不會狂妄自大，很清楚自己的能力所在。西班牙隊這幾年在球技與戰術方面更趨成熟，猶如一部運轉順暢的機器，是德國隊最難擺平的對手。他們成功的踢球模式早就不是祕密，因此，德國隊必須徹底掌握這方面的資訊。不過，這位資深足球專家的建言真的有幫助嗎？

在這場備受矚目的準決賽開踢之前，勒夫對球員們打氣：「我們有足夠的自信，而且我們知道自己有許多的力量和創造力。如果我們可以成功地干擾西班牙隊的團隊運作，就有很大的獲勝機會。」德國隊必須鬆動對方的傳球系統，從對方的每個失誤中展開閃電進攻。為了堵住西班牙隊的傳球路線並壓迫這些球場上的戰略高手，依照勒夫的策畫，史旺斯泰格／凱迪拉這兩名防守中場球員應該獲得更多支援，譬如加重另一位中場球星厄齊爾的防守責任。再者，所有中場球員的位置都應該往後撤退一些，藉由固若金湯的防守讓西班牙隊的進攻一無所獲並消耗他們的精力。

比賽之前，勒夫為了提升士氣，再度為隊員們播放ＤＶＤ，影片內容是教練團的每位教練和球探特地為德國隊錄製的一小段談話。接下來便是隊員們相當熟悉的賽前儀式——體能教練佛席特在簡短致詞後，對即將上場的隊員們大喊：「力量！」隊員們則回答：「已經具備！」；齊唱德國國歌；在場上圍成一圈後，散開；開始行動！

七月七日，德國隊與西班牙隊的四強淘汰賽在德爾班舉行，德國隊原本應該依照勒夫所規畫且認為有效的戰略進行比賽（在占球後，盡快把球傳給前鋒並射球入門），不過卻無法落實。德國隊在這場準決賽的速度過慢，無法跟上對手。比賽一開始，雙方看起來還顯得勢均力敵，沒過多久西班牙隊便占上風且掌控了整場球賽的節奏。德國隊踢得愈來愈壓抑，愈來愈遲鈍，有時看起來就像癱瘓了一樣。即便企圖以快速回擊的方式進攻，卻一再失敗。德國隊的踢球方式缺乏速度，行動不夠快速，因此即使球隊已轉守為攻，仍無法射門得分。觀眾們總覺得，球根本就在西班牙球員之間穩妥地、不停地傳來傳去，德國球員只能在西班牙球員後面跟著跑，愈來愈疲勞，即使搶到球，轉眼間又被奪走。總之這場比賽充分暴露了德國隊的局限。

跑動快速的穆勒得到黃牌後，便被勒夫換下場，以免再拿到黃牌而被裁判驅離球場，讓德國隊失去一名球員的戰力。此時，速度減慢的特羅霍夫斯基也被換下場，替補上陣的另一位中場克魯斯因為處處受制於西班牙球員，根本無法有所作為。在整場比賽裡，德國隊才射門五次，只有兩次射向西班牙隊的球門，其中一次由克魯斯在第六十九分鐘踢出，而且很有機會射入球門，但仍未果。不料四分鐘後，已擁有好幾次射門機會的西班牙隊終於突破德國隊的防守，一舉攻球進門：西班牙中場埃南德斯開出角球後，體格粗壯結實的後衛領袖卡萊斯・普約爾（Carles Puyol）未受攔阻地火速向前衝刺，並以頭錘把該記角球頂入球門，為西班牙隊奪得一分。若從球技的精湛度來說，普約爾這次以頭球射門得分其實是德國隊防守的疏忽，並非因為這位後衛球星表現出多麼了不得的技巧。德國隊竟讓對手以如此輕鬆的方式射門成功！勒夫對此震怒不已。西班牙隊即使在球賽中占盡優勢，但德國隊在場上已努力撐了七十幾分鐘，再加上運氣不錯，並未讓西班牙隊進球得分，最終卻因為一個普通的防守疏失而輸球，這樣的結果實在很令人不甘。

德國隊落敗後，勒夫懊惱地表示：「這場四強準決賽總讓我想起二〇〇八年歐洲國家盃的冠亞軍決賽，那時我們對西班牙隊毫無機會，這次又再度被他們宰制，而且終場比數都是〇比一。他們這次的表現確實很了不起，人們在這些球員面前只能摘帽致敬。簡單地說，我們就是沒辦法干擾他們踢球。」西班牙隊透過持續不停地傳球而讓德國隊無計可施，這些自豪的鬥牛士總是一再讓德國公牛白白衝刺，最終還透過後衛普約爾冷靜且不著痕跡的反擊，粉碎德國隊攻門的希望。

西班牙隊展現了一個自信且足以讓每支對陣的球隊疲軟的踢球方式！這些西班牙球員在球賽裡並未急於追求得分，而是以完美的團隊合作進行快速、近乎零失誤的傳球藉此消耗對手的體力，進而在比賽裡愈來愈占有優勢。由於西班牙隊主導整場球賽的進行，德國球員幾乎沒機會與他們兩兩交鋒，即使德國隊好不容易持球，卻缺乏快速傳出的勇氣，隨後很快地便遭西班牙隊截球，進攻的行動也立刻告終。沮喪的勒夫感嘆地說：「當我們很高興能持球時，通常就只高興兩、三秒鐘，因為西班牙隊很快又再度組織起來並準備奪球。」由此可知，西班牙隊並不只是一支擅於進攻的球隊，而且隨時隨地都在進行防守。一旦失球時，就立刻向對手展開壓迫。」勒夫這麼分析。由於這支伊比利半島的球隊在團隊配合方面已臻至完美，這些德國的年輕球員經常在得球的短短幾秒鐘後再度失球。如果情況是這樣，德國隊還能做什麼呢？

至少巴拉圭隊在不久前的八強淘汰賽裡曾帶頭示範如何讓西班牙隊陷入困局，這支南美洲球隊曾以優異的戰術性防守組織，成功地干擾西班牙隊傳接球的流暢性，幾乎讓他們無法實現獲勝的美夢，雖然最後巴拉圭隊仍以〇比一不幸敗北。不斷探索德國隊未來作戰計畫的勒夫，在南非世足賽結束的數個月後，仍不停思索對戰西班牙隊的課題。他認為，把巴拉圭隊集中全力的侵略性與德國隊快速的攻防轉換結合在一起，將是一個可以對抗西班牙隊的致勝模式，而且德國隊不該因為西班牙隊的持續占球而在場上白白耗損體力。「作為西班牙的對手球隊，首先我們必須接受無法占球的事實。當然，我們也可以採取另一個應戰策略：平心靜氣地讓西班牙球員持球，在一旁伺機等候他們失誤的時刻，然後再趁機發動攻擊。不過我們必須具備執行這種球賽策略的耐心與抗壓強度。」

此刻在南非，失望的德國隊就跟前一次在自己的國家舉行的世界盃一樣，只能在季軍賽中爭取第三名，以多少慰藉在四強準決賽落敗的失意。德國球員並未因為輸給西班牙隊而停步不前，他們在面對實力堅強的烏拉圭隊，以及被國際足協選為本屆世界盃最佳球員的迪亞哥·佛蘭（Diego Forlan）時，仍發憤圖強，在一比二落後的情況下逆轉戰局，最後以三比二的成績當之無愧地贏得勝利。德國隊在這場比賽的表現雖不那麼精采，但隊員們卻顯得勇氣十足，希望以這場勝利為這次世足賽畫下美好的句點，而且還讓世界各地的足球迷對於德式足球開始產生好感。德國隊在南非世足賽裡，不僅表現精采迷人，而且在戰術上有時還有近乎完美的表現，這是德國隊自上屆世足賽以來的進步。

德式足球藝術登場

「雖然我們沒有拿到世界盃冠軍，但全世界有許多球迷相當欣賞我們在南非的表現，這讓我們所有人覺得很自豪、很光榮、也很滿意。」勒夫總結地說道。德國隊在對抗英格蘭隊及阿根廷隊的比賽裡表現最傑出，行動中帶有一種輕快感，這在德國隊歷來的足球賽裡幾乎從未見過。「我們以令人無法置信的迅速在場上踢球，技巧也很棒，我們的足球採取吸引人的快速傳球，隊陣的組織很有效率，而且隊員們在進攻時，彼此之間擁有高度協調性。一些沒有持球的隊員在移動路線上的表現也很優秀。」勒夫滿意地說道。全世界已看到德國隊的足球藝術家如何在場上靈活地演出，他們就像外科醫生熟練地拿著手術刀精準而快速地把對手肢解開來。總結，德國隊在南非世足賽的整體表現相當優異，是勒夫執掌國家隊以來最精采的球賽。二〇〇四年德國隊播下足球革命的種子，雖然還未進入最後的豐收期，但現在已經顯現出成果。勒夫為南非世足賽所選定的二十三名參賽隊員還富有文化的多元性，其中有十一位球員擁有雙重國籍，這些球員其實可以在世足賽開賽之前依規定的時間點選擇為其他國家隊效力，不過，他們仍決定加入德國隊。他們上場時，總是顯得友善和氣，充分展現團隊精神，而且還體顯出德國隊所宣揚的價值，諸如尊重與包容。

德國隊在世足賽開幕時，早已排除了賽前所有的紛紛擾擾以及隊員負傷對於球隊的衝擊。這群德國國手以精采的球賽激起球迷們亢奮的情緒，尤其可喜的是，在這段期間裡，有些隊員已出現長足的進步，年輕的隊員們也用實際的參賽表現證明自己擁有頂尖的足球水準。

勒夫在世足賽落幕後，曾這麼稱讚自己的子弟兵：史旺斯泰格是中場的核心，處於球隊攻防轉換的樞紐位置，在南非世足賽的表現已達到世界級水準，他還承擔許多球隊的責任並表現出強大的人格特質；厄齊爾在未持球時，表現相當傑出；作風機伶、年僅二十一歲的穆勒以五個進球及三次傳球助攻成為南非世界盃的進球王並獲頒「金靴獎」，隨後還獲得國際足協頒發該年度的「最佳年輕球員獎」；門將諾伊爾是一位最能表現足球最新發展的守門員；凱迪拉雖不引人注目，但他的比賽表現幾乎沒有戰術方面的失誤；拉姆在這幾場球賽裡已證明自己擁有高水準的足球能力；弗利德利希優秀的表現，已凸顯出從前並未受到外界同等值等量的信任；梅特薩克雖然有時在進攻的布局上會出現一些錯誤，但他的一次到位遠距離傳球高達九三％的成功率，是所有中後衛當中表現最好的一位。

齊根塔勒補充說道，德國隊所有的成果既非幸運亦非偶然，而是教練團深思熟慮地實施改革計畫的結晶。「當我們為了實現某個構想而有策略地努力時，一定會有所進步，就像我們的國家隊總教練那樣。」史旺斯泰格則證實：「自從勒夫教練進入國家隊工作之後，隊員們的踢球實力已經增強許多。」截至南非世界盃為止，這位德國隊溫和的獨裁者已帶領這支球隊參與五十六場國家隊比賽，平均每場的進球為二．二三球，這已是德國隊歷屆總教練最好的成績，而且德國隊在重要的國際足球賽事中，總是名列前茅，這也表示這支球隊的實力處於一定程度的穩定狀態。另外，國家隊自從整合許多年輕的球員後，球賽的表現已更加突出，而且還創下勒夫時代的最佳戰績。從評估足球隊的重要指標來看（傳球的敏捷度、奪球能力，以及攻防轉換的速度），德國隊的表現都具有頂尖水準。勒夫對於外界正面評價他的球隊感到相當開心，他表示，德國隊由於採取積極進攻為導向的踢球方式，而在某種程度上喚起了球迷的情感。

勒夫指出：「我們是所有國家隊裡犯規最少的球隊，我們最有奪球的能耐，並且能以最快的速度展開攻擊行動。此外，我們在持球方面也有最高水準的表現。二〇〇五年，我們的球員從接球到把球傳出平均還需要二．八秒，由於比賽的節奏緩慢而浪費了許多時間；二〇〇八年歐洲國家盃的比賽裡，我們平均每次的持球時間已改善到一．八秒；二〇一〇年世足賽，還進一步降到一．一秒，在對抗英格蘭隊及阿根廷隊時，甚至已不到一秒，也就是〇．九秒，當時只有西班牙隊低於這個數值。關於隊員在每場球賽跑動的平均總長度，我們與西班牙隊及烏拉圭隊並列第一，平均每位德國球員在一場球賽奔跑的總長度為十二．八公里。」

德國隊愈來愈傑出的表現讓勒夫信心滿滿。連續獲得歐洲國家盃及世界盃冠軍的西班牙隊在獲得這些成就之前，其實已經過好幾年苦練。在勒夫眼中，即使西班牙隊獲得了世界盃冠軍的光環，但這些西班牙球員（包含那些足球明星，比如埃南德斯與伊涅斯塔）仍維持樸實的作風，並不會驕傲自大，而且還繼續不斷地苦拚實幹。勒夫認為，持之以恆的堅持就是西班牙隊成功的關鍵。所以勒夫非常期待他的球隊再經過幾年密集地訓練後，能迎頭趕上西班牙隊。德國隊的底子相當紮實，而且已不再需要改變基本結構。兩年內或最遲四年內，這支球隊就可以發展成熟並達到成就的巔峰。勒夫認為：「接下來這幾年，應該會有許多有趣的事情發生。我的直覺告訴我，我們的隊伍有能力在二〇一二年的歐洲國家盃或二〇一四年的世界盃拿到冠軍。」

這個直覺如果可以成真，德國隊就不該停滯不前。除了西班牙隊之外，現在德國隊的踢球水準已經迎頭趕上許多國家的代表隊，而且在整體的球賽表現上甚至已經超越。接下來，德國隊還必須更上層樓。齊根塔勒分析世界盃所有的比賽後，便得出一個結論：個別球員的能力將在未來扮演更重要的角色。幾乎所有參與南非世足賽的國家隊，在組織方面，特別是防守的組織方面，都已臻至完善。不過，這位德國隊的首席球探也在足球技巧及兩兩交鋒方面發現到許多弱點，「根據我的印象，過去這幾年足球隊比較重視團隊，而比較忽略個體球員。所有的國家隊都懂得隊陣的移動，但球員本身的技術卻荒廢了。」優秀的球員如果有勇氣在球賽中展開個別的行動，他的球隊就可以在比賽中勝出，因此，盤球將來應該會再度成為球員培育及訓練的要項之一。

德國隊榮譽與勒夫的淚水

勒夫和他的球員們在南非世足賽結束後，終於有時間好好地沉浸在外界給予德國隊的一些正面迴響中。德國隊雖奪冠失利，但表現相當受到好評，德式足球藝術所散發的魅力似乎遠遠地超過了這項運動本身。該年十月，德國總統克利斯蒂安．伍爾夫（Christian Wulff）授予勒夫聯邦十字勳章，並頒給德國國家隊銀月桂葉獎章[3]（Silbernes Lorbeerblatt）。伍爾夫總統在致詞時表示，德國隊在這次世足賽有相當出色的表現，這是一支多元文化的隊伍，充分反應德國真實的社會面貌，並展現出一種新式的、柔性的愛國精神。勒夫當時認為，德國隊是因為體現了尊重、容忍與團隊精神這些基本價值而獲獎，因此，對於德國總統這番過度衍伸的溢美之詞感到有些尷尬，他後來還溫吞地澄清：「我們德國隊不是國家形象宣傳活動的一部分，我們的表現其實來自我們對於足球的信念。」

這些榮譽或許的確符合一些真正的信念，並非什麼宣傳。比方說，法國相當重要的體育報紙《球隊報》（*L'Équipe*）便在世足賽結束後，將德國隊總教練勒夫選為「年度最佳教練」。後來，勒夫和他的國家隊還獲頒「斑比獎[4]」（Bambi）的「評審團榮譽獎」，德國民眾那時紛紛討論他們這次得獎的意義，以及致詞者厄齊爾那番俏皮、又帶著些許靦腆的談話。在這一連串的推崇之後，這支國家足球隊又在年底獲德國體育記者票選為「年度最佳球隊」。

直到十二月的耶誕節假期，這些與南非世足賽有關的熱鬧才逐漸平息，勒夫終於可以回到他的避風港弗萊堡，讓自己悠閒地沉浸在內在世界裡。歲暮時分，當他在書籍和電視螢光幕上再次重溫這一年所有重要的比賽時，情緒不由得激動起來，那些場景就如同二〇〇六年德國世足賽一樣，深深觸動他的內心。「當我看到德國隊參與這次世足賽的所有過程，從義大利西西里島、南提洛，到最後抵達南非正式參賽，內心不禁百感交集，眼淚一下子湧進了眼眶。」德國隊在南非世足賽傑出的表現就是讓他開瓶西班牙里奧哈紅酒，另外再抽根香菸的好理由。然而，他卻接著下了一個決定：「從元旦開始，我要戒菸。再嘗試一次，這次一定要成功。」只是我們不知道，他這次戒菸能堅持多久？

除此之外，勒夫已沒有什麼需要改進或自我挑剔的了。他以前從沒想過，自己有一天竟能成為國家隊教練！一通電話以及兩年助理教練的工作就讓他直衝職業生涯的最頂端。他擔任國家隊總教練這四年來，已為德國隊打下堅實深厚的根基，他在這個職位上的表現不僅完全沒有爭議，而且還獲得各方肯定。這一切幾乎已經圓滿了！

3　譯注：德國運動員的最高榮譽獎項。

4　譯注：由德國「布爾達媒體集團」（Hubert Burda Media）每年頒發的媒體暨電視獎項。獎座是一隻鍍金的青銅小鹿。

第十一章

所有的訓練只有一個目標

頭號粉絲梅克爾現身球場

德國隊的成功仍繼續延伸至二〇一二年由波蘭與烏克蘭聯合主辦的歐洲國家盃的會外賽。南非世足賽結束才沒幾個月，歐洲國家盃會外賽便已揭開了序幕。在第一階段的會外賽裡，德國隊先後在布魯賽爾以一比〇力克比利時隊、在科隆以六比一大勝亞塞拜然隊、在柏林以三比〇擊敗土耳其隊，並接著在哈薩克首都阿斯塔納（Astana）以三比〇戰勝哈薩克隊。德國隊所向皆捷，場上的表現可圈可點，一連獲得四個勝場，得失球比是十三比一，幾乎無法再有更好的戰績了！勒夫當然非常滿意！德國隊在二〇一〇年南非世足賽呈現「優質的德式足球」備受全世界的肯定與敬佩，現在它也與歐洲盃會外賽順利地無縫接軌！德國隊在承受世界盃足球賽巨大的負荷之後，還能擁有如此耀眼的成績，這其實不是理所當然的事。

第一階段會外賽的高潮是二〇一〇年十月八日德國隊在柏林的奧林匹亞運動場與土耳其隊對抗的那場比賽。現場的七萬四千名觀眾當中，以土耳其移民占絕大多數。勒夫認為，土耳其隊的球技與靈活度相當優異，是一支「極度危險」的球隊，也是德國隊所屬的小組裡「實力最強的球隊」。這位總教練並未因為中場球星史旺斯泰格無法出賽而擔憂不已，他決定由克魯斯替補這個空缺，而且為了加強後場左側的防守，他決定派出傷勢已復原、號稱德國隊「全方位武器」的威斯特曼司職左後衛。比賽一開始，德國隊的踢球還有些提不起勁，然後逐漸進入狀況，直到下半場火力全開，有時甚至還出現之前在南非世足賽裡的那些令人驚艷的表現。德國隊終場以三比〇（克羅澤踢進兩球，厄齊爾一球）贏得這場球賽，土耳其隊的攻勢強度不如德國隊原先的預期。德國隊的土耳其裔球員厄齊爾在接獲後衛拉姆長傳的高空球後射門成功，為德國隊奪得第二分，這也是這場比賽最受矚目的時刻，厄齊爾當下必須隱藏內心的欣喜，以免激怒觀眾席上許許多多視他為「土耳其人」的土耳其移民。

土耳其裔的厄齊爾自從踢進那一球後，便成為德國媒體的焦點而備受矚目。當梅克爾總理（德國隊最著名、地位最尊崇的粉絲）在賽後立刻前往德國隊的休息室找厄齊爾講話時，這位土耳其裔球員還直接光著上半身與她碰面。梅克爾畢竟是一位對於族群融合念茲在茲的總理，她後來還表示：「厄齊爾在今天這場對土耳其隊的球賽裡，特別感到處境艱難，但他卻可以恰當地處裡自己所面對的壓力，以及持續不斷對他發出的噓聲。」當勒夫被問到，梅克爾總理是否在利用國家隊為自己的政策做宣傳？勒夫政治正確地回應說：「總理和足球國手們交談是很平常的事，完全沒有別的意圖。自從二〇〇六年德國主辦世足賽以來，她已經成為我們球隊的真正球迷了！她主動探望，只是想給我們大家一個美好的問候。」厄齊爾在球場上得體的表現，也讓率先主張外籍移民整合的德國足協感到很光榮，足協在這期間除了聘用土耳其裔女性菊爾．凱斯金勒（Gül Keskinler）擔任外籍移民整合督察員

（Integrationsbeauftragte）之外，還請德國隊的巴西裔前鋒卡考擔任移民整合的活動大使。

德國隊的新世代：球員之間的競爭關係

對土耳其隊的那場比賽也顯示出，德國隊已經儲備許多可以上場應戰的新生代球員，即使主力球員無法出賽，比如史旺斯泰格，總教練也不會為此徹夜失眠。後來，替補上場的克魯斯年紀雖僅二十歲，卻能稱職地在場上扮演他的角色。其實大家都知道，克魯斯是德國隊「重要的替補球員」，他在八月對丹麥隊（比數二比二）的友誼賽中擔任先發球員，當時一起出賽的新球員——馬林、塔斯奇、薛佛、特雷施、根特納、黑爾默斯和里特等人，已不完全是那些主力球員的「備胎」。二〇一〇年年底，德國隊和以防守著稱的瑞典隊（比數〇比〇）對壘的友誼賽中，幾位來自德甲的足球新秀獲派上場：戈策、馬特斯・胡梅爾斯（Mats Hummels）、馬塞爾・施梅爾策（Marcel Schmelzer）、凱文・葛羅斯克羅伊茲（Kevin Großkreutz）、路易斯・霍特比（Lewis Holtby）以及安德烈・舒爾勒（André Schürrle）。這些參賽球員的平均年齡只有二十三歲又兩百一十七天，是德國國家隊有史以來第二年輕的參賽隊伍。

與瑞典隊的友誼賽雖以和局收場，並未獲勝，但勒夫並不在乎這樣的比賽結果。對他來說，這場球賽還有其他更重要的面向：「我看到我們的球員非常投入，特別是那些年輕的球員讓我覺得最滿意。我們掌控了大部分的比賽，而且幾乎沒給對手射門的機會。」勒夫還進一步評論那幾位來自德甲的年輕球員：胡梅爾斯是一位頗有自信的中後衛；施梅爾策擔任左後衛時，表現良好；控球穩定的足球高手霍特比與戈策在場上的表現令人印象深刻。因此，他欣慰地下結論：「放眼二〇一二年歐洲國家盃及二〇一四年世界盃，我們已經擁有這些可以繼續促進隊內競爭的球員。」

勒夫依然大力推行他在南非世足賽之前便已敲定的球員任用方針：能力與球技比經驗更重要。「如果一位球員只有十八歲、只踢過十場德甲的球賽，例如戈策，這對我來說其實無所謂。我衡量一位球員是看他會什麼，而且我能從他身上看到什麼樣的可能性。」對於德國隊的新生代年輕球員，勒夫做了如下的評判：「我覺得胡梅爾斯很有自信，比同齡的球員更成熟，性格上比較好出風頭；舒爾勒是一位機伶、踢球節奏很快的球員；霍特比的球技很好，球風類似厄齊爾，他的強項在於讓對手無從預料以及致命性傳球，他的持球時間較短，總是知道該把球踢往哪裡。這些球員中以戈策最特別，他從十八歲就在德國國家隊受訓，一切顯得理所當然，這是我在新進隊員身上從未看過的現象。他在場上的表現就好像已經加入德國隊兩三年似的。自信、控球穩定而且點子很多，這就是戈策。他讓我印象很深刻，絕對是過去這幾年來德國最有天分的年輕球員之一，而且前途無量。其他球員雖然也很有踢球的天賦，但在世足賽對抗阿根廷隊、巴西隊以及西班牙隊的難度是德甲聯賽完全比不上的。或許悉得尼・薩姆（Sidney Sam）或馬可・羅伊斯（Marco Reus）在三、四年內有可能成為德國隊的主力球員。」

這些傑出的球員如雨後春筍般出現，一方面是因為德國隊在二〇〇〇年歐洲國家盃分組賽被提早淘汰之後，具有危機意識的德國足協及德甲聯賽的職業足球隊開始傾全力且迅速地改革青訓工作的成果，其中的重點項目是：設置德甲球隊的青訓中心、創立青年德甲聯賽、開辦訓練營，和改善教練培訓的方式。但從另一方面來說，德國足球新秀大量地出現應該歸功於球員職業生涯階段的銜接已比過去順利許多。從前的足球員在職業生涯的頭幾年通常都處於虛度狀態，因為，那些從青年足球隊「畢業」的年輕球員往往要等待一段頗長的時間，才有機會投入德甲聯賽，而他們的天分大多在經年累月的等待中被消磨殆盡！現在許多球隊已願意提早給予年輕球員們更多出賽的機會，讓他們藉此證明自己的才能，因此，新生代的球員更有可能出現頂尖的踢球表現。由於職業足球隊在想法與做法上出現轉變而讓國家隊得以獲得新血的補充。在數量上，國家隊不只可以招募更多年輕的球員，而且這些新進球員的素質，諸如基礎訓練、動作敏捷度及球賽策略的思考這些方面，都遠遠超過幾年前同齡的球員。其中只有一件事情尚不明朗：如何把所有具有高度足球天分的年輕隊員留在國家隊？畢竟國家隊的員額並沒有隨著足壇新秀的增加而擴增啊！

這些新世代的好手們首先還必須證明，他們是全世界最優秀的球員，有能力對抗一些頂尖的國家隊，如在南非世足賽裡對陣的英格蘭隊與阿根廷隊，而比賽的結果也證實，他們確實是了不得的足球高手。德國隊目前的情況已與二〇〇六年世足賽之前那個缺乏新血挹注的克林斯曼時代不同了！現在新人要進入德國隊已困難許多，他們必須先挑戰一些年紀尚輕的的主力球員，如厄齊爾、凱迪拉、巴德史都博、穆勒等，而他們甚至都還未達到顛峰狀態，所以，這些後起之秀勢必得面對更大的成就壓力。勒夫則強調：「隊內的一些主力球員不應該認為，自己已通過好幾年的考驗而不必畏懼新人的競爭，剛入隊的菜鳥球員仍可能挑戰一些還很年輕的固定先發球員的地位。」身為德國隊的總教練，勒夫已從南非世足賽中獲得一個最根本的認知：「即使在大型的國際比賽裡，年輕的球員都比較樂於承擔風險而且揮灑自如。」

德國隊參加二〇一〇年世足賽的隊員平均年齡不到二十五歲，比二〇〇八年踢進歐洲國家盃決賽的那支隊伍足足年輕了三歲。勒夫其實不是考量球隊的年輕化而決定大量採用新人，他投入更年輕的球員主要是為了讓隊內資深的主力球員感受到競爭壓力。如果在一支球隊裡，十九歲的菜鳥能對二十三歲的隊員造成壓力，這對教練而言是最好的情況，勒夫對於德國隊的期待與想法就是這樣。現在勒夫會刻意激化隊員之間的競爭關係，隊員的實力如果增強，總教練在篩選參賽隊員時，就有更多選擇的機會。一些落入第二線的球員，比如特羅霍夫斯基、塔斯奇或羅爾費斯，他們處境將非常艱難，因為他們的踢球位置隨時可被許多新進的隊員取代。只有左後衛及前鋒的位置比較缺乏新人。自從拉姆移往右後衛而與右翼鋒的穆勒形成合作無間的雙人組後，德國隊左側的戰力就必須臨時做安排。在前鋒的部分，克羅澤、戈麥斯、波多斯基、穆勒、卡考與基斯林等人所構成的陣容看起來相當單薄，而且這種情況在不久的未來仍舊不會改變，因為在德國U21（二十一歲以下）青年國家隊以及U20（二十歲以下）和U19（十九歲以下）青少年國家隊裡，還找不到優秀的左後衛及前鋒。

身為總教練，勒夫只能期待前鋒部分不要有太大的變動。然而，在這期間有一位資深隊員已完全無法參與德國隊：前隊長巴拉克。他在倫敦受傷而失去參加南非世足賽的機會，在接下來的球季裡，他已回到德國，轉而效力德甲的勒沃庫森隊，這位仍試圖提升自己的體能及競技狀態的前任隊長已不再出現於國家隊的比賽中。在勒夫的計畫裡，這位年紀已老大不小的世界級球星顯然已無法再有所發揮了！

在期望與現實之間：追求近乎完美的球賽

德國當時曾有一位足球評論員提到，在球賽決定性的時刻，一位具備巴拉克特質的球員仍能對國家隊有貢獻。二〇一〇年世界盃四強準決賽對上西班牙隊時，動作機敏靈巧的穆勒因為拿到黃牌而被勒夫換下場，令人感到相當遺憾，而他就是一位充滿能量、具備巴拉克特質的球員。巴拉克若能從傷勢中徹底復原，回復先前的踢球水準或許可以再次鞭策德國隊更上層樓。德國隊在二〇〇六年與二〇一〇年世界盃連獲兩次季軍，其間還在二〇〇八年歐洲國家盃榮膺亞軍，所以，態勢已經很清楚：德國隊接下來必須朝冠軍的目標邁進，但勒夫執掌國家隊以來，兩次的國際足球大賽都在決定性時刻缺乏必要的、足以贏球的強韌性。勒夫早就知道，人們遲早會用冠軍頭銜來衡量他訓練國家隊的績效。他後來似乎在自我安慰地說：「不過，我們獲得冠軍的希望會愈來愈濃厚。」

然而，勒夫對於足球的堅持並沒有改變，對他來說，單單一個冠軍頭銜並不那麼值得追求，他仍舊捍衛自己向來所堅持的那種吸引人、真誠、還能帶動觀眾情緒的進攻式足球哲學。「我追求冠軍的頭銜，同時也希望觀眾可以過癮地看球。德國隊的整體發展、登場的表現以及踢球的方式，對我這位總教練來說，非常重要。為了實現冠軍的目標而犧牲足球本身的精采，這種做法我並不喜歡，也不能讓我感到滿足。」

那麼，德國人還必須花費多久的時間等待一座冠軍獎盃？畢竟他們已見識過德國隊一些精采的比賽。到了二〇一二年歐洲國家盃，勒夫便已在國家隊執教八年，照理說，德國隊的比賽名次應該要有進一步的表現才是。以德甲的多特蒙德隊為例，它的蛻變與成長並不需要像國家隊耗費這麼長久的時間。二〇〇八年夏天，曾帶領梅茵茲隊首次升級德甲聯賽的克洛普教練開始執掌多特蒙德隊，並在三年內把這支球隊推上德甲的冠軍寶座，而且這支球隊的踢球方式很適合和德國國家隊做比較。當多特蒙德隊正朝向冠軍之路邁進時，勒夫曾稱讚說：「早在去年大家就已經看到，多特蒙德隊在得球後，可以非常快速地展開進攻，那時這支球隊還經常與對手踢平，現在已經變成球場的常勝軍了。」

難道多特蒙德隊的發展模式不能成為國家隊的榜樣嗎？在這期間，不是有愈來愈多該隊的球員被選入國家隊？一群多特蒙德的新隊員再加上那些來自拜仁慕尼黑隊的主力隊員不就是國家隊未來的解決方案？或許德國隊後來的情況會跟西班牙隊類似，由於西班牙國家隊大多數的隊員來自西甲的巴塞隆納隊，因此，巴塞隆納隊的足球理念便主導了國家隊的發展。勒夫已經注意到：「由於西班牙國家隊深受許多巴塞隆納隊隊員的影響，因此國家隊也同樣擁有高水準的球賽表現以及相同的足球理念。」二〇一〇年十一月底，巴塞隆納隊在西甲的冠亞軍爭霸賽以五比〇大勝皇家馬德里隊而奪魁成功，根據勒夫的說法，這是一場「近乎完美」的比賽，他在過去這幾年從未見過這麼精采的足球拚鬥。「一支強隊對上另一支強隊，巴塞隆納隊在場上主宰一切，幾乎每個動作都可能衍生進球的機會，非常完美，我想，應該不會再有更出色的比賽了。」沒過多久，多特蒙德隊便在德甲的冠亞軍決賽中，以三比一逆轉比賽，擊敗拜仁慕尼黑隊，榮登德甲聯賽的冠軍寶座。多特蒙德隊的成功對於德國國家隊而言，不就是一個再清楚不過的啟示？

外界仍不斷要求德國隊應該發展成一支有潛力奪冠的球隊，不僅能有漂亮的表現，還能擊敗頭號勁敵西班牙隊。二〇一一年初，德國隊的第一場比賽是對上哈薩克隊（四比〇）的歐洲國家盃會外賽，該場比賽在德國舉行，結果雖令人滿意，但表現平平。接下來的兩場友誼賽根本不具吸引力：與義大利隊對打的那場比賽，德國隊派出主力球員上場應戰，一開始表現還不錯，之後就變得漫不經心，最後以一比一和局做收；在另一場友誼賽裡，德國隊選派好幾位有潛力的新進隊員參賽，後來卻以一比二敗給澳洲隊，德國隊當時只能在一片噓聲及喝倒采聲中黯然地離開比賽的球場。不過，勒夫當時並未被激怒，他表示，不管球迷用什麼方式表達他們的感受，他都能理解，但他對於這個敗場並不會感到意外。「我從很多年前便已經知道，人們對於球賽有各種五花八門、或正面、或負面的談論。自從我進入國家隊工作後，我發現在沒有舉行大型國際足球賽的奇數年分，例如二〇〇五、二〇〇七、二〇〇九、二〇一一年，德國隊在測試賽中的表現總是出現實力倒退的現象。我相信未來在二〇一三和二〇一五年也會這樣。因為德國隊會在這些奇數年分讓新進隊員上場，以便了解這些球員是否有實力代表德國國隊參與大型的國際足球賽。」人們其實無法只看一眼，就能了解這些測試賽存在的意義。年輕球員參加非正規的測試賽其實很有其必要性，因為這些球賽對於他們接下來的發展至關重要。

透過最高的要求以達到名次的突破

距離二〇一二年歐洲國家盃一年前，德國隊的情況大致是這樣：諾伊爾、厄齊爾、拉姆、史旺斯泰格、穆勒和凱迪拉是核心的主幹球員，他們在國家隊的地位幾乎無法被撼動；較資深的「重要的替補球員」，如特羅霍夫斯基、楊森、馬林、塔斯奇、基斯靈、貝克或威斯特曼，他們看起來似乎已經過氣，一些新進的球員，如胡梅爾斯、戈策、葛洛斯寇茨、施梅爾策、舒爾勒、霍特比、拉爾斯·本德（Lars Bender）及班乃迪克·赫威德斯（Benedikt Höwedes），正準備擠下他們。還有過去幾年表現不佳的球員，此時也面臨退役的命運！勒夫刻意招募更多新血，這是顯而易見的事實。「如果我們錄取了幾位年紀才十九歲、在德甲球隊已備受肯定而且仍有發展潛力的的年輕球員，我們當然會給他們機會。這就是一種突破。」今日這些德國最優秀的十八歲及十九歲的足球小將比他們的前輩腦筋更靈光，而且目標更明確。勒夫興奮地說道：「這些新生代球星知道自己要什麼，並且會在生活中身體力行。我們還發現，他們在訓練及球賽中積極地凸顯自己，擁有高度的學習意願，而且對於參與國家隊的比賽早已一副躍躍欲試的樣子。」

但是，這些新銳球員仍必須在他們所屬的職業球隊裡維持高水準的表現，一如凱迪拉與厄齊爾那樣。「我相當期待，德國隊裡那些多特蒙德隊的球員在下個球季的歐洲冠軍聯賽會有什麼表現，舒爾勒也曾跟隨勒沃庫森隊參加這項競爭激烈的國際錦標賽。教練團很快就會公布，哪些隊員可以跟著我們這些教練一起去參加歐洲國家盃。當然，不是所有的隊員都能通過篩選。」勒夫還接著表示，在德甲聯賽與歐洲國家盃這種頂尖的國際賽事之間存在顯著的水平落差，因此，只有那些已經在正規的國家隊比賽證明自身抗壓性的球員，才有機會受到徵召，比如曾參與世足賽的主幹球員，以及那些在本球季的歐洲冠軍聯賽投入最高水準而且表現優異的球員。企圖心旺盛的勒夫認為，球隊對於球員過低的要求是沒有意義的。「當德國隊與西班牙隊對戰時，球賽的高水準簡直令人無法置信，就好像頂尖的歐洲冠軍聯賽一般。後來我們便採用這種高標準要求德國國家隊，我現在已經知道，球員的實力要多好才能擊敗西班牙隊，而且，不是所有的年輕球員都能達到這項要求。」

如此嚴格的訓練終究只為了一個目標：獲得冠軍。「我們要拿到歐洲國家盃冠軍。」勒夫總算明確地表達出來。

強大的精神力量：晉級歐洲國家盃決賽圈

隨著夏天的到來，二〇一〇／一一年度球季已逐漸接近尾聲。在球季最後的三場比賽裡，德國隊其實已經精疲力盡了！以二比一踢贏烏拉圭隊的那場友誼賽表現還在水準以上，代替波多斯基上場的舒爾勒球技紮實、速度極快而且有求勝的企圖心，當狀況好轉的戈麥斯踢進一球，以一比〇領先之後，他接著在前場的左側漂亮地把隊友的傳球鏟入球門，將比數擴大為二比〇。接下來，德國隊於六月三日在維也納對上奧地利隊，這場歐洲國家盃會外賽的情況比較危急，隊員們表現不佳，後來歸功於戈麥斯踢進兩球，讓德國隊最終得以二比一獲勝。但這場勝利其實是拜運氣之賜，因為球員們在場上不只漫不經心、毫無熱情，而且睏倦乏力、錯誤百出，當時生氣勃勃的奧地利隊甚至有時還能主導比賽的進行。德國隊踢得有多糟，從勒夫在場邊的咆哮與震怒的肢體語言便能知曉。不過，勒夫後來改變了態度，他知道，他的球員們在經過一個為期不短的球季後，已經耗盡了氣力，他決定應該好好鼓勵他們，而非斥責。

接下來對亞塞拜然隊的歐洲國家盃會外賽雖是一場毫無威脅性的比賽，但德國隊並非真的很有把握，幸好最後以三比一取勝。參賽的德國國手平均年齡只有二十三．〇八歲，這是德國隊歷來最年輕的隊伍。德國隊在亞塞拜然首都對戰前總教練福格茨指導的該國國家隊時，雖然表現不理想，卻仍取得勝利。勒夫在開賽前便已宣布，為了確保德國隊能贏球，這次的比賽可能會缺少精采度，他體恤隊員們的辛苦，充分諒解隊員們的球賽表現。針對這些足球國手們不辭辛勞地遠赴高加索地區參賽一事，他後來表示：「那場會外賽在德甲球季結束後的第二十四天舉行，我們之前已經踢贏了兩場比賽，後來這三場全都獲勝！我知道比賽的時間並不理想，球員們顯然已經很疲勞，體能不濟，沒有活力。」當時人們如果考慮到這些隊員的身心狀況，絕對會稱許德國隊的表現。畢竟他們應該去度假了！

德國隊在歐洲國家盃會外賽的總成績確實令人驚艷：德國隊由於前七場的比賽全部獲勝，在會外賽A組中領先群雄，獲得二十一分的最高總積分（一個勝場可得三個積分），得失球比為二十二比三。這樣的戰績也讓德國隊提早取得歐洲國家盃會內賽的入場券，而且在德國隊會外賽的歷史紀錄中，以七個勝場取得會內賽資格的佳績，僅次於一九八二年世界盃會外賽所創下的八個勝場的最高紀錄。另外，德國隊在最後這幾場會外賽所呈現的融洽氛圍是非常正面的發展，這也讓它更有實力問鼎歐洲國家盃的冠軍寶座。勒夫說：「我向來信任這些球員，總是覺得這支球隊是一個團隊，一個真正的團隊。所有人都能相互幫助，相互尊重。」還有，新進的年輕球員們都能快速地融入球隊。在南非世足賽之後，一些比較年輕的球員已開始分擔國家隊的責任，這個措施也大大促進了國家隊的團隊精神。勒夫認為，這種「強大的精神力量」就是一種可以讓人們繼續對德國隊懷有期待的能力。但是，德國隊在場上的競技能力又如何呢？

一位冷靜的足球觀察家曾在二〇一一年夏天這麼論斷德國國家隊：在南非世足賽結束後的球季裡，勒夫對隊員們所設定的最高度的要求僅僅在對抗土耳其的那場歐洲國家盃會外賽中獲得實踐。至於該球季的五場友誼賽（一場勝利、一場敗北以及三場和局），除了與烏拉圭隊對抗的那場球賽的表現還算令人滿意之外，其餘皆乏善可陳。歐洲國家盃七場會外賽全部獲勝，這樣的戰績雖無可挑剔，但仍然有改善的空間，譬如，德國隊的隊陣經常失序，大部分的傳球都不準確，有時還缺乏戰鬥的意志力，特別是在對奧地利隊的那場比賽。總結，德國隊已失去曾在南非世足賽展現的那種競技水準，更別提進一步的發展，但另一方面，這支球隊卻也展現出面對歐洲國家盃足球賽的高度壓力時必備的抗壓性。觀眾們則無法評估，德國隊在經過密集的賽前訓練後，會在歐洲國家盃有什麼表現。

後來，一個激勵人心的球賽突然出現了，德國隊在八月十日的一場對抗巴西隊的友誼賽中，打了一場漂亮的勝仗。這是德國隊十八年來第一次、也是有史以來第四次戰勝巴西隊，外界所有的懷疑似乎頓然失去了根據，雖然，德國隊的獲勝或多或少取決於對手的缺失：這些巴西球員好像在這場友誼賽裡沒有強烈的踢球動機，而且他們先前在美洲國家盃（Copa América）的表現也令人相當失望，這支巴西隊其實已不再是從前大家所熟悉的巴西隊了！對手雖然狀態不佳，德國隊並未輕敵，在場上的表現相當具有說服力，有時甚至還出現一些絕妙的片段。當時，皇家馬德里隊的球星厄齊爾與凱迪拉並未出賽，德國隊決定採取不尋常的4—1—4—1陣式應戰，由史旺斯泰格擔任防守中場，波多斯基與穆勒司職左、右翼鋒，戈策與克魯斯是內側的攻擊中場，前場則由前鋒戈麥斯負責。在這個陣式裡，勒夫的球隊展現了流暢的戰術運用與驚人的支配力。該隊除了傑出的配球者克魯斯以外，年輕的戈策尤其耀眼，一再炫示的技巧看起來很有巴西足球藝術的風格。球賽進入下半場時，德國隊加快踢球速度且開始收割比賽成果：史旺斯泰格（因對方犯規而罰十二碼球）、戈策及舒爾勒各進一球，讓德國隊輕鬆地以三比二獲勝。賽後，勒夫顯得非常滿意，因為，他的球隊終於在備受外界批評的友誼賽中以具有說服力的踢球表現，一舉戰勝這支來自南美足球大國的球隊。

在這場超級水準的友誼賽裡，最美妙的場景是在第六十七分鐘德國隊的第二次進球：克魯斯把球踢往巴西後衛防線的洞開之處，來自多特蒙德隊的好手戈策在迅速接球後，盤球繞過巴西守門員胡立歐．賽薩爾（Júlio César），然後優美地以銳角的角度將球射入球門。勒夫在賽前便已熱情地稱讚戈策，他似乎已預感到，這位年輕的球員即將在場上展開一段一流的足球演出。後來這位多特蒙德隊的球星在這場球賽的表現，果真印證了勒夫的先見之明，賽後他還補充說道：「戈策有踢球的天賦，他的實力已經遠遠超出同齡的球員。他掌握球賽的能力相當不尋常，總是能找到解決困境的方案，而且非常投入比賽。」

這場令人刮目相看的比賽以及戈策和舒爾勒這兩名新秀頂尖的表現已讓人們可以信心滿滿地放眼德國隊的未來。德國隊接下來在歐洲國家盃會外賽出色地以六比二大勝奧地利隊，果真未辜負人們的期待，這也是德國隊在這個會外賽的第八個勝場，而在第七個勝場時，德國隊便已取得晉級決賽圈的資格。在這場會外賽裡，厄齊爾又再度成為德國隊的進攻式打法的運作樞紐，再加上後來被勒夫換上場的戈策和舒爾勒也各進一球，讓德國隊最後能以漂亮的比數獲得勝利。

勒夫應該可以心滿意足了！他現在已經擁有更多傑出的年輕隊員，這讓他覺得很踏實、很開心，因此他還提到：「像厄齊爾或凱迪拉這些球員以後就可以不用經常隨隊出國征戰了。」他一直希望能進一步提升參賽隊員的素質，因此，考慮讓一些年輕球員加入國家隊的A隊。勒夫總是為國家隊未來的計畫預做準備，在參加這場與巴西隊的友誼賽的幾週前，他特地安排和下一世代的青少年球員們密切地接觸，以便深入了解他們。他與青少年國家隊的教練們聚會時，還特地向這些教練們打聽，在十七至十九歲這個年齡組的球員當中，有哪幾位已經有實力加入國家隊。勒夫就是這樣，在二〇一二年歐洲國家盃會外賽尚未結束之前，便已開始揀選可能參與二〇一六年歐洲國家盃的新世代球員了！

德國隊在伊斯坦堡以三比一力克土耳其隊，在杜塞多夫同樣以這個比數擊敗比利時隊，它在歐洲國家盃的會外賽便隨著這兩個勝場而正式結束。勒夫的小伙子們在這十場會外賽中，場場獲勝，獲得最高總積分三十分，得失球比為三十四比七，德國隊就這樣以無懈可擊的戰績及壓倒性的優勢取得歐洲國家盃會內賽的參賽資格。德國隊剛開始參加會外賽時，雖然獲得勝利，球賽的表現卻幾乎不具說服力，直到最後幾場比賽，戰力才顯著提升。到了二〇一一年下半年，德國隊不只有理想的成績，而且在場上全面展開攻勢時，還可以在快速踢球的情況下維持球技的精準與戰術的紀律。對此勒夫欣喜地表示：「我們還可以更有自信，控球更穩定，而且更確實地執行戰術的規畫。」

勒夫在南非世足賽結束後啟動的隊員年輕化措施，已收到豐碩的成果。基斯林、楊森、塔斯奇、特羅霍夫斯基、馬林、威斯特曼與貝克等若干球員已被排除在外；至於穆勒、凱迪拉、巴德史都博與諾伊爾在隊內的地位則已完全穩固。胡梅爾斯、戈策與舒爾勒都是新加入國家隊的生力軍，此外，還有赫威德斯、羅伊斯、伊凱・京多安（Ilkay Gündogan）、隆恩・齊勒（Ron-Robert Zieler）以及本德這對雙胞胎兄弟，總之，勒夫現在可以從更多人選當中挑選適合出賽的頂尖球員。現在德國隊的比賽不論由厄齊爾／波多斯基，或由戈策／舒爾勒這個組合出賽，場上的表現似乎沒有太大的差別，因為德國隊的素質已獲得整體提升，已變得比較整齊。既然德國隊具備固定先發潛力的球員已遠遠超過上場出賽的人數，而且還有許多變換的可能性伴隨著這個豐富的人才庫出現，於是他便決定不再使用「主幹球員」這個概念。

未加冕的國王：勒夫的高人氣與受敬重的德國隊

十一月的兩場友誼賽是德國隊在二〇一一年最後的兩場賽事。當德國隊在基輔挑戰烏克蘭隊時，勒夫冒險地以「三人後衛鏈」進行戰術試驗，由於後衛少了一名球員，防守較不穩固，戰術實驗徹底失敗，德國隊在一比三落後的情況下，咬緊牙根急起直追，幸好最後能以三比三踢成平手。然而這場雙方和局的比賽並未引起多大的騷動，尤其是相較於四天後德國隊在漢堡以三比〇輕取荷蘭隊的高水準表現。在德國隊以三比二力克巴西隊，六比二大勝奧地利隊以及三比一擊敗土耳其隊之後，這場與荷蘭隊對戰的友誼賽是德國隊在該年度第四場令人津津樂道的球賽。「德國的足球國手們向來都能快速地轉換攻防，不過，現在他們更進步了。」那時的荷蘭隊總教練貝爾特・范馬爾維克（Bert van Marwijk）這麼表示。現任的荷蘭隊總教練希丁克當時則公開地向大家保證：「德國隊不再只是一支受到世人敬重的球隊，同時還是一支可以讓所有人都對它的精采表現讚不絕口的隊伍。」而連續帶領西班牙隊獲得二〇一〇年世界盃及二〇一二年歐洲國家盃冠軍的總教練維森特・德爾・博斯克（Vicente del Bosque）則用「了不起」這個形容詞，簡單而直接地評論勒夫指導德國隊的成就。

在十二月初公布的歐洲國家盃會內賽的分組名單上，德國與葡萄牙、荷蘭及丹麥被安排在所謂的「死亡之組」裡，對此勒夫並不擔心：「一切將會很艱難，但所有人都覺得，我們德國隊一定可以克服這一關。」《踢球者》早就把德國隊列為最有可能在歐洲國家盃奪冠的熱門球隊之一，而且還在年終把勒夫這位「未加冕的國王」選為該雜誌的「二〇一一年風雲人物」。獲選的理由是：「勒夫成功地把許多具有高度足球天分的球員凝聚在德國國家隊裡，這支國家代表隊以他們的進攻式足球精采的傳接配合讓球迷佩服不已，而且還重新贏得全世界的尊敬與肯定。」勒夫似乎已達到個人聲望的巔峰，根據IMAS這家德國市場調查機構的一項民意調查的結果，勒夫在「最受歡迎的德國人」排行榜上高居第三名，僅次於名主持人鈞特・姚赫（Günter Jauch）和老總理史密特（Helmut Schmidt）。然而，這位備受讚許的國家隊總教練在半年前以非常勉強地的比數（二比一）戰勝奧地利隊之後，還受到嚴厲的批評，此刻大家竟都把這些事情全忘得一乾二淨！不過在變化快速的足球界裡，勒夫此刻所達到的名望也可能迅速地消失。

勒夫在新舊年交替之際曾坦承：「我們德國人對於榮獲冠軍的渴求從未如此強烈，大家真的非常、非常期待最後可以如願以償。」後來，他於二〇一二年三月接受德語足球雜誌《十一位朋友》（*11 Freunde*）的深度專訪時，態度就變得比較保留：「即使我們沒有成為冠軍球隊，這個世界也不會毀滅；即使我們沒有拿到歐洲國家盃冠軍，這個球隊仍處於絕佳狀態，因此，所有人還是會以我們的球隊為榮。」德國隊此刻已準備好接受艱鉅的挑戰，其中當然也包括擊敗在過去幾年裡總是主導球賽進行的西班牙隊。他的方法如下：「德國隊必須在足球競技上勝過西班牙隊，因為光憑攻擊性及韌性仍不足以使這些西班牙球員屈服。在個別的比賽中，球隊確實可能因為運氣好而贏球，但如果人們不願意碰運氣時，在足球競技上具有說服力是唯一的方法。」

在足球競技方面具有說服力其實就意謂著，盡可能擁有許多戰術的選擇。過去這幾年以來，德國隊的表現已不再單單依賴迅速的攻防轉換以及突如其來的回擊，而是大幅改善隊員們在個別位置的角色扮演以及傳球的穩定度，即使碰到嚴密防守的球隊也懂得如何成功地突破它的防線。此外，德國隊還在戰術方面下工夫，特別是重新詮釋第二位防守中場球員的功能：在隊陣中，不再有兩名防守中場，而是一位典型的防守中場以及一位聯繫前鋒與中場的進攻型球員，也就是勒夫新提出的「中間人員」這個概念。還有，勒夫已經找到了適合擔任這個位置的理想人選——克魯斯。

第十二章

歐洲國家盃受挫之後浮現的內部問題

歐洲國家盃前夕……

只有二〇一二年二月二十九日在不來梅與法國隊對陣的這場測試賽，才對德國隊準備歐洲國家盃足球賽有實質的幫助，雖然終場以一比二落敗。五月十一至十八日，德國隊在義大利薩丁尼亞島舉行第一階段的賽前訓練營，但實際參加的人數僅有十一位，連教練團暫定二十七位參賽隊員總數的一半都不到。未到場的十六名球員還必須參加他們所屬職業足球隊的比賽，甚至連總教練勒夫一開始也在薩丁尼亞訓練營缺席，他當時必須在柏林全程觀看五月十二日拜仁慕尼黑隊與多特蒙德隊對戰的德國足協盃冠亞軍爭霸賽，因為，對陣的兩隊裡有不少是國家隊的主力先發球員。除此之外，那些效力於拜仁慕尼黑隊的隊員們還必須在一星期後繼續參加歐洲冠軍聯賽的冠亞軍決賽，與英超的切爾西隊一決雌雄。

拜仁慕尼黑隊的球員在歐冠聯賽的決賽因為最後的十二碼ＰＫ戰失利，輸給倫敦的切爾西隊而未能如願奪冠，儘管心情不佳，他們隨後仍依照既定行程，到南法小鎮圖爾雷特（Tourrettes）與已進入第二個訓練階段的德國隊會合。當時隊內一些來自拜仁慕尼黑隊的主力球星，如克羅澤、梅特薩克、史旺斯泰格等，並未處於最佳體能狀態，頗令人感到憂心，但勒夫還是一副胸有成竹的樣子，因為根據他帶領德國隊參加三次國際足球大賽的經驗，他認為所有事情都可以及時搞定。勒夫還是跟以往一樣，身邊有超過二、三十位體育專家協助他打理國家隊隊員的各項專業訓練與生活照顧事宜，其中身為前德甲球員、希臘籍的運動機制學專家艾福提密歐斯·孔波迪塔斯（Efthimios Kompodietas）所提供的那些有助於腦部活化的瑜珈及其他相關練習最為特別。德國隊甚至無微不至地照顧隊員們的夜間就寢，球隊特地為每位隊員購置可以調控溫度的棉被，避免他們在入睡時出汗，以迅速恢復生理機能。在生活的消遣調劑方面，這些隊員們也同樣獲得滿足。兩位一級方程式的賽車好手尼可·羅斯伯格（Nico Rosberg）與麥克·舒馬克（Michael Schumacher）在南法訓練營期間還特地開著兩輛新型賓士跑車，分批載著這些足球國手們在上普羅旺斯地區（Haute-Provence）一段十八公里長的環型路線上一路兜風飆車，轉了好幾圈。

當然，這些參賽的隊員們必須在訓練營裡密集地接受操練，而且練習的重點仍著重於己方在對手球門附近失球後，能否快速由進攻轉成防守的模式，也就是儘早向敵方展開壓迫式防守，將這些球員們圈限在己方半場三分之一的面積內。對此，助理教練福立克還表示，這種打法已是德國隊「高層次的戰術」。為了熟練這種壓迫式防守，德國隊在南法的訓練營裡一再地在一塊長寬為二十乘三十公尺的場地上練習搶球，並緊接著以盤球或短傳的方式繼續持球。除此之外，德國隊戰術的根本方向顯得特別靈活，核心部分由三位中場球員組成「一個運作流暢的鐵三角」，不但要負責防守，還必須發動進攻，因此，厄齊爾或戈策也必須能行使史旺斯泰格位置的功能，反之亦然。如果德國隊想取得更大的攻擊力道，就必須放棄持續保持警戒的防守模式；如果要加強防守，就必須在後場採取一對一緊迫盯人防守，而且德國隊還有門將諾伊爾能在任何時候破壞對方的長距離射門。由於歐洲國家盃開幕在即，德國隊當時已沒有時間針對一些球賽的標準狀況進行練習。

五月二十六日，德國隊的「儲備隊伍」到巴塞爾參加一場對戰瑞士隊的測試賽，不幸以三比五落敗，頗令人氣惱。兩天後，勒夫便正式公布德國隊參加本屆歐洲國家盃最終確定的球員名單：其中有八位拜仁慕尼黑隊球員：諾伊爾、巴德史都博、拉姆、博阿騰、史旺斯泰格、克魯斯、穆勒及戈麥斯；四位多特蒙德隊球員：施梅爾策、胡梅爾斯、京多安與戈策；兩名來自皇家馬德里隊：凱迪拉與厄齊爾；還有兩名效力於勒沃庫森隊：舒爾勒及拉爾斯・本德。此外，勒夫還徵召了英超阿森納隊的梅特薩克、沙爾克04隊的赫威德斯、慕森加柏隊的羅伊斯、義甲拉齊奧隊（Lazio Rom）的克羅澤，與科隆隊的波多斯基，然後再加上替補機會最少的文達不來梅隊的維澤與漢諾威隊的齊勒這兩名板凳守門員。從先前那份暫時的參賽隊員名單中被剔除的球員是沙爾克04隊的尤利安・德拉克斯勒（Julian Draxler）、慕森加柏隊的馬可安德烈・特爾施特根（Marc-André ter Stegen）、多特蒙德隊的史文・本德（Sven Bender）與斯圖加特隊的卡考。

五月三十一日，德國隊在萊比錫進行賽前的最後一場測試賽表現不俗，順利以二比〇戰勝以色列隊。緊接著，德國隊便前往波蘭，入住位於但澤（Danzig）舊城城門前的一家大飯店，也就是德國隊在比賽期間下榻的地點。勒夫對於球隊經理比爾霍夫精心挑選的這個住處稱讚有加，他認為，這麼舒適寧靜且雅緻的住宿環境，可以緩和隊員們的侵略性，發洩他們可能出現的受挫情緒，並讓他們在經過球賽的高度壓力後，可以獲得適度的放鬆。還有球隊發給每位隊員的幸運手環應該可以為他們帶來積極正面的能量。不過，教練團在這家豪華飯店大廳圓柱上所張貼的那些激勵球隊士氣的格言，實在顯得有些稚拙，比如「團隊精神至上」、「我們滿懷奮鬥的熱情」、「比賽充滿樂趣」、「我們具備求勝的意志力」及「我們已經準備好了」等。

實事求是的攻守哲學

德國隊一開始在分組賽中所面對的挑戰並不容易。歐洲國家盃的分組賽與世界盃不同，在世界盃的分組預賽中，很可能會遇到實力較弱的國家隊，因此可以經由這種比較輕鬆的對陣而讓球隊逐漸運作起來，然而，德國隊在歐洲國家盃的第一場分組賽卻立刻要面對水準頂尖的葡萄牙隊以及該隊的世界級足球巨星C羅。這場球賽在烏克蘭西部大城的利維夫（Lwiw）舉行，德國隊如臨大敵，雖然在上半場明顯占球率較高，卻無法在防守如銅牆鐵壁般的葡萄牙後衛防線前找到射球入門的機會，葡萄牙隊先前經常被指為致命弱點的後衛防守卻在這場比賽中表現得非常穩健。

下半場時，德國隊的攻擊力道未見增強，反而是葡萄牙隊升高攻勢，幾位隊員一再帶球衝到門將諾伊爾看守的球門區附近，隨時準備找機會攻球入門，狀況險象環生。那時遲遲毫無表現而即將被替換下場的前鋒戈麥斯剛好在第七十三分鐘接獲凱迪拉的邊線傳球以頭錘破網，為德國隊率先贏得一分。四分鐘後，如果不是戈麥斯漏接了穆勒的傳球，雙方比數甚至還會擴大為二比〇。後來葡萄牙球員仍有許多射門的機會，德國隊的情況並不樂觀，所幸葡萄牙隊遲遲未能進球得分，德國隊最後有驚無險地以一比〇僥倖獲勝。

在第二場分組賽與荷蘭隊對戰時，德國隊在上半場便已展現堅實而有效率的攻防。前鋒戈麥斯先前雖在對葡萄牙隊時踢進一球而保住德國隊的勝利，德國的現場轉播評論員梅美特・紹爾（Mehmet Scholl）卻仍在賽後指責他死氣沉沉，毫無活力，因此在這場對荷蘭隊的比賽裡，戈麥斯一雪前恥，漂亮地踢進兩球：他伸腳把史旺斯泰格的完美傳球穩健地踢入球門，讓德國隊獲得一分。後來在第三十八分鐘時，他又再度獲得史旺斯泰格的助攻而以十足的信心射球入門。不過，領先兩分的優勢並未讓德國隊在球賽中表現出獲勝的自信。德國隊在面對下半場荷蘭隊的強攻時承受極大的壓力，隊員們的站位必須退後以加強防守。當荷蘭隊的中鋒羅賓・范佩西（Robin van Persie）在第七十四分鐘回敬一球之後，德國隊的情況再度令人擔憂，後來靠著拉姆和其他後衛隊員的嚴密防守，完全不讓荷蘭球員有再度射門的機會，才讓德國隊以二比一的比數贏得這場球賽。

這場比賽過後，一些足球評論員們都異口同聲地表示，勒夫的軍團已學會一種嶄新且實事求是的精神。德國隊的表現已明顯穩定許多，不再像一年前那麼躁動與魯莽。總教練勒夫已教會他的球員們，在占球時就要思考：突然失球時必須立刻切換成防守模式。在場上作風強勢的胡梅爾斯便這麼表達德國隊新採行的足球哲學：「我們在戰略上投入較少的人力從事進攻，更多是加強嚴密的防守。」

面對攻守平衡的詰問

德國隊在分組賽的最後一場對上丹麥隊，隊員們一開始的表現顯得勁頭十足，波多斯基在第十九分鐘便已踢入一球而以一比〇領先。丹麥隊起先雖沒有真正的射門機會，但在波多斯基進球五分鐘後，丹麥球員利用踢角球的機會巧妙地射門成功而追平比數。接下來，這些北歐球員展開嚴密的防守讓德國隊的進攻毫無斬獲。由於葡萄牙隊對抗荷蘭隊的分組賽也在同一時間舉行，葡萄牙隊的C羅在第七十四分鐘踢進一球而以二比一取得領先，這也意味著，德國隊如果敗給丹麥隊，將會在分組賽中被淘汰出局，改由葡萄牙隊晉級八強淘汰賽。幸好右後衛的本德後來代替拿到黃牌而被勒夫換下的博阿騰上場後，在第八十分鐘的反攻行動中踢進致勝關鍵的第二球，終於讓德國隊贏得這場球賽！

德國隊以連續三個勝場榮登B組冠軍，正式晉級八強淘汰賽。然而，德國隊實際的情況卻比體面的戰績紀錄還要遜色。這支球隊在順利獲得晉級後，媒體的相關報導竟充斥著尖酸刻薄的詰問。比如，曾有記者問勒夫，是否已從浪漫主義者變成實事求是的人士，勒夫當時則氣惱地回答：「您會提出這個問題，似乎是認為德國隊已經捨棄傳接球配合的踢球方式，但我們並沒有這麼做。」勒夫還以對方防守的策略說明，為何德國隊在歐洲國家盃的分組賽並未採取大規模的進攻行動：「對方球員站的位置總是持續後退，連荷蘭隊在這次比賽裡也採取比以往更嚴峻的防守。對於一場球賽來說，在穩健的防守與具有殺傷力的攻擊之間取得平衡是很重要的。」他還補充說道，進攻式足球今後仍是他選擇的重點，也提到德國隊奉行的一種新的足球智慧：「並非傳球決定了移動路線，而是移動路線決定傳球的方式。」也就是說，即使像厄齊爾這樣一位天才型配球者，他也需要他的隊友們位於正確的移動路線，才能在場上把配球的能力發揮得淋漓盡致，因此，德國隊有必要加強未持球隊員的跑動狀況才行。凱迪拉是截至當時為止德國隊最傑出的年輕隊員，比已告別體能顛峰狀態的史旺斯泰格更常獲派出賽，而且跑動更迅速。凱迪拉曾公開表示：「德國隊必須在整體戰術上更靈活、更有智謀才行。」

勒夫有點漫不經心地總結自己如何看待德國隊在分組賽裡的表現：「我很清楚哪裡有問題，還有該用什麼方法解決。」大家只要在八強淘汰賽看到德國隊與希臘隊對壘的表現，就會明白勒夫的構想。他指派羅伊斯、舒爾勒和克羅澤在這場比賽裡先發上場，以這個新的三人組取代穆勒、波多斯基與戈麥斯，而且他們三位還必須提升進攻時傳接配合的流暢性。德國隊在連獲三場勝利之後，竟讓之前未曾在場上相互配合的三人組先發上場，勒夫這樣的決定其實有點不尋常，不過，它的確發揮了效用。即使希臘隊已加強防守，但他們一開始便已處於德國隊強力進攻的高度壓迫之下。舒爾勒從左側，羅伊斯從右側進攻，這兩位左、右邊鋒與主力前鋒克羅澤協力合作並在厄齊爾精準的助攻下，成功瓦解希臘隊的後衛防線。

眼看德國隊有好幾次即將進球取得領先，卻總是無法射門成功。直到第三十九分鐘，擔任左後衛的拉姆飛速向前，用胸膛停住厄齊爾的傳球後，再將球精準地從球門外十八公尺處長射踢入。當希臘隊於比賽重新開始之後十分鐘，從德國隊腳下奪球而快速展開反攻時，希臘隊前鋒喬治歐斯・薩馬拉斯（Georgios Samaras）便順利踢進一球而扳平比數。不過，德國隊很快又恢復鬥志，始終堅決求勝的凱迪拉在第六十一分鐘精采地射球入門，將比數改寫成二比一；七分鐘後，克羅澤以頭錘攻球入門，將比數擴大為三比一；後來，羅伊斯再射入一球，雙方比數已是四比一。在比賽結束前，希臘隊也回敬一球，最後以四比二做收，德國隊由於再度獲勝而進級四強準決賽。

德國隊這次大膽地改變隊員陣容，最後獲得了一場在足球競技上很有說服力的勝利，並證明勒夫陣前換將的巧妙。這位總教練希望球隊加強進攻的想法已獲得落實，並且開花結果。他評論道：「希臘球員從一次機會中製造了兩個進球，但是他們卻阻礙了足球藝術的發展。」相較之下，德國隊卻踢出了這麼多的機會，所以，進球幾乎是必然的。

違背自己的足球主張而導致敗北

勒夫在四強準決賽對上義大利隊之前，曾滿懷信心地說：「我們非常清楚自己的強項。我們是一支非常、非常強大的球隊，絕對有能力征服義大利隊。」從過去的紀錄看來，德國隊要擊敗義大利隊的確是一件了不得的事，因為直到當時為止，這兩支隊伍在世界盃及歐洲國家盃的決賽圈一共對決七次，德國隊卻從來沒有一次擊敗過這支南歐強隊。上一次德國隊是在二〇〇六年德國世足賽的四強準決賽中敗北，事隔六年，勒夫這次想要徹底破除這個義大利魔咒，因此他不只相信那個他在歐洲國家盃一開踢便已戴上的幸運手環，而且還相信自己那個已在上一場比賽通過考驗的構想，也就是再次變更先發隊員的陣容。勒夫決定把面對希臘隊表現優異的羅伊斯、克羅澤與舒爾勒換掉，再度啟用波多斯基與戈麥斯，並加入首次先發上場的中場克魯斯。

德國公共電視第一台的足球評論員紹爾認為，勒夫這個決定沒什麼問題，畢竟波多斯基已是身經百戰的老將，而戈麥斯也相當受到義大利球員的重視。然而在上場之後，司職左翼的波多斯基卻幾乎沒什麼表現，前鋒戈麥斯也很少獲得隊友的傳球，幾乎無法在前場有所發揮。那麼克魯斯呢？這位右中場明顯地負責看守義大利隊發動進攻的「中場大師」皮爾洛，而且必須全力阻擋他那可怕的長距離傳球。克魯斯費了很大的力氣干擾皮爾洛的進攻，卻無法完全制伏他的行動，此外，克魯斯為了盯住皮爾洛而必須往中間移動，經常跑到厄齊爾附近，德國隊的中場右側便出現無人的虛空狀態。

義大利隊精通足球戰術，特別是德國隊中場右側的洞開讓他們的左翼有許多機會趁虛而入，進而攻向前場，尋找射門得分的機會。義大利前鋒馬利歐．巴洛特利（Mario Balotelli）在踢進第一球之前，隊友安東尼奧・卡薩諾（Antonio Cassano）的那一記精準的妙傳讓他身旁的德國中後衛胡梅爾斯顯得毫無防守能力。當巴洛特利再度攻破球門讓義大利隊以二比〇領先之前，德國隊不僅沒有阻攔，也沒有注意到他即將射門，這個失誤主要是因為後衛拉姆當時的誤判，而讓助攻的義大利中場里卡多・蒙托里沃（Riccardo Montolivo）順利地把球傳給巴洛特利。德國隊雖然拚勁十足（特別是在義大利這兩個進球之間，也就是第二十及第三十六分鐘之間），但卻難以阻擋對方的攻勢。就這樣，德國隊在上半場結束時，已落後給義大利隊兩分。

勒夫在這場比賽的前四十五分鐘看起來相當痛苦，好像受到驚嚇，顯得六神無主。他總是緊張地咬著指甲，當時還把礦泉水瓶摔到地上，差點就滾到球場上。下半場時，他記取上半場失敗的教訓，決定由克羅澤和羅伊斯上場，換下遲遲沒有表現的戈麥斯及波多斯基。這個隊員陣容的調整果真奏效，德國隊後來的踢球節奏更快速，而且更有獲勝的企圖心，並多次讓義大利隊的後衛無法穩定地防守。然而經過二十分鐘後，義大利隊的總教頭切薩雷・普蘭德利（Cesare Prandelli）便做了兩次球員替換以加強防守，之後，德國隊的攻擊力道不僅減弱，而且義大利隊又再度占了上風。當替換上場的義大利前鋒安東尼奧・迪那塔萊（Antonio di Natale）於第八十二分鐘在德國隊的禁區試圖射門時，勒夫便覺得大事不妙，還把目光轉開，跌坐在場邊的座位上，幸好該球並未順利地踢入。厄齊爾在後來的傷停補時因為對方犯規而把一記十二碼球射入球門，終於為德國隊掙得一分，然而，這樣的得分卻來得太遲，已無法喚起德國隊獲勝的希望，沒過多久，裁判便吹哨示意比賽結束。賽後，每位立場中立的足球觀察員都認為，攻勢猛烈的義大利隊能夠獲勝，是相當合理的結果。

在賽後的記者會上，勒夫表現得相當鎮定，似乎不受球賽敗北的影響。這場對義大利隊的準決賽是他升任國家隊總教練以來，最糟糕的一場敗仗，而且他還必須為自己在隊陣布局以及戰術方面的冒進負起主要的責任。在這場準決賽裡，始終最強調進攻與創新足球理念的勒夫，已把他的隊伍調整為小心謹慎的防守模式。無論如何，他的做法已違背向來支持進攻式足球的主張，這是一件很不尋常的事。勒夫的決定一方面透露出他對於義大利隊的畏懼，另一方面則因為自豪於自己的戰術成果而顯示出某種程度的傲慢。當克魯斯這顆棋子未發揮預期的效果時，即使當時他已備妥另一方案，也已無法讓頹勢逆轉。

「我們有兩次防守的疏忽。」勒夫言簡意賅地表示。義大利隊進球是德國球員個人的錯誤所造成的，之後要在比賽中追回失分並不容易。勒夫還聲明，他往後仍會重用戈麥斯和波多斯基這兩名隊員，因為，他們兩位在賽前的訓練狀況非常好，而且對於德國隊在歐洲國家盃的前三個勝場很有貢獻，功不可沒。克魯斯呢？「我本來想用克魯斯加強中場的防守，以阻擋義大利隊的皮爾洛與丹尼爾・德羅西（Daniele de Rossi）這兩位中場高手發動的攻勢。」勒夫看起來冷靜而理智，但口頭上仍沒有放棄他向來主張的進攻式足球。不久之前，他的球隊還因為這種充滿幹勁的足球風格而在全歐洲獲得普遍的讚揚，難道現在只因為一場輸球就要全盤否定這個足球理念？勒夫接著指出：「我們現在不應該質疑德國隊，我不會因為一個敗場而批評這支球隊現有的一切。」這位總教練毋寧希望，他的球隊在這次挫敗後能放眼未來，盡快為兩年後的巴西世足賽重振旗鼓。「這些足球國手擁有無比的能力而且還很年輕，他們會在足球領域裡繼續發展，繼續成長。」勒夫充滿期許地說道。

執教國家隊之後最痛苦的敗場

在二〇一二年歐洲國家盃輸給義大利隊的這場球賽，大概是勒夫執教球隊以來最令他痛苦的敗場，而且事後還必須承受一些後續效應，不只是外界的失望，還有一些惡意的詰問。勒夫與德國隊一行人飛回德國後，《畫報》的記者便在法蘭克福機場問他：「您是否想過，在準決賽中敗給義大利隊可能會讓您保不住國家隊總教練的職位？」勒夫聽到這樣的提問顯得有些驚訝，一下子不知道該怎麼回答。「我的聘約還沒有到期，我本人也沒有考慮離職的問題，我們德國隊這幾年發展得非常、非常好。但現在我們必須保持一點距離，這樣才能看清楚，我們這支球隊還有哪些需要調整的地方。」他後來簡短地表示。

在勒夫從東歐返國、一直未公開露面的那幾個星期裡，批評他的人多了許多，而且毫不留情。這些指謫早已不限於德國隊輸給義大利隊時所犯下的那些球員陣容及戰術的錯誤。勒夫堅持續用疲態盡露的史旺斯泰格，這難道沒有違背他曾公開宣稱只派出最佳狀態的球員上場踢球的說詞？此外，大家也開始抱怨，自從前隊長巴拉克受傷後，德國隊便缺少一位具有影響力的領頭羊；而且大家還紛紛質疑，德國隊隊員已經被寵壞，基本上缺乏意志力與熱情，也欠缺德國人傳統的美德，一支球隊如果沒有這些特質怎能拿到冠軍獎盃？在這波批判的聲浪中，還有一種論調最普遍，不過它本身的新聞價值早已被利用殆盡：德國隊有些隊員並不認同德國，舉例來說，具有移民背景的隊員在球賽開踢前並未跟著球隊一起唱國歌。當時種種的責難最後都指向一個大家最關切的問題：勒夫到底還適不適合擔任國家隊總教練？人們還能指望這位總在關鍵時刻功虧一簣的主帥，真的可以率領德國隊在國際足球大賽裡一舉奪魁嗎？

直到八月中一場對抗阿根廷隊的友誼賽舉行前夕，也就是德國隊在歐洲國家盃準決賽落敗的四十六天後，勒夫才再度公開發表談話。他在法蘭克福足球場前的一座白色帳篷內召開記者會，並花了大約半小時發表自己的意見，顯然有備而來。他帶著莊重、果決、充滿鬥志、有時卻也顯得尖銳刺耳的聲調，針對外界那些關於球隊領頭羊、隊員欠缺踢球的熱情，以及不唱國歌的質疑一一加以反駁。「我認為，這些對德國隊的批評都沒有建設性，這些言論讓我覺得很疲倦，也很不愉快。」他表示。「不過，你們或許不相信，即使我們德國隊沒有在球賽中獲勝，德國卻有數百萬人守在家裡的電視機前，或是在公共場所的大型電視牆下，觀賞德國隊出賽的現場轉播。還有，一位球員沒有跟著球隊唱國歌並不表示他沒有踢球的實力和戰鬥的決心。」他還當場宣布，在他的國家隊裡，未來不會要求隊員履行唱國歌的義務。關於球隊領頭羊的問題，他只是簡短地說：「許多有典型領導者的球隊，在歐洲國家盃足球賽裡都早早出局，比我們德國隊更早打包回家！」

相反地，勒夫接受了外界一些關於運動專業的批評。他表示自己完全能理解這些批判，而且會以非常謙卑的態度接受這些指教。不過，他顯然還不想公開承認，在那場對義大利隊的準決賽裡曾犯下嚴重的錯誤。曾有人指責他，不該在對抗義大利隊時，過於針對對手而行事，勒夫則辯駁說：「我當時已經擬定一個清楚的戰略計畫，而且十分有把握。我當然也意識到，更動一個成功團隊的既定模式會有風險。只是事後我們必須承認，事情進行得並不順利。是啊，不管如何我們都必須坦承：我們當時並沒有拿出自己獨特的武器上場作戰！」

在場記者的提問已無法誘使勒夫做更多自我批評。他激烈地捍衛自己的足球路線，他認為，沒有必要以嶄新的方式重新思考德國隊的一切，頂多只是針對他長期醞釀的計畫進行「些微的修正」。如果將本屆歐洲國家盃和二〇一〇年世界盃做比較，人們就會發現，德國隊整體的發展是正面的，更多的射門機會與進球、較高的占球率以及減少對手的射門機會，獨獨只有機會的評估能力退步。總之，從一支世界級球隊到世界頂尖的球隊只需要再前進一小步。

其實，德國隊還有一個勒夫從未提起的問題——球隊的氣氛。在歐洲國家盃足球賽舉行期間，已經有人在議論，德國隊並未充分發揮團隊精神。九月底，史旺斯泰格接受《南德日報》專訪時，起先只是談論他所效力的拜仁慕尼黑隊，後來才提到德國隊內部氛圍不佳的問題。史旺斯泰格這麼描述拜仁慕尼黑隊當時的情況：「在這支球隊裡，我們的團隊精神好得沒話說。每當隊友踢進一球時，場邊整個板凳區的隊員們全跳起來歡呼！我們在拜仁慕尼黑隊會為了一個進球而全隊雀躍不已，歐洲國家盃比賽期間的德國隊卻做不到這一點。」所以，勒夫有必要在未來針對這個問題進行「些微的修正」。這位總教練必須想方設法阻止球隊內部的階級鬥爭以及派系的形成。

第十三章

輸球即成為全民公敵——國家隊總教練的宿命

德國隊有待處理的問題：勒夫的反省

二〇一二年九月，歐洲國家盃足球賽才結束沒多久，德國隊便已迎來二〇一四年巴西世足賽的第一場會外賽。對壘隊伍是法羅群島隊，這支來自北大西洋的丹麥自治領地代表隊後來以〇比三落敗，完全在眾人的意料之內。但接著在維也納舉行的第二場會外賽，德國隊便陷入苦戰，最後僥倖以二比一戰勝奧地利隊。奧地利隊並非強隊，德國隊由於無法輕鬆取勝而招來許多批評。當時《踢球者》還為德國隊在奧地利的那場勝場的報導下了這樣的標題：「無計可施。束手無策。群龍無首。」以專業體育類雜誌的作風來說，報導的內容在遣詞措句方面，已算是非常尖酸刻薄：「追求足球的美學理念是一件好事，但足球美學也包含技巧方面的基本元素。當德國隊宣稱壓迫式防守或提早干擾對方的進攻是該隊的踢球方式與風格，但反而由作為對手的奧地利球員在比賽中體顯出來時，這就很尷尬了。現在新世代的德國足球國手看起來如此希望無窮，他們受到國人這麼多的信任與重託，就必須逐步地向大家證明他們的實力。」

十月十二日，德國隊充滿自信地以六比一大勝愛爾蘭隊，四天後，這支球隊在柏林的奧林匹克運動場與瑞典隊進行第四場會外賽。當比賽進行到第五十六分鐘時，德國隊已經以四比〇的比數大幅領先瑞典隊，不過一場正規的足球比賽長達九十分鐘，最後的比賽結果出乎意料：德國隊雖然主宰球賽的前六十分鐘，也展現了世界級的足球水準，但就在瑞典隊的前鋒球星茲拉坦·伊布拉希莫維奇（Zlatan Ibrahimovic）射入第一球之後，比賽便出現戲劇性的逆轉。德國隊接下來又被瑞典隊連進三球，最後以和局收場，幸好尚未落到輸球的地步。勒夫看到場上發生的一切，已完全不知所措，不斷地在場邊咬著指甲，就像幾個月前對抗義大利隊那樣。

當瑞典隊把比數追成四比二之後，勒夫便做出一個不同於以往的決定，他更換了兩位前鋒——由戈策代替穆勒，並用波多斯基換下羅伊斯，而不是加強防守，捍衛德國隊仍有兩分的領先。這場球賽過了很久以後，他才承認：「也許當時我應該替換兩名後衛以保住四比二的比數，這是比較正確的策略。」他那時並沒有料到，瑞典隊竟能連進四球，無論如何，德國隊更換兩名前鋒並無法阻止瑞典隊的攻勢，德國球員們的表現變得比較遲鈍，後來整支球隊看起來就像癱瘓了一樣。針對這麼離譜的表現，德國各大報紙的報導標題如下：「先是一場歡樂的慶典，接下來便出現令人難耐的噪音」、「婆娘姚吉，遜斃了」、「你還會贏嗎？或者你已輸了？」其中，《南德日報》的標題下得最簡短：「真是愚蠢」。

勒夫從未在球賽中受到這般驚嚇，比賽剛結束後，他還提到球員休息室裡的氣氛一片死寂，接下來他在談話裡也顯得六神無主：「我當時嚇呆了。我們自己亂了節奏，我認為不太可能會出現這種結果，反正一切都沒掌握好。」勒夫後來則明確地指出，德國隊不可以再發生這種情況了：「我們必須從這場球賽學會，即使我們已取得領先，也必須兢兢業業地踢完整場球賽。只要我們夠專注，就可以踢出令人驚訝的高水準比賽。如果我們在球賽中鬆懈自己，這樣的事還是會重複發生。對我們德國隊來說，這場被扳平的比賽無論如何都是一個值得警惕的教訓。」

十一月中在阿姆斯特丹對抗荷蘭隊的友誼賽是德國隊在二〇一二年的最後一場比賽，雙方最後以〇比〇踢平，這樣的比賽結果對於德國隊具有正面的意義，因為這意味著德國隊還能保持不被對手進球。回想起一個月前，德國隊被瑞典隊連進四球而追平比數，還有數個月前，義大利隊前鋒巴洛特利在歐洲國家盃準決賽中踢進第二球後擺出的勝利手勢，這些挫敗都讓德國隊無法排除踢球時的倦怠感。勒夫在接受歲末的例行專訪中承認，他在夜晚入睡時，經常會夢到一些讓他不舒服的畫面。「我曾經有好幾個晚上在夢境中驚醒，一幕又一幕的場景斷斷續續地從潛意識中逐漸浮現上來。」那些夢見德國隊輸球的惡夢幾乎可以用「恐怖」來形容。後來，他在訪談裡終於坦承，對戰義大利隊的那場比賽之所以落敗，是他在球員派發方面的錯誤所造成：「如果換成現在要與義大利隊對打，我應該會為德國隊安排不同的隊員陣容。」在歐洲國家盃結束後的兩、三個月內，勒夫實在無法輕鬆地面對外界的非難，後來那場與瑞典隊踢平的比賽當然也不完美。勒夫還指出：「我的球員們在場上享受著踢球的樂趣與進球的快感，但有時他們會陷入某種興奮狀態而失去了警覺性。保持警覺性是有必要的，它會提醒我們不一定要表現得那麼高調，應該以聰明而實事求是的方式繼續把球賽踢完。」

勒夫認為，他的球隊正走在一條邁向二〇一四年巴西世足賽的康莊大道上。「二〇一二年是記取教訓的一年，現在所有的隊員都可以從這些教訓當中得出正確的結論。」勒夫說。德國隊的隊員們後來發現，當對手的攻勢很猛烈或變更原先採用的陣式時，他們的球隊就會招架不住，這些都是有待處理的問題。再者，德國隊還必須學習在球賽中如果取得領先時，仍應該上緊發條，不宜鬆懈散漫。然而從另一方面來看，所有的挫折其實都帶來正面的意義：「有時讓我們有所收穫的東西往往是一些令人傷心的往事。」

二月六日於巴黎對抗法國隊的友誼賽是德國隊在二〇一三年的起跑點，終場順利地以二比一獲勝。三月二十二日，德國隊飛往哈薩克參加一場與該國國家隊對陣的世界盃會外賽，最後輕鬆地以三比〇勝出。其餘的世界盃會外賽的進行也都一帆風順，與奧地利隊的第二場比賽以三比〇的比數輕鬆打發，十月十五日，第十場、也是最後一場會外賽在瑞典舉行，德國隊以五比三的成績擊敗該國國家隊，這個遲來的獲勝終於讓德國隊一雪前恥。總之，德國隊信心滿滿地通過會外賽的考驗：九場勝利和一場和局，總積分領先該組第二名的瑞典隊八分，得失球差是正二十六。現在還有誰會想起那場被瑞典隊追平比分的會外賽？接下來在六月初，德國隊在華盛頓特區與前總教練克林斯曼指導的美國隊進行一場世界盃的測試賽，結果尷尬地以三比四敗北。八月中旬，德國隊在德國南部以三比三與巴拉圭隊踢平，這場球賽就如同前一年以四比四與瑞典隊和局收場的比賽一樣，再度讓那些老掉牙的批評有機會重新出籠：勒夫讓比賽過度側重攻擊、德國隊的隊陣欠缺平衡而且防守不穩定等等，所以，德國隊永遠不可能獲得世界盃冠軍。批評不見得是壞事，如果批評不是一味地唱衰，而是實事求是地質疑德國隊真正的能力（尤其在面對強勁的對手時），這其實對於這支球隊的發展是有幫助的。

為巴西世足賽充分準備

德國隊六月初在華盛頓特區與美國隊開踢的幾天前，先在邁阿密對上厄瓜多隊，並以四比二如願地擊敗了這支南美洲國家隊。這場比賽在某種形式上似乎是兩個星期後即將在巴西開幕的洲際國家盃足球賽的代替，因為，德國隊在歐洲國家盃準決賽落敗，無法取得參賽資格。巴西隊身為洲際國家盃的地主國隊，表現相當搶眼，特別是在冠亞軍決賽中，還以壓倒性的比數（三比〇）大勝應屆歐洲國家盃冠軍的西班牙隊。

德國隊的首席球探齊根塔勒從事國外球賽的觀察與分析時，當然不會錯過二〇一三年洲際國家盃的賽事。他曾對此總結地表示：「我在洲際國家盃幾乎沒看過一支能展現『強力足球』的球隊。」另外，他還針對德國隊將在隔年參加巴西主辦的世足賽提出一些警告：德國隊屆時所面臨的挑戰將不只在分組賽中與哪些國家隊對抗，還必須考慮主辦國巴西的特殊氣候與地理條件。齊根塔勒在接受《南德日報》的訪問時表示：「如果我們被編入強隊林立的組別，必須前往位於亞馬遜雨林中央的瑪瑙斯（Manaus）參賽，而且還得在中午時段踢球，那麼我們幾乎無法再用慣常的方式踢足球了。」這位首席球探認為，從許多比賽地點的氣候條件（高溫及高濕度）來看，南美洲的國家隊將在巴西世足賽占有基本的優勢。「比賽會消耗球員的體能，因此，關鍵的問題將在於球員如何回復體力？能適應巴西熱帶氣候的球隊，就能處於有利的局面。」由於巴西世足賽的比賽場地分散於巴西廣闊的國土上，球隊在各球場之間移動時，不僅需要處理旅途勞頓的問題，還必須克服不同氣候帶的天氣變化。

隨著十一月的兩場友誼賽——在米蘭與義大利隊以一比一踢平，並在倫敦以一比〇打敗英格蘭隊，德國隊在二〇一三年的比賽也接近尾聲。之後國際足協便在十二月初展開世足賽預賽的抽籤分組的作業。德國隊被分到G組，與美國隊、葡萄牙隊及迦納隊同組，比賽的球場位於福塔雷薩（Fortaleza）、累西腓（Recife）與薩爾瓦多（Salvador），全在巴西東北部的熱帶地區。即使世足賽舉行的六、七月是巴西的冬季，氣候仍相當潮濕而嚴熱。此外，比賽開始的時間還提早好幾個小時，分別在下午一點和四點（中歐時間是晚間六點及九點），這也會增加德國球員們在調適上的負擔。總的來說，德國隊的參賽隊員們必須讓自己適應三十度以上的高溫以及超過八十度、令人揮汗如雨的濕度，還有，長途移動也是一大挑戰。勒夫已警告說，巴西世足賽將是「艱苦應戰的世足賽」、「考驗絕對意志的世足賽」。為了妥善照顧這些足球國手，德國足協已做了充分的準備，還安排了四十位左右的醫療與照護專家隨行，以確保隊員們能在悶熱的比賽過後，有效地恢復體力。這些隨隊的專家們透露，在抗壓與紓壓之間取得平衡是運動員快速回復體力的祕訣。於二〇〇一年進入國家隊工作的內科醫師提姆・邁爾（Tim Meyer）則建議巴西世足賽的參賽隊員們，在比賽過後，讓自己泡在冰水池內，以促進體能恢復。在如此妥實的照顧之下，德國球員們就可以符合勒夫的期待，在賽前訓練時仍能保持充沛的活力。

即使德國隊在巴西各地出賽時，可以獲得無微不至的照料，但總教練勒夫在賽前對於巴西極端的氣候條件顯得很擔憂，甚至比德國隊將與哪幾支球隊交戰還要操心。勒夫原本打算在氣候舒適的南部、距離聖保羅不遠的伊圖（Itu）為德國隊挑選一個適當的住處。但當他經歷過巴西大城市的混亂，而且也搞清楚德國隊所有的分組預賽將全部在東北部舉行後，只好作罷，重新尋覓一處具有類似氣候條件的地方，而且地理位置應該適中，以降低球員們旅途的辛勞。後來德國足協決定讓這些德國國手們在大西洋岸的聖安德烈（Santo André）的一座度假村落腳，而且這個地點距離溫泉療養地塞古洛港（Porto Seguro）以及附近城市的機場都不到三十公里。這個高級的建築群尚在興建當中，被稱為巴伊亞度假村（Campo Bahia），由一個德國不動產集團負責興建。當時球隊經理比爾霍夫負責為德國隊尋找下榻的住處，當他看到這個運動度假村時，感到相當滿意，因為裡面不僅有一個主要營區，而且還附設訓練球場及新聞中心，此外，建商還保證可以準時完工，讓德國隊入住。雖然這個度假村只能搭乘小型渡輪進出，但在各方面都顯得很完美，完全符合勒夫開出的條件，也就是保有寧靜的空間以促進隊員體力恢復，且能不受公眾干擾地使用訓練球場，而且距離機場並不遠。

另外，巴伊亞度假村還有一個特色，這是德國隊有史以來第一次並未把隊員們安置在各自的房間，而是在每個小型的居住單位裡成立一個生活小組，讓隊員們過團體生活。這種住宿方式的安排主要是為了促進隊伍團結，防止來自不同職業球隊的隊員們發生衝突，而且還可以整合那些未在比賽中獲派上場的球員們。在二〇一二年歐洲國家盃舉行期間，來自拜仁慕尼黑隊與多特蒙德隊的球員以及固定先發與替補球員之間發生了衝突，這種隊內的拮抗與紛爭其實應該防範於未然。勒夫後來指派四位「管家」——隊長拉姆、副隊長史旺斯泰格、梅特薩克及克羅澤，負責管理國家隊的四個生活小組，而且小組成員的編組應該盡可能多樣化的混合。

期間，足球方面的訓練仍持續進行著。三月五日，德國隊在法蘭克福對上智利隊。戈策在第十六分鐘便踢進一球而讓德國隊以一比〇領先，但接下來德國隊卻一直沒有表現。智利隊採取三人後衛鏈的陣式，進攻時，隊陣逼臨德國隊的球門讓德國隊覺得很有壓迫感。這些智利球員除了遲遲無法進球以外，在各方面的表現其實都勝過德國球員，相較之下，德國隊的踢球卻充斥著許多沒有實質意義的動作。當博阿騰在一次相當緊急的情況下失球時，勒夫便在場邊暴跳如雷。試問，如果德國隊在這九十分鐘的球賽裡，戰術的基本架構已出了問題，而讓博阿騰不知該如何踢球時，難道這個失球真的是他的過失？

德國隊非常幸運地以一比〇獲勝，但卻沒有人對這個勝場感到高興，因為這項勝利並未反映實際的比賽過程。勒夫之後承認：「我們德國隊在這場球賽裡，並沒有處於優勢。」但他也表示，智利隊的表現其實在他的意料之中，他並不訝異。然而外界仍舊質疑，為什麼他的球隊在這場比賽的表現毫無條理可言？為何他在比賽時無法進行一些調整？對此，《法蘭克福匯報》的評斷完全不假辭色：「因為總教練勒夫並沒有為德國隊的出賽預先規畫另一個備案，以備不時之需，所以，國家隊這兩年只能在原地踏步不前。」

對於冠軍榮銜的渴望

二〇一四年一月出刊的《南德日報雜誌》（*SZ-Magazin*）曾有一篇關於名人詢問名人的大幅報導，其中知名的電視主持人法蘭克・普拉斯柏格（Frank Plasberg）對勒夫提問：「足球賽的冠軍頭銜是不是被高估了？」勒夫的回答卻出乎意料地明確：「不，冠軍頭銜對於教練及球迷來說，都是最重要的。只有冠軍頭銜才能帶來完全的滿足感。」不過，如果他隨後沒有附上但書，那勒夫也不再是勒夫了！「作為德國隊的總教練，冠軍以外的事物也能帶給我極大的滿足，譬如說，當我發現球隊或個別球員的情況有進步時。二〇〇四年，當我剛進入德國隊工作時，這支球隊已跌入谷底，早已不是全世界頂尖的球隊之一。那時候我們便指出，德國隊必須調整踢球的風格，必須讓外界知道，德國隊的問題在於隊員整體的踢球表現而不只是戰鬥力的問題。經過這幾年的努力，足球的技巧、創意與機智也成了球隊重視的價值，這讓我覺得很踏實。」

五月初，勒夫接受《明星週刊》的深度專訪，訪談人阿諾・盧易克（Arno Luik）曾問他，德國的足球愛好者是否要求他爭取世界盃冠軍？他答道：「我知道，許多德國人都盼望他們的國家隊可以拿到世界盃冠軍。當然，我會滿足這個渴求，畢竟我們所有人都雄心萬丈。我們德國隊確實有機會在世足賽奪魁，但還有其他的球隊也跟我們一樣有不錯的機會，不過，卻沒有德國人想聽這些。」勒夫始終跟以前一樣，不會公開地宣告，德國隊必須獲得冠軍。冠軍的頭銜當然是「榮耀的高峰」，但他個人內心的慰藉並非取決於此。在他的生命裡，重要的反而是家庭、友情與價值觀。

勒夫指出，外界期待的壓力正是他的工作的基本部分之一。「身為國家隊的總教練，你已經沒有其他的選擇。贏球時，你會被歌頌為彌賽亞，成為全民的救世主；輸球時，就成了國家的頭號敵人。」如果德國隊希望在巴西世足賽能一路踢進冠亞軍爭霸賽，也就是七月十三日，在中歐時間晚上九點站在里約熱內盧的馬拉卡納足球場，這當然不是什麼問題，也許德國隊會在那再度遭遇勁敵義大利隊。「我們在世足賽裡從未擊敗過義大利隊。不過那一天總會到來，到時候我們就可以打敗他們，這一點我有百分之百的信心。如果能在決賽時遇上這支南歐的強隊，那是再好不過了。」

充滿煩躁苦惱的賽前準備

巴西世足賽的腳步愈來愈近，人們對於德國隊的參賽隊員名單當然就有更多的臆測。原則上，德國隊是一支很優秀的國家隊，但此時傷兵的數量卻令人憂心忡忡，其中有幾位被視為球隊支柱的隊員即使傷勢已經復原，卻與他們的巔峰狀態還有一大段差距，比如克羅澤、凱迪拉、戈麥斯和史旺斯泰格。至於受傷的中場球員京多安已被認定無法及時恢復體力，因此未被列入參賽名單中！即使德國隊的狀況不佳，勒夫還是公布了三十位暫定的參賽隊員名單，其中有幾個決定頗令外界無法理解。比方說，勒夫完全不相信負傷的戈麥斯還能及時恢復體力，可以上場比賽：「戈麥斯到現在已經療傷七個月了，從去年九月到現在，他只出賽兩百八十分鐘。因此，我認為，他的身體狀況應該無法適應巴西的氣候條件。」相反地，凱迪拉即使十字韌帶撕裂，在皇家馬德里隊已很少上場踢球，幾乎無法累積球賽的經驗，但勒夫卻仍然信任他。「我們認為他很有潛力，這應該歸因於他的意志力、紀律與積極進取的性格。不論是否上場，他算是德國隊很重要的球員之一，所以我們希望能帶他參加巴西世足賽並派給他最重要的任務。」然而，被列入參賽名單的凱迪拉卻因為所屬的皇家馬德里隊踢進歐洲冠軍聯賽的冠亞軍決賽而無法參加德國隊第一階段的賽前訓練營。勒夫則強調，凱迪拉即使未達到百分之百的復原，對於德國隊仍具有附加價值：「雖然健康與活力非常重要，但在一個國際的大型賽事裡，魅力、經驗與自信也相當受到重視，而這些特質都可以在凱迪拉身上找到。」

勒夫並沒有把身體健康的基斯林列在暫定的參賽名單上，不過這個結果其實已在大家的預期之中，因為自二〇一〇年以來，勒夫已不再任用這名勒沃庫森隊的射手型前鋒。比較令人跌破眼鏡的是，來自慕森加柏隊的麥克斯・克魯澤（Max Kruse）竟未獲徵召，他曾在二〇一三年代表德國隊出賽六次，勒夫還公開稱讚他的聰明靈巧、移動路線精確而且射門能力非常好。對於他的落選，勒夫則解釋道，德國隊有不少隊員與克魯澤類型相同，例如穆勒、羅伊斯或戈策，由於他們都可以踢克魯澤的位置，因此，沒有把他列入世足賽的參賽名單中。相反地，勒夫卻暫時錄取了奧格斯堡隊（FC Augsburg）的側翼中場安德烈・哈恩（André Hahn）、義大利的桑普多利亞隊（U. C. Sampdoria）不具知名度的後衛史科德蘭・穆斯塔菲（Shkodran Mustafi）以及四位年輕的新隊員——艾利克・杜爾姆（Erik Durm）、凱文・佛蘭德（Kevin Volland）、雷昂・葛雷茲卡（Leon Goretzka）及麥克斯・邁爾（Max Mayer）。勒夫還談到這四位新秀：「我們在青年國家隊及德甲聯賽裡注意到這四位球員，他們應該獲得出場表現的機會。」

與二〇一二年歐洲國家盃的情況一樣，大部分入選的參賽隊員在接受賽前訓練之前，還必須前往柏林的奧林匹克球場，參加拜仁慕尼黑隊與多特蒙德隊爭霸的德國足協盃冠亞軍決賽。為了五月十三日在漢堡舉行的那場對抗波蘭隊的友誼賽，勒夫還緊急徵召了其他的新手，例如，效力於斯圖加特隊的安東尼奧・呂迪格（Antonio Rüdiger）以及來自弗萊堡隊的奧利佛・索格（Oliver Sorg）。這些新秀球員們在場上表現得中規中矩，沒有讓人們留下什麼深刻的印象，該場比賽最終以〇比〇做結。在這場比賽之後，勒夫便把沙爾克04隊的邁爾及葛雷茲卡、奧格斯堡隊的哈恩以及漢堡隊的楊森從暫定的參賽隊員名單中剔除，並補進慕森加柏隊的中場球員克里斯多福・克拉默（Christoph Kramer），參賽的隊員人數一共二十七名。五月二十一日，德國隊的參賽隊員抵達位於義大利南提洛地區的賽前訓練營，他們還必須進一步確定德國隊在巴西世足賽的戰術規畫。此外，教練團還額外安排一項特別的訓練活動，也就是三場對抗德國U20（二十歲以下）青年國家隊的測試賽。依據這支球隊的總教練沃姆特的想法，這種比賽可以讓這些未滿二十歲的小伙子有機會模仿潛在對手的戰術行為。

對於生活在北溫帶的德國人來說，巴西的氣候條件並不理想，而且許多參賽隊員（諸如拉姆、史旺斯泰格和凱迪拉）的體能狀況似乎還遠遠落後參加世足賽應達到的水準，因此必須接受個別指導與加強。門將諾伊爾由於在德國足協盃決賽中肩膀受傷而必須留在球隊下榻的飯店裡接受治療，完全無法參加德國隊的賽前訓練。在這期間，德國足協還特地邀請越野滑雪好手赫曼・麥爾（Hermann Maier）為德國隊進行一場演講，坐在台下的足球國手們反應相當熱烈。麥爾當時現身說法，表示自己在比賽之前其實甚少處於最佳狀態，而且要在較差的環境條件下達到最好的表現，這對他而言是一大挑戰。然而這類運動心得的分享對於中場球員本德而言已沒有意義，這位來自勒沃庫森隊的隊員在接受某項訓練時，由於右大腿肌腱拉傷，已無法參加本屆的世足賽了！

在賽前訓練營之前，後衛球員葛羅斯克羅伊茲的一件醜聞還為即將參加世足賽的德國隊增添一則負面新聞。這位多特蒙德隊的球員在德國足協盃冠亞軍決賽輸球後，因為落敗的挫折而在柏林一家大飯店裡滋事鬧場，甚至在接待大廳裡公然撒尿。多特蒙德隊因此不假辭色地對他處以罰款，但國家隊卻希望低調處理這件事，畢竟巴西世足賽已逐日迫近。勒夫當時曾表示：「我跟比爾霍夫曾嚴肅地和葛羅斯克羅伊茲談這件事，我們告訴他，國家隊的球員很受矚目，即使不在場上踢球，生活的言行舉止對於社會大眾都具有示範作用，所以必須好好地約束自己。我們已經告誡他，不可以再發生這種事了！」勒夫並不希望人們全力譴責這位鬧事的球員，畢竟他已公開道歉，況且他還很年輕，因為一時衝動才會惹事生非。

德國隊在義大利南提洛舉辦的賽前訓練營還發生了一件嚴重的交通事故。一級方程式賽車手尼可．羅斯伯格（Nico Rosberg）和德國房車大師賽（DTM）選手帕斯卡．維爾藍（Pascal Wehrlein）當時正在南提洛為他們的贊助廠商戴姆勒─賓士集團拍攝汽車廣告，介紹馬力強大的新型C系列ＡＭＧ超跑。這兩位賽車好手當時還造訪德國隊的訓練營並邀赫威德斯與德拉克斯勒這兩名球員上車，載著他們行駛在一段已封鎖的路段上兜風。羅斯伯格與赫威德斯的車在前面開著，維爾藍與德拉克斯勒則緊跟在後。當羅斯伯格看到車道上突然衝出一位女子時，便緊急剎車，行駛在後的維爾藍為了不撞上前車，只好立刻轉向而撞上路旁的一座崗哨及一位在當地度假的德國老人。這個賓士汽車的行銷活動原先打算以「足球明星遇上賽車選手」這個標語為號召，沒想到卻因為發生車禍而演變成一場災難。

南提洛的訓練營結束於五月三十一日，之後全隊便開拔回德國，與喀麥隆隊進行一場測試賽。這是一場嚴肅的國家隊比賽，除了在德國足協盃決賽裡受傷、仍在接受治療的門將諾伊爾之外，德國隊幾乎所有的主力先發球員都上場應戰。喀麥隆隊在這場比賽的表現很有攻擊性，雙方最終以二比二踢平。勒夫的球員們雖然有時會出現一些靈巧的傳接配合而吸引觀眾的目光，但人們對於德國隊那種比較冷靜理智的整體印象並沒有什麼改變。

與喀麥隆隊交鋒的隔日，勒夫便將穆斯塔菲、佛蘭德以及施梅爾策從暫時的參賽名單中刪除，並補上杜爾姆。杜爾姆能獲得勒夫的青睞，主要是因為多特蒙德隊的左後衛施梅爾策在療傷休賽期間，替代上場的他在後場的表現可圈可點。前鋒佛蘭德被剔除的緣由是因為實力不足，勒夫在決定不徵召他之後，參與這次巴西世足賽的隊員當中只剩下一名真正的前鋒克羅澤，而他當時尚未完全恢復體能。

在啟程前往巴西的前幾天，德國隊在梅茵茲參加賽前的最後一場測試賽，交戰的對手是亞美尼亞隊。該隊在比賽剛開始時還相當難纏，但它畢竟是一支三流弱隊，德國隊最後以懸殊的比數（六比一）獲勝，完全符合大家的期待。如果不是在上半場快結束時，攻擊中場羅伊斯與對方兩相纏鬥而不幸受傷，必須立即抬離球場，其實大家早就把這場比賽忘得一乾二淨了！根據醫療診斷的結果，羅伊斯左腳踝關節的韌帶有一部分已經撕裂，這也意味著，這位幾星期以來在球場上的表現一直處於高檔狀態的明日之星已與巴西世足賽無緣！勒夫當時震驚不已地表示：「在我們教練團的考量裡，羅伊斯原本應該在巴西世足賽扮演重要的角色。」為了遞補球員，勒夫於是再度徵召一星期前剛被他從參賽隊員名單中摘除的中後衛穆斯塔菲。這個人選讓一些體育記者感到很驚訝，勒夫則解釋說：「對我們而言，這項人事的變動並非是羅伊斯能否被一對一替代的問題。」國家隊在前鋒後面的攻擊中場需要由能力很強的球員擔任，在沒有人可以取代羅伊斯的情況下，勒夫寧可選擇一位後衛球員做替補，以便加強防守。

德國隊的新戰術

勒夫率領國家隊搭機離開德國時，在登機前曾表示：「代表隊能在掌聲中與國人告別，能帶著正面的情緒上飛機，這樣很好。」然而，勒夫卻顯得心情不佳，出發前那幾個星期，他總是看起來若有所思，神經非常緊繃，表情非常嚴肅，有時還罕見地無法集中精神。當時《踢球者》曾這麼分析這位國家隊總教練：勒夫會有這種表現，或許是因為爭取世界盃冠軍對他而言，是一種負擔而不是挑戰。還有一些人認為，他已經在為他的職業生涯做最後的戰鬥。面對外界連續好幾週嚴厲的批評，勒夫已感受到，球迷們前所未有的不信任，而隊長拉姆則不斷強調，在這次巴西世足賽裡，沒有一支國家隊比德國隊更優秀。

當時勒夫不只遭受德國民眾種種的質疑，還要面對他們對於國家隊最高度的期待——德國隊只有獲得世界盃冠軍，才算獲得成功，然而他已不想再理會這一切。那時《踢球者》的世界盃特刊曾登出勒夫在賽前接受該雜誌專訪的內容。這位國家隊總教練在受訪時表示，他很清楚，德國隊只有拿到世界盃冠軍才能滿心喜悅地回到自己的國家，但他實在不知道，該如何面對球迷們這麼熱切的期待。在巴西世足賽開幕當天出刊的那一期《明鏡週刊》也刊登了一則勒夫的專訪。勒夫曾在賽前指出：「德國人民認為，德國隊再度獲得世界盃冠軍的時機已經成熟了！現在輪到我們德國人登上冠軍的寶座了！」不過德國社會當時瀰漫著這樣的看法，卻讓他感到相當緊張。「這次輪到我們拿冠軍？這種心態到底意味著什麼？」總之，勒夫在行前已不再理會外界那些過度的期待，或是針對參賽隊員的篩選，以及德國隊採用的基本戰術理念等等所進行的諸多爭論。他語帶嘲諷地表示，不會把這些事情裝進行李箱飛往巴西，否則他的行李就會超重而必須額外付運費了！

德國隊抵達巴西後，國內各家媒體的焦點便轉移到參賽隊員身上。一些足球評論員除了質疑勒夫任用在賽前訓練時處於落後狀態的厄齊爾之外，還激烈地批評這位國家隊總教練竟然只帶著唯一一位真正的攻擊型前鋒前往巴西應戰，這樣的決定實在令人不可思議。

勒夫當時決定，不再使用一名傳統的中鋒進行前場的進攻，而是一位「偽九號」球員，也就是經常回撤到中場接球的中鋒。傳統的中鋒只在禁區線附近活動，對方會有後衛緊盯防守，如果中鋒轉成「偽九號」並回撤，對方的後衛便跟著進入中場而讓後防出現漏洞，此時其他隊友便可以快速趁虛而入，獲得射門進球的機會。由此可知，前鋒克羅澤此時已非德國隊唯一可以展開前場攻擊的球員，戈策、厄齊爾、舒爾勒、穆勒與波多斯基這幾位中場與翼鋒也都能交替地攻入前場，尋找踢球入門的機會。勒夫當時曾解釋，為何他在隊陣裡已不再使用傳統的中鋒：「這項新戰術已是最高等級的世界足球的最新發展，德國隊只有認識並接受這樣的發展，才有機會克敵制勝。」

然而，《踢球者》卻指出，這項戰術模式的實驗到目前為止所呈現的成果，可能無法保證德國隊可以藉此在巴西世足賽中無往不利。所以勒夫首先應該證明「偽九號」的存在是未來足球戰術的發展趨勢，並且應該為這個角色尋覓一位適任的球員。是敏捷而機伶的戈策？還是跑動迅速、直覺力與空間感較強的穆勒？「偽九號」的設置不就是為了增加球隊的組織運作的靈活度？還有身為前鋒後方的「偽十號」球員的厄齊爾，在必要的情況下是否能立即轉成「偽九號」？

德國的媒體對於德國隊後衛防守的探討也很熱烈，幾乎不亞於針對前鋒攻擊的議論。其中關於中後衛的問題還算是最簡單的。成熟老練的梅特薩克被勒夫認定為隊內最重要的中後衛，博阿騰和胡梅爾斯則排名居次，實力都不錯。凱迪拉和史旺斯泰格這組防守中場球員表現一直很穩定，不過兩位在世足賽開賽之前都沒有真正恢復體能，因此，勒夫後來儘量避免讓他們同時上場。代替負傷的多特蒙德隊隊友施梅爾策參賽的左後衛杜爾姆表現傑出，果然沒有辜負勒夫的期望與託付。隊長拉姆在過去這個球季固定司職拜仁慕尼黑隊的左後衛，他在國家隊仍可以繼續留在這個他最喜愛的位置踢球，但由誰來防守後場的右邊？勒夫曾抱怨，自己恨不得複製一位可以防守右後方的拉姆。那麼沙爾克04隊的赫威德斯呢？他不也多次獲派擔任右後衛？不管如何，德國隊始終存在失球過多的問題，所以，必須讓防守更穩固。

勒夫也要求司職中場防守的球員提高靈活度，正如有一次在接受《明鏡週刊》訪談時所提到的：「我的中場球員不能只會防守，而無法參與球隊的進攻行動。我要的是適應力很強的球員，能夠與隊友互換位置，也能攻入前場區域，而且控球穩定，行動快速。凱迪拉雖然主司防守中場，但他在攻擊時卻充滿動能、技巧高超，在搶球方面也表現得很出色。」當然，德國隊在比賽時除了致力於增加本身的靈活度及戰術選擇的可能性以外，也不該忘記那些已經學會的東西。

在勒夫的分析中，德國隊的教練團已得出一項結論：參加巴西世足賽的德國隊已經無法達到在南非世足賽所展現的攻守轉換的速度。「過去這幾個月，我們一直無法迅速地轉守為攻並在幾秒鐘內殺進對方的禁區。」但是，這項本領在巴西世足賽中卻又顯得如此重要。對於德國隊來說，巴西的氣候條件比較極端，而且球隊不可能全場九十分鐘一直占球進攻。面對組織動員較強的球隊，德國隊必須快速地在許多移動路線上奔跑，以阻止對方進入己方半場後面三分之一的區域而有機會射球入門。在失球後，球隊並無法立即奪球而展開進攻，因此，必須專注於防守並設法讓對手失球，以便創造反攻的時機。

大家一直到最後一刻都不知道，勒夫將派出哪些隊員參加德國隊在巴西世足賽的首場比賽？他將在比賽中採用何種戰術？雖然他這位主帥會盡力指導德國隊參加這場國際足球盛會，但他卻無法逃避德國社會對他抱持的那種弔詭的態度，雖然德國隊在他的指導下已有卓著的成果，但幾乎沒有人相信他可以率領這支代表隊在巴西奪冠。但話說回來，如果德國隊沒有贏得世界盃冠軍，順利凱旋榮歸，那人們就會感到很失望而且把帳算在勒夫頭上了！

第十四章

舉起大力金盃——「勒夫式足球」的最終勝利

我們從來沒有準備得像現在這麼好！

在德國隊入住的巴伊亞度假村裡，二十三名隊員分別被編入四個生活小組，其中「管家」史旺斯泰格負責的組別應該最令人感興趣，因為這個六人的生活小組分別來自三支相互敵對的德甲球隊，史旺斯泰格和諾伊爾來自拜仁慕尼黑隊，葛洛斯寇茨與馬提亞斯・金特（Matthias Ginter）效力於多特蒙德隊，德拉克斯勒及赫威德斯則是沙爾克04隊的球員，他們後來都能盡棄前嫌，在生活中和睦而融洽地相處。可喜的是，其他的生活小組也運作得很好。勒夫安排所屬不同職業足球隊的國手們住在一起，這樣的做法可以輕鬆地消除國家隊內部的派系，而且小組成員之間許多自發性的對談也在無形中助長了國家隊的團結精神。由於生活小組的設立促進了德國隊的向心力，這個成果讓教練團大受鼓舞。「不論是否在球場上，球員們之間的互動都增加了許多，這等於是球員們自己在訓練自己了！」助理教練福立克很高興地說。

為了消弭出賽隊員與板凳隊員之間的隔閡，勒夫還做了一項原則性聲明，說話的語氣就像在對球員們進行一般性的提醒：「德國隊並沒有所謂的主力球員，你們二十三位全是德國隊的參賽隊員，所以每個人在比賽進行時，都必須處於戒備狀態。」二〇一二年歐洲國家盃舉行期間，德國隊的出賽球員名單竟在賽前外洩給媒體而被報導出來，有了那次的教訓後，教練團在巴西便嚴格要求隊員們與媒體打交道時，必須遵守相關的行為規範。在球隊下榻的巴伊亞度假村裡，每位球員都必須交出私人手機，對外的通訊一律改用德國足協在度假村內安裝的電話。還有，球員們上網使用臉書和推特時，都必須依照足協的規定，明確地知道，什麼資訊可以張貼而什麼不行。

在巴伊亞度假村裡，這些德國國手們除了接受訓練之外，還可以從事許多休閒娛樂活動。勒夫熱愛在沙灘上慢跑，大部分的球員比較喜歡在游泳池裡游泳玩水。有時球員們在閒暇時也會無所事事，不過許多由球隊安排的休閒活動其實都具有教育球員的用意。六月十日，世足賽尚未開幕之前，德國極限帆船運動家麥克・霍恩（Mike Horn）蒞臨度假村，他先為球員們進行一場關於真正的團隊精神及求勝意志的勵志演說，讓所有的球員們留下非常深刻的印象。接下來，他們便分批搭乘接駁的橡皮艇，登上霍恩那艘三十五公尺長的帆船，並以兩人為一組，共同轉動一個搖臂捲繩器，同心協力地把那三面巨大的船帆升起。當船帆揚起時，他們還看到帆面上寫著德國隊為巴西世足賽設計的那句標語：「我們從來沒有準備得像現在這麼好！」（Bereit wie nie）。

在世足賽的預賽裡，屬於G組的德國隊相當被看好，被視為該組最有可能勝出的球隊。專家們也一致認為，德國隊在分組賽所面臨的挑戰並不容易，但絕對可以克服。在這個分組賽裡，以迦納隊（非洲最強的國家隊）最難纏，而且具有雙重國籍的德國隊隊員杰洛姆・博阿騰的哥哥凱文・博阿騰還是該隊最重要的球員之一。另外，由前德國國家隊總教練克林斯曼指導的美國隊比較著重運動競技及戰鬥力的訓練，雖然勒夫不希望與前上司領軍的國家隊交戰，但還是得尷尬地面對。「不管結果怎麼樣，都不會影響我們之間的友誼。」他表示。

六月十六日，德國隊在巴西世足賽的首場比賽與葡萄牙隊交鋒。葡萄牙隊是一支球技精湛的傳統強隊，而且還擁有C羅這位當紅的國際足球巨星，所以相當具有威脅性。情況很清楚，德國隊如果可以擊敗C羅和他的隊友們，順利地打贏第一戰，對於接下來的比賽無疑是個好彩頭。

典型的勒夫球隊登場

一支典型的勒夫球隊終於在巴伊亞州的薩爾瓦多登場了！這是一支在球員及戰術方面獨樹一幟的球隊。在第一場對上葡萄牙隊的分組賽裡，勒夫並未派前鋒克羅澤出賽，而是讓穆勒上場擔任「偽九號」球員。這個布局其實還在大家的預期之中，真正令人訝異的是，左邊鋒的角色並非由波多斯基或舒爾勒扮演，而是戈策。原先的中場核心人物史旺斯泰格則由於當時的體能狀態還未達到標準，因此由隊長拉姆替補他的位置，並與另一位防衛中場凱迪拉（也就是史旺斯泰格的老搭檔）組成新的「防守中場雙人組」。在後場方面，由勒夫信任有加的梅特薩克／胡梅爾斯這個雙人組司職中後衛。在多特蒙德隊表現不錯的邊後衛杜爾姆與葛羅斯克羅伊茲在這場分組賽裡只是替補球員，取代他們先發上場的是經常擔任中後衛的博阿騰（右後衛）與赫威德斯（左後衛），這麼一來，德國隊負責後場防守的四人後衛鏈全由經驗豐富的中後衛組成。

這是一場非常輕鬆的比賽。才第十二分鐘，裁判便判決葡萄牙隊的右後衛約翰·佩雷拉（João Pereira）對戈策有犯規行為，而由穆勒操刀主罰，穩健地將一記十二碼球踢進球門的左下緣，讓德國隊以一比〇領先。後來克魯斯有機會開角球，並由胡梅爾斯以頭錘射門成功而再度攻下一分。上半場吹哨結束前，「偽九號」穆勒在禁區將球平射入網，更將比數提高為三比〇。這個進球其實已決定雙方的勝負，因為已喪失鬥志的葡萄牙球員雖還在場上踢球，卻幾乎無法對德國隊構成危脅。足球明星C羅由於受到德國右後衛博阿騰的牽制，幾乎在球賽中無法有所發揮。最後，穆勒又在第七十八分鐘踢進一球，終場德國隊便以四比〇漂亮地獲勝。

勒夫此時應該感到滿意了！他在賽前所有備戰的規畫雖承受外界批判的眼光，現在已在這場分組賽中開花結果，而且他安排戈策先發上場的決定相當正確，因為，這位球員在球賽開始沒多久便贏得十二碼罰球的機會，並由「偽九號」穆勒罰進得分，讓德國隊取得領先。隔日，《畫報》便用斗大的標題寫著：「穆勒真是當紅炸子雞！」德國國內當時環繞著「偽九號」這個話題展開熱烈的討論，後來德國公共電視第一台的足球評論家紹爾才以一記當頭棒喝結束了這場議論。紹爾當時挺身指出：「托馬斯·穆勒其實不是『偽九號』，而是狂野的十三號[1]球員！他是天才，對射門很有攻擊性，能自由地發揮戰術，是一位世界級足球員！」此時這位南非世足賽金靴獎得主在世足賽的進球總數已累進為八球，德國隊能擁有這樣的球員，一定讓其他的國家隊很嫉妒！勒夫也為手下這名球員感到很驕傲：「穆勒在前場的表現非常優秀，整個團隊合作無間，而且還能火速地往前進攻，所以，對手當時幾乎沒有反擊的機會。下半場的比賽由於已經取得穩定領先，踢球的策略就不一樣，我們的球隊盡量提高持球率，並迅速回擊。」

勒夫用大膽的戰術平息了外界一波波懷疑的聲浪，這麼看來，他似乎已為德國隊找到適合世足賽的陣式了！下一場對抗迦納隊的分組賽在福塔雷薩舉行，於是他便如法泡製，派同一批隊員先發主打，然而，比賽的情況竟然很不一樣。德國隊的速度下降，出現許多橫向傳球，全隊顯得遲鈍而散漫，已失去活力與侵略性。位於中場中央的拉姆、凱迪拉及克魯斯三人組幾乎毫無動能，根本無法對迦納隊展開真正的攻擊。迦納球員們不僅不需費神地加強防守，還不斷發動進攻，讓德國門將諾伊爾備受威脅。在球賽的上半場，迦納隊明顯地占了上風，或許是因為該隊隊員比較能適應福塔雷薩當地燠熱潮濕的氣候狀況——氣溫攝氏三十度，濕度超過六十度。

下半場時，擔任右後衛的博阿騰因為肌肉問題而無法繼續出賽，改由實力較弱的穆斯塔菲替補上場。德國隊的狀況仍沒有起色，穆斯塔菲在右後側防守不佳是球隊表現不穩定的主要原因。所幸前場已有進展：戈策在第五十一分鐘獲得穆勒的助攻而進球得分，德國隊以一比〇領先。戈策奇特的進球方式——用頭接球後，讓球經由膝蓋落到腳下，然後射球入網，正是德式足球的特色。然而就德國隊當時低迷的情況來說，隊員或許應該以更穩定的方式進球才是。

就在戈策進球三分鐘後，迦納隊的右後衛哈里森·阿弗爾（Harrison Afful）開始向前進攻，他那一

1 譯注：德國足球史上的傳奇球星蓋德·穆勒（Gerd Müller, 1945-）在國家隊穿著背號十三號的球衣，他在出賽時向來以射門並進球為第一要務，巴拉克就是基於對蓋德·穆勒的景仰而穿上十三號球衣。

記精準的側翼長傳讓前鋒安德烈・阿尤（André Ayew）以頭錘建功，當時穆斯塔菲由於注意力不集中，未能及時攔下該球而讓迦納隊追平比數，雙方暫時以一比一平手。後來在第六十三分鐘，身體不適的拉姆因為誤傳而讓迦納的另一位前鋒阿薩莫阿・吉安（Asamoah Gyan）進球得分，為迦納隊取得一分的領先！德國隊當時的處境相當危急，勒夫便立即回應：他把戈策換下，讓全隊唯一真正的前鋒克羅澤上場，並由史旺斯泰格取代當時較無表現的防守中場凱迪拉。

總教練勒夫再次以他正確的決策證明自己的領導能力。克魯斯發出角球後，由赫威德斯以頭錘向前傳球，才剛上場的克羅澤便縱身一躍，用岔開的腳將球射入。這位已三十六歲的資深老將用這個進球證明了自己的價值，而且還很開心地在球場上翻了一個觔斗。在第八十四分鐘，德國隊有機會再進一球，那時穆勒得到克魯斯的傳球，致勝的一球已在腳上，卻因為他過於遲疑而被迦納隊的中場卡瓦多・阿薩莫阿（Kwadwo Asamoah）伸腳抄走。

德國隊從這場二比二和局的比賽中學到什麼教訓？這項讓勒夫花費許多時間構思的戰術計畫就這麼泡湯了！「這場比賽後來就演變成這樣，並沒有依照我們的規畫進行。」勒夫在評論時顯得不知所措，這確實相當罕見。德國隊在這場比賽表現不佳，並非因為戰術系統無法運作，而是部分球員出了狀況。當穆斯塔菲替補博阿騰上場後，他負責防守的右後側便成了德國隊的問題區域。原先司職後衛的拉姆隊長在轉任防守中場後，也一再出現失誤而凸顯出不適任的弱點。拉姆隊長後來低聲地承認：「我們因為攻擊性不足而讓對手獲得太多發揮的空間。」中後衛梅特薩克反倒樂觀地表示：「我們犯了這麼多的錯誤，這些負面的經驗也許對接下來的發展會有幫助。」至少後來替補上場的克羅澤與史旺斯泰格還讓人們覺得，他們的確有能力讓德國隊的比賽重新恢復生氣與活力。

與迦納隊踢平之後，情況已顯示，德國隊有可能步上西班牙隊和英格蘭隊在分組賽提早被淘汰的後塵。為了排除出局的風險，德國隊在最後一場分組賽必須贏球，必須戰勝克林斯曼領軍的美國隊。這場在累西腓舉行的比賽對於背水一戰的勒夫而言，猶如一場冠亞軍決賽，必須破釜沉舟地應戰，然而這位總教頭仍表現得很冷靜，讓人看不出一絲的緊張與不安。

這場分組賽的上半場雖然雙方的踢球很緊湊，不過並沒有什麼精采的表現，暫時以〇比〇踢平。穆勒後來在第五十五分鐘射入一球而讓德國隊以一比〇領先，德國隊就此保住這個戰果直到比賽結束。總的來說，德國隊主導了全場的比賽，並未受到攻擊力道不足的美國隊的威脅。同一時間，葡萄牙隊以二比一戰勝迦納隊，消息傳出之後，落敗的美國隊為此雀躍不已，因為，他們已確定成為G組第二名，可以跟德國隊一起晉級十六強淘汰賽。

與美國隊對陣時，德國隊擺出4—3—3陣式，防守方面雖很穩固，然而在進攻上卻無法精確地向前推進，最後的傳球幾乎無法到位而失去射門的機會。還有，德國球員們在盤球方面並不順利而且缺乏把握機會的能力。比賽過後，德國媒體又開始指謫司職左後衛的赫威德斯表現不力，是德國隊的一大阻礙。勒夫對於這些批評反應很激烈，他認為不需要理會這些任意的批評。對他而言，赫威德斯已經完成了防守的任務，並未失職。雖然這名左後衛在進攻方面有缺點，這一點大家都知道，不過德國隊在邊後衛的位置並不需要有攻擊力道的球員，因為德國隊在進攻方面已經夠強了。勒夫還特別稱讚史旺斯泰格，因為，他在這次的比賽裡成功地扮演了中場樞紐的角色。為德國隊踢進致勝球的穆勒則是前場的領導者，他總是讓對方覺得「難以估量，難以掌握」。勒夫曾這麼評論這位球員：「穆勒跑動的範圍非常大，他的移動路線機敏而靈巧，總是有辦法出現在對方的禁區內。對穆勒的對手而言，他所構成的危險性應該與阿根廷的梅西及巴西的內馬爾（Neymar da Silva Santos Júnior）屬於同一等級。」

外界總是一下子批評，一下子讚美。勒夫只是表示：「德國隊裡的每個人當然都知道，自己可以踢得更好。」這位國家隊總教練覺得，在他的足球生涯裡，其實未曾碰過一支在各方面都很完美的球隊，所以即使德國隊還有缺點，他仍正面地評價這支球隊：「我們到目前為止踢得很出色。」他用一種既固執又輕鬆的語氣表示。當時《十一位朋友》的總編輯菲利普・柯斯特（Philipp Köster）還做了一個大膽的預測：「如果一支球隊夠鎮定、夠幸運，而且能推舉出合適的領導者，並能克服大賽期間的種種危機，那麼這支球隊就可以成為世界盃冠軍。它就是二〇一四年的德國國家隊。」

延長賽比拚的除了體能極限，還有……

或許柯斯特已經有預感，德國隊即將面臨一場危機。在阿列格雷港（Porto Alegre）舉行的十六強淘汰賽裡，德國隊的對手是H組第二名的阿爾及利亞隊。從過去的一些球賽紀錄看來，這支北非球隊應該是一支可以輕鬆對付的隊伍，雖然他們在這次世界盃分組賽與比利時隊、南韓隊及俄羅斯隊對戰的表現相當令人驚艷。在國際足協發布的國家隊世界排名裡，阿爾及利亞隊僅位居第二十二名，所以名列前茅的德國隊似乎會在這場球賽中占有絕對的優勢，而且應該獲得勝利。比賽前夕，德國《焦點》（*Focus*）雜誌的網路電子版還寫著：「如果德國隊在十六強淘汰賽被阿爾及利亞隊打敗，總教練就必須辭職。」

阿爾及利亞隊能有信心十足的表現，主要得歸因於德國球員在場上踢得七零八落。這場球賽無疑是德國隊在勒夫時代裡最差勁的演出之一。中後衛雙人組之一的胡梅爾斯因為發燒而留在飯店休息，未能上場應戰，勒夫便選派梅特薩克與博阿騰擔任中後衛，赫威德斯與穆斯塔菲分別司職左、右後衛而構成一條四人後衛鏈。防守右後場的任務似乎超出了穆斯塔菲的能力之外，由於無法獲得隊友們的信任，因此幾乎沒有獲得傳球的機會。赫威德斯在左後衛的位置也表現得很蹩腳。其他的球員們則顯得茫然無措，拉姆的動作並沒有達到預期的效果，史旺斯泰格和克魯斯幾乎毫無作為，前場的戈策也近乎失靈。總之，德國隊已陷入重重危機，後衛不穩定，中場沒有速度，前場的攻擊已不具有射門的實力。勒夫後來決定讓七名拜仁慕尼黑隊的球員在場上形成一個區塊，照理說這七位默契較好的球員應該會有所表現才是，然而，這種做法仍無法阻擋阿爾及利亞球員發動的一波又一波的進攻。他們在奪球後，經過一、兩次短傳，便往前長傳，大部分都傳向側翼，然後便很快地逼近了球門！在這麼危急的情況下，唯一要感謝的就是門將諾伊爾了！他會在德國隊的後防出現漏洞時，大膽地衝出，同時扮演門將和自由人（負責把對方傳球清走的後防球員）的角色並重新整頓局面，而且還以高超的身手在球門線前面擋下阿爾及利亞球員的射門。

球賽進入下半場時，替代戈策上場的舒爾勒在場上的表現明顯地勤奮許多，但仍無法改變德國隊的整體表現。德國隊雖有較高的持球率，但射門的攻擊性仍持續不足。到了第七十分鐘，穆斯塔菲由於左大腿肌肉拉傷而必須離場，德國隊的情況才因為替補強棒凱迪拉的出賽而終於好轉。凱迪拉此時與史旺斯泰格合組防守中場雙人組，而原先司職防守中場的拉姆則移往他在後場的老位置擔任右後衛。雖然德國隊在更換球員之後，仍遲遲沒有射門得分，但隊員之間的傳接球已增加許多。下半場結束時，雙方因為〇比〇和局而進入延長賽。

第九十二分鐘時，舒爾勒用他的左腳踢進一球，德國隊終於獲得一分，比數為一比〇。除了門將諾伊爾傑出的表現以外，這個進球是該場球賽截至當時為止，唯一稱得上卓越的演出。後來厄齊爾在第一百一十九分鐘射入一球，將比數擴大為二比〇。此時阿爾及利亞攻擊中場阿布杜穆麥內・賈布（Abdelmoumene Djabou）也立刻回敬一球，讓這場長達一百二十分鐘的比賽在最後一刻仍瀰漫著緊張的氣氛。當裁判吹哨示意比賽結束時，德國隊的陣營大大地鬆了一口氣。姚吉的小伙子們一路在巴西世足賽跌跌撞撞，險象環生，現在終於晉級八強淘汰賽了！

雖然大家都覺得輕鬆許多，但沒有人真的感到高興。德國公共電視第二台的體育記者波利斯・布希勒（Boris Büchler）曾在賽後訪問德國隊：「為什麼比賽的進行無法令人滿意？」當時已筋疲力盡、而且有點火氣的梅特薩克便回答：「這是什麼問題！不要管我們踢得怎麼樣，最重要的是，我們已經擠進八強賽了。世界盃的十六強淘汰賽並不是嘉年華會！你們到底想要什麼？你們希望德國隊獲勝？還是被淘汰出局？」在分組賽時，經常在場邊狂吼的勒夫現在卻端坐在教練席上出神，後來又為了接下來的記者會將面對類似的提問而開始發牢騷。在記者會現場，有一位記者還這麼詢問看似心情愉快的勒夫：「是我搞錯了嗎？還是您覺得很滿意？」勒夫很酷地反問：「德國隊順利地進入八強賽，所以我應該失望？深深地失望？這是什麼邏輯？」接下來，勒夫還用他慣有的冷靜與實事求是的態度分析這場對抗阿爾及利亞隊的比賽。他總結地說：「這是一場從頭到尾都很辛苦的比賽，獲勝的關鍵是意志力。我們在上半場感到很艱難，而且還被對方搶走好幾球，到了下半場和延長賽時，我們才取得優勢，而且還擁有許多機會。凱迪拉和舒爾勒在替補上場後，再度讓德國隊獲得前進的動力。所有的球員後來在延長賽時都已達到體能的極限。這樣的比賽以前也曾出現過，其實只要肯堅持到底，就可以成功。」

熱中批評的德國媒體

法國隊在十六強賽中以二比〇漂亮地擊敗奈及利亞隊，因此對德國隊來說，在八強淘汰賽裡出戰實力堅強的法國隊應該是一項困難的挑戰。或者，是一場過於艱鉅的比賽？德國的媒體熱中於批評，在詮釋德國隊的比賽時，總是顯得相當尖銳。八強賽未開踢之前，德國發行量最大的八卦報《畫報》便先唱衰自己的國家隊：「這個星期五，我們會在八強賽中對抗強大的法國隊時出局！」而且抱持這種觀點的德國人還不在少數。《踢球者》的批評比較實事求是：「人們只能希望，勒夫在對抗法國隊時，能夠放棄他那一意孤行、普遍不被認同的做法，再度找到正確的路線。」比方說，在上一場與阿爾及利亞隊對陣時，幸好右後衛穆斯塔菲在第七十分鐘負傷離場，才迫使勒夫指派凱迪拉替補上場，重新恢復凱迪拉／史旺斯泰格這個契合無間的防守中場雙人組的運作，也讓隊長拉姆從中場重返他最得心應手的右後衛的位置。勒夫放棄試用新進球員，再次把隊陣調回原先運作順暢的陣容，這幾乎是所有德國球迷和足球專家樂於見到的決定。

德國隊剛入住巴伊亞度假村時，勒夫曾對全隊宣稱，所有的隊員都同樣重要，但後來的發展卻顯示，這位總教頭並沒有充分派用參賽名單上的隊員。一些替補球員從未上場效力，只是耗在那裡繼續等待機會，如杜爾姆、克拉默、金特或葛羅斯克羅伊茲。如果人們細膩地玩味勒夫在與阿爾及利亞隊對戰後的那次談話，就不會對他如何決定隊員陣容感到訝異了！他當時表示：「我們其實可以只帶十四或十五位球員參加這次世界盃。」當然，人們也可以從這句話裡察覺到，勒夫對於某些球員的失望，但是如果勒夫認為他們不牢靠，為什麼還要千里迢迢地把他們帶去巴西？《踢球者》當時曾評論：顯然地，勒夫現在希望大家能溫和地看待德國隊的表現。如果德國隊在八強賽中不幸被淘汰出局，這位總教練大概又會把他那句口頭禪：「我還能有什麼選擇呢？」掛在嘴邊。

在參賽期間，這些德國國手們當然不希望自己的表現被評得太難聽。主力球員穆勒便抱怨說：「我們付出很多而贏得了比賽，這不是很好嗎？但我似乎覺得，大家好像在要求我們必須為晉級八強賽道歉似的。」他還責備媒體記者喜歡誇大地批評：「如果我們踢球就像芭蕾舞者那樣，這就表示，我們其實是一支沒有風格的球隊。」

勒夫是德國隊歷來戰績最好的總教練，他延續克林斯曼的足球改革，成功地為德國隊注入一些現代足球理念，並讓民眾觀賞到這支球隊許多美妙而精采的比賽。自從他擔任國家隊總教練以來，德國隊在重要的國際足球大賽裡都能打進前四強，而且還剛在巴西世足賽晉級八強淘汰賽。然而，新聞記者亞歷山大・歐尚（Alexander Osang）卻在《明鏡週刊》的一篇報導中指出德國社會當前的一個怪現象：儘管勒夫在執教德國隊期間已獲得上述卓著的成果，德國國內卻在熱烈地討論，勒夫如果在下一場比賽輸球，是否應該離職的問題。一些德國的媒體記者還積極地在勒夫身上盡可能地蒐羅一些可以供作負面報導的訊息，比如關於他的服裝儀容、生活習慣、個人特質、足球戰術，以及他所執掌的德國隊等等。總而言之，德國隊如果踢得好，媒體便歸功於球隊；如果踢得差勁，便只歸咎總教練。在八強淘汰賽對抗法國隊之前，德國已有許多媒體記者率先表達勒夫應該在輸球後辭職下台的要求。

以充滿力道的節奏戰勝法國隊

勒夫大概察覺到，必須調整德國隊出賽的足球策略，因此，與最親近的同事經過漫長的討論後，才把一支重新布陣的德國隊送上里約熱內盧的馬拉卡納球場，在灼熾的熱浪中力抗法國隊。在這場八強淘汰賽裡，隊長拉姆司職他最熟悉的右後衛老位置，再度恢復健康的胡梅爾斯擔任中後衛，取代原先的後衛領頭羊梅特薩克；中場部分由史旺斯泰格及兩位更具攻擊性的凱迪拉與克魯斯組成；前場的進攻則由前鋒克羅澤負責。基本上，這份先發的隊員名單正是大部分德國球迷期待的陣容。

比賽才進行十三分鐘，胡梅爾斯便用頭錘將克魯斯發出的自由球一舉頂入球門，比數為一比〇。德國隊以一分領先之後，便胸有成竹地掌控了球賽。拉姆在後場相當活躍，中場球員表現尚可，至於前鋒克羅澤卻無法在前場發揮什麼作用，司職翼鋒的厄齊爾則幾乎沒有進入情況。在後場部分，表現優異的中後衛胡梅爾斯幾乎能及時瓦解對手的進攻，即使法國球員真能突破後防，德國隊還有諾伊爾這位世界級門將看守球門呢！

法國隊在下半場加強攻勢，但面對德國隊嚴密的防守，射門的機會寥寥無幾。勒夫在場邊的臉部表情則透露，他希望德國隊能發動更多的進攻，後來在第六十九分鐘，勒夫決定以舒爾勒換下此時已精疲力盡的克羅澤。兩隊雖還有攻門的機會，不過再也沒進球。門將諾伊爾在傷停補時期間曾漂亮地擋下法國前鋒卡里姆・本澤馬（Karim Benzema）的射門，這幕緊張萬分的場景是這場比賽最後的激動時刻。

德國隊用穩固而堅實的組織，以及堅強的戰鬥力與意志力對抗活力十足的法國隊，整體而言，德國隊雖只以一分之差擊敗法國隊，但這場勝利確實受之無愧，也普遍贏得正面的評價。高度自信的中後衛胡梅爾斯不只與對手兩相纏鬥時表現得可圈可點，而且還在這場比賽中穩固了自己在後場的領導地位。同樣值得嘉許的是，這次被胡梅爾斯取代上場的另一位重要的中後衛梅特薩克。勒夫在賽前曾向他解釋，對付快速敏捷的法國隊需要身手靈巧的中後衛雙人組，因此，需要由胡梅爾斯上場。梅特薩克當時欣然接受了勒夫的想法，這樣的風度正是參賽隊員展現團隊精神的佳例。總而言之：德國隊在這場力克法國隊的比賽雖不是很出色，但具有說服力。這些德國國手們充分地展現了自信心與企圖心，而且在這場比賽過後，大家似乎都獲得了解脫！畢竟德國隊已晉級四強準決賽，達成了最起碼的目標，而且未來還可能更上層樓。勒夫也透過這一連串的勝場顯示，他與球員之間的關係仍舊緊密，並無生變，而且仍跟以往一樣，在隊內享有高度權威。

「他們嚇到了！」：巴西隊史最慘一役

在美景市（Belo Horizonte）的四強準決賽終於登場！勒夫在賽前表示，能有機會對抗地主國巴西的代表隊是一件非常「美妙而刺激」的事。由於巴西隊在這之前的幾場比賽裡，踢得並不出色，而且他們的王牌球員內馬爾在八強賽對抗哥倫比亞隊時，被對方的後衛從背後用膝蓋撞倒，造成脊椎骨裂傷而無法繼續參賽，因此德國隊當時被認為是比較有希望獲勝的一方。為了不讓德國隊產生輕敵的心態，勒夫還特地警告說，沒有內馬爾的巴西隊其實比有內馬爾的巴西隊更難對付。還有，巴西隊隊長提亞哥·席爾瓦（Thiago Silva）雖遭裁判禁賽而無法上場踢球，但德國隊不必為此暗自竊喜，因為巴西隊已準備由效力於拜仁慕尼黑隊的球星丹特（Dante Bonfim Costa Santos）遞補他所留下的空缺，所以這件事並不會對該隊造成負面的影響。總之，勒夫只透過這番談話便輕鬆地讓他的隊伍在賽前達到最高度的專注狀態。所有德國球員都很高興可以參加這次的世界盃準決賽，不過，他們更希望可以在這場比賽裡獲勝，一舉闖入冠亞軍決賽！

勒夫決定讓打贏法國隊的同一組人馬先發上場。當巴西隊雄心壯志地出場時，所有人都還覺得這將是一場勢均力敵的比賽。不過這種假象只持續了幾分鐘，接下來的情況就不一樣了。德國隊的克魯斯發出角球後，接應的穆勒未受對方盯守，只消把腳伸出，便踢入一球，比數就成了一比〇。這個進球的簡潔性相當少見，巴西的球員們這時在想什麼？難道他們只注意離門柱不遠的頭錘能手胡梅爾斯以及和他搭配傳接球的伙伴嗎？身為這次世界盃東道主的巴西隊雖然最近的表現差強人意，但體能狀況始終不錯，求勝的意志力讓他們顯得倔強不屈，卻也粗魯無禮。然而，就在穆勒踢進第一球後，這支球隊因為震驚不已而變得手足無措，不知如何是好。相較之下，德國隊技巧穩健，充滿動能，可以專注地快速傳接配合，而且還擁有高度的自信與效率。

茫然無助的巴西隊此時宛如癱瘓了一般，似乎一切都亂了套，而且沒過多久，便開始瘋狂地失球：在第二十三及第二十六分鐘之間，德國隊曾射門三次，均未進球。後來克羅澤成功地踢進一球，那是他在連續參加四屆世足賽所踢進的第十六球，刷新了巴西球星羅納度的紀錄而成為世界盃足球賽有史以來進球最多的球員。接下來克魯斯兩度破網，把比數擴大為四比〇。此時看台上的巴西民眾簡直不敢相信眼前發生的一切，顯得慌亂不安，其中還有數千名觀眾傷心地哭了起來。他們的國家主辦這次的世足賽，非但沒有迎來令人期待的足球盛會，反而還必須親睹自己的國家隊近乎被毀滅的慘況。這場球賽所發生的事，總讓人覺得不真實。當凱迪拉在第二十九分鐘射入一球，將比數提高為五比〇後，連德國觀眾都開始同情巴西隊了！自那時起，德國球員們便放慢攻勢，他們似乎認為，不應該讓地主國隊蒙受二位數失球的屈辱。比賽進入下半場時，巴西球員甚至一度逼近德國隊的球門，試圖挑戰門將諾伊爾，於是德國隊又再度組織起來。替換下克羅澤的舒爾勒在踢進兩球之後，原本厄齊爾在比賽的最後一分鐘有機會讓比數升高為八比〇，但後來被巴西的攻擊中場奧斯卡（Oscar dos Santos Emboaba Júnior）奪球成功，巴西隊趕在最後一分鐘射進一球，終於稍微扳回一點顏面。德國隊就這樣以驚人的比數——七比一，結束了這場令人難忘的世界盃準決賽！

德國隊以如此懸殊的比數打敗巴西隊而震驚了全世界。這究竟是怎麼一回事？德國隊果真如此強大，不論遇到什麼對手都能把對方打趴在地？或者，巴西隊實力不足，無法負荷過高的期待壓力，無法達到世界冠軍應有的表現？勒夫為這場比賽做了什麼？德國隊大獲全勝或許不是什麼奇蹟，而毋寧是來自堅持不懈的球員訓練、正確的球員陣容、強而有力的領導，以及縝密的賽前準備所自然而然形成的結果？

「德國隊以令人印象深刻的組織、符合戰術考量的紀律……以及必勝的決心打贏了這場比賽。」一家巴西的報紙評論道。另一家當地的報紙則對自己的國家隊提出檢討：「或許有人會把巴西隊的慘敗歸因於席爾瓦與內馬爾的缺陣，然而，這樣的說法不足以解釋一支歷史輝煌、曾獲得五次世界盃冠軍的國家隊竟會遭受有史以來最慘烈的敗北。」一九五〇年，巴西主辦二戰結束後首次的世足賽，巴西隊身為地主國隊卻在爭奪冠軍時輸給烏拉圭隊，二〇一四年的巴西世足賽再度讓巴西隊在自家球場遭逢挫敗，讓巴西人民再次經歷了「馬拉卡納之痛」。

「這場準決賽已不是『美妙的比賽』（jogo bonito），而是『美妙的姚吉』（Jogi bonito）。」瑞士的《每日週報》（*TagesWoche*）用葡萄牙語玩起這個令人會心一笑的文字遊戲。柏林的《每日新聞》也在一片誇讚姚阿幸・勒夫的風潮下刊出一篇非常受矚目的評論，闡明巴西已被「勒夫式足球」制伏在地：「路易斯・斯科拉里教練（Luiz Felipe Scolari）的巴西隊在回防移動時出現一些問題，因此給予德國隊許多發揮的空間，而且德國隊並未刻意尋覓這些防守的漏洞，因為它們不時會出現在球賽裡。」勒夫最大的功勞是，他用德國人的方式守住自己熟練的領域，然後毫不留情地對敵方進行破壞性攻擊。當這一切發揮作用時，這位曾被抨擊為無法指導球隊的國家隊總教練，便讓他的球員們在場上展開一場融合平衡、優雅與足球戰略的演出。「勒夫式足球」就這樣鏗鏘有力地為這屆世界盃下了定義，當然在接下來的冠亞軍決賽裡，它必須再次向對手如此證明！

在賽後的記者會上，一位生氣勃勃、充滿自信的勒夫出現在大家的眼前。他以冷靜的、深思熟慮的發言緩和了勝利的激情，簡單清晰地說明了這場比賽：「今天最重要的是，我們應該平心靜氣地體諒巴西人民的情緒。沒錯，這場比賽我們踢得很好，而且比較早進球對我們很有利。巴西隊在二比〇之後顯然嚇到了，之後就一蹶不振了，所以讓我們有機會趁虛而入，專注而完美地踢完這場球賽。我們應該正確地看待這場不可思議的勝利，而且必須謙卑，因為我們知道，巴西隊當時並不是處於很好的狀態。」主力球員穆勒在接受德國公共電視第二台的訪問時也表示：「即使現在德國隊已被捧上天了，我們還是不應該受到影響。我們必須繼續苦拚實幹、堅持到底，才能達成最後的目標。」

吹響勝利的號角：二〇一四年世界盃冠軍誕生

勒夫仍沿用前兩場順利擊敗法國隊和巴西隊的隊員陣容，在冠亞軍爭霸賽裡與阿根廷隊對決。然而當球員們在球場邊進行賽前熱身時，凱迪拉忽然抱怨他的小腿肌肉出了問題。助理教練福立克馬上跑到休息室告知勒夫。面對這個突發狀況，這位國家隊主帥緊急徵詢他的教練團後，便決定讓隊內另一位防守中場克拉默上場。

德國隊對於臨陣更換隊員並沒有特別的感覺，他們上場應戰時，火力全開，試圖主導比賽的進行，而阿根廷隊則不斷透過反攻以尋求射門的機會。球賽開始沒多久，阿根廷前鋒岡薩羅．伊瓜因（Gonzalo Higuaín）曾錯過幾個得分的大好時機：德國隊的克魯斯以頭錘射門失敗後，伊瓜因雖奪球成功，卻因為操之過急而射偏了球，未能入門得分；沒過多久，他接獲艾茲奎爾．拉維齊（Ezequiel Lavezzi）的邊線傳球，終於射門破網，但這個進球卻因為裁判後來判定他的隊友越位而功虧一簣。在第十七分鐘，臨時受命代替凱迪拉的克拉默卻在一次兩相纏鬥中，被阿根廷中後衛艾茲奎爾．加雷（Ezequiel Garay）以肩膀猛力撞擊頭部，他在十幾分鐘後，因為出現疑似腦震盪的症狀而必須離場。德國隊在最重要的冠亞軍決賽裡，再度出現突發狀況，勒夫雖緊張不安，卻必須鎮定地處理這個問題。他後來決定讓舒爾勒上場負責前場左側的進攻，原先在該位置的厄齊爾則移往中場，並由克魯斯司職克拉默空出的位置，與史旺斯泰格形成防守中場雙人組。

比賽如火如荼地進行，雙方球員幾乎沒有喘息的時間。負責看守阿根廷球星梅西的德國中後衛胡梅爾斯偏偏身體有些不適，經常被梅西耍弄，此時德國隊已稍居下風。防守穩固的阿根廷隊還巧妙地布下嚴密的防線，以堵住德國隊的進攻，其餘的一對一交鋒，他們也毫不妥協。然而德國隊仍努力不懈，舒爾勒、克魯斯與赫威德斯後來有幾次突破對方的防線，積極尋求射門的機會，可惜未果。

下半場才一開始，梅西便在左側距離球門十三公尺處未受阻礙地揮腳，因為角度稍有偏差而未射入得分。大約十分鐘後，德國門將諾伊爾在禁區邊緣單挑伊瓜因，並為了救球而以手觸球，但由於裁判沒有嚴格地追究，而未被判犯規。德國隊能安然撐過阿根廷隊這波攻勢，防守周到而專注的後衛博阿騰功勞最大。一直到比賽的最後十五分鐘，德國隊才又發動進攻。克羅澤、舒爾勒、赫威德斯及克魯斯不斷地衝到球門附近試圖射門，讓阿根廷門將賽希歐・羅梅洛（Sergio Romero）備受威脅，可惜的是，他們當時都未能攻球入門。在接下來的傷停補時，替代克羅澤上場的戈策雖踢球射門，卻被羅梅洛在球門前及時擋下。

這場比賽因為雙方踢平而進入延長賽。剛開始，雙方都有攻門的機會。首先是舒爾勒在戈策的助攻下射球未進，後來阿根廷前鋒羅德里戈・帕拉西奧（Rodrigo Palacio）也未善加利用一個難得的射門機會。此時雙方的比數仍是〇比〇，接下來兩隊的攻擊力道便銳減，令人神經緊繃的球賽此刻已轉變成節奏緩慢的消耗戰。德國隊仍奮戰不懈地進行傳接球，阿根廷隊則經常出現一些近乎犯規的動作。在這場比賽裡，德國隊的典範就是已徹底耗盡體力的全能中場史旺斯泰格。他後來遭阿根廷隊員粗暴地衝撞，臉部裂傷流血，當他在包紮過後再度上場戰鬥時，看起來就像古代的傳奇英雄。對於其他所有的隊員而言，史旺斯泰格的身體語言只代表一個信號：我們只能以勝利者的身分離開球場！

意志力堅強的德國隊果真在第一百一十三分鐘迎接了一個最美妙的時刻：舒爾勒最後一次鼓起勇氣，通過左翼快跑向前，精準地從側邊將球吊中傳給戈策，戈策用胸膛接下球後，把球轉落到左腳，接著便踢出夢幻的一球，射門得分！這個進球不僅讓德國隊順利奪標，它還象徵著世界盃的冠軍頭銜。此時，阿根廷隊勉強地振作起來，再次嘗試最後的攻擊，但卻無法克服粗壯如熊的門將諾伊爾的阻擋。在經過一場同時具備緊密、充滿激情、如同在刀鋒上進行的戰役後，運氣不錯的德國隊終於登上世界盃的冠軍寶座！一九五四、一九七四、一九九〇、二〇一四，德國隊一共榮獲四次世界盃冠軍。勒夫如果不是克林斯曼在二〇〇四年突然打電話找上了他，或許他現在還得在奧地利超級聯賽的足球隊裡尋求擔任總教練的機會，然而，他現在已躍升為世界盃冠軍隊的總教練，已和賀伯格、舍恩及碧根鮑華這些卓有功勳的國家隊總教練並列！

還有戈策，這位隊員隨著出賽次數增加而招致許多批評，但卻因為在里約熱內盧的馬拉卡納球場上天才式的臨門一腳而被載入足球史裡。除了他之外，博阿騰與史旺斯泰格也令人留下深刻的印象，這兩位球員在比賽裡都很有影響力：博阿騰是後衛的精神領袖，為德國隊守住後防，曾多次化解防守的危機；史旺斯泰格不僅稱職地負責中場的防守，還不斷地發動進攻行動，而且由於他的努力與付出，德國隊傳球成功的次數幾乎是阿根廷隊的兩倍（六百四十一次比三百二十九次）。阿根廷足球天才梅西終究不敵德國隊的團結一心及強大的意志力，不過，德國隊還是在這場競爭激烈的冠亞軍決賽裡顯露出一些弱點：胡梅爾斯在這場比賽裡並未處於最佳狀態，克魯斯與厄齊爾在攻擊時並未展現原有的衝勁與活力，也沒能把握一些射門的機會。然而從整體而言，德國隊在整場球賽裡散發著自信，很有耐心而且堅持不懈地找到他們的機會，最後終於幸運地踢進了致勝的一球。

作為第一支在南美洲拿到國際足球比賽冠軍的歐洲國家隊，德國隊帶著無上的榮光凱旋歸國。德國所有的媒體對於這支勝利的隊伍和它的主帥全都讚譽有加。當時《南德日報》曾評論：「總教練勒夫成功地帶領具有高度足球天分的德國國手，信心十足地克服了世足賽的種種挑戰」。電子版《明鏡週刊》則指出，德國隊在這場冠亞軍爭霸賽裡「球員們不僅通力合作，而且還為國人帶來熱烈的歡呼與讚歎」。其他的媒體則紛紛寫道：「榮登冠軍寶座是德國隊應有的報償」、「這是一支真正的球隊應該獲得的成就」，或甚至斷言，德國隊是「這屆世足賽實力最強的參賽隊伍」，所以，這支表現最傑出的國家隊絕對有資格得到那座冠軍獎盃。此外，在這一片讚揚聲中，值得我們注意的是，身為世足賽的冠軍隊，德國隊不只在足球專業方面備受推崇，還有團隊本身一些不同凡響的特質。

這支冠軍球隊的總教練勒夫此時有何感觸呢？他的評語其實跟媒體差不多：「國家隊的隊員們已跨越了他們的極限，為了爭取最高的榮譽而付出了前所未有的努力。德國隊由克林斯曼教練發起的足球改革至今已經十年，在這十年裡，我們不斷地努力，不停地追求進步。我們能獲得世界盃冠軍，這實在是很棒的結果，簡單地說，德國隊收割成果的時刻已經來臨！它後來已蛻變為一個精誠團結的整體，誓言為冠軍頭銜而奮鬥。」國家隊經理比爾霍夫還提到，參賽隊員在義大利南提洛地區接受賽前訓練時，他在冥冥之中已有預感，「一件特別的事」正在醞釀發生。此外，阿根廷隊的總教練阿雷漢德羅・薩維亞（Alejandro Sabella）在決賽輸球之後，還很有風度地稱讚德國隊是一支「偉大的球隊」。

感性的理念與理性的計算

該如何總結德國隊在巴西世足賽的表現？德國隊並非每一場比賽都具有說服力，但這些參賽隊員在場上的踢球確實出現一些令人讚歎的時刻。特別是在這次巴西世足賽裡，德國隊特別展現出在從前的國際足球大賽的關鍵時刻所欠缺的特質：始終保持致勝的渴望、遵守團隊紀律、集中注意力，並充滿活力，展現絕對的意志力，然後當時機出現時，還要補上臨門的一腳。

德國隊的核心隊員已合作多年，因此已是一支成熟的球隊。比較資深的克羅澤、史旺斯泰格、拉姆與梅特薩克都擁有豐富的球賽經驗與絕對的意志力，並在職業生涯的中晚期如願地爭取到「世界盃冠軍」這個最高榮譽。二〇〇九年U21（二十一歲以下）歐洲青年國家盃冠軍隊的成員諾伊爾、博阿騰、赫威德斯、胡梅爾斯、凱迪拉及厄齊爾全都處於足球員的巔峰年齡，他們代表德國隊上場比賽時，都能表現出職業足球員的自信與幹練。原先被認為是球隊弱點的赫威德斯始終努力地扮演自己的後防角色，後來還成為防守穩定的左後衛，並和拉姆及諾伊爾這兩位球員參與所有巴西世足賽的比賽，而且從一開始到最後一分鐘都在球場上應戰。穆勒在前場的攻擊相當傑出，總是讓對方望而生畏。克魯斯與戈策的表現雖不穩定，卻總是在緊要的關頭出現神來之筆。舒爾勒則已證明，自己始終是德國隊中已做好準備，並對敵方很有威脅性的一張超級王牌。

許多足球專家已注意到勒夫的改變，比方說，卡爾亨茲．維爾德（Karlheinz Wild）當時便在《踢球者》的一篇評論中寫道：「勒夫因為變得很務實，曾明確要求隊員加強防守，或採取更有效率的標準戰術踢球而讓他那套備受推崇的優質足球的理念變得更豐富。」他曾在一場比賽裡，捨棄兩名中後衛及一名左、右後衛，而以四名中後衛擺出四人後衛鏈的陣式，單單這項戰術實驗便已顯示，他從巴西世足賽一開始，便打算修正他的足球美學了！此外，勒夫當時也已放棄長期以來不喜歡讓球員們練習角球及自由球的習慣，這一點相當值得稱許。根據德國足協的足球統計分析，世界盃賽事中有三〇％的進球來自標準戰術的運作。而德國隊在巴西世足賽一共踢近十八球，其中有六個進球是透過標準戰術而踢入的，完全符合這項統計分析的結果。如果把德國隊對巴西隊的懸殊比數視為例外而只針對準決賽以前的比賽做統計，那麼，德國隊採用標準戰術的進球率便已高達五〇％，也就是說，十個進球當中，有五球是透過較有效率的標準戰術攻入球門的。

勒夫是德國隊獲得世界盃冠軍最重要的推手，德國有許多足球教練都同意這樣的說法。對於德甲的知名教練海因克斯而言，勒夫在這次世足賽裡做了許多正確的決定。「勒夫剛開始讓司職後衛的拉姆改踢中場，這是恰當的，因為凱迪拉與史旺斯泰格尚未恢復活力，不宜讓兩人同時上場。」當右後衛穆斯塔菲在對阿爾及利亞隊比賽時受傷下場後，拉姆再度被移往他最熟悉的右後場，這樣的修正也是正確的。與阿根廷隊進行決賽時，勒夫以克拉默替代在賽前暖身運動突然受傷的凱迪拉，後來當克拉默因為受撞而有腦震盪之虞而必須離場時，勒夫也做了相當明智的隊陣調整。尤其是他讓舒爾勒上場擔任左邊鋒而把克魯斯後撤到中場的做法，後來證明他是對的，因為戈策最後便在舒爾勒的助攻下踢進致勝的關鍵球，一舉將德國隊推向世界盃的冠軍寶座。

德甲的知名教練希斯菲爾德特別稱讚勒夫已成功地讓隊員們融為一體。勒夫那種充滿情感的強力領導，以及為德國隊塑造凝聚所有隊員的團隊精神的能力，都是這支球隊能通往勝利的根本因素。

如何讓候補球員了解他們對於球隊的重要性，這就是總教練的高度溝通藝術了。甚至像克羅澤、史旺斯泰格、凱迪拉和梅特薩克這些主力球員，如果因為欠缺必要的體能或基於戰術考量而必須在場邊坐板凳時，他們都會服從教練的指示，沒有人會因為不肯聽令而成為大家討厭的對象。在巴西世足賽進行期間，德國隊充分展現團隊精神，即使板凳上的替補球員也是如此。史旺斯泰格後來還代表所有德國隊隊員向總教練勒夫致意：「他做到了，他讓所有的隊員願意跟在後頭，追隨他的領導。」

勒夫並不認為，德國隊能有不得了的成就是他的功勞，他特別強調，如果球隊內部缺少凝聚力，無法團結一致，便難以達到目標。「自從我接掌德國隊以來，這支隊伍已經發展出一種前所未有的團隊精神。」這種不可思議的精神力量也是德國隊打贏冠亞軍決賽的關鍵：「我們當時有這樣的感覺，不管我們怎麼做，反正就是應該獲勝。我們非常渴望達到目標，絕不坐視別人拿走一切。不過我們也從比賽裡獲得許多樂趣，這是很重要的一點。隊內的氣氛很棒，大家緊密地聯結在一起，彼此坦誠以待，相互尊重，我相信這對我們幫助很大。」

然而，當德國隊載譽歸國，面對柏林布蘭登堡門附近球迷綿延數公里的盛大歡迎場面時，隊員們所表現的團隊精神卻遭到一些負評。包括進球王克羅澤和射進致勝關鍵球的戈策在內的生活小組一共六名球員在布蘭登堡門下用蹲低彎腰的舞姿諷刺被他們打敗的阿根廷隊，嘴裡還唱著：「阿根廷的高卓人這麼走路，高卓人就是這麼走路！」然後再挺起身軀高唱：「德國人這麼走路，德國人就是這麼走路！」這種針對落敗對手的嘲弄逗唱，後來遭到一些媒體界的保守人士斥責。至於其他的人就比較無所謂，他們認為，這些德國球員只是唱了一段德國童謠的旋律，做了一些無傷大雅的肢體動作，這樣的演出有這麼可惡嗎？尤其是一場陶醉在勝利中的表演？

可以確定的是，人們如何評價德國隊員在布蘭登堡門的演出，就跟如何判斷一支世界盃冠軍隊的比賽表現一樣，都是觀點的問題。一支球隊如何獲得世界盃冠軍並沒有必須依循的標準，也沒有不可推翻的邏輯。在一切的計畫之外，其實還存在一些無法評估的致勝因素，例如，瞬間展現的天賦和及時的運氣。如果西班牙球員大衛．席爾瓦（David Silva）能冷靜而務實地踢球，而不是誇耀地尋求漂亮的進球，或許西班牙隊就不會在分組賽以一比五慘敗給荷蘭隊，而且很可能在世足賽裡一路闖關，最後擊敗德國隊！如果阿根廷球員伊瓜因在決賽裡好好利用幾個射門機會，或許阿根廷隊可以取得領先，而德國隊就只能屈居亞軍了！然後，許多德國人開始就這些前提大肆地論斷：反正情況很清楚，這位國家隊總教練根本無法讓德國隊獲得世界盃冠軍！然而勒夫的德國隊確實已奪得世界盃冠軍！因為勒夫在通往冠軍寶座的一路上，已持續做出一連串正確的決定。現在一個新時代開始了！德國隊已成為名副其實的足球強隊！相較於球場上的展獲，外界的非難根本不重要，這一點沒有人比勒夫更明白了。因此，往後他在面對民粹式的批判時，仍會不為所動，即使他還取得了其他的成就。

從流浪教練到「年度最佳教練」

贏得世界盃的勝利之後，勒夫在年終被德國的體育記者票選為「年度最佳教練」，成為繼克林斯曼之後第二位獲得這項榮譽的國家隊總教練。德國足協主席尼爾斯巴赫還公開讚揚勒夫：「姚吉以何等的自信帶領國家隊在巴西世足賽裡一路過關斬將。他內在的冷靜，清醒的頭腦和果決的作風感染了球隊以及與他共事的伙伴。即使在艱難的階段，他仍能保持沉著與冷靜，從未讓外界覺得德國隊的主帥已經被撼動了！身為國家隊總教練，他的計畫一直很明確。即使外界的批評增多，他總是保有自信，他知道自己有能力帶領德國隊繼續往前邁進。他在巴西世足賽不只出色地指導球隊，同時也深知，如何將二十三位參賽隊員組織成一個同心協力的團隊。」尼爾斯巴赫還表示，即使勒夫在決賽時輸給阿根廷隊而無法獲選為「年度最佳教練」，在他的心目中，勒夫依然是二〇一四年的「年度最佳教練」。

勒夫仍以一貫地謙遜面對這項尊崇。他很高興自己可以獲得這個榮譽，並特別強調：「這個獎項其實是在表揚德國足球界所有的教練。如果德國的職業足球隊沒有投入青訓工作，如果德甲球隊沒有訓練出這麼優秀的球員，我根本無法組成一支高素質的德國隊。德國隊在世界盃的勝利就是德國足球界的成就，本人謹代表所有足球界的人士接受這項殊榮。」真是做得好，而且說得漂亮，姚吉！對於國家隊總教練的這番談話，人們還要評論什麼？

第三部

德國隊就是一家「勒夫公司」

第十五章

勒夫的行事作風與危機管理

柔性領導風格：打造如同藝術品的球隊

勒夫在一九九七年擔任斯圖加特隊的總教練時，曾這麼描述足球教練這門職業：「迷人之處在於管理手下二十五到三十位性格與氣質完全不同的球員，讓他們保有個體性，展現自己的特點，同時又讓他們能相互協調成一個整體。」所以人們便紛紛請教他：「球隊的管理如果要達到這個理想的目標，應該採用哪一種領導風格比較恰當？」當時大家都認為，勒夫為人和氣親切、性格平穩、善於折衝協調，但從另一方面來說，卻缺少了執行決策所必要的貫徹力。正由於這種溫和的人格特質，一些足球界人士便出言反對德國足協在二〇〇六年德國世足賽過後，任命勒夫為國家隊的總教練。然而後來的事實卻證明，勒夫柔性的領導作風所營造出的團隊氣氛相當有利於球隊的比賽表現，那些反對勒夫出任國家隊總教練的聲浪於是逐漸平息下來。

勒夫直到今天還能在德國社會保有他的權威性與公信力，似乎是由於他能毫無保留地承擔國家隊總教練的重責大任。凡是看過勒夫訓練球隊的人都會覺得，這位總教練宛如一名熱情從事創作的藝術家。他站在球場邊，全神貫注地投入球員的訓練，有時他會把雙手交叉在背後，安靜地來回走動，有時則若有所思地用手撫摸下巴。當他發現球員犯錯或疏忽時，會突然暫停練習，親自跑到球員身邊，用清晰的言詞和有力的手勢說明剛才哪個地方出錯，應該如何改進。他在球場上訓練球隊時，不會裝模作樣地作秀，而是像在工作室從事創作的雕塑家，不自覺地流露出強烈的創造性。他確實賦予了他的球隊精緻的靈魂，運作完美的球隊就是他精心打造完成的藝術品。

重視團隊合作的總教練

勒夫是一位十足重視團隊合作的領導人。為了能夠徹底實現自己的足球理念，他把許多任務交由一群忠實可靠的專業人士分頭執行。他和他那位普遍被外界低估的助理教練福立克構成一個緊密的雙人領導核心。關於他們之間的互動，勒夫表示：「我們的觀念相同，對於許多事情的看法很接近，不過我們也會有意見不同的時候。畢竟可以對一件事情進行爭辯，對我們的合作其實很重要。」福立克是教練團的電腦通，他在專業以及為人處事方面都可以和勒夫相互配合，而且提出的判斷很清晰且具有說服力。由勒夫／福立克和齊根塔勒／寇普克這兩個雙人組構成的教練團每隔一、兩個月就會召開一次持續二至三天的工作會議，以便能密集地討論，並提出一些建設性做法。所有關於球隊的一切都會被嚴格地分析：那些曾為國際比賽所訂立的目標是否已經達成？是否應該改變比賽的重點？是否必須對球員們有不同的要求？教練團會在會議裡分析德國隊最近參與的比賽，有時會根據分析的結果修正原有的想法，並且還討論相關的足球戰術、新的訓練方法以及一些由齊根塔勒經常到國外球隊考察所蒐羅到的國際足壇趨勢與現象。首席球探齊根塔勒曾表示自己對於勒夫的看法：「勒夫最大的優點之一是，他願意信任與他共事的人，而且能傾聽他們的意見。」

勒夫曾談到他在國家隊的「核心圈」：「對我來說，圈內所有的人在專業與人情上都很重要。我們無所不談，彼此相互信任。當我有所需求時，他們就是我的能量供給者。」由於教練團已凝聚強大的信任基礎，因此，當總教練處於資訊不足或束手無策的狀態時，教練團就會給予相關的後援。勒夫還強調，教練團的成員們有時會質疑他的做法，甚至直言不諱地指出：當前的發展方向是錯誤的！這樣的直言勸誡反而讓他覺得很高興，因為，人人可以發表意見的民主風氣正是德國隊的強項。

勒夫還一再地表示，他從前任國家隊總教練克林斯曼身上，學會如何把工作授權給其他伙伴處理。「從前我認為，所有的事情都必須親力親為。與克林斯曼共事之後，我才學會如何在團隊合作中分配責任。現在我已經知道，在我的團隊裡，哪些我信任的人在哪些方面的能力比我還卓越。」勒夫懂得信任下屬，願意把許多任務託付給他覺得可靠的工作人員，所以，他可以擁有較多的時間與安閒，這些生活的餘裕不僅讓他的創造力增強，而且還可以讓他好好地思考國家隊未來的發展與目標。

在勒夫的國家隊裡，氣氛輕鬆，人與人之間的關係融洽和睦。這位總教頭曾提到：「我們聚在一起喜歡談論足球的細節，這可以為我們帶來真正的樂趣。」有時為了讓大家開心，他還允許隊員們有一些誇張的舉動。大家即使在討論正事，也不會出現不愉快的氛圍。前國家隊總教練克林斯曼和他的助手勒夫在國家隊裡所示範的和諧人際關係，在勒夫正式升任總教練後仍然保留。勒夫的助理教練福立克與勒夫共事兩年後曾說道，他從未見過國家隊裡發生激烈的爭執，而且他和勒夫相處得很好，後來還有深厚的交情，他們私底下還會帶著妻子一起去度假呢！

在教練團裡，守門員教練寇普克性格內斂，是個不搶鋒頭且忠誠的部屬。相較之下，首席球探齊根塔勒就比較活躍，他很欣賞勒夫的坦率，非常喜歡在這個全體有共識的球隊裡工作。在二〇〇八年奧地利和瑞士主辦的歐洲國家盃足球賽落幕之後，齊根塔勒接受《南德日報》的訪問，曾語帶調侃地談論這位來自巴登地區的好好先生：「如果這世界上有更多的人像勒夫這樣，那麼世界和平的到來就指日可待了！」無論如何，人們從不會像指責馬加特教練在二〇一一年與他指導的沙爾克04隊所鬧出的風波那樣，指責勒夫無法與人相處。做事透明、重視合作以及待人的同理心，正是勒夫的領導風格。勒夫、克洛普以及圖賀這三位足球教練對於球隊領導有方也就意味著，像馬加特和范豪爾這些教練獨斷專行的作風早已過時了！

國家隊的教練團會針對球員人事以及球賽策略做出決定，比方說，擬定國際足球大賽的參賽隊員名單。此外，這個教練團還使用ＤＶＤ進行足球教學，教練們會為球隊和各組球員準備重要的ＤＶＤ球賽影片，並把這些實況錄影依照「組織」、「攻擊模式」或「四人後衛鏈」等主題進行分類，也會對影片中出現的各種錯誤加以整理與分析。如果德國隊的後衛隊員無法正確地掌握四人後衛鏈的球員間距，就會被安排觀看這方面典型出錯狀況的球賽片段。負責其他區塊的球員們也必須觀摩一些相關的影片：「我們會讓幾位中場球員看一些傳接高空球而徒勞無功的畫面，然後我們會問他們，真的要在球賽裡踢高空球嗎？不，我們當然不希望這麼踢球。」

所以我們可以總結地說，德國國家隊如果因為採用科學的方法以及講究細節的球員訓練而有所進展，而且在愈趨完善的勒夫式訓練的影響下，已經比較不片面地注重球員的體能、意志和情緒，而比較依賴例行的運作穩定性，那麼這支球隊就會持續而穩定地發展下去。當然，事情並沒有這麼順利，總教頭勒夫還必須不斷地擺平一些來自隊員們的抗爭。這位國家隊的主帥大多會採取柔性而細膩的方法處理隊內的衝突，但當他陷入疑惑時，有時也會採取不同的做法。

個別與整體：如何組織每一位優秀的球員

能力卓越的足球專家還不足以承擔球隊教練的所有任務。一位優秀的教練不只應具有出色的分析力、決斷力以及堅持不懈的精神，還必須在隊內扮演心理專家的角色。他在球隊裡，必須懂得如何激勵人心，雖有決策的貫徹力，卻不至於成為握有實權的逼迫者。為了維持團隊的運作，他必須節制某些球員倔強固執的脾性，卻又不會阻礙他們個別的能力表現。他必須在球員們之間建立階級，這個階級系統不只能與球隊的計畫相配合，甚至還能加強計畫的執行。此外，球隊的教練還必須通情達理，當他面對不同的性格或情緒不斷變化的球員時，必須有能力找到合適的語言和語調，與他們進行充分而有效的溝通。他必須透過鼓勵以加強一些自我懷疑者的信心，或讓驕傲自大者收斂自己，或讓愛惹是非者願意遵守紀律，而且還能成功地讓幾位出眾耀眼的球星融入團隊裡。最後，由於教練從來無法對全隊球員感到滿意，因此在面對表現不如預期的球員時，還必須展現自我的克制力與領導力。當教練必須告知某位球員無法讓他先發上場而必須成為場邊的候補球員時，他的溝通便需要具備特別細膩的覺察力。勒夫曾表示：「足球員們的命運已與足球連結在一起，這方面我很清楚。當球隊要出發參賽前，教練卻必須告訴某位球員無法讓他一同前往時，這種事情實在具有高度的情緒性與敏感性。」

勒夫曾宣稱，溝通能力是一位教練所需具備的最主要也是最重要的精神能力。比起面對那些拿著麥克風的記者，勒夫在與球員相處上更能發揮自身的溝通能力。他強調，教練的溝通能力不只是一種可以把學習內容確實地傳遞給球員的能力，還是一種能夠傾聽球員的能力。教練必須既能傾聽、又能說服球員，才能建立並加強與球員之間的信任關係。如果希望球員的能力有正向的發展，教練本身就需要具備許多細膩的溝通技巧以及善感的能力。如果教練想把本身的正面能量灌輸給球員，就必須持續地開放自己，藉由傾聽而深入球員的思維與情感。

教練指導一支球隊，就如同樂團指揮把一群優秀的音樂好手組織成一個交響樂團一般。教練只有徹底掌握各種不同性情的球員，整支球隊才有可能取得可觀的戰果，整體的表現才有可能圓滿成功。勒夫表示，教練與所有的球員相處必須具備敏銳的感受力，必須主動找出適合每個球員的互動與溝通方式：「有些球員喜歡教練的親近與信任，有些則喜歡教練清晰而理性的談話內容；有的球員希望教練能給予自由的空間，有的反而希望教練能下達嚴格的指示。」

擔任國家隊總教練四年後，勒夫確信，自己已和隊員們建立非常密切的關係——一種充滿信任與敬重的關係。他不只對於球員的上進心和學習成果感到欣喜，還因為他們成熟的性格而感到驕傲。這些足球國手在受訪時，也給予勒夫非常正面的評價。前國家隊隊長巴拉克便曾表示，勒夫具有絕對的權威性，而且大概只有少數的教練能像他們的總教練這樣，如此前後一致地貫徹他們的足球概念。波多斯基只是簡短地提到，隊員們經常在一起玩鬧，勒夫教練卻能讓他們達到一定的專注力。克羅澤則回憶道，當他二〇〇八年在國家隊的賽前訓練營裡慶生時，覺得國家隊的伙伴們就跟自己的家人一樣。二〇一〇年，弗利德利希也公開表示，總教練勒夫和隊員們之間的關係幾乎是完美的，他一方面非常受大家的尊敬，另一方面又跟大家很親近：「他是一位無可指謫的總教練，受到所有隊員的敬佩。他從不看輕任何一位隊員，與大家的關係非常融洽，而且彼此都能相互尊重。」接替巴拉克成為德國隊隊長的拉姆則強調，勒夫和他們的關係非常密切，他最重視與他們之間的溝通關係，總希望不斷地聽到他們的心聲。

打從一開始，勒夫便顯示自己是一位靈巧的足球戰略家，對於足球場上的每個區塊，他總能說出一些有趣的東西。隊長拉姆曾在他的著作《細微的差別》（*Der feine Unterschied*）中表示，勒夫和他從前遇過的教練很不一樣，特別會刺激他思考如何詮釋他的左後衛的角色，這一點讓他印象很深刻。現任的國家隊隊長史旺斯泰格則代替大多數的球員表示，當德國隊在二〇一一年出現優異的比賽表現後，他便已確信，這支足球隊從二〇〇四年以來能持續地進步應該歸功於勒夫。這位總教頭對於國家隊的貢獻不只在於傑出的戰術制定能力，他還相當擅於領導團隊。球員舒爾勒剛加入國家隊時，便覺得受到隊員們真心地接納與細心地照顧，他非常稱讚國家隊那種絕佳的氣氛，因為只有少數的球隊能才做到這一點。這位菜鳥隊員當時還理所當然地宣布，一定要成為先發球員，以取代資深的主力球員波多斯基。由此可知，勒夫已在國家隊裡成功地營造專業競爭的氛圍，但卻不會損害關乎球隊整體戰果的團隊精神，關於這種現象，《踢球者》也曾做過報導。

勒夫會把握與球員進行個別對談的機會，同時又能顧及球隊的整體運作。他還強調：「隊員不可以因為個人的缺失或疏忽，而波及球隊應該取得的戰績。應該要求隊員守時、尊重別人、加強溝通、勇於認錯並相互承擔責任，還有當情況不順利時，願意包容其他的隊友。」優良的團隊精神似乎已是德國國家足球隊成功的祕密。國家隊到了二〇一〇年已沒有自成一圈的小團體，由於不斷有新血加入，球員之間如何找到彼此的共同點便特別受到重視。國家隊經理比爾霍夫還依照勒夫的想法表示，大幅更換新血的國家隊象徵著喜悅、整合、團隊精神、階級平面化和一種新型態的互動溝通以及領導方式。

只是，德國隊在二〇一二年獲得歐洲國家盃季軍後，史旺斯泰格特別抨擊德國隊內部的和諧已不如以往。勒夫和他的教練團有鑑於二〇一四年的巴西世足賽日益迫近，因此立刻採取措施以改善國家隊的團隊精神，這些措施後來能有顯著的成效，基本上得歸功於球隊委員會的運作。從二〇一〇年開始，除了隊長拉姆之外，參賽經驗豐富的主力球員史旺斯泰格、克羅澤和梅特薩克也參與該委員會的運作。在二〇一四年巴西世足賽期間，勒夫還指派這四位球隊中的領頭羊擔任入住的巴伊亞度假村的「管家」，負責管理國家隊四個生活小組，而且還必須落實國家隊經理比爾霍夫的想法。

優秀的教練除了必須忠誠於球隊之外，還必須具備正直的性格、令人信賴的責任感以及全力以赴的意願，卻又不會成為一味地嚴厲管教球員的權威者。勒夫在擔任斯圖加特隊總教練時便主張：「只為了不出錯而拿著鞭子到處教訓球員，這樣的做法其實已行不通了。」勒夫即使後來因為該隊的戰績不理想而被解聘，卻仍堅持這個看法。「我總是在大家的意見中尋找解決問題的答案。」至今這句話仍是他的名言之一，然而這種追求團隊協調一致的意志卻會受到節制，因為在球隊裡，教練因專業而產生的權威已超越一切。勒夫對此不帶絲毫傲慢地表示，教練必須塑造球隊的整體性，預先確定訓練的內容以及球賽的戰略，因此，教練才是球隊的專家，而不是那些必須在球隊結構裡完成個別任務的球員，教練的權限也遠遠超過球員們所擁有的權限。總而言之，教練最後有權力獨自決定什麼才是正確的。

勒夫與球員們商談時，他的音量雖比前任總教練克林斯曼還要輕柔，不過，所要傳達的內容的迫切性及說服力卻未因此而減少。他與球員單獨談話時，往往不講情面，尤其是提到事情的嚴正性時，甚至出現尖銳的語調。他在指導球隊的時候，也會毫不留情地指出隊員們的各種缺失，例如，短跑的爆發力不足、與對方一對一交鋒時錯誤的動作，和站位與移動路線的失誤以及不精確的傳球等。勒夫不只透過言語表達，他還會借助ＤＶＤ錄影畫面傳遞這些糾正的訊息。

在邁向目標的過程中，勒夫表現出一種無法撼搖的堅持與執著。事情的發展如果不切合他的概念，球隊的表現如果無法更精進或無法達到他的期待，他就會因為過於在乎而變得嚴厲又憤怒。當一個基本的傳球過程一再出現失誤，當傳球的流暢度不足，當他的球員們在場上沒有發揮應有的戰力時，他便開始大呼小叫起來。勒夫這位國家隊總教練對於球員的失誤非常敏感，特別是一些簡單的錯誤。當球員表現懶散或戰鬥意願不足時，特別是當一位很有天分的球員未發揮應有的水準而讓球隊的戰績下滑時，他會突然發怒而變得粗暴無禮，還曾當場對球員們咆哮：「該死！」

勒夫雖然性格溫和，然而當球員對他無禮或抗拒他的指示時，他可不會手下留情。二〇〇三年秋天，他在擔任奧地利維也納隊的總教練時，希望保羅・沙爾納（Paul Scharner）能在那場與葛拉茲隊對打的比賽中擔任右中場，然而，沙爾納卻不願服從指示，因為他希望能留在自己熟悉的中場的中間位置，勒夫當下便立即停止他出賽。在意見與行動一致的德國國家隊裡，當然也存在一些隊員不宜觸犯的規定。勒夫說：「一些與團隊紀律有關的規範都有清楚的規定。」球員若犯下嚴重的過失，他會在談話中直接與對方商談善後的方法，如果還討論不出結果，這名球員就必須承擔事情的後果。「球員們或許可以表達他們的願望，但不可以提條件，只有身為總教練的我才能談條件。」勒夫以近乎威脅的語氣說道。一切全由他決定，不過，他在沒有把握的情況下所做出的決定往往會顯得冷酷無情。

事實上，勒夫擔任國家隊總教練的頭兩年，隊內幾乎沒有發生任何爭端。所有的球員都相處得很好，就連替補球員也能快速地融入國家隊，與大家打成一片。但是情況不總是這麼理想。人們不需要特別注意就可以發現，德國隊在參加由瑞士和奧地利主辦的二〇〇八年歐洲國家盃足球賽時，隊內原本和諧的氣氛已經開始變調。德國隊在維也納舉行的冠亞軍總決賽敗給西班牙隊後，球隊經理比爾霍夫和隊長巴拉克之間便爆發激烈的衝突，這也是勒夫上任以來，國家隊內部第一次公然發生的爭執。

球隊經理比爾霍夫與隊長巴拉克的齟齬

二〇〇八年歐洲國家盃的冠亞軍爭霸賽在裁判吹哨示意比賽結束後，落敗的德國隊經理比爾霍夫便走向隊長巴拉克，請他拿著一張致謝的海報帶著全體隊員繞場一圈向球迷們致意，不過巴拉克卻把他推開，對他吼說：「不要煩我！」而且還補上幾句粗話。據說，比爾霍夫當下立刻罵他（雖然事後曾鄭重地否認）：「你現在根本沒有說話的權利。」要不是當時有人及時介入而平息這場紛爭，這兩個人可能會當場扭打起來。

身為總教頭的勒夫當時並沒有介入並調停他們兩人的衝突，這件事大約過了兩個月後，勒夫才開始處理他們之間的矛盾，並用非常溫和的措辭表示他的看法：「就我所知，隊長巴拉克當時的言詞不是很恰當，他不一定要用這種方式發洩自己挫敗的情緒。」當他對巴拉克稍做批評之後，便要求這兩位當事人再次公開和解，以平息這場衝突，因為他們先前雖曾對媒體做做樣子，表示已經和好，但事後仍透過媒體繼續譏諷對方：當巴拉克因為受傷而無法參加德國隊頭兩場的世界盃會外賽時，曾有體育記者問比爾霍夫，巴拉克的缺席對於德國隊有什麼影響？他當時回答：「有巴拉克的德國隊可以表現得很好，沒有巴拉克的德國隊其實表現也不俗，德國隊並沒有非巴拉克不可。」巴拉克隨後便透過某家報社的訪談回擊比爾霍夫：「當比爾霍夫尚未成為德國隊經理時，這支球隊已經贏得許多重要賽事的榮譽，未來德國隊能否擁有優秀的戰績其實跟比爾霍夫是否擔任國家隊經理沒有直接的關聯性。」這時，人們可能會問，德國隊如果想在足球場上獲得不錯的戰果，球隊經理和隊長之間是否必須融洽地相處？

良好的團隊氛圍是一支球隊成功的必要條件。自從二〇〇八年德國隊在歐洲國家盃決賽錯失冠軍寶座後，隊內的氣氛一直不佳。隊長巴拉克不只和經理比爾霍夫種下心結，他和一些球員之間也有潛在的衝突，《運動畫刊》甚至還推斷，這位隊長由於領導風格粗暴，已被其他的隊員孤立起來。勒夫必須面對國家隊內部的歧異，為了緩和外界的批評，他還特地找巴拉克商談，同時還提高自己在公開場合發言的權威性。他當時正式對外宣布，將透過愈來愈多生力軍的投入以增加國家隊的競爭力與戰鬥力，當然，這項措施將無可避免地威脅到隊內資深球員的領導地位。雖然勒夫在擔任助理教練時，便和這些資深球員非常親近，但勒夫此時已確切地表明，他不保證每位隊員都可以繼續留在國家隊，而且還強調，這項決定也可能波及巴拉克和弗林斯：「我從一開始就沒有說，他們一定可以保住他們在國家隊的位置。」

然而，在二〇〇八年歐洲國家盃舉行之前，勒夫的態度卻不是這樣。他當時總是不斷地讚美隊長巴拉克的領導與督促隊員的能力，而且還表示：「巴拉克有能力帶領並影響國家隊的隊員們，他在球賽中的表現一直沒有退步，雖然負責中場的防守，卻也很有攻擊性。」後來勒夫為了提升國家隊的競爭力，而刻意拔擢隊內較年輕的拉姆和史旺斯泰格，並讓他們承擔更多球隊的責任，這種做法便直接危及巴拉克在國家隊身為唯一領導者的地位。「我一而再地表示，在國家隊裡，我需要更多球員負起領導球隊的責任。球隊只讓一個人帶頭是不夠的，特別當球隊表現不盡理想時，最好能由一些隊員共同分擔責任。」這就是勒夫當時的信念。國家隊的改革已勢在必行，球隊原有的階級模式將被淘汰，勒夫主張的領導理念當然會讓團隊的氣氛惡化，最後免不了爆發公開的衝突。

庫蘭伊的離隊與弗林斯的不滿

二〇〇八年十月十一日，在多特蒙德舉辦的那場對蘇俄隊的世界盃會外賽之前，德國隊出現了一個小狀況，這同時也預告接下來即將發生幾件更激烈的衝突。蘇俄隊在該屆的世界盃會外賽中，是德國隊最強勁的敵手，在兩隊正式上場較量之前，勒夫清清楚楚地向隊員們表示：「我希望看到每位球員在體能與心理方面都已經為這次比賽做好準備好，不然就不要上場踢球。」其中，前鋒庫蘭伊就在未上場的球員之列。當時這位沙爾克04隊球星正處於職業生涯的低潮期，甚至無法擔任替補球員，只能坐在觀眾席上觀球，然而這種屈辱已讓他無法承受，當時他連說聲抱歉也沒有，便獨自一人提前離開球場，而且隔天上午也未依照排定的行程到場參加球隊的訓練。勒夫對庫蘭伊的不告而別氣惱不已，便決定把他開除，不讓他再為國家隊效力。勒夫對此表示，即使他可以理解庫蘭伊當時的沮喪，他還是完全無法接受球員不遵守團隊紀律私自離隊，因為身為總教練，他不只要顧及每位球員，還必須負責球隊的整體運作。後來這位沙爾克04隊球星的狀況逐漸好轉，一年半之後，他已處於最佳競技狀態，當時許多足球專家曾要求勒夫讓這位德國足壇該年度表現最優秀的前鋒參加二〇一〇年的世界盃足球賽，而勒夫始終都沒有點頭答應。

庫蘭伊的退隊風波很快便被遺忘，因為其他球員後來還引發更大的爭端，讓國家隊內部的裂痕愈形擴大，破壞了國家隊原本一派和諧的形象。下一個衝突引爆者就是隊內被降級為替補球員的弗林斯。在那場對抗蘇俄隊的世界盃會外賽裡，這位候補的中場球員只上場七分鐘，四天後，德國隊對上威爾斯隊時，弗林斯已完全沒有上場的機會。勒夫當時表示，他在那場球賽過後曾與弗林斯有過一場「原則性」的對談：「我告訴他我向來重視的價值。隊員如果無法上場踢球，理所當然會感到不滿意，不過我有我的處理原則。」勒夫勸告弗林斯，該如何妥當地面對這個令他感到不愉快的情況，並為他指出二〇一〇年南非世足賽的願景。「我知道，他將會恢復從前的足球實力，但他現在必須忍耐，我仍然對他抱有期待。」

弗林斯卻在接受《畫報》訪問時，公開發洩自己的不滿。弗林斯說：「與威爾斯隊開踢之前，勒夫教練告訴我，我的情況雖然不適合上場，但他仍然對我充滿信心，相當重視我的參賽經驗——」然而，勒夫後來卻未讓這位曾代表德國隊出賽七十八次的足球國手上場比賽。弗林斯表示：「這對我來說，已屈辱到極點！我認為當時那幾位上場的中場球員的實力並沒有勝過我，比如希策斯佩格和羅爾費斯，我說這些話並不是要和他們作對。隊員能否上場先發主要取決於他們在德甲球隊的表現，即使我們三個實力旗鼓相當，我仍然期待勒夫教練能因為我豐富的比賽經驗而給我更多的支持、信任與敬重。」雖然，勒夫曾向弗林斯表示其重視，不過，弗林斯當時已察覺，勒夫對他已不再有任何的期望，所以他已考慮退出國家隊。弗林斯說：「並不是因為我被惹火了，而是我在最後那幾天認清了真相。」

總教練與隊長的角力

「弗林斯事件」跟幾年前克林斯曼時代的「沃恩斯事件」如出一轍，並沒有什麼驚人之處。國家隊一些比較資深的球員因為面臨被淘汰的威脅，而不斷抱怨總教練沒有依循他所聲稱的篩選參賽球員的實力原則。當時巴拉克隊長在英超切爾西隊踢球受傷，無法參加世界盃的會外賽，身為弗林斯的好友，他在足部開刀後的療養期間接受《法蘭克福匯報》的訪問時，便為弗林斯打抱不平，而讓「弗林斯事件」出現後續的發展。

巴拉克受傷後，勒夫並未探問他身體的復原情況，這完全違反勒夫向來的習慣而讓他覺得相當怪異。特別讓他感到驚訝的是，總教練在隊內激發球員之間競爭的方式頗為激烈，甚至還有幾位表現出色的資深球員突然受到年輕隊員的攻擊，並被要求屈從於他們。巴拉克還在訪談中替年齡相近的弗林斯說話：弗林斯雖然在德甲球隊有高水準的表現，經常參加歐洲冠軍聯賽，然而他的能力卻在國家隊裡不斷受到質疑，因此，弗林斯一直有不好的預感，他覺得自己可能無法在國家隊的隊員競爭中勝出。巴拉克語帶非難地指出：「如果總教練不希望某位隊員留下，就應該坦白地告訴對方。對於一位曾替國家隊立下汗馬功勞的足球國手來說，獲得敬重與誠實的對待是最起碼的事。這讓我想起過去一些球員類似的遭遇，例如，德國隊從前的門將卡恩。卡恩離開德國隊是他與另一位守門員萊曼競爭的結果，在我的眼裡，卡恩就是這場鬥爭的失敗者。弗林斯不只是一位身經百戰的球員，他還可以細膩地覺察出他的身邊到底發生了什麼事。當他相信國家隊已不再需要他而打算主動退出時，這樣的決定讓我覺得很遺憾。當然球員的比賽表現最為關鍵，球隊新舊球員的傳承反而比較不重要。當總教練要求，年輕的球員們應該提高球員之間的競爭壓力，這當然完全行得通，不過，也不應該為了比賽的戰績而把這一切搞得太過分。」

勒夫後來對於巴拉克隊長公開抨擊的反應相當不客氣，他以冷酷而簡要的言詞回應弗林斯退出國家隊這件事：「我們以球員實際的表現作為主要的考量。如果球隊中有人不願再為國家隊效力時，我們即使用盡各種方法也無法強迫他留下。」勒夫表示，關於巴拉克這件事比較棘手，他對於這位國家隊隊長很失望，接著還以威脅的口吻說：「我當然會和他面對面溝通，我還不清楚為什麼他要這麼做。每位國手都知道，公開批評團隊意味著什麼，況且只有總教練有權利公開談論球隊的人事問題。」

當時所有的報紙以及球迷固定的聚會中，有好幾天、甚至好幾個星期都在談論勒夫與巴拉克之間的齟齬。當這位因負傷仍行動不便而在倫敦無法回國的國家隊隊長，對媒體傲慢莽撞地批評總教練勒夫之後，便因為接到勒夫的電話而態度的軟化，他也很高興勒夫願意主動與他對話。一位德國足球界的前輩當時曾公開要求勒夫，立刻飛往倫敦與巴拉克進行協商，但勒夫並不想過度放低姿態，反而請巴拉克隊長回德國進行報告，只要他的身體狀況已恢復到可以遠行。當其他人不贊同勒夫處理這件事情的方式時，勒夫卻認為，這件事對他而言並不是很重要。

後來，巴拉克的態度軟化並公開承認自己的錯誤：「我會在最短的時間內，和勒夫教練碰面討論，只要我的傷勢恢復到一定的程度，我會當面為我在媒體的失言向他道歉。」他在一封發給媒體的公開信中這麼寫道，並坦承他非難勒夫的言詞有失當之處。巴拉克表示，自己從沒有想過要對這位他個人非常敬重的總教練進行人身攻擊，他當時會對《法蘭克福匯報》的記者說那番話，純粹是想保護和聲援他在國家隊中處境艱難的同志。

那時許多德國報紙在報導德國隊的這起衝突時，紛紛在體育版下了「大將軍勒夫」、「勒夫不再是好好先生」、「有稜有角的勒夫」和「國家隊主帥成了軍隊的統帥」等這些標題。《法蘭克福匯報》則報導：「巴拉克在國家隊可能保不住隊長的職位，甚至可能被解聘。」總之，勒夫在處理這件事時，表現出前所未有堅定與果決的態度，這一點當然也出乎巴拉克和弗林斯的意料之外。

二〇〇八年十月三十日，勒夫和巴拉克在德國足協總部花了兩個小時面對面把事情談開來，不過，遲至隔天傍晚，德國足協才針對兩人會談的結果發布新聞稿：勒夫接受巴拉克的道歉，巴拉克將繼續留在國家隊踢球，並繼續擔任隊長，不過勒夫還不忘訓示巴拉克，即使身為隊長也必須遵守球隊的規定，而且還清清楚楚地讓巴拉克知道，球隊所有與運動和人事有關的決定是教練團的職權範圍，球員們毫無置喙的餘地。後來勒夫還明白地表示，外界其實不該認為他的總教頭權威在那場與巴拉克和解性的對談中受到損害。他從來沒打算要讓這位隊長離開國家隊，他只希望巴拉克能誠懇地向他道歉，並能徹底認同所有國家隊隊員應該遵守的行為準則。「如果國家隊的隊員像隊長巴拉克一樣，願意承認自己的錯誤並道歉，而且在足球方面還保有一定的實力願意繼續為國家隊效力，這是再好也不過了！大家都知道，我有自己的想法，我在乎的是這些想法能夠在國家隊裡獲得落實與貫徹，而不是維護自己在球隊裡的權威。」德國國家隊篩選參賽球員是以球員個人的實力為最高原則，能為國家隊立下戰績的國手絕對會受到尊敬。所以，他也再次提醒弗林斯，他在國家隊的前景完全取決於他個人在球場上的表現。

德國國家隊當時衍生出的糾紛根本是一場權力鬥爭。勒夫已逼使隊長巴拉克必須公開悔過，所以，誰是這場角力的勝利者已經很清楚。原本發言嗆辣、不知順從總教練的巴拉克被叮得滿頭包，而且他在國家隊裡已不再像從前那般占有優勢。他原想保護弗林斯，卻反而讓自己就此陷入不利的境地。

總教練最後的警告

勒夫和巴拉克及弗林斯這兩位隊員主要的衝突是什麼？首先只是因為老將弗林斯在球隊中喪失主力球員的地位：德國隊在二〇〇八年歐洲國家盃對上葡萄牙隊，以及後來在世界盃會外賽中遭遇蘇俄隊時，即使弗林斯當時未上場出賽，德國隊仍然有突出的表現，所以國家隊不一定非他不可。新球員在球隊裡會逐漸取代資深球員，這種汰舊換新的情況對於球隊來說是很平常的事，再加上幾位年輕球員（比如史旺斯泰格和拉姆）已經在這場由勒夫所宣告的隊員競爭中建立起自信心與正面形象，而且這個愈形激烈的鬥爭已無法保障隊長巴拉克在球隊裡的特權。那時巴拉克和弗林斯都已年過三十，勒夫勢必得加強年輕球員的戰鬥力，這種做法必然會改變球隊內部既有的階級系統。隊長巴拉克害怕失去自己在球隊裡特有的地位，而且還把他的知心伙伴弗林斯受到其他年輕球員冷酷的挑戰，視為自己即將失去權力的前兆。他率先透過媒體攻擊總教練，其實是因為自身的自負感受到傷害，因為他在國家隊裡，已從原本擁有某些特權的超級明星被降級為一名位置沒有絕對保障的重要球員。

原則上，這些衝突在球隊裡很普遍，並不是什麼不尋常的事情，而且一支不斷精進的球隊總會出現這類爭執。然而，德國國家隊這場新舊球員間的衝突卻有一個不同的特點：它已顯示出，像馬泰斯和薩默爾等這些歷任隊長所象徵的德國國家隊的傳統或許會在巴拉克的隊長任期內趨近尾聲。二〇〇八年歐洲國家盃舉行期間，德國隊內部對於巴拉克隊長作風專制的批評已愈來愈強烈，尤其是他要求享有的特殊地位與他在球場上的表現並不相稱，這一點更讓隊員們大感不滿，再加上總教練勒夫喜歡把「階級平面化」和「共同承擔責任」這些口號掛在嘴邊，並已公開主張，德國隊應該告別由某幾位資深球員領導球隊的傳統，所以，巴拉克的失勢已是遲早的事。讓巴拉克在國家隊失去權勢的最關鍵因素當然非總教練的權威莫屬。勒夫身為國家隊主帥，豈能坐視他的隊長不僅公開批評他在實務方面的處理，甚至質疑他個人的性格，因此，非讓巴拉克和他的戰友弗林斯公開向他屈服與認錯不可。

勒夫當時已發覺，必須處理這個隊內的衝突，而他完全沒料到，這個衝突竟會如此激烈。勒夫透過這場爭執的處理進而增加了自己在國家隊的影響力，展現了自己主導國家隊的決心，並就此鞏固自己在球隊裡的權威。十一月十九日，德國隊在柏林與英格蘭隊對打之前，勒夫在一家五星級大飯店的會議廳裡，針對德國隊國手們的行為規範與一些倫理方面的問題與球員們進行三十分鐘的談話，其中包括：球員之間的相互尊重、德國隊可以爭取的榮譽、可能帶來失望的企圖心、獲勝時的亢奮情緒、職業足球員的絕對敬業的態度，還有球員們必須知道，被降級為場邊待命的替補球員並非已被球隊放棄，而是球隊希望他們未來能有更好的表現。在接受《運動畫刊》的訪問時，勒夫還提到一些德國隊隊員應該好好思考的問題：「身為國家足球隊的國手意謂著什麼？」「該如何成為許多德國孩童的榜樣？」「如果繼續加強自己面對媒體的能力，還會碰到什麼問題？」「什麼才是正確職業生涯的規畫？」「該如何讓自己融入團隊？」

以下三項嚴格的信條構成勒夫為德國隊隊員所訂定的行為規範的核心：第一，全體隊員必須徹底認同總教練是球隊唯一的領導者（只有總教練可以決定球隊的人事與足球戰術）；第二，球隊講求絕對的實力原則（總教練只依照球員當前的狀況決定誰可以上場踢球，而不是球員過去的表現以及對於球隊曾有的貢獻）；第三，不准公開批評球隊（這是尊重的問題。德國隊的隊員們基本上都相處得很融洽，然而巴拉克和弗林斯對外不恰當的發言卻給外界不好的印象與錯誤的判斷）。

這場對球員們強硬的談話其實帶有最後警告的意味。勒夫激動地表示，當球員們不接受隊方的決定而且還公開在媒體批評球隊的頭號領導人時，這顯然是無法原諒的過錯。他雖已接受巴拉克和弗林斯的道歉，不過卻還語帶警惕地表示：「大家都知道，我以後不會再容忍這種冒犯了。」

確立總教頭的權威

勒夫藉由規範的訂立，為國家隊的隊員們設下明確的言行限制。他還信心滿滿地表示：「當球員們的關係出現裂痕或彼此互信的基礎受到侵蝕時，我認為這並沒有多糟糕。我相信良好的氣氛很快便會再度回到我們的球隊裡。」然而曾是氣氛和諧溫馨的國家隊卻已刮進一陣刺骨的寒風，它的吹拂讓一些球員們的臉部肌肉僵硬不堪，幾乎已無法開口說話。

二〇〇八年十二月，當勒夫在進行年底的球隊總回顧時，仍努力淡化幾個月前巴拉克和弗林斯公然搬演的內鬨劇碼。他認為德國國家隊是一支強隊，這支球隊就是極端競爭的代名詞。原則上，球員之間的衝突是球隊發展非常平常的部分，而且從未停止發生。人們已經看到，這支國家代表隊因為內部不和而出現負面的影響，連帶賠上了外在形象。勒夫後來嘗試找出這個衝突事件的積極面，希望這起衝突可以讓國家隊更有警惕、立下更明確的方針，因此，他再次提醒球員們應該遵守哪些言行規範，不過他並沒有禁止大家發表意見，他甚至樂見球員們能表達自己的看法，只是應該特別留意發言的場合。在球隊裡，大家可以隨意地發言，不過這些言論與意見只能在隊內流傳。至於球員往後如果逾越規定而應該承擔什麼後果，他並不想多加考慮，畢竟他知道，自己在球隊裡的權威已經穩固，而且他寧可相信，這種情況將不會再度發生。

二〇〇八年歐洲國家盃比賽結束後的那幾個月，好好先生勒夫似乎已變成一位堅決的、甚至強硬的領導者。《踢球者》的記者曾問勒夫，經過這場衝突之後，他是否有所改變？勒夫答道：「我沒有變，還是跟從前一樣。不過這起衝突卻是我擔任足球教練以來頭一次覺得必須採取強硬的行動，而且必須提醒球員們，應該遵守哪些行為規則，以及德國國家隊應該呈現什麼樣的形象。」有時隊員之間難免會出現矛盾與紛爭，總教練也就必須不斷強調自己在隊內的權威。

《踢球者》則不以為然地批判勒夫在這件事情上也有過錯，因為他拖了許久才公開地平息自己與球隊那幾位領頭羊的衝突。不過，這種緩慢處理爭端的方式或許符合勒夫的意圖，如果他當時立刻展開反擊，他很可能為了保住自己的面子而把巴拉克和弗林斯雙雙從國家隊開除。他採取拖延的方式讓這兩位球員在公眾面前暴露自己的弱點，然後再伺機出手，予以回擊。因為這場爭端持續愈久，巴拉克和弗林斯就會在接受媒體訪談時出現一些矛盾且留人話柄的言論，徒讓自己處於不利的地位，如此一來，勒夫就有理由可以修理他們。在這場衝突之後，原本氣燄高張的巴拉克隊長已洩氣許多，「大將軍勒夫」則在國家隊裡掌握前所未有的權力，穩居總教練寶座。

總教頭的盤算

二月十一日，迎戰挪威隊的那場友誼賽是德國隊在二〇〇九年的第一場賽事。巴拉克和弗林斯都被指派參賽，他們應該會比上次與英格蘭隊對打時顯得束手無策的兩位中場（瓊斯和羅爾佛斯）有更傑出的表現。對於這兩位資深球員的出賽，勒夫評論說：「他們兩位對於國家隊非常重要，一支球隊總需要一些比較資深的球員，他們本身豐富的比賽經驗可以讓年輕的球員獲得安全感。我很高興，他們兩人又再度代表國家隊出賽。自從二〇〇四年我擔任助理教練時，我們便在一起為德國隊努力，雖然我們之間曾出現緊張關係，但我們其實相處得很好。」之前發生的那些不愉快早已煙消雲散，他們之間的互信仍相當穩固，不過資深球員仍必須接受考核，還是得透過參賽的優異表現來鞏固自己在國家隊的地位。

德國隊在這場賽事裡，最後以〇比一敗給挪威隊，這場比賽大概是勒夫時代國家隊表現最糟糕的一場球賽，也是弗林斯最後一次代表德國隊出賽。後來，媒體和球迷們對於弗林斯的談論還持續了一段時間，弗林斯既沒有主動退出國家隊，勒夫也遲遲未做出任何與他有關的決定。弗林斯去留的問題一直伴隨著德國隊往後的每一場比賽，他每次都未能獲派上場，據稱，這是因為他沒有處於最佳的競技狀態。當夏季來臨，勒夫雖仍未指派弗林斯出賽，卻依舊表示：「即使弗林斯沒有代表國家隊出場，他對於國家隊而言，還是一位重要的球員。」當時許多人都覺得，這位總教頭打算透過長期的刻意冷落讓弗林斯知難而退，自行離開國家隊。十月初，勒夫在面對外界不斷詢問之後，還以不耐煩的語氣堅決表示：「如果我認為，某位球員的表現已經無法達到國家代表隊的要求，已經不需要留他在隊內，我會很坦白、很清楚地告訴他。不過我不覺得弗林斯是這種情況，我發現他的狀況已逐漸回穩，所以在二〇一〇年五月南非世足賽的參賽隊員名單確定之前，他還是有機會獲選。」

勒夫雖然對於弗林斯能否參加二〇一〇年南非世足賽一事考慮許久，然而，弗林斯獲選的希望最後還是落空了！二〇一〇年一月二十日，勒夫和他的助理教練福立克兩人親自到不來梅找弗林斯，他們跟他約在一家高級飯店並當面告訴他一個殘忍的事實：他已無法再代表德國隊出賽，包括即將在夏天舉行的世足賽。當時已三十三歲的弗林斯是德甲的文達不來梅隊的隊長，當他知道自己已被勒夫從參賽隊員名單中剔除後，便對媒體表示：「如果大家已經看到所有的前兆，就應該料到會有這種結果。即使我和勒夫教練的看法很不一樣，我也只能接受他的決定。」經過這番拖拖拉拉之後，弗林斯終於告別德國隊，這也是大家意料中的結局。當時不少的批評者曾對勒夫提出質疑：為什麼這位總教頭無法儘早下決定？無法直接了當地告訴這位曾是國家隊的主幹球員事實的真相？

勒夫後來還詳細地解釋他對於弗林斯這件事的處理過程。他在二〇〇九／一〇年度球季開始時，便已告知弗林斯所效力的文達不來梅隊：「弗林斯的腳傷還有一些後遺症，他的體能和技巧已不如以往，或許他已經過了巔峰狀態。」不過，直到二〇一〇年年初，勒夫才百分之百確定弗林斯的狀況，於是便飛往不來梅，親自告訴他不再讓他出賽的決定。對此勒夫還提到：「我們已經密集觀察弗林斯半年的時間，還有凱迪拉。凱迪拉是否可以取代弗林斯？他是否可以為德國隊在二〇一〇年的南非世足賽做出關鍵性的貢獻？當這個球季在八月分開始時，我對於這些問題還不是很有把握，我們的教練團還必須在這段期間裡仔細檢驗凱迪拉的表現。到了冬天，當教練團已針對凱迪拉前後大約十五次的比賽進行觀察及討論之後，我便在會議中表示：『我們應該選派凱迪拉，我知道，德國隊會因為他的加入而有更好的表現，他的實力已足以取代資深的弗林斯。』除此之外，還有一、兩位年輕的球員也可以接任弗林斯在國家隊所留下的中場空缺，比如克魯斯，當然還有史旺斯泰格。如果我已經做出最後的決定，我就會親自告訴弗林斯。」

在處理「弗林斯事件」的過程中，人們可以看到，勒夫從不像絕大多數的足球教練那般爽快地發言。他並未及早將自己的決定告知弗林斯，而是一直對他不置可否，直到他找到一位確實可以取代他的隊員後，才告訴他無法繼續任用他。如果勒夫當時可以儘早告知弗林斯已無法續用他的決定（前提當然是，凱迪拉必須用實際的表現證明自己經得起考驗），或許這樣的處理方式會比較公允合理。

勒夫在處理門將萊曼是否留任一事，也採取拖延戰術。當萊曼在二〇〇八年歐洲國家盃結束後，仍頑固地拒絕離職而違逆教練團的期待時，勒夫那時並未立刻公開說明他已打算在二〇一〇年南非世足賽任用諾伊爾這位比較年輕的守門員擔任一號門將，而是經過數星期的沉默後，才當面跟萊曼表明，他的時代真的已經過去了！不消一年，萊曼又考慮回鍋國家隊，此時總教練勒夫並未再度親自出馬，只有守門員教練寇普克簡短地公開表示：「萊曼花心思回國家隊是多餘的。他的復職對於國家隊較年輕的守門員來說，將是個完全錯誤的信號。」

關於後衛球員梅策爾德的離隊，勒夫也是靜候時機以解決問題，並未明快地做決定。「國家隊會優先考慮隊員們的球技和體能，而不是他們的姓名。」勒夫說明，為何他在歐洲國家盃足球賽落幕後，暫時冷落這位較年長且運動傷害不斷的後衛球員。總之，弗林斯和萊曼的遭遇又在梅策爾德身上重現。兩年後，即二〇一〇年，已從西甲皇家馬德里隊轉到德甲沙爾克04隊的梅策爾德還是沒有接到德國國家隊徵召他參與南非世足賽的通知。直到該年年底，世足賽已落幕五個月後，勒夫才確定這位前國家隊主將已不可能再回復從前的踢球水準，才明確地對外表示：「梅策爾德曾對德國隊有巨大的貢獻，我很高興看到他在傷勢復原後，再度恢復往日的活力。不過國家隊的未來卻屬於其他球員的。」

菜鳥波多斯基甩了巴拉克隊長一個耳光

隊長巴拉克雖然也在資深球員之列，卻受到勒夫堅定地支持。他在德國國家隊裡，似乎還擁有未來，儘管巴拉克長期困擾於一些運動傷害的後遺症，而且依然是國家隊內部衝突的焦點人物。二〇〇九年四月四日，德國隊在英國卡地夫出戰威爾斯隊，德國隊最後雖以二比〇獲勝，然而這場世界盃會外賽進行到第六十七分鐘時，隊長巴拉克和一些新進球員之間潛在的衝突卻突然曝露在大庭廣眾之下：當巴拉克再度射門成功，為德國隊拿下第二分後，便向已多次未進入狀況的前鋒波多斯基發出警告，這位菜鳥球員一氣之下，便轉身甩了巴拉克隊長一巴掌。這個舉動讓德國隊大出洋相，根本丟臉丟到國外！

巴拉克是德國國家足球隊有史以來第一位挨耳光的隊長，他對此怒氣沖沖地表示：「波多斯基是一位資歷較淺的球員，還有許多必須學習的地方，如果我給他一個戰術的指示，他就應該確實遵守而不是動手打人。」巴拉克還進一步說明，在事發之前，他已無法掌控前鋒波多斯基，只好對他喊叫，要他務必跟上團隊的步調並正確地跑位，當時早該被換下場的波多斯基卻惱怒地回嘴（當然，他從不承認自己曾說過這種話）：「閉上你的嘴！管好你自己！你這個王八蛋！」

對於這起發生在威爾斯足球場上的衝突，勒夫清楚地表態支持隊長巴拉克，並嚴厲譴責波多斯基的摑掌行為。賽後，他對全體隊員發表談話時，還要求兩位當事人一起把這件事說清楚。曾與巴拉克發生衝突的球隊經理比爾霍夫則表示，這個爭端已經擺平，所以不一定要懲罰波多斯基，不過，波多斯基後來還是接受隊方的處分，他必須在德國足協於科隆市舉辦的「兒童的夢想」這個足球巡迴活動裡擔任幾個小時的義工。

當然，讓波多斯基接受這個小小的懲罰並不表示他未來可以故態復萌，在國家隊裡放肆胡來。勒夫對於這起衝突非常慎重地指出，波多斯基這次的攻擊行為已讓自己信用破產：「他在威爾斯的足球場上公然賞了自己的隊長一巴掌，這種粗蠻無理的舉動已傷害了德國隊的形象。他這種荒唐的行為簡直是在挑戰我們教練團容忍的極限，下次再出現類似的過錯，我們一定會採取更嚴厲的制裁措施。」波多斯基因為事後多次誠懇地道歉認錯，而獲得了改過自新的機會，況且在這個事件發生之前，他在國家隊裡的言行舉止並沒有爭議之處。後來勒夫還進一步分析這個事件：這起衝突與二〇〇八年庫蘭伊被安排在看台觀看對蘇俄隊的那場世界盃會外賽，中途自行離場的情況並不一樣。波多斯基的爭議是因為自身的衝動行為而引起的，與庫蘭伊未獲派上場而出現的沮喪完全不同。勒夫在接下來那場球賽開始的幾個小時前，便已告知波多斯基，無法讓他上場比賽，當時這位沙爾克04隊的年輕球星只回答，既然無法出賽，他打算回家休息。由於波多斯基後來已確實改過，未再出現任何言語與肢體上的暴力行為，因而獲得了球隊的寬恕。

由於被波多斯基在眾目睽睽之下甩了一巴掌，巴拉克後來還搏得國家隊高層一些格外正面的評價。事隔一個月後，勒夫還公開讚許這位國家隊隊長在那場摑掌風波之後，展現了卓越的專業能力、積極的態度以及高度的溝通意願，並且強調，這位經驗豐富的世界級球星的表現已經達到爐火純青的階段。巴拉克後來曾回憶這段令他印象深刻的往事：「我和勒夫教練在那段時期的關係確實很好，我們比從前有更多的互動和溝通，經常打電話聯絡。」該年十月，德國隊在世界盃會外賽中以二比一力克勁敵蘇俄隊，巴拉克也在這場重要的戰役裡踢進一球而讓勒夫讚不絕口：「隊長巴拉克是德國隊真正的領導者，他的溝通能力已經增強，而且不斷地追求進步。」總教練與隊長此時齊心協力，似乎可以攜手展開二〇一〇年德國隊在南非世界盃的致勝計畫，不過巴拉克後來卻於世足賽開賽前夕，因為參加英格蘭足協盃的冠亞軍決賽而受傷（足踝韌帶撕裂），無法代表德國隊上場出賽。德國隊內部因為巴拉克缺席南非世足賽而發生一些戲劇性的轉變，隊內那批年輕的隊員趁勢而起，這位不在其位的老隊長也就此被他們邊緣化了！

世代交替：總教練的長遠眼光

巴拉克當時是國際足壇的重量級球星，在腳踝未受傷之前，還是德國隊最後一位資深的領頭羊，是一位見解清晰、毫無爭議的隊長，也是德國隊無法被取代的主力球員，然而，這顆耀眼的明星卻因為受傷而無法在南非世足賽裡熠熠發光。這位負傷的前隊長，在德國隊即將與阿根廷隊開打的八強淘汰賽前一夜，還專程搭機前往南非，到球隊下榻的飯店探望隊友們。不過，當晚他已很清楚地覺察到，自己像是不再屬於德國隊，已不再共同肩負他從二〇〇四年德國隊進行大改革以來所參與的球隊任務。勒夫後來也證實，巴拉克當晚有強烈的失落感，首先是他在世足賽一展抱負的夢想因為腳傷而幻滅，後來千里迢迢地坐飛機趕到南非為德國隊助陣時，卻發現自己已不屬於這支球隊。這對他來說，真是個殘酷的事實。

早在二〇〇八年歐洲國家盃足球賽期間，德國隊的一些主力球員便因不滿巴拉克的言詞而群起排擠他，當時新上任的國家隊發言人、也是後來代替巴拉克率領德國隊參加南非世足賽的代理隊長拉姆便曾針對這起衝突發表他的看法：「我是一個喜歡正面思考的人，我也相信，一個團隊的運作主要是透過正面的言語溝通。當然，人們必須清楚地檢討錯誤，這一點非常重要，不過也可以心平氣和地指出，哪些部分做得很好，值得嘉許。」自從拉姆接任隊長後，便表現出不同於歷屆隊長的領導風格。「德國隊不再像從前那樣，所有球員都必須聽從隊長的領導，隊長就是老大，其他的球員只有服從的份。」在球場上，德國隊已經沒有任何球員有資格支配其他球員，而且每位球員都必須參與所謂的「集體領導」。這種階級平面化的轉變等於再次賞了巴拉克一個耳光，因為這位國家隊隊長不只要求隊員們尊他為老大，而且他已習慣以苛嚴的方式訓斥他們。作風開明的拉姆隊長卻採取相反的做法，為了讓球員們能在球場上確實實踐他們共同的足球理念，他反而特別重視球員之間那種以團隊為重的溝通及相處的能力。

南非世足賽剛開始時，代理隊長拉姆便公開表示，巴拉克在世足賽結束後，將會繼續擔任德國隊隊長。然而值得玩味的是，在巴拉克負傷探望遠在南非的德國隊之後，這位暫代隊長職務的邊後衛便一反原先的態度表示，自己很喜歡隊長的工作，希望可以正式升任為隊長。「隊長的角色帶給我許多樂趣，為什麼我要放棄這個職位？」因病告假的巴拉克聽到拉姆這番談話後，心裡覺得很不舒服，因為他並沒有辭職，還是德國隊隊長，這一點相當清楚明瞭，根本不需要討論：「我是國家隊隊長，代理職位的拉姆卻在一個我認為不恰當的時機，要求取代我成為正式的隊長。這件事讓我覺得很受傷，不過也沒有辦法。」勒夫對於這起爭端的反應顯得很溫吞，首先他想知道拉姆的說法，拉姆曾表示，自己樂於擔任德國代表隊的隊長，希望能承擔這份責任，不過他也強調，他的去留完全由勒夫決定，畢竟只有總教練的話才算數。當時勒夫卻對這個熱門的新聞話題遲遲沒有表態，只是簡單地對外表示，將會選定某個時間讓兩造雙方知道他對於這件事情的看法。「我不會參與這個話題的討論，也不會受到外界的影響或屈服外界的壓力。我知道這件事情該怎麼處理，絕不會猶豫不決。」勒夫說。

巴拉克後來從英超的切爾西隊轉回德甲的勒沃庫森隊，並在某次媒體專訪時再次強調：「如果球隊的隊長受傷，負責代班的代理隊長並不能強占這個職位。如果您的老闆請了幾個星期的病假，請您代行他的職權，當他康復之後，您是否還可以繼續占住那個職位呢？」如果球隊內部為了爭奪隊長的職位而有爭端，通常球隊高層必須出面裁決。由於巴拉克遲遲未獲高層的支持，因此他強烈懷疑高層早已私下授意拉姆，正式取代他成為國家隊隊長。他知道，「拉姆在當時的情況下，要接受媒體的訪談並沒有那麼簡單。他一定在某種程度上獲得總教練的授權，才敢公開發表那些希望自己可以正式擔任隊長的談話。」這位憤憤不平的前任隊長與勒夫之間已不再有緊密的互信，其中根本的問題當然在於，勒夫是否還需要巴拉克？他已在南非世足賽中確認凱迪拉是非常理想的中場球員，他的實力已能取代巴拉克在國家隊的中場位置。如果巴拉克缺席的德國隊在世足賽表現非常亮眼，巴拉克重回國家隊是否還有意義？如果三十四歲的巴拉克已無法在勒夫的國家隊足球計畫裡扮演任何角色，為何勒夫不直截了當地告訴他？德國隊果真在南非世足賽裡表現不俗，這已意味著，巴拉克這位隊內原本的頭號人物其實是可以被取代的，德國隊甚至因為少了這位傳統老大作風的隊長而運作得更好。

南非世足賽結束後的那幾個月裡，外界不斷地追問勒夫對於暫時離職的巴拉克隊長有何安排。以下是勒夫相關的談話內容：

八月十一日：「對於我們德國隊來說，巴拉克一直都是相當重要的球員。我們現在會觀察他在球場上的表現。」

八月十六日：「在受傷之前，他一直都是德國隊的台柱，這一點無庸置疑。他不僅從未干擾或阻礙球賽的進行，反而經常透過傑出的表現，讓德國隊取得可觀的戰果。」

八月三十一日：「如果巴拉克再度回到德國隊，他當然可以重新擔任隊長；如果他無法重回德國隊，就由拉姆繼續擔任這個職位。」

十月七日：「我們必須觀察，什麼時候把他整合入國家隊會比較恰當。」——那時，剛復原的巴拉克因為漢諾威隊的塞吉歐・平托（Sergio Pinto）的犯規動作而再度受傷，強力的衝撞導致他的脛骨骨折以及外側韌帶拉傷。

十一月十八日：「我總是不斷提到，巴拉克仍舊是我考慮的參賽人選。他已經有半年處於受傷狀態，無法上場踢球。大家不要忘記，當球員因為受傷而在比賽中缺席時，就會有其他球員遞補他所留下的空缺。史旺斯泰格和凱迪拉在南非世足賽的表現非常出色，不過我還是相信巴拉克會重回國家隊。我知道，他一直積極爭取回到國家隊。」

十二月十一日：「我相信他會回來，他也正在為這個目標做準備，不過，在這段期間裡，隊內其他的球員也出現一些正面的進展。」

十二月二十日：「基本上，我相信巴拉克明年會再度讓自己有優秀的表現。如果他辦到了，我們所有的人都會替他感到高興。」

一月五日：「最後只有球場上的表現才能決定一切。」

如果人們仔細分析勒夫這些談話內容，就會發現，勒夫希望巴拉克離隊的意圖已愈來愈明顯。在這段養傷的期間裡，年齡已三十四歲的巴拉克也曾考慮主動退出國家隊，不過他打從心裡不願意放棄，也不想提早做出可能讓他後悔的決定。所有的徵兆都顯示，勒夫並不打算積極處理這個問題，他只想等待，或許就讓時間來解決問題。勒夫從前在處理卡恩和弗林斯的離隊時，不也拖了好幾個月？後來國家隊正式對外宣布，總教練勒夫在持續與巴拉克接觸後，決定不提名他參加六月分與奧地利隊及亞塞拜然隊對戰的歐洲國家盃會外賽，等這兩場比賽過後，教練團還會再次「總結地」談論巴拉克未來在國家隊的角色。勒夫後來也親自透露了自己的想法：「總教練最主要的任務就是提升球隊的戰績，以及思考球隊未來的展望，也就是說，在一年、兩年或四年之後球隊應該是什麼樣子。在這樣的考量下，我們從兩年前便已開始大力栽培年輕球員而且已經看到了耕耘的成果。巴拉克知道我怎麼看待他的狀況。現在一位傑出的球員能持續幾年保持在顛峰狀態？或許他們已經無法像從前的球星那麼有耐力，可以撐上十年或十五年？」勒夫最後這句話，聽起來根本是在跟已為國家隊效力九十八場比賽的巴拉克道別。

勒夫對於巴拉克是否續留國家隊一事，遲遲未做清楚的說明，總之，他還在丟迷霧彈，談論一些令人摸不著頭腦的理由，並持續透過更正自己先前的言論，在球迷當中製造疑惑。他後來還補充說：「我最後會在二〇一二年五月二十日歐洲國家盃開賽前一個月做出決定，所以，我還保留巴拉克重新歸隊的可能性。」勒夫真的想為巴拉克保留重回國家隊的可能性嗎？即使是局外人也看得很清楚，根據他們對於這件事情前前後後的觀察，巴拉克必須明白勒夫已不想再用他，勒夫當然也知道巴拉克並不希望德國足協正式為他舉辦一場告別球賽，因為巴拉克認為自己仍有足夠的實力參加「正規的」比賽。不過，還有一點大家尚未討論到：二〇〇〇年馬泰斯隊長領導的德國隊在歐洲國家盃被打得七零八落，提早在分組賽裡出局，巴拉克是這個團隊現在唯一留在國家隊的隊員，這十年來，他一直都是德國隊的看板球星，但現在卻必須把位子讓給德國足協自二〇〇〇年那場歐洲國家盃災難後，藉由積極青訓所培育出的年輕球員。照理說德國足協應該讓他面子十足地離開國家隊。

總教練與前任隊長的羅生門

二〇一一年六月十六日，勒夫透過德國足協發布新聞稿，正式對外公布，前隊長巴拉克將不再代表國家隊上場參賽，他當時說明的理由是：「過去這幾個月以來，隊上許多年輕球員已經成為大家注目的焦點，他們都很有潛力，前景看好。國家隊因為有這批生力軍加入，從二〇一〇年南非世足賽以來，已經出現非常正面的發展。今年三月底，我和巴拉克碰面，雙方開誠布公地談論他的去留問題後，還通了好幾次電話，現在因為國家隊應該開始為明年的歐洲國家盃進行緊鑼密鼓的準備，因此，我必須清楚地表明自己的立場。在我們的談話中，我知道巴拉克非常贊同我們教練團的觀點。為了雙方好，我們現在必須坦誠而明確地做出這個決定。」德國足協為了感謝巴拉克對於國家隊長期的貢獻，決定以隆重而精采的方式歡送他，八月十日，他將最後一次以隊長的身分率領德國隊出戰勁敵巴西隊，這也是他在國家隊的第九十九場比賽。

隔天，當事人巴拉克便針對這份新聞稿表示他的意見：他覺得自己受到侮辱，已公開拒絕德國足協準備施捨給他的那場告別球賽，他對於這種既庸俗又毫無誠意的活動感到非常失望。以下是他的公開說明：「我昨天在度假時從媒體得知，德國足協已發布新聞稿表示，勒夫教練已不打算讓我重回國家隊。這項消息的內容以及發布的方式讓我覺得很驚訝、也很失望，因為此舉已違反了勒夫教練先前與我的約定。令人惋惜的是，這項消息只凸顯出，自從我去年夏天足部嚴重受傷後，遭受了這位國家隊總教頭什麼樣的對待。如果我現在配合演出，就等於是同意，他們先前在我受傷後的坦率或以誠相待的行為都是虛情假意。一個早就安排好的友誼賽現在卻冠冕堂皇地成為一場為我舉行的告別球賽，在我看來根本是在裝模作樣。我知道，如果我沒有出席這場球賽，會辜負了球迷的熱情，不過我實在無法接受這種做法。」

勒夫當時已飛往希臘的一處度假勝地，因此只透過德國足協簡短地說明：「我很清楚，自己與巴拉克多次的交談中，到底說了些什麼。我還是維持自己原來的說法。」德國足協祕書長尼爾斯巴赫則代替勒夫再次表達清楚而明確的立場，他強調，自己根本無法理解巴拉克為何會有這種反應：「就我的觀點看來，勒夫與巴拉克所有的會談絕對是正確而公正的。勒夫在二〇一一年三月三十日與巴拉克碰面時，曾當面告訴他，已不打算安排他重回國家隊。他們雙方當時已達成共識，先對這件事保密，好讓巴拉克能有時間安靜地思考，然後再和勒夫商定，該如何對外說明這項決定。」德國足協當時不只決定把對抗巴西隊的那場友誼賽作為巴拉克的告別球賽，後來還增加了與烏拉圭隊對戰的友誼賽，以便讓他能以德國隊隊長的身分風風光光地卸任，讓這位老將為國家隊效力的場數可以達到一百場。尼爾斯巴赫還繼續談道：「巴拉克並不想參與那場對抗烏拉圭隊的友誼賽，他覺得在國家隊踢滿一百場比賽的整數對他來說其實不重要，並不是非達成不可的目標。他還打算自行發布即將退出國家隊的消息，我們也支持他這個構想。」但是，勒夫後來透過電子郵件和簡訊與巴拉克聯絡，巴拉克卻一直沒有回應，那場準備與巴拉克商談該如何對外說明他將退出德國隊的會談也就不了了之。勒夫迫於時間的壓力，因此便決定發布新聞稿說明巴拉克這項備受矚目的人事案，以終結外界一些眾說紛紜的揣測。

性格好鬥的巴拉克當然不會就此善罷甘休。他接著發出一份新聞稿反擊尼爾斯巴赫：「我覺得很遺憾，現在我又再度聽到一些不符合事實的說詞而不得不做回應。」他指出，他與勒夫教練碰面交談時，尼爾斯巴赫沒有一次在場。他還描述三月三十日他和勒夫在杜塞多夫一家著名的義大利餐廳協商的情況：「在那次的談話中，他告訴我，他覺得我在受傷後，狀況已持續好轉，他堅決地相信，無論如何我一定可以恢復從前的實力而重新回到德國隊。」勒夫當天還鼓勵他，並要求他，不可以自暴自棄。到了五月，巴拉克自己已經決定要退出德國隊，便和勒夫及尼爾斯巴赫約定，將由巴拉克本人在夏季休賽期間自行宣布退出國家隊的消息。德國足協在發布那份新聞稿的一小時前，才把內容以簡訊的方式傳給巴拉克，然而，這份新聞稿的發布已明顯違反了他們先前私下的協定。後來，勒夫對於巴拉克的反擊只做了很簡短的回應：「我已經看過巴拉克的那份聲明，我只想表示：我不會改變自己原來的說法。」

德國國家隊前隊長與總教練因為交惡而相互展開言詞的攻擊，這場衝突看起來活像一場骯髒的離婚戰爭。雙方公開的說詞都提到一些細節，而且矛盾不一，因此這兩種說法的真實性相當可疑。德國的八卦報《畫報》當然不會錯過這個炒作新聞的機會，便把這則新聞冠上「一定有一方說謊！」這個聳動的標題，而讓這場相互指控的鬥爭更加白熱化。當時曾有一個德國網站以「您相信誰？」這個問題進行一場網路民調，調查的結果顯示，雙方的支持度很接近，百分之五十一的投票網友相信勒夫的說法，百分之四十九的投票者選擇支持巴拉克。最後還有一家德國報紙以諷刺的語調大幅報導勒夫與巴拉克的繼任者拉姆在希臘入住同一家度假飯店。對此勒夫表示，他和太太兩人在這家飯店巧遇拉姆夫婦時，確實驚訝不已，不過這家報紙卻不以為然地評論：「有些巧合根本不是巧合……」沒過多久，《運動畫刊》便指出整件事情的來龍去脈：從一年前的南非世足賽開始，拉姆就是勒夫實施國家隊「階級平面化」主要的商談與委託的對象，他也是巴拉克無法重登隊長寶座的最大阻礙。

即使沒有大眾傳媒在一旁搧風點火，這場環繞著德國隊總教練與前任隊長的風波還是留下一些未解的疑團。人們該如何看待他們兩人完全不同的說詞？為什麼他們之間無法理性的溝通？人們是否能想像，勒夫當面鼓勵巴拉克隊長應該再接再厲，之後沒多久，卻通知德國足協祕書長尼爾斯巴赫（根據

《明鏡週刊》的報導，勒夫也在隨後幾天告知足壇前輩何內斯），他已經決定不讓巴拉克重回國家隊？為何勒夫如此急迫地做最後的決定，為何他不願意花時間耐心等待與巴拉克最後一次的會談？同樣地，人們對於自尊心已嚴重受損的巴拉克也有一些疑惑：為什麼他要拒絕勒夫與他聯繫？為什麼勒夫要求他應該繼續努力之後，他卻決定離開國家隊？

不論這些問題的答案為何，我們都可以確定：這場爭端對於兩造當事人而言，並不是什麼光彩的事，而且雙方的形象都因此而受損，沒有人是勝利者。連作風嚴謹的德國電視新聞台也播報這場歹戲，對於巴拉克這位擁有卓越貢獻的國手而言，真是個不堪而悲哀的結局。試想，一年前，當巴拉克因為受傷而無法參加南非世足賽時，還曾被德國民眾認為是國家的一大損失。在勒夫的價值標準裡，與他人溝通及相處的能力是球員最重要的性格優點，但很顯然地，巴拉克身上並不具備這種特質。勒夫當時已不是第一次以拖延的態度巧妙地處理球隊的人事問題，當他與巴拉克這名重量級球星為此而發生衝突時，他已或多或少地賠上了自己的公眾形象。德國足協原先打算用那場與巴西隊對打的友誼賽歡送巴拉克，無奈這位前隊長卻不領情。在賽前的記者招待會上，勒夫表示，這場關於巴拉克的風波已經結束，他真的不想再多說什麼。

拉姆隊長與他的著作《細微的差別》

在巴拉克事件過後，勒夫還必須接著回應另一件事。他沒有想到，與前任隊長的糾紛還未完全平息，現任隊長已為他惹來一波新的怨怒：二〇一一年八月下旬，拉姆隊長發表他的著作《細微的差別》，其中有些段落直言不諱地攻擊前幾任國家隊總教練，例如佛勒和克林斯曼，以及他效力的拜仁慕尼黑隊的前總教練馬加特和范豪爾等人。由於部分內容很有新聞性而被《畫報》以節錄的方式刊登出來，隨後拉姆隊長也受到嚴厲的責難。比方說，他在該書中透露，佛勒接掌德國隊後，球隊的氣氛變得很輕鬆，球員們接受訓練時就好像伙伴們結伴去度假，一起玩足球一般；馬加特總是給球員們壓力；克林斯曼則很少指導足球的戰術問題，所以，隊員們在賽前只好聚在一起商討，該在球場上採用何種踢球策略。還有，荷蘭籍教練范豪爾在接掌拜仁慕尼黑隊的第二年就已拒絕承認與補救本身足球理念的不足。

在這些受到拉姆批評的足球教練當中，尤以佛勒的反應最為激烈，他指責拉姆的說詞卑鄙無恥、囂張放肆、簡直下流到了極點！拉姆先前便曾在國家隊裡批評克林斯曼教練的短處，他甚至敢在拜仁慕尼黑隊的球員訓練時段，挑戰總教練范豪爾的權威。然而，為什麼這位仍活躍於足壇的現役球員敢公開發表自己的意見？熟識拉姆的人並不訝異他有這種舉措，但拉姆這種做法畢竟違反了足球界尊重前輩的風氣，而且他還不該把圈內的事情拿到外面張揚。對於某些球評——比如《踢球者》這份嚴肅的體育雜誌主編萊納・法蘭茲克（Rainer Franzke）而言，拉姆的無所顧忌無疑意味著，他已不適合擔任國家隊隊長。

在《細微的差別》書中，勒夫不只沒有受到拉姆的批評，反而還獲得讚揚與推崇，身為國家隊總教練的他當然必須對這些內容表示自己的意見。他首先語帶保留地表示：「這本書有幾個段落我並不喜歡。」接下來就提出比較尖銳的批判：「拉姆目前還是現役球員，他根本沒有權利評斷那些曾在他的球員生涯中指導過他的教練。」此時拉姆的態度已經軟化，後來還為了那幾段被《畫報》刊出的內容造成當事人形象受損而公開道歉。不過，他仍強調他的那本著作絕不是要清算誰，報復誰。

八月三十日，勒夫和拉姆私下交換過意見之後，便共同召開一場記者會。這位國家隊總教練當時顯得緊張而煩躁，不過試圖舒緩自己的情緒。他當著眾多媒體記者表示，他對於手下球員公開批評其他教練當然感到不悅，但拉姆在那本書裡表達的觀點，以前早就公開說過，社會大眾已經十分熟悉，所以沒有必要討論是否應該為這起事端而解除拉姆的國家隊隊長職務。

勒夫希望，在稍微斥責拉姆這項雖具有爭議，卻不算特別嚴重的脫軌行為後，這場風波可以就此落幕。然而勒夫回應拉姆隊長的過錯是否過於溫和？或者，勒夫對於他的隊長的言行不宜做出更嚴厲的懲處？因為這違背了他在國家隊建立的「階級平面化」的模式。從另一方面來看，拉姆在拜仁慕尼黑隊也同樣擔任隊長，不過，慕尼黑人對於拉姆那本書的反應並未如此激烈，甚至沒有人公開提出批評，或許這是因為拜仁慕尼黑球會的理事長何內斯早已對於該隊歷任的教練一一抨擊批駁，大家對於這方面的批判早就習以為常了！

巴拉克的和解與拉姆的主動退隊

二〇一一年十二月初，勒夫在《運動時事攝影棚》這個電視節目裡，首次對於巴拉克離開國家隊的過程公開表達遺憾：「我們當時應該有更好的處理方式，這樣對大家比較好。」沒過多久，巴拉克也上這個節目表示願意與勒夫和解：「當時或許可以有不同的解決方式，不過我們會努力修復彼此的關係，化解這場衝突。」後來，巴拉克宣布，他以後一定會邀請勒夫到場觀看他告別足球員生涯的比賽。二〇一三年六月五日，巴拉克的告別球賽在萊比錫足球場舉行，看台上擠滿了巴拉克的球迷，一共四萬四千名，勒夫也出席這場盛會。他在現場接受記者訪問時，還大大稱讚這位已三十六歲的足球明星：「巴拉克是足球界的耀眼人物，曾吸引全世界所有的職業足球隊的注意。他雖然即將卸下足球員的身分，卻是最近這幾年表現最傑出的足球員之一。」當時不只勒夫出席這場告別球賽，拉姆也受邀在場。

雖然，巴拉克的離職事件最後以和解收場，但這件事還是讓勒夫耿耿於懷。對此，德國知名的社會心理學家凡．迪克在二〇一四年巴西世界盃開賽之前，曾這麼批評總教頭勒夫的作風：「巴拉克受傷後，勒夫便對他不理不睬，只是靜觀事情的演變，最後才對外宣布不再任用他的決定。這種處理方式不僅不恰當，也讓巴拉克覺得很沒有尊嚴。」勒夫也同樣以這種冷落的方式處理隊內的德甲射門王基斯林的退隊。這位前鋒球星當時處於低潮期，足球專家與粉絲們都要求他能有更好的表現，但勒夫卻未主動找他單獨深談以了解他的情況，雖然這麼做並不需要花費什麼功夫。凡．迪克認為，需要有人勸告勒夫，應該改變原先的處理方式，當隊內的球員陷入低潮時，應該主動支持他們。

當二〇一四年七月，德國隊在巴西順利獲得世界盃冠軍之後沒幾天，參與這場光榮戰役的拉姆隊長卻出乎大家意外地宣布，即將主動退出國家隊。這位當時才三十歲的前任隊長說明，自己在國家隊已經十年，往後可能無法再對這支球隊有重要的貢獻。他表示：「球隊不是非我不可，現在應該由新的世代挑起重任，讓國家隊可以開展出一個新的方向。」拉姆是經過深思熟慮才做出這項決定，因為他大概覺察到，自己已無法負荷來自國家隊和職業足球隊的雙重要求，他希望自己能在巔峰狀態時退出，以免日後表現走下坡時，還要受到人們的指教與奚落。

《南德日報》稱讚拉姆對於德國隊卓越的貢獻已足以讓他名留青史，尤其是他在任內為德國隊建立了現代的企業文化而讓這支國家隊成功地達到最高層次的運作模式。該報導也大力反駁某些人士對拉姆的批判——這些批判主要針對拉姆主張階級平面化與不講究權威性兩點，認為此舉對德國隊毫無建樹。拉姆最後能以皆大歡喜的方式主動告別德國隊，做法與巴拉克大不相同，如果他在記者招待會宣布這項退職的消息時，勒夫也能一同出席，或許會更適當，不過勒夫當時並未現身，只是把他對於拉姆的感謝辭公布在德國足協網站的首頁，以這種方式和這位前隊長道別：「在國家隊裡，我已和拉姆共事十年。身為教練，能碰到這樣的球員真的很有福氣，因為對我而言，拉姆一直都是相當重要的諮詢對象，我們經常在一起討論一些想法。拉姆總是傾全力追求戰績，是個不折不扣的模範球員，他本身的足球機智與多重能力讓他這幾年在國際賽事裡達到了最高水準的表現。他是一位世界級的足球員，最近這幾個星期他又再度在巴西證實了自己的實力，傑出的足球員生涯也隨著德國隊榮獲世界盃冠軍而達到了巔峰，他現在已可以對自己的職業成就大大地感到驕傲。他是一位了不起的足球員，為人真摯、熱情而且性格堅強，對於德國國家隊有很大的貢獻。拉姆雖然離開了國家隊，不過我們還可以在拜仁慕尼黑隊看到他的精采表現。本人謹在此祝福他，不論在足球場上或在生活裡都能順心如意。拉姆，謝謝你！」

受到勒夫的信任而出線參賽的兩名前鋒

在現代的足球陣式裡，球隊布局的最前方大多只設置一名前鋒。前鋒這個角色源自傳統的中鋒，雖然負責射球入門，卻需要其他隊員的助攻，為他製造進球的機會，同時他還是球隊最前端的傳球者及配球者。如果他接到隊友的傳球，就應該盡快把球再傳出或繼續持球設法不被敵方搶球，直到隊友到達適當的位置時，再把球傳出。前鋒球員不只對敵方的守門員是一大威脅，而且必須有飛快的速度，對於空間及移動路線必須具有非常精準的辨識力，因此，這類足球員相當難得。有鑑於此，勒夫一直認為，足球員一旦證明自己適合擔任前鋒後，即使後來陷入低潮期，球隊仍必須持續關心與照顧他們，不宜就此放棄。

在南非世足賽前夕，當勒夫決定徵召在拜仁慕尼黑隊表現愈來愈不理想的克羅澤擔任國家隊的主力前鋒而受到批評時，他總是一再強調：「克羅澤不該被質疑，他對於國家隊非常重要，不只具有領導能力，還可以提升國家隊的戰績，所以，應該全力支持他。」克羅澤在二〇一〇年參加德國隊為南非世界盃安排的賽前集訓時，已陷入自我懷疑，因為他在拜仁慕尼黑隊大多時候都是替補的板凳球員，卻要在幾個星期內讓自己的球技達到頂尖的水準，這樣的挑戰實在相當艱鉅。克羅澤當時雖處於低潮期，球技還是跟以前一樣地出色，而且經常透過球賽展現這方面的實力，特別是他知道如何在決定性時刻找出對方防守的漏洞，然後狠狠地踢進一球。他需要安全感、自信心以及一些成功的體驗，才能充分發揮本身的實力。在德國隊的賽前訓練營裡，他必須不斷地努力，讓自己達到最佳狀態。勒夫就是信任克羅澤豐富的參賽經驗、非凡的意志力，以及那種幾乎無法預期地突然回復的踢球能力。勒夫表示：「當大家已經不再指望他時，他總是會出現一些驚人的表現，突然在情勢艱困的球賽裡大顯身手。」

在克羅澤身上，勒夫顯然堅持一個原則：曾被證實的信任就是往後重新給予信任的理由；至於另一位拜仁慕尼黑隊的長期板凳球員波多斯基的情況就比較不一樣，而且更複雜，勒夫對於這位狀況不穩定的前鋒球員有一種固有的信任，他完全相信他的體內蘊含著一股巨大的潛力。當勒夫提到這位出生於波蘭、成長於科隆、攻擊力道十足的左翼鋒所擁有的「瘋狂的能力」和「瘋狂的潛力」時，就開始津津樂道地說了起來，特別是他的頭槌功夫。「他可以迅速轉身，他的射門會讓對方守門員難以招架。他擁有充沛的能動性，能在罰球區內和對方一對一短兵相接並帶球前進，而且直覺地知道，該在什麼時候射門。」勒夫幾年前開始，便不斷教導波多斯基一些講究快速的現代足球忠最重要的技巧——即正確與必要的移動路線。因為這位勒夫相當看重的前鋒在前場的問題並非怠於奔跑，而是經常不知道該如何跑位。

波多斯基這位年輕球員顯然在他出道的科隆隊，以及後來效力於由馬加特教練指導的拜仁慕尼黑隊時，沒有學習跑位的技巧，這樣的說法或多或少會讓一些足球觀察家感到訝異。後來在德國隊的世足賽賽前訓練營裡，他才學會許多戰略的知識與能力。他在二〇〇六年首次參與世足賽，之後沒幾個月，他便表示馬加特教練在拜仁慕尼黑隊並沒有教他們這些球員該如何跑位，或該如何在球場上移動。這支德甲數一數二的職業足球隊竟未讓球員們練習球賽進行時應有的移動路線？這支德甲勁旅在上場之前，並沒有針對比賽預先做戰術的布局與規畫？波多斯基當時只處於學習新知識的狀態，勒夫必須不斷教導這位過度思考，卻無法迅速做出正確移動路線的年輕球星，如何在場上把一些正確而有效率的足球動作轉化為身體的自動化反應。勒夫表示，如果波多斯基能夠掌握正確的移動路線，就可以在球賽中確實進入狀況。如果他真的掌握了這項技巧，就可以讓對方的守門員倍感壓力，他會像火箭一樣，擁有充足的動能，根本停不下來。

在二〇〇八年的歐洲盃足球賽裡，波多斯基的表現已有進步，他或許在球場上還不完全像一支動能十足的火箭，卻已有令人佩服的表現。勒夫對於波多斯基在二〇〇九年夏天重返老東家科隆隊一事，明確地表達贊同，他認為這位前鋒如果在一個讓他覺得被信任以及舒服愉快的環境裡踢球，就可以充分發揮本身的潛力。他重回科隆隊發展後，確實在自我負責方面大有進步，不過一開始在球賽裡的表現還是不穩定。還有，波多斯基或許是個特殊個案，因為他在國家隊向來比在職業球隊更能發揮本身優秀的踢球能力。勒夫在二〇一〇年世足賽開始前不久，曾對外表示：「波多斯基在國家隊算是非常年輕的球員，經常有優秀的表現，很積極，也很有效率。」他在國家隊與職業球隊的表現落差很可能是因為，他在國家隊裡可以獲得充分的信任，勒夫從二〇〇四年擔任助理教練以來，便知道他和克羅澤的狀況很不穩定，所以總是特別關照他們。他們都相當受到勒夫的重視，都是那種只有受到教練充足的信任（而不是壓力）才能徹底發揮實力的球員，當然他們也用加倍的努力以及更好的比賽表現回報勒夫的知遇之恩。波多斯基在南非世足賽之後曾坦言，這一路走來，勒夫不只在足球方面對他有許多指導，就連在生活方面也很關心他。

在南非世足賽結束後，歐洲國家盃會外賽便接著登場。德國隊當時在比利時與該國國家隊對壘的那場會外賽只以險勝做收，波多斯基在比賽裡的表現，連愛護他的勒夫都有微詞：「他在下半場不是很進入狀況。」然而，隨後的體育新聞卻出現這樣的報導：勒夫可能已經對他那位問題百出的球員失去了耐心。其實，勒夫會這麼說是為了給波多斯基一些激勵，果真這位左翼鋒在下一場對亞塞拜然隊的會外賽裡，又再度火力全開，就像一頭充滿活力的年輕公牛一般。「波多斯基能以極快的速度衝刺，深入敵方陣營，然後自行射球入門，或從他所在的前場左側把球傳入禁區，為中鋒製造進球的機會，所以他能對敵方產生極大的威脅。我一直覺得，波多斯基可以再度達到這樣的水準。」勒夫說。

然而，波多斯基如果往後不想被留在場邊坐板凳，淪為替補球員，就必須盡量讓自己保持在最佳狀態，因為小他五歲的舒爾勒也可以飛快地跑位，而且爆發力強、盤球與傳球的技巧爐火純青，在球陣司職的位置也是左翼鋒，已經可以取代他上場。同樣地，克羅澤也必須面對其他年輕隊員激烈的競爭，小他七歲的前鋒戈麥斯不只在拜仁慕尼黑隊表現出色（在二〇一〇／一一年度球季一共射進二十八球而獲選為德甲的進球王），而且他在國家隊的比賽表現也已經達到世界級的水準。克羅澤為了避開與戈麥斯同在拜仁慕尼黑隊競爭，便轉而投效拉齊奧隊，希望能在這支義甲球隊裡取得與戈麥斯在德甲相仿的進球數，如此一來，他才有機會在二〇一二年歐洲國家盃開賽之前重新奪回自己在德國隊主力前鋒的地位。

勒夫在南非世足賽期間，曾公開稱讚克羅澤和波多斯基的優異表現，他覺得自己再也找不到更好的前鋒球員了！不過他後來也表示球員們的狀況總是會改變，未來他選派隊員出賽的標準不只會參考隊員歷來的戰績，他對於球員的信任和直覺也會左右他在這方面的決定。

這兩位前場的戰將後來在二〇一二年歐洲國家盃及二〇一四年世界盃都是德國隊的主力球員。在巴西世足賽裡，波多斯基只扮演次要角色，三十六歲的克羅澤因為獲得勒夫充分的信任而在球場上火力全開，這是他第四次代表德國隊參加世界盃足球賽，當他在那場與巴西隊對戰的四強準決賽裡，踢進他個人在世界盃的第十六個進球時，還刷新了巴西球星羅納度的紀錄，成為世界盃史上進球最多的球員，也成了國際足壇的傳奇人物。勒夫後來對於克羅澤在世界盃傑出的表現說道：「我為他的成就由衷地感到高興！」克羅澤很感激勒夫願意毫無保留地信任他，他當時說了一句值得注意的評語：「勒夫教練最棒的是，他在國家隊從事教練工作長達十年，卻始終沒有改變。」

第十六章

與德國足協的角力

總教練勒夫的立場

勒夫總是不斷強調，他並不喜歡跟球隊簽訂長期聘約，所以他實在無法想像，自己竟會在國家隊工作長達十年以上的時間。二〇〇六年夏天，當他獲德國足協提名為國家隊總教練，接替克林斯曼留下的空缺時，他也向足協表達不簽訂長期合約的想法。他當時認為，兩年的合約已經足夠，如果他指導的德國隊在兩年後的歐洲國家盃有不錯的表現，屆時還可以再延長合約。勒夫做事向來小心謹慎，他希望可以先測試，是否他指導球隊的結果符合自己的期待。其實勒夫在接任國家隊總教練不到半年，便已公開表示，對於自己的工作成果感到相當滿意，許多教練團的期望與構想已經在國家隊快速地付諸實踐，例如，改善球探系統、改革教練培訓以及重整青少年國手訓練計畫。

自從該年九月德國足協副主席麥爾—佛菲德離職並退出理事會之後，主席茨旺齊格便成為德國足協高層唯一的領導人。他和勒夫形成緊密的合作關係，兩人之間的互動既和諧又有原創性，因此，在勒夫擔任國家隊總教練一年之後，德國足協理事會便強烈希望與勒夫提早續約，以確保國家隊可以持續這個正向的發展，其中以前國家隊總教練碧根鮑華在這方面的呼籲最為果決。足協主席茨旺齊格也同意這種做法，而且他認為，延長勒夫的聘用合約主要是著眼於鞏固與發展德國隊自二〇〇四年還是助理教練的勒夫所參與建立的足球哲學。即使德國隊在二〇〇八年歐洲國家盃的表現出了一些狀況，整體表現不盡理想，也不能因此全盤否定德國隊在過往的四年裡已獲得了有目共睹的成果。

然而，備受肯定的勒夫卻對於續約國家隊總教練一事顯得有些遲疑，因為他希望知道，德國足協高層是否只看重德國隊的比賽結果，或者也很認同他的訓練方法以及教練團本身。《南德日報》體育版當時便敏銳地評論道：「總教練勒夫對於延長聘約猶豫不決，他打算等到德國足協對於他的期待做出明確的承諾之後，才簽下聘約。」這麼看來，勒夫似乎希望以絕對強勢的立場簽定這份新合約，以藉此讓自己可以在德國足協內部擁有較多的權威性並擴大影響決策高層的觀念。勒夫後來說明為何他對於延長合約抱持保留的態度：「我和德國足協都希望，我可以繼續指導德國隊，不過還有幾項要點必須討論，例如，青少年國家隊的訓練計畫、國家隊教練的培訓以及一支專門管理國家隊隊員體能狀況的健身教練團的建立。此外，與我一起努力的工作伙伴如果可以繼續留下，這一點對我來說也很重要。」

顯然地，勒夫希望透過新的合約取得對於國家隊事務的影響力以及人事方面的決定權，因為他不希望自己像前任總教頭克林斯曼那樣，有時外在環境根本無法配合而只能不切實際地蠻幹。他細膩地覺察足協高層的心理狀態後，會用溫和、婉轉卻立場堅決的方式表達自己的期望，最後，他終於獲得了德國足協一些對他而言相當重要的允諾。二〇〇七年十月，德國足協提早和勒夫把國家隊總教練的聘約延長到二〇一〇年南非世足賽之後，完全不考慮德國隊在二〇〇八年歐洲國家盃戰績的好壞。

無法順利地延長聘約

二〇〇九年十月，德國隊以一比〇戰勝俄羅斯隊而取得隔年在南非世足賽會內賽的參賽資格後，德國足協主席茨旺齊格便再度公開表示，將提前延長勒夫的聘約。勒夫那時很高興聽到主席這番對他充滿信任的言談，不過就跟二〇〇七年一樣，德國足協如果要延長他的合約，也必須連帶地延長所有他在國家隊的工作伙伴的合約，即助理教練福立克、守門員教練寇普克、球隊經理比爾霍夫、心理專家赫爾曼以及幾位健身教練。雙方後來都表示，簽約這件事並沒有時間壓力，可以在接下來這幾個月裡，以最平和的方式取得圓滿的結果。

在年底的耶誕假期前夕，德國足協逕自對外宣布，國家隊總教練勒夫已同意把聘約延長到二〇一二年歐洲國家盃結束之後，其中的細節部分將在一月分敲定。然而勒夫當時的說法卻與德國足協發布的消息略有出入：「我和德國足協在簽訂這份延長任期的新合約之前，雙方還必須商討與釐清一些事項，因為，它們對於我本人以及我領導的工作團隊能否繼續對國家隊有所貢獻非常重要。」關於勒夫團隊所有工作人員繼續聘用一事，雙方基本上已達成協議，然而，其中最重要的條件卻仍未談妥——即由誰掌管德國U21（二十一歲以下）青年國家隊。當時《南德日報》已經準確地點出，德國足協先前公開宣稱，已與勒夫達成協議，就當事人勒夫看來，這種「協議」其實是有附帶條件的。足協主席茨旺齊格當時對於這件事情的發展感到很滿意，他總算可以安心地享有耶誕假期並迎向新的一年。

二〇一〇年一月初，耶誕假期結束後，勒夫發布新聞稿表示，他本人不太可能同意德國足協交給他的那份聘約的內容。「在我和我的工作伙伴們可以繼續為德國隊服務之前，我希望可以確實獲得德國足協的允諾，改善我們目前的工作條件。」勒夫和他的工作團隊根據一些他們期待德國足協改進的要點自行草擬一份長達二十頁、內容仍可協商的合約，並由球隊經理比爾霍夫呈交給德國足協，希望可以在二月一日雙方的聚會當中，進一步釐清德國U21青年國家隊權責歸屬的問題。不過德國足協卻不把這份「勒夫版本」的合約草稿當一回事。就在隔日，勒夫再次收到德國足協擬定的那份聘約，還被要求在四十八小時之內簽名並送達該會，因為德國足協理事會將在兩天後召開會議。

不過，勒夫卻拒絕在這份「足協版本」的聘約上簽字，因此，德國足協便決定，不在該次會議中討論關於國家隊總教練聘用的問題。主席茨旺齊格還對此不悅地表示：「基本上，雙方都希望彼此能繼續合作，不過在某幾點上，我們還沒有達成協議。」後來他還尖刻地補充說：「在南非世足賽開幕之前，我們不會再談論這件事。大家或許想問我，這件事到底如何，不過我也想問我自己，是否還願意談論這件事。」勒夫和德國足協理事會之間突然關係急凍，衝突的引爆點無疑是球隊經理比爾霍夫所草擬的那份「勒夫版本」的合約。根據《畫報》的報導，這份合約的內容還包含國家隊經理有權否決新任總教練的聘用，比爾霍夫此舉的意圖已很明顯，因為，這麼一來，國家隊的工作團隊就可以阻擋前足球國手、已轉任教練的薩默爾成為接替勒夫執掌國家隊的可能人選。此外，比爾霍夫還要求德國足協在簽約後支付他一筆相當於他的年薪的「簽約金」。

很顯然地，德國足協內部刻意把這項消息透露給八卦報《畫報》，以便讓勒夫看起來像個貪圖權力與錢財之輩。然而，勒夫的年薪（約兩百五十萬歐元）實際上比前任國家隊總教練克林斯曼低了不少，而且後來大家才知道，原來比爾霍夫在合約中所要求的那筆不到三百萬歐元的金額與一些再籌資的建議有關，因此國家隊的教練團才希望德國足協能預先一次付清他們在合約期間內的全部薪資。

勒夫並沒有認同他的教練團向德國足協要求的那些金錢報酬，不過，他卻透過一份措辭溫和的新聞稿對於未達成共識的聘約交涉表示他的立場：「在過去這幾個星期裡，我們並沒有刻意對外談論合約的具體內容，因此，我們對於德國民眾突然在討論一些合約的細節感到很驚訝。」總之，聘約的簽訂根本沒有達成協議，勒夫和他的工作團隊只是提出一份他們所草擬的合約草稿，裡面的內容不只可以商議，而且關於球隊經理對於新任國家隊總教練聘用的否決權，以及簽約金的給付等這些建議都已是老調重彈，德國足協以前早就知道。最讓勒夫生氣的是，德國足協還對他下最後通牒，要求他必須在四十八小時內在那份內容無法磋商的「足協版本」合約上簽名並送回該會，他覺得這是一種侮辱，根本無法接受。

飛機上的大和解

有鑑於雙方關係愈趨惡化，德國足協主席茨旺齊格開始感到不安而逐漸放棄原來的堅持。當他在接受《南德日報》的專訪時，態度已經軟化，言詞中充滿和解的意味：「我和勒夫教練共同為德國隊的發展而努力，我們是朋友，不是敵人。這個週末，歐洲國家盃主辦單位將在波蘭進行會外賽的分組抽籤，我們到時就會碰面，就可以針對這件事情交換意見。」茨旺齊格還申明，他之前並不是要對勒夫下最後通牒，當時只是因為理事會的開會時間已迫在眉睫。「如果當時無法和勒夫簽約，下次理事會開會的時間是在兩個月後，我不想把簽約這件事拖得這麼久。」他還表示，德國足協無法接受比爾霍夫所要求的那筆報酬以及球隊經理的職權擴張。「足協當然不是『國家隊公司』的監事會。」不過，他對於勒夫的態度並沒有改變，他希望勒夫能繼續留任國家隊總教練。

明顯德國足協理事會有幾位有影響力的人士並不打算續聘國家隊經理比爾霍夫，不過，勒夫總是力挺到底，堅持與他一同進退。足協高層是否曾用盡一切辦法挑撥他們兩人迄今為止合作無間的關係？或者，足協與國家隊教練團的不和其實是因為「勒夫－比爾霍夫公司」過於獨立地運作而讓足協覺得不受尊重？或是因為教練團赤裸裸地爭取利益，甚至企圖接掌足協？《法蘭克福匯報》在報導這起衝突時，曾下了這樣的新聞標題：「難道這家『公司』賭輸了嗎？」無論如何，雙方當時的關係相當惡劣，情況似乎已無可挽回。

該週的星期六，所有德國足協和國家隊教練團的重要人士都飛往華沙，參與歐洲國家盃會外賽的分組抽籤事宜。不過，這兩批人馬卻分別入住不同的五星級飯店，直到在回程的飛機上，雙方才聚在一起彼此交談，任何一方都知道，他們都因為這場公開的衝突而受害，因此決定召開記者會，宣布彼此和解。二月九日，德國足協理事會那幾位「鬥雞」出席在法蘭克福舉行的記者會。足協祕書長尼爾斯巴赫當場表示，自己很懊悔當時未及時尋求與教練團溝通的管道並與他們交換意見；理事長茨旺齊格則承認，他當時應該親自打電話給勒夫，這樣就可以避免不必要的誤會。勒夫這一方雖未出席記者會，卻也公開表示後悔之意，他曾向媒體記者驚訝地表示：「我們當時到底在胡鬧什麼！」球隊經理比爾霍夫後來還對於自己提出的那份契約草稿而道歉，他覺得，自己當時應該就相關的事項主動尋找與德國足協高層的對話。雙方人馬當時都保證，希望能跟從前一樣地合作，因此雙方必須再次培養相互且必要的信任，至於簽約一事，他們都希望在南非世足賽結束之前暫時擱置不談。但勒夫後來曾公開提到一點：自己將與比爾霍夫共進退，所以德國足協未來如果打算繼續與他合作，就必須一併聘用球隊經理比爾霍夫。他說：「我和比爾霍夫已經在國家隊共事六年，我們合作無間，相知相惜，相處得很愉快。比爾霍夫是我最得力、也是最信任的工作伙伴，所以，這已經很清楚，在南非世足賽過後，他還是我最重要的幕僚，是我商談國家隊未來發展以及著手球隊計畫最重要的對象。」

如果要把這件事說得更完整，就必須提到梅克爾總理在這件事上或多或少促成了雙方和解，因為就在雙方對媒體釋放和解訊息的隔天，梅克爾已預定接見這些德國足協與國家足球隊的重要人士。在這種場合裡，他們實在不宜把內部的紛爭表現出來，因此雙方便在前一天公開地自我檢討。

原則上，當時的情況就是如此，不過一切還是跟以前一樣，並未交涉出任何具體的結果。勒夫在梅克爾總理接見之後回答記者相關的提問時表示，他接受目前的情況，即使未來前景不明，他還是可以愉快地過日子，他現在並不需要有什麼保證。反正在南非世足賽之後，什麼狀況都可能發生，他不會白白地把能量浪費在暫時無法改變的事物上。沒錯！這種做法確實符合這位國家隊總教練總是保持理智與冷靜的性情。

技術總監薩默爾的足球觀點

「德國足協高層仍不夠信任我的工作能力。」勒夫這句話透露著他如何冷靜地看待這一連串的事情，這句話裡的埋怨也意味著他和二〇〇六年年初剛上任技術總監的薩默爾的基本衝突。國家隊總教練勒夫和技術總監薩默爾在職權分配上的爭執由來已久。這個爭端不論看起來是否刻意操作、或有何意圖，事實已不容否認，德國足協當時決定透過設置技術總監這個新職位與國家隊那些「克林斯曼們」做權力的抗衡，特別是讓球隊經理比爾霍夫的影響力持續受到威脅，薩默爾從不認為擔任德國足協的技術總監只是負責青少年國家隊的青訓工作，如果他可以擴大職權範圍而成為足協的經理人，球隊經理比爾霍夫在這場權力鬥爭中就會淪為一名國家隊的工作人員。勒夫與薩默爾的緊張關係並沒有因為勒夫正式從助理教練升任為總教練而有根本的轉變，理事長茨旺齊格只能一而再地充當他們之間的折衝者，試圖緩和這兩位領導者之間的矛盾關係。茨旺齊格一向輕鬆地看待德國足協內部的一些小衝突，他曾說：「我寧可看到一些零星的、潛在的衝突，而不是墓園裡的一片死寂，缺乏生命力。」

勒夫與薩默爾的衝突不只與職權範圍有關，它更涉及一些觀點的歧異，例如，所謂的球隊領頭羊的角色與意義。二〇一一年六月，當前隊長巴拉克被勒夫請離國家隊時，《運動畫刊》便以「薩默爾要求國家隊有更多像巴拉克這樣的領頭羊」這個標題報導德國國家隊的新聞。國家隊隊長巴拉克和足協技術總監薩默爾是老戰友，他們都曾參與德國隊奪得冠軍的一九九六年歐洲國家盃，而且自從立下這個汗馬功勞之後，他們兩位便主張，國家隊內部應該有清楚的階級與權力結構。二〇〇八年，他們兩位還在德國足協討論球員培訓方案的會議中公開表示：「我們要求國家隊應該有清楚的階級存在！」技術總監薩默爾當時還提出這樣的論點：球員當中如果沒有一位主要的領導者，球隊就不會有好的表現。依據他的見解，一位完美的領導者特別能獲得別人的信賴、能以坦率而具有建設性的方式批判所有他已察覺出的、足以危害團隊表現的趨勢。薩默爾的觀點與當時國家隊所倡導的「集體領導」及「階級平面化」的概念完全對立，這兩股相互矛盾的勢力也在國家隊裡相互較勁、拉扯：一方面，一些支持「集體領導」的年輕球員為了共同分擔球隊的責任與領導權不惜挑戰國家隊隊長巴拉克的權威；另一方面，主張「個別領導」的技術總監薩默爾則在隊內鼓勵較資深的球員成為球隊的領導人，成為未來的巴拉克。

直到二〇一一年年底，也就是在勒夫宣布前隊長巴拉克退出國家隊的半年後，雙方的爭執才緩和下來，因為技術總監薩默爾當時已確認，在巴拉克離開後的國家隊裡，大家早已不討論領導權的存在問題，而是領導的方式。事實上，在巴拉克離隊後，勒夫反而經常把「領導」這個概念掛在嘴邊。比方說，他在接受《科隆城市報》訪問時便表示：「一支球隊總是需要有人領導。」這句話乍聽之下似乎與薩默爾的主張相吻合，不過，他接下來卻強調：「現在處於『集體領導』的球員與從前接受『個別領導』的球員並不一樣，他們對於『階級平面化』早就習以為常，已不再把它當成熱烈討論的議題。拉姆、史旺斯泰格、克羅澤、梅特薩克、甚至是新加入的凱迪拉和諾伊爾全都分擔了球隊的責任，而且人們還能看到，他們如何發揮團隊的整體運作。他們會觀察和溝通，可以及時察覺哪裡出了問題。這些領導型球員的成就動機尤其強烈，他們渴望勝利而且努力爭取勝利，這確實是德國國家隊一個很好的進展。總的來說，性格謙虛、作風踏實的球員都是好球員。」

這場關於「個別領導」與「集體領導」的爭論後來逐漸平息，然而個性好鬥的薩默爾並未就此罷休，他在二〇一二年波蘭和烏克蘭共同主辦歐洲國家盃前夕，甚至還公開譏諷勒夫已在賽前鞏固了他的總教練寶座：「德國隊在歐洲國家盃的比賽結果不可能太糟，即使德國隊表現差強人意，也不會怪罪到已經在位很久的總教練頭上。」該屆歐洲國家盃足球賽落幕後，薩默爾便離開國家隊，轉往拜仁慕尼黑隊任職，而且在離隊前不久，態度已經變得溫和許多。德國國家隊教練團的合作雖然引發許多社會輿論的批判，卻總是可以運作。這個專家團隊由總教練勒夫、球隊經理比爾霍夫、技術總監薩默爾、教練培訓官埃利希．魯特莫勒（Erich Rutemöller）和U21（二十一歲以下）青年國家隊總教練艾爾茲在二〇〇六年組成，該年年底，德國隊問鼎世界盃冠軍失敗後，還邀請前國家曲棍球隊總教練彼得斯加入教練團擔任非足球類運動的體育顧問。這個負責國家足球隊球賽策略的專家小組的主要任務就是將一致的足球理念落實於所有的青訓球隊——從C組青少年國家隊到A組青年國家隊。勒夫也曾表示，貫徹德國國家隊的足球哲學必須從青少年儲備球隊開始。

從表面上看來，整套美其名為「足球哲學」的概念實際上一開始只是在探討，國家隊與附屬的青少年隊及青年隊的戰術策略是否應該依循已被視為標準戰術的4—4—2陣式系統。勒夫曾語帶保留地說，德國隊的隊陣當然可以從4—4—2調整為4—3—3陣式，不過，有些基本戰術的使用仍必須堅持。在青少年國家隊裡，年幼的儲備國手必須學會區域防守與四人後衛鏈的戰術原則，而且上場時，必須把進攻式足球當成理所當然的踢法。「總是保持向前移動，快速接近球門，採取壓迫式打法。不論是哪個年齡組的國家隊，都應該維持既定的戰術規畫，連各個位置的球員的移動路線都應該統一。每位預備國手都必須接受各項能力測驗，較低年齡組青少年隊的標準訓練方法應該參考最高年齡組青年隊的制度。我們必須這麼訓練不同年齡層的預備國手，讓他們早早發展出踢球的自動化機制，這麼一來，國家隊就可以在未來大大受益於這些新血的加入。還有，在一些沒有經過刻意安排的非正式比賽裡，我們還可以跟其他球隊學到一些東西，這些都需要時間，都是長期訓練工作。」勒夫談到球隊訓練的一些重要面向。

從事國家隊的訓練工作必須要有耐心，因為投注的努力不會在短期內看到成果。但是勒夫才擔任國家隊總教練一年，便出人意料地宣布：「我們現在已經建立了一套足球理念，已經可以讓我們的教練們獲得清楚的定義和指示。」勒夫當時還稱讚他曾一度不信任的技術總監薩默爾：「如果所有國家隊附屬的青年隊與青少年隊到頭來都可以展現相同的足球理念，這都必須感謝薩默爾堅持不懈的努力，因為他負責為國家隊制定青訓計畫，後來還用豐碩的成果證明，自己就是勒夫足球哲學的宣揚者與配合者。」

受到勒夫誇讚的薩默爾則表示，他與勒夫合作無間，而且還強調，他們之間已經建立了互信關係。

這兩位潛在的敵對者似乎已彼此妥協，暫時沒有出現公開的衝突，後來讓國家隊再度鬧上新聞版面的是另一場內部爭執。由於德國隊在二〇〇八年歐洲國家盃足球賽的三場分組賽表現平平，經常和克林斯曼及勒夫稱兄道弟的體育顧問彼得斯在接受《萊茵－內卡日報》訪問時，卻一反常態地、嚴厲地攻擊國家隊的教練團。他指責說：「我發覺，德國隊並沒像兩年前在德國世足賽裡表現得那麼熱情，那麼有得勝的決心。我並不確定，德國隊是不是已經在比賽前做好充分的準備。」特別是他在非難德國隊對克羅埃西亞隊和奧地利隊的比賽時，言詞並不確實，而且已失去了身為教練團成員的本分。勒夫突然被彼得斯從背後狠捅一刀，這完全出乎他意料之外，讓他感到錯愕不已。德國隊在四強準決賽擊敗土耳其隊的隔日，勒夫便宣布，將對彼得斯的言行採取行動。在歐洲國家盃結束一個多月後，彼得斯果真便被解除體育顧問的職位，雖然他在這期間曾公開道歉，卻也無濟於事。

U21青年國家隊的理念之爭

德國隊教練團內部發生的下一場衝突是由技術總監薩默爾和U21青年隊教練艾爾茲引起的。二〇〇八年十一月，前國家隊總教練克林斯曼任命的艾爾茲已擔任U21青年隊教練四年之久，勒夫決定由霍斯特．赫魯貝胥（Horst Hrubesch）接任他的職位。德國U21青年隊向來在U21歐洲青年國家盃足球賽裡表現平平，但自從艾爾茲教練接掌德國U21青年隊後，卻能讓這支球隊成功地闖入U21歐洲青年國家盃的四強準決賽。不過，技術總監薩默爾卻認為，艾爾茲雖然帶隊有成，但卻沒有確實按照教練團的要求，以最先進的足球訓練模式指導德國U21青年隊。由足球國手轉任教練的艾爾茲當然極力為自己辯護，他表示，國家隊所要求的球員訓練方法——比如，球賽錄影資料分析、任用體能教練和心理專家等，他都已落實在青訓當中。他說：「我已經依照我的U21青年隊的需求，用國家隊的那套足球理念訓練這批生力軍，但技術總監薩默爾似乎覺得我做得還不夠。」

或許艾爾茲教練根本不了解國家隊所實行的足球理念？二〇〇八年，薩默爾為正規國家隊及青訓球隊制定的球員訓練計畫中，有這樣一段內容：「我們的足球理念已包含了我們對於國際足壇的長期預測以及我們所觀察到的世界足球發展趨勢與德式足球特有的優點。」而且這些理念顯然可以在以「踢球的樂趣」（愉快、積極和創造力）和「重視個體的團隊精神」（致勝的決心、建設性批評和團隊精神）為兩大重點的球員訓練計畫中獲得體現。這個訓練計畫還有四個面向：一、熟練的技巧（在壓力之下，仍有穩定的表現；跑位技巧的熟練）；二、充沛的體力（快速足球所要求的體能）；三、戰術計畫的制定（掌握進攻式足球的體系）；四、獲勝的決心（具備熱情；講求紀律）。

教練如果無法清晰地使用一些足球概念，就會陷入一些困惑當中。「足球理念」這個概念後來重新被界定為足球戰術的部分面向，也因而獲得了清晰的定義：「在我們建立的足球系統裡，負責每個位置、每個區塊的球員以及出賽的團隊都被賦予具體的任務！我們制定球賽的攻勢和守勢的策略，但整體而言，球隊的踢球仍以進攻式足球為導向！我們雖然希望球員在比賽裡有精采的表現，不過，還是以獲勝為第一目標！」此外，教練團也為A組和B組青少年國家隊建立了球員訓練必備的標準戰術系統，除了最普遍的、中場採菱形或鏈狀布局的4—4—2陣式以外（一共四名中場：左、右翼鋒以及採取機動防守的左、右中場），也可以採用4—3—3和4—2—3—1陣式（如果側翼受到攻擊時，中場的防守可以只布置一或兩名球員）。在後場的防守部分，強制採取四人後衛鏈的區域防守而禁止使用三人後衛鏈。

在德國足協的青訓計畫中，由於一些概念的定義不清晰，而留給儲備球隊的教練們一些可以隨意詮釋的空間，人們對於哪些訓練計畫、哪些戰術系統、哪些具體的踢球方法符合技術總監薩默爾所謂的「德國國家隊特有的足球理念」也存在一些爭論。比方說，在已公開表達的意見裡，4－4－2陣式對於較高年齡組的青年暨青少年國家隊一直都是標準的戰術，然而，最高年齡組的U21青年隊出賽時，卻會依照隊員與對手的實際狀況而不斷調整戰術，通常在前場傾向於布置一位前鋒，而不是兩名。此外，教練還會藉由富有彈性的戰術規畫而給予隊員們臨場詮釋戰術的可能性。二〇一〇年七月，薩默爾還特地公開說明：「國家隊只有一套由勒夫、福立克、齊根塔勒、青訓教練以及我本人所共同訂定的足球理念，它絕對適用於國家隊與附屬的所有青少年球隊，而且內容還不斷地修改與更新。」每位負責青訓的教練都被要求，必須落實這套足球理念的更新與發展，不過接下來所衍生的問題已然浮現：如果一套純粹的足球理論可以出現一些修正，人們對於何謂「正確的詮釋」難免會有所誤解而且持續有所爭論。所以像艾爾茲這樣的教練會無法理解，自己到底在哪方面違背了教練團所制定的球員訓練規範的原則。

當然，勒夫和薩默爾之間主要的衝突比較不在於正確地解釋國家隊的足球理念，而在於具體的權責畫分。他們的利益明顯地相互牴觸：勒夫將U21視為他的國家隊A隊的新血來源，當他有派用的需要時，便可以從該隊徵召適合上場的生力軍；對於薩默爾而言，U21的表現就是他負責的青訓工作的一塊招牌，也是他的工作成果最重要的證明。在薩默爾時代的前三年，德國U21青年隊的成績（不管有多少是來自薩默爾直接的貢獻）完全令人刮目相看，而且U17、U19及U21這三支球隊一共有三次獲得歐洲青少年或青年國家盃足球賽的冠軍頭銜。在二〇〇九年贏得歐洲青年國家盃冠軍的德國U21青年隊裡，已有四名球員是德國國家隊的隊員（貝克、厄齊爾、凱迪拉和卡斯楚），在賽後不久，還有五位也加入了國家隊（諾伊爾、博阿騰、胡梅爾斯、奧戈和施梅爾策）。此時，勒夫和薩默爾雙方都非常滿意，因為青年隊及青少年隊已取得前所未有的戰績，而勒夫以U21作為國家隊補充新隊員的直接來源的構想也獲得了實現。

勒夫和薩默爾之間的合作雖有不錯的進展，卻仍免不了出現一些衝突，尤其是勒夫在「錯誤的」時間點徵召U21球員參與國家隊的比賽，譬如二〇〇六年秋天U21的特羅霍夫斯基為國家隊出賽一事。勒夫讓這位U21的攻擊中場在德國隊對抗喬治亞隊的測試賽中首度登場，但這位球員卻因而缺席了德國U21對抗英格蘭U21的那場歐洲青年國家盃至為關鍵的會外賽。勒夫當時冷靜地說明他選派特羅霍夫斯基的理由：「我需要有人替補受傷的博羅夫斯基。個別球員的培育是德國足協的職權範圍，正規的國家隊當然享有球員派任的優先權。」勒夫從一開始便主張，新生代球員應該盡量參與國家隊的比賽，以吸取實際的參賽經驗，只有這樣，才能縮短年輕的新秀與國家隊隊員的實力落差。後來德國U21因為特羅霍夫斯基缺席而在對戰英格蘭U21的比賽中以〇比一敗下陣來，然而從國家隊總教練勒夫的角度來看，U21隊輸球畢竟是次要的事。

由於薩默爾對於勒夫徵召U21隊員的問題拿不準主意，所以沒有多說什麼。二〇〇九年，當勒夫讓他在德甲斯圖加特時代的前助理教練阿德里翁取代赫魯貝胥正式接任U21的教練時，幾位足球觀察家認為，這項人事案已顯示技術總監薩默爾在德國足協的進一步失勢，因為，薩默爾曾向主席茨旺齊格推薦由海可・赫爾利希（Heiko Herrlich）接任U21的教練，卻未被接受。茨旺齊格不只在U21的球員調派方面支持勒夫，對於U21的教練人選，他也決定採納勒夫的提議。

權力的角力：為了青年隊教練阿德里翁而爭鬥

阿德里翁的專業資歷無從爭議，他是勒夫從前執教斯圖加特隊時的助理教練，多年來在斯圖加特隊負責指導業餘以及青少年儲備球員，而且曾參與巴登─符騰堡邦足球教練培訓班的運作，也是該地區足球戰術大師葛羅斯的學生。他歷來的工作表現證明他有能力讓年輕球員更積極地往獲勝的目標邁進，並且還能用他的理念讓一些斯圖加特隊的足球新秀蛻變為德國足壇的頂尖球員。此外他還採取如下的足球員培訓措施：頂尖足球人才的集中與共同培訓、與學校足球隊進行合作、讓斯圖加特隊的二軍成為全職的球員、以及為特定領域的訓練聘用專家（例如，訓練體能的教練）。他曾培訓許多新生代球員，他們先後都進入德甲球隊和國家隊大顯身手，諸如庫蘭伊、安德烈·興克爾（Andreas Hinkel）、提摩·希爾德布蘭（Timo Hildebrand）、戈麥斯、塔斯奇、凱迪拉、康柏、根特納、貝克、魏斯等。阿德里翁因為相當可觀的球員培訓成果而躍升為德國屬一屬二的青少年足球教練，他培養新人的成功率大概只有拜仁慕尼黑隊的「鑽石眼」赫爾曼·蓋爾蘭教練（Hermann Gerland）足以匹比。

阿德里翁指導球員的能力確實無庸置疑，但他和勒夫的關係卻招致一些批評。當時阿德里翁還特別強調，他並不是勒夫的人馬，本身也沒有派系的觀念，而且他和薩默爾相處得很好：「我們在一起會熱烈地討論足球，而且我們有許多相同的看法。」然而德國足協卻正在醞釀一場幕後的風暴，因為國家隊總教練與技術總監的職權歸屬的問題已愈來愈棘手。二〇一〇年七月，足協主席茨旺齊格終於提出官方相關的解決方案：他額外給予技術總監薩默爾「青年隊領隊」（Nachwuchskoordinator）這個頭銜，但薩默爾無權干涉U21青年隊教練的日常事務以及勒夫對於該隊球員的徵召。

然而，這個表面的平靜卻沒有維持多久，僅僅在三週之後，德國U21便以一比四敗給冰島U21，這場比賽的失敗也意謂著，德國U21已沒有資格參加二〇一一年丹麥主辦的U21歐洲青年國家盃的會內賽，阿德里翁也頓時成為德國足協的問題人物。勒夫雖對於德國U21這次遭逢前所未有的挫敗顯得既驚訝又失望，然而他卻仍堅定地支持他的長期戰友阿德里翁。勒夫這樣的表態已經很清楚，誰可以擔任U21的教練，完全由他決定，但他的對手薩默爾卻認為，阿德里翁應該為這次的慘敗辭職下台。對此勒夫極力反駁說，阿德里翁多年在斯圖加特隊從事新生代球員的培育工作績效非凡，他仍然適合擔任U21的教練，不能因為一次的失敗便徹底否定他的能力。此外，勒夫還以國家隊擁有優先順位的立場表示：「U21如果獲得優異的戰績當然是一件好事，不過重點仍在於國家隊A隊的發展。」成為一名優秀的國手不一定要在青訓時期就有傑出的表現，所以人們在青年及青少年國家隊應該採行與國家隊A隊或德甲球隊不同的標準。令外界訝異的是，原先主張阿德里翁應該離職的薩默爾卻隨即屈服於勒夫的看法，他只是提到：「在教練人選方面，其實大家都可以交換意見，至於其他與青訓有關的事情就完全由我決定，這很清楚。」

當時《南德日報》曾指出，勒夫力挺阿德里翁這件事其實是為了維持自己的權力基礎而不得不做的選擇，而其權力基礎的核心就是由國家隊教練團與一直受到爭議的經理比爾霍夫共同建構起來的。但另一方面，勒夫堅持的這項人事案也揭櫫了德國足協內部由來已久且赤裸裸的權力交易：當別人搶到一個教練位置時，我也可以拿到一個。所以可以確定的是，在此之前，薩默爾早已把過去他在多特蒙德隊的兩位老隊友安插到德國足協負責青訓的工作，也就是赫爾利希（於二〇〇七年開始擔任U17的教練，之後接掌U19）和史提芬·弗洛恩德（Steffen Freund；自二〇〇九年起擔任U16的教練，二〇一一年曾帶領U17參加墨西哥主辦的U17世界盃足球賽，優異的比賽表現還讓觀眾們大為驚豔）。

優秀的教練培訓官沃姆特

在亟待解決的教練培訓方面，薩默爾與勒夫卻能一反彼此對於U21的種種分歧觀點而選擇站在同一陣線，為共同的目標而努力。他們兩人從前在亨內夫的教練特訓班裡剛好是同期學員，只受訓幾個星期便得到了他們的足球教練執照。然而也正因為他們曾如此輕而易舉地取得德國足協頒發的教練執照，他們後來都認為，不宜再開辦這類訓練過程如此草率的教練培訓班。畢竟球隊教練的養成非常重要，因此教練培訓的改革就顯得刻不容緩。

從前德國足協開辦的教練培訓班的課程比較無涉於實際指導球隊的經驗，而且法律與醫學方面的內容過多，讓學員們負荷過量的知識。有鑒於這些弊端，勒夫長期以來一直相當關注教練培訓課程的全面現代化。薩默爾這位一流球員在接受教練速成班的訓練而改行當教練後，深知自己身為教練的不足之處，雖然他曾帶領多特蒙德隊在二〇〇二年奪得德甲聯賽的冠軍榮銜。二〇〇七年年底，這位德國足協的技術總監就公開表示：「我在訓練球隊時，大多憑直覺，所以有時與球員們打交道時，還欠缺必要的成熟，當然我也缺少一些足球的知識背景，反正那時的薩默爾教練現在已經不會再出現了！」他和勒夫都認為，教練的培訓工作是未來德國足球發展的關鍵，因為球員素質的高低最先取決於教練，因此加強教練培訓就成為提升球員能力的最重要的因素。德甲各球隊的教練長期以來都被認為只懂得激發隊員的士氣，卻缺乏貼近實際狀況的足球知識，因此該是展開教練訓練專業化的時候了！

技術總監薩默爾為德國足協的教練培訓計畫擬定革新的方向，一方面必須符合最新的足球知識為標準，另一方面還必須更貼近執教球隊的實務經驗。即使成就非凡的職業足球員要轉任教練，也必須跟隨資深的教練見習一年，另外，他們還決定把培訓的時間從原來的半年延長至十一個月。這項改革最重要的面向無疑在於內容結構的全面翻新，而且大多仿效國家隊的教練團所採用的方法。

二〇〇八年年初，勒夫安排他的弗萊堡隊隊友、也是他在伊斯坦堡費內巴切隊的助理教練沃姆特擔任德國足協的教練培訓官，從長期在位的魯特莫勒手中接下該職位。「如果我考量權力關係，就不可能任命沃姆特了。」薩默爾微笑地評論這項人事案，他的言談與態度還彰顯出他和勒夫在這項合作裡因為集中注意力在內容方面而使彼此愈來愈契合。當勒夫建議任用沃姆特這位一直默默無聞、執教於德乙聯賽和地區聯賽的教練時，薩默爾一開始其實抱持著懷疑的態度。這位技術總監曾仔細認真地考核這位候選人，最後得出了結論：「沃姆特處理這些事情將會很出色，他在工作時，心思非常細膩，有貫徹執行的能力，而且樂意與他人合作。」其中特別令薩默爾服氣的是，沃姆特還在巴塞爾大學擔任講師，他以輕鬆自在、簡單明瞭的方式在課堂上介紹足球這門運動，而且不是以純粹的理論家來講解足球，是從教育者的角度帶領學生認識足球。《十一位朋友》的讀者們早已見識過沃姆特在這方面的功力，因為他定期為該雜誌寫專欄文章，講解足球，而且還曾以「期待之屋」這幅插圖為觀眾描繪出一位優秀的職業足球員的全面性狀態：球技、戰術及體能是建構房屋的支架；飲食、家庭、周遭環境和體力的恢復則屬於屋舍的內部情況（觀眾看不到的部分）；社交能力是地基，而強大的心理能力則是屋頂。沃姆特把足球教練的工作比喻為一棟房屋的建造者，這是多麼不一樣的教導啊！

勒夫成為「所有體育主管的領導人」

已確切落實勒夫足球理念的德國隊在南非世界盃的比賽進行得很順利，德國足協主席茨旺齊格希望在比賽落幕後，能與包括勒夫在內的國家隊工作團隊簽定續聘的合約，因此他在南非世足賽的每個場合不惜表現出對於勒夫最大的信任。拜仁慕尼黑球會理事長何內斯當時還公開呼籲，國家隊高層的工作團隊無論如何必須團結一致，而且明確地支持曾引起激烈爭議的比爾霍夫留任國家隊經理：「國家隊在這屆世界盃踢得這麼順利，比爾霍夫功不可沒。我當然認為他應該被續聘。」勒夫則是維持一貫謹慎的態度，並未表示意見。難道他要主動爭取更高的酬勞嗎？前國手、也是拜仁慕尼黑隊的重要行政主管卡爾．魯梅尼格（Karl-Heinz Rummenigge）在南非世界盃落幕後提醒德國足協，不應在金錢上對勒夫過於吝嗇，因為比起帶隊成績平平的英格蘭隊總教練卡佩羅，勒夫的年薪已明顯偏低許多。根據德國民意調查的結果，勒夫在南非世足賽過後，已成為最受歡迎的德國人之一，不過，勒夫此時最在乎的既不是個人聲望的高低或年薪的多寡，他仍跟以往一樣，全心全意地追求如何更確實、更有效率地貫徹他的足球理念。

在經歷過世界盃緊鑼密鼓的比賽後，勒夫曾公開表示，他希望能有幾天的時間沉澱自己，以便清楚地知道，自己能否在國家隊總教練這份工作上繼續展現必要的活力與能量。總之，這就是勒夫當時對外的說法，或許他的用意只是有意讓已成為狂熱「姚吉迷」的德國足協主席茨旺齊格心神不寧地多等待一些時候。最後勒夫終於賞臉，決定繼續擔任國家隊總教練，還與教練團及比爾霍夫談論一些有待解決的合約細節，並把相關的建議轉告德國足協。七月十六日，德國隊在弗萊堡附近的「歐洲樂園」（Europa-Park）舉行世界盃賽後的慶功宴，勒夫在園區內與足協主席茨旺齊格及祕書長尼爾斯巴赫碰面商談他與他工作團隊的聘約內容。這次雙方很快地達成協議，因為茨旺齊格已被逼到了牆角：如果他不盡快與人氣沸騰的勒夫簽下合約，他可能在即將屆臨的德國足協主席改選時，無法連任而必須下台。

當勒夫的顧問阿爾斯藍與胥克哈特為勒夫釐清這份合約最後一部分的細節後，雙方便在法蘭克福的德國足協總部簽署這份大家期待已久的合約。依據新合約的內容，勒夫的聘用期延至二〇一二年七月三十一日，也就是在波蘭及烏克蘭合辦的歐洲國家盃足球賽結束之後。根據足協主席茨旺齊格的說法，勒夫已獲得「適度地」加薪，至於確切的金額，他當然不會透露。《畫報》推測，勒夫的年薪已從目前的兩百五十萬歐元提高到兩百七十萬歐元，《柏林日報》的估算最多，該報聲稱勒夫每年可以領取四百萬歐元。至於未牽涉財務隱私的合約內容，則完全對外公開：比爾霍夫留任國家隊經理，已被解聘的國家隊媒體部主任哈拉德．許登爾（Harald Stenger）將繼續擔任該職位。另外，爭議最多的U 21青年隊的最新規定也已經出爐，主席茨旺齊格已明確表示，國家隊總教練勒夫已獲德國足協認可為「所有體育主管的領導人」。

一起為德國隊而努力

當所有的事情都已塵埃落定後，勒夫還希望首席球探齊根塔勒能留在教練團，與大家一起工作。二〇一〇年二月，就在勒夫無法確定能否續任國家隊總教練之際，齊根塔勒便與德甲的漢堡隊簽訂合約，預定在南非世足賽結束後，出任該隊的技術總監。當勒夫和教練團的合約在世足賽後順利獲得延長時，齊根塔勒便表達他身兼二職的意願而遭到德國足協的否決，因此這位瑞士籍足球專家只好辭去漢堡隊的技術總監的職位，全心效力於勒夫的國家隊。

就這樣，這支成就非凡的團隊成員終於全部歸位，勒夫在此期間已成為德國隊有史以來最成功的總教練——每場比賽的平均得分為二點二四分，些微領先前輩福格茨的二點一八分。由於德國足協很滿意勒夫指導德國隊的成果，因此，在二〇一一年年初便已考慮，再次與勒夫延長那份才在半年前延長的合約。雙方這次在三月中便已完成合約的延續，由於完全不公開，因此未受外界任何負面雜音的干擾。

雙方都很高興看到合約再次延長。勒夫對於自己能與工作團隊同心協力地邁向成功的目標，感到相當欣慰。他表示，國家隊的教練團運作得很完美，讓他可以絕對地信任，所以他比以往更依賴這個已能獨立完成任務的團隊。從前他經常為了一些日常的工作事項而耗盡精力，後來他從克林斯曼那學到如何授權分工。「我把許多工作和任務分配給其他同仁，讓他們多盡些義務，這樣我就比較能集中注意力思考國家隊未來的發展。」

德國國家隊與直屬的德國足協的關係已密切地形成了一個前從未有的「信念與信任的共同體」。一方面，國家隊的勒夫知道，他的直屬長官足協主席茨旺齊格對於他和他的團隊相當滿意，因此，希望他們能不受二〇一二年歐洲國家盃結果的影響，堅定不移地按照原定的規畫繼續努力；另一方面，主席茨旺齊格也開心地表示：「在簽署合約時，光從我們和樂融融的對話裡就可以看出，我們之間的信賴有多深！」在簽約的現場，處處都是微笑的表情，比爾霍夫與足協祕書長尼爾斯巴赫也愉快地握手致意。至於薩默爾呢？由於德國隊和德國足協此時一片融洽和諧，原本有意到德甲漢堡隊另謀高就的薩默爾便決定留任德國足協的技術總監，並在四月順利地延長了他的聘約。如此一來，茨旺齊格、薩默爾和勒夫這三巨頭便成為關係更緊密的戰友了！這位續任的技術總監分析說：「我們的關係完全不會影響勒夫對於國家隊的全面性領導，我們共同致力於德國足球的發展，所以也抱持相同的目標和理念。我們在細節方面會有不同的意見是很平常的事，這屬於一般「爭論文化」（Streitkultur）的一部分，我們只是希望把事情做好。」

無論如何，勒夫現在的處境已經沒什麼可以挑剔的了！這位從前職業足壇的流浪教練一開始以助理教練的身分在德國隊勤勤懇懇地努力，如同蜘蛛一般地織造出一片屬於自己的網絡，他以溫和的方式領導這支球隊走在成功的康莊大道上，而且還成為德國隊有史以來最有權力的總教練。

獲世界盃冠軍並持續努力

大家都知道，德國隊在二〇一二年歐洲國家盃四強準決賽輸給義大利隊。雖然主要的過錯被歸咎到總教練勒夫身上，但德國足協卻讓他繼續執掌國家隊，甚至還提前把他的合約延長到二〇一六年，儘管德國民眾普遍期待他在二〇一四年巴西世足賽之後交棒離職，不論是否提前遭到淘汰或順利地殺進決賽勇奪金盃。德國隊後來在巴西世足賽贏得冠軍後，勒夫首先保持低調，不願透露是否會履行那份已延長至二〇一六年的合約。他只表示，想讓自己暫時沉澱一下，然後再與新上任的德國足協主席尼爾斯巴赫做進一步的商談。尼爾斯巴赫則不管勒夫的聲明而直接公開表態，希望能和勒夫繼續合作，他說：「不管巴西世足賽的結果是好是壞，我們本來就達成了協議。我們在九月就會有明確的結果，除了勒夫之外，我無法想像還有其他的教練會坐在國家隊總教練的席位上。我們的下一個目標就是二〇一六年法國主辦的歐洲國家盃。」國家隊經理比爾霍夫後來也宣布，勒夫會繼續執掌德國國家隊的兵符。

七月二十三日，勒夫在德國足協的網站發表聲明表示，他會依照先前簽定的合約，繼續擔任德國隊的總教練，直到二〇一六年歐洲國家盃結束[1]。他還熱情洋溢地談到，目前除了在國家隊繼續工作之

1 譯注：德國足協於二〇一五年三月宣布，已將勒夫的聘約延長兩年到二〇一八年。所以，勒夫不僅將在二〇一六年的法國歐洲國家盃率領德國隊出賽，也將指揮這支球隊於二〇一八年俄羅斯世足賽捍衛冠軍寶座。

外，實在無法想像還有其他更美妙的事：「我現在就跟第一天剛到德國隊工作那樣，積極而有目標。我們已經在巴西世足賽盛大地慶祝德國隊榮獲冠軍，但我們還有其他想要達成的目標。二〇一四年的世界盃對所有德國人來說，是一次成就的高峰，但它並不代表結束。」

巴西世足賽結束後，幾位重要的資深隊員，比如隊長拉姆、前鋒克羅澤及後衛梅特薩克紛紛離隊，為了繼續邁向成功，勒夫必須重新調整德國隊的架構，建立一支令人耳目一新的球隊。此外，他還聘請前斯圖加特隊總教練托馬斯．施耐德（Thomas Sohneider）擔任他的助理教練，前任的助理教練福立克則接任薩默爾離職後懸缺的技術總監的職位。

第十七章

德甲球隊與國家隊的合作及衝突

以國家隊為改革中樞

成員年輕的德國隊在南非世足賽的表現很有說服力，讓幾支國際頂尖的職業球隊相當感興趣，例如西甲的皇家馬德里隊。當時這支伊比利半島的傳奇球隊極力爭取厄齊爾及凱迪拉這兩名球員加入該隊，這項國外職業球隊的挖角行動讓勒夫頗感自豪。另外，還有一點讓他感到很驕傲，就是國際足球的發展已經體現了他的足球理念。在南非世足賽裡，參賽的國家隊無一例外地以一種富有攻擊性並強調快速的風格在場上交鋒對戰。這種踢球方式所帶來的潛在成果後來也在二〇一〇年年底的德甲聯賽中獲得印證：該年度上半球季結束後，那些偏愛風險較高的進攻型比賽，而且給予年輕球員更多出賽機會的德甲球隊已在積分排行榜上名列前茅。換句話說，勒夫的國家隊在南非世界盃的比賽表現帶動了德甲球隊比賽風格的轉變。

當然我們也可以質疑，是否真的只是國家隊單向地影響職業球隊？多特蒙德隊的克洛普教練和梅茵茲隊的圖賀教練跟國家隊總教練勒夫一樣，都與巴登－符騰堡邦的新式足球學派素有淵源，他們新穎的足球觀點當然不是在二〇一〇年的南非世足賽期間才建立的。至於大力栽培新生代球員這方面，其實早在二〇〇一年就已經展開，因為前一年國家隊總教練李貝克帶領的德國隊在歐洲國家盃慘敗促使德國足協做出一項決議：往後德甲的職業足球隊必須設立球隊專屬的青訓中心才能領取球隊的經營執照。從那時起，德甲聯賽的球隊在足球的青訓工作方面一共投入五億多歐元的經費。十年前，德甲球隊還必須費盡心力地搜尋具有天分的年輕球員，然而十年後的二〇一一年，大約一千名的德國職業足球員當中大約就有五分之一來自所屬球隊青訓中心的培育計畫。效力於多特蒙德隊的戈策曾這麼稱讚所屬球隊的青訓工作：「球隊的青訓中心對我們進行全面性的栽培，不只有運動方面的訓練，還有性格造就。」戈策的例子正是他那一代德國足球員的寫照。

早在二〇〇四年，剛擔任德國隊總教練的克林斯曼便相當讚賞那時還屬於地區聯賽的霍芬海姆隊的青訓計畫，因為該隊的青訓工作不僅著重青少年球員踢球能力的培養，也很重視他們在學業與職業的發展，而且還會加強他們與人溝通及相處的能力。職業足球隊和國家隊是否存在交互影響的關係？勒夫在二〇一〇年南非世足賽曾大膽徵召年輕球員參賽，然而這種看似需要勇氣的實驗其實已經比某些職業球隊慢了半拍。比方說，巴德史都博和穆勒這兩位國家隊隊員能夠迅速竄起，其實應該感謝他們所效力的拜仁慕尼黑隊的荷蘭籍教練范豪爾對於具有踢球天賦的新秀有所偏愛。如果在世界盃舉行之前，人們曾打算頒發榮譽獎章給那些從事高風險的進攻式足球球員的話，那無疑也應該頒獎表揚這位作風獨樹一格的荷蘭籍足球教練，因為，他的拜仁慕尼黑隊率先為德國足壇培養了一批令人印象深刻的傑出球員。

克林斯曼於二〇〇四年接任國家隊總教練後，因為在國家隊展開轟轟烈烈的足球改革而成為眾矢之的，然而德國體育記者克里斯多福・比爾曼（Christoph Biermann）當時已正確地認知到，克林斯曼所推動的一連串革新措施正是「足球現代化的巨大推動力」，而且還體顯出一種「樂意接受新觀念的開放式文化」。人們只要回想比爾霍夫喜歡一再提起的故事，就可以了解二〇〇四年德國足球界對於國家隊這場足球改革的態度：「我和克林斯曼被傳喚到德甲聯賽的委員會時，還遭到指責，說我們根本是用心理專家、美國來的體能教練以及所有荒唐的蠢事蓄意破壞德國足球。」足球改革者克林斯曼在德國隊開啟了這場革新行動，接著由執教經驗豐富的勒夫教練把德國隊蛻變成足球隊的典範，成為「德國足球的創新中心」，一如《法蘭克福匯報》記者米歇爾・侯雷尼（Michael Horeni）提出的。聘用相關領域的專家、使用新方法訓練球員、密集研究足球戰術、掌握國外足球的發展、挖掘有潛力的新秀等，所有這些措施都透過克林斯曼與勒夫的積極推動而開始受到德國足球界的重視，而且後來還因為國家隊優秀的戰績以及廣受群眾的愛戴而讓這些革新的做法受到更多球隊的重視與仿效。後來附帶地，德國民眾在討論足球時，也開始使用一些新穎的現代足球概念，使得討論的內容變得更豐富，達到更高且更具知識性的層次。

勒夫早已明確地認定：國家隊就是德國足球改革的中心，而且已成為社會大眾心目中嶄新德國足球文化的焦點。由於一些足球專家也在其他地區敲鑼打鼓地倡導這種新式足球，從前總是受到德甲球隊代表以懷疑眼光打量的勒夫後來竟獲得他們的高度評價。但是勒夫和克林斯曼這兩位「足球革命者」在二〇〇四年剛接掌德國國家隊時，卻完全是另一種情況。已移民美國加州的克林斯曼被認為是德國足球界的局外人及入侵者，所以必須跟他奮戰到底。每位德甲球隊的代表當時應該知道，克林斯曼和他的教練團對於德甲聯賽的比賽表現所提出的批評確實有理，但那時幾乎沒有人願意承認。自從勒夫升任國家隊總教練後，德國隊與德甲球隊高層的衝突就緩和許多，主要是因為這位巴登教練的溝通方式比較圓融。勒夫的作風與克林斯曼並不相同，他從不會堅決地反對，而是提出反對的理由，因此他很少和德甲球隊的代表們針鋒相對，況且他還有比爾霍夫這位自負的球隊經理可以在第一線充當他的傳聲筒和代罪羔羊呢！

球隊經理比爾霍夫是狠角色

根據《畫報》的報導，國家隊經理比爾霍夫是一位聰明的行銷高手，他曾為德國足協處理金額高達數百萬歐元的重大交易，而且還為國家隊打理完美的訓練環境。比爾霍夫認為自己最重要的任務之一是，透過適度曝光強化德國國家隊的品牌行銷，例如，架設德國隊專屬的網站。他曾針對他的工作表示：「我的工作項目之一就是讓教練們沒有後顧之憂。我是國家隊和各單位的聯繫窗口，對內必須與德國足協應對，對外則必須面對廠商、媒體、歐洲足協以及國際足協。」比爾霍夫往往被認為是一位爭議性人物，經常扮演替罪羔羊及出氣筒的角色。無論是德甲球隊的經理人（比如佛勒及魯梅尼格）、德國足協高層、記者諸公以及隊長巴拉克，他幾乎不畏懼與任何人發生衝突。他表示，自己早就知道會在球隊經理這個職位上經常碰到巨大的阻力。

比爾霍夫心甘情願地接下克林斯曼離開國家隊之後空出的激烈抗爭者角色，為了協助總教頭勒夫，還必須擔任勒夫與外界的緩衝者。他幾乎已習慣性地用生動活潑的表達方式以及漂亮的說詞扮演批評者的角色，因此，經常處於衝突的引爆點，而且事後看起來就像個承受責難的罪人或代罪羔羊。他對於大多數問題的看法與勒夫一致，卻用赴湯蹈火的方式讓他的主帥遠離火線。

他上任兩年之後，當德國隊於二〇〇六年德國世足賽晉級八強淘汰賽時，這位國家隊經理便首次以猛烈的連環式攻擊向職業足壇許多批評與懷疑德國隊的人士算總帳：「德國足球經常意味著一種破銅爛鐵式的足球。這兩年來，我們栽培一些在他們的球隊裡往往沒有機會一展身手的年輕球員，並幫助他們建立自信心，這些新措施一再受到尖刻的批評，但我現在必須指出，如果德國的職業球隊不展開改革而繼續處於沉睡的狀態，就很難維持本身的國際競爭力。」許多德甲球隊的教練立刻激烈地反擊比爾霍夫這番言論，他們心有不平地提到，幾乎所有國家隊隊員都是從德甲球隊徵召來的，因此德甲球隊根本不可能這麼糟糕。

下一波的激烈爭吵是在一年半過後。當時克林斯曼的前任總教練佛勒對於勒夫和比爾霍夫希望能在正規的國家隊以及各年齡組的青年和青少年國家隊貫徹一套相同的足球理念而感到很厭煩，他搖頭不解地說：「我總覺得，國家隊裡面只是一直在談論什麼足球理念……」這位前世界級足球國手暨國家隊總教練認為，現今所謂的足球理念其實是德甲球隊優異的青訓工作的成果，現在卻偏偏由一位國家隊經理在賣弄這樣的概念，「比爾霍夫當球員時，哪有這些足球理念？一位球技不怎麼樣的前國手竟突然滿口的足球理念！」佛勒認為，比爾霍夫應該更謙卑，更謹慎：「他這幾天應該找德國隊的隊醫穆勒—沃法特醫師做身心檢查，他這種自鳴得意的態度一定會給自己帶來痛苦的後果。」

在佛勒的指謫之後，環繞著比爾霍夫的批評也平息了許多，而且這位球隊經理自此已幾乎不再發表一些聽似挑釁的言論。後來則是他的財務處理方式最受議論，特別是德國隊參加二〇〇八年歐洲國家盃比賽竟花費德國足協兩千萬歐元，身為球隊經理在面對外界指責揮霍金錢時，仍必須挺身為自己辯解。另外他還被批評透過「B計畫」這家位於施塔恩貝格（Starnberg）的經紀公司為自己從事市場行銷。比爾霍夫對此憤怒地辯說，所有他的活動，包含廣告合約等，都已和德國足協簽下書面協議，他認為這些輿論的話題全衝著他而來，是因為有些人想把他逼到某個特定的角落。

二〇一二年四月，比爾霍夫在接受《踢球者》專訪時曾說明，在這期間他已不想再解釋他的工作性質。不過當這位國家隊的形象打造者在執行計畫時有任何不順利之處，仍須在攝影鏡頭前做一番解釋與辯白。以二〇一四年的巴西世足賽為例，他必須有說服力地對外說明自己如何選定德國隊的住宿地點，然而德國隊在北義大利的賽前訓練營卻為了替贊助商戴姆勒—賓士集團拍攝廣告而發生嚴重的交通意外事故，這起突發的事端確實讓向來辯才無礙的比爾霍夫顯得招架不住。他事後表示，德國足協有些活動已接受戴姆勒—賓士集團的贊助長達十年，目前已不打算再進行這類活動，至於與該汽車集團未來是否還會合作，必須經過一番考慮。「這樣的意外事故對於將來舉辦的活動當然是評估的重點。」比爾霍夫說。

根據統計數據提出批評

相較於比爾霍夫經常大喇喇地宣揚自己的觀點，勒夫對於德國足球界的批評卻一向實事求是。球隊的成功雖有不同方法，但仍有一些客觀的基本缺失，勒夫曾多次以專業的立場指出德甲球隊的諸多欠缺，但卻讓這些球隊覺得受到侮辱而展開反擊，雙方幾乎沒有積極釐清爭議的內容，實在相當可惜。德甲聯賽的權威人士好像沒有打算、也沒有能力，在堅實的知識性基礎上與勒夫進行一場務實的足球討論。

勒夫對於德甲聯賽的種種缺點毫不掩飾地提出批評，幾乎切中所有重要的領域，而且還能援引一些令人無可辯駁的數據資料證明自己的說法。他剛擔任國家隊總教練時，便發現德甲球隊普遍存在球員體能不足、比賽速度太慢以及各隊的本國籍球員過少等缺失。許多德甲球員迫於國家隊強制規定參加的體能測試而終於改善本身的體能狀況，所以他打算把這項體能測驗制度引入所有德甲球隊，必要時還得面對這些球隊的反抗。關於本國籍球員過少一事，他還拿出統計數據抱怨說，在二〇〇六／〇七年度球季，德甲聯賽的先發球員平均只有三〇%的比例屬於德國籍。所以他如果去觀賞一場德甲的球賽，交戰的球隊卻各自只有三或四位德國籍球員上場，這種外籍球員出賽比例過高的問題實在非常不妥。

勒夫上任之後，還特地指出德甲球員傳球不當，有一部分傳得太高或太遠，而且還經常出現傳球失誤而讓己方陷入困境，或者中後衛的第一個傳球踢得不好而讓進攻的行動隨後不了了之。特別讓他不以為然的是，球員在場上的踢球速度過慢，他發覺其中主要的原因在於球員之間有許多「半空中的傳球」以及「不成熟的傳球」。對此他解釋說：「球員必須花時間處理一個高空球，對方的球員便趕來搶球，然後就出現一對一的纏鬥，這實在沒什麼看頭，也浪費比賽的時間。」一場優質足球賽的關鍵其實在於快速接球並直接進攻，英格蘭那幾支頂尖球隊以及西班牙的巴塞隆納隊便展現出了高度的傳球品質。

勒夫對於德甲進行一般性批判時，還提到該聯賽的球隊普遍缺乏耐性。德甲球隊的人員流動過於頻繁，特別是教練。當球隊的教練受到質疑時，總是在隊內引起相當大的騷動和不安，這是勒夫在斯圖加特隊的親身經歷，而且當隊員們知道教練即將被撤換時，就很難激勵他們在場上有更賣力的表現。當舊的教練離職後，他在球隊所進行的訓練計畫等於前功盡棄，因為新上任的教練會帶來不一樣的觀念與做法。教練頻繁的更動會讓球隊的各項政策與工作失去延續性，原則上不利於球隊的長期建構以及比賽表現。勒夫還舉溫格教練的例子說明，這位法國籍總教練自一九九六年起執掌英超的阿森納隊，經過長期有計畫地工作，才讓高層次的足球文化中終於在該隊扎根成長。

此外，勒夫剛升任國家隊總教練時，便一再非難德甲球隊在球員訓練方面的落後。約在二〇〇七年五月，他曾如此表示：「許多德甲球隊總是買進新球員，然後把隊員人數擴充到三十名，我倒認為，不如擴大教練團的陣容，自己培訓球員比較實在。我需要三、四名可以個別訓練球員的教練，球隊裡有二十位比較有參賽經驗的隊員再加上幾名年輕人，這對我而言就足夠了！我們需要各領域的專家，技術教練、體能教練和隊醫。這就是足球的未來！這就是足球的品質！」

除了這些細部的批評以外，勒夫還抨擊德甲球隊在國際賽事的戰績過差。沒錯！德甲球隊在二〇〇六到二〇一〇年這五年的歐洲冠軍聯賽裡，除了拜仁慕尼黑隊有一次闖進決賽之外，並沒有太多的表現。當時成績搶眼的球隊幾乎全來自巴西、阿根廷、西班牙和荷蘭，德甲球隊在這個歐洲職業足球大賽裡的表現始終不理想，因此較少晉級決賽圈，這個現象也是勒夫指謫德國足球水準落後其他足球強國的依據。他認為，德國足球倒退的原因不完全是因為經費缺乏。英格蘭、西班牙與義大利的大型球隊雖然比較肯砸錢投資，但資金並不是球隊表現唯一的關鍵性原因。「較多的資金不一定保證球賽會有更好的表現，畢竟球隊的實力必須經由各方面的努力才能獲得，不一定與財務狀況有關。」儘管德國隊在二〇一〇年南非世足賽有令人滿意的表現，但德國足球在這場盛會落幕後，基本上仍沒有什麼改變。德甲球隊雖然在這期間已經有進步，但要迎頭趕上一些國際頂尖的球隊，還需要再加把勁。

然而沒過幾年，勒夫對德甲球隊的批評就收斂許多！二〇一三年，拜仁慕尼黑隊與多特蒙德隊雙雙擠入歐洲冠軍聯賽的冠亞軍決賽，這兩支爭霸的隊伍在該場球賽中充分證明德國職業足球隊的卓越而讓人們留下深刻的印象。

德甲球隊的說詞

勒夫不斷提到，有些國家頂級聯賽的球隊在速度、戰術、訓練方式以及青訓工作等方面都居於領先地位，當然，這個說法的確會讓德甲球隊的高層人士感到相當不悅，他們曾這麼回應——「這沒什麼好自責的。」文達不來梅隊經理阿洛夫斯表示：「對於球隊的事務沒有親自觀察就隨意評斷，這是很危險的。」拜仁慕尼黑隊的總教練希斯菲爾德則這麼說：「勒夫的看法根本不符合事實。」勒沃庫森隊的技術總監佛勒說：「根本無法理解這個人在說什麼。」德甲知名教練馬加特批評：甚至連採用新式足球概念的文達不來梅隊總教練托馬斯．夏夫（Thomas Schaaf）及多特蒙德隊總教練克洛普也一再被勒夫的批評所激怒。這些德甲的足球專家異口同聲地撻伐國家隊總教練勒夫並且強調，德甲球隊在國際比賽的戰績不盡理想，是因為德甲各球隊所獲得的資金挹注明顯地低於一些英格蘭和南歐名隊。德國職業足球聯賽協會主席克利斯蒂安．塞佛特（Christian Seiffert）則於二〇一一年五月舉例表達德甲聯賽的觀點：「英格蘭和西班牙的足球發展已經領先我們五年，這是事實。但是這些國家的足球隊往往為了獲得許多勝場而蒙受幾十億歐元的資金損失，這也是事實。如果德甲球隊把這些國外球隊當作效法的榜樣，這就好像把一位注射禁藥的短跑選手所呈現的最好狀態當成仿效的目標一般。所以我們應該注意，不要將錯誤的事物當成學習的典範。」

後來，德甲球隊的人士不只基於自我防衛的立場才提出批駁，他們甚至主動攻擊勒夫的主張，比方說，施行體能測試會造成德甲球隊無謂的負擔，是對職業球隊球員訓練工作不當的干涉云云。或說：國家隊在參加友誼賽之餘還要安排隊員們接受大有問題的體能測試，這種做法實在沒有意義，無論如何已對行程緊密的德國隊造成額外的負擔。還有，德甲球隊尤其喜歡譴責勒夫是根據他的偏愛徵召國家隊的參賽隊員，而不是根據隊員實際的踢球表現。當然這項責難主要來自那些隊員極少入選國家隊的德甲球隊教練及負責人。

尤其在二〇〇九年，勒夫篩選參賽隊員的標準經常受到激烈地批評。人們會指責他過於偏愛斯圖加特隊及霍芬海姆隊，所以總是坐在這兩支球隊的主場看台上觀看球賽。文達不來梅隊的經理阿洛夫斯曾挖苦勒夫說：「我不知道，國家隊總教練是不是還在國家隊的訓練球場裡，也許他又出現在霍芬海姆隊的比賽場合。」多特蒙德隊的總教練克洛普則尖酸刻薄地諷刺勒夫：「沒有近距離的觀察就能評判一些知名的球員，這顯然很不容易呢！」對此勒夫則反駁說：「沒有人真的會指責我忽略了某一位多特蒙德隊隊員的比賽表現，只因為我剛好出現在斯圖加特隊足球場的觀眾席上。」他還強調，自己始終都能取得最新、最正確的球員資訊，無論他是否人在現場。除了許多為德國隊效力的足球觀察員之外，他本人也經常到德北和德西地區觀看德甲的球賽。「我和工作團隊的成員們經常在德國各地觀察德甲球賽的進行，不只是我和福立克，還有許多人們並不認識的觀察員。這種匿名性有一大優點，它可以讓球員們無法察覺德國足協正派出人員觀察他們在球場上的表現。」因此，國家隊總教練的眼目無所不在，他本人現身何處並不重要。勒夫自己估計，光是他每年造訪的國內外足球賽已多達一百五十場，所有這些比賽都經過最精確的資料分析與評估，因此他鄭重聲明，他在評斷球員時，並不會出現失誤。

在該年秋天的一場關鍵性的世界盃會外賽舉行之前，外界對於勒夫選派參賽隊員的批評變得更尖銳了！那時德國隊內雖還有其他合適的人選，勒夫卻決定徵召一批競技能力與體能狀況較弱的斯圖加特隊隊員參與該場會外賽。從前克羅澤與波多斯基雖然狀態不穩定，但勒夫基於他們過去的戰績而堅持任用，這樣的決定還可以理解，但他當時選用的斯圖加特隊隊員在狀況與實力方面都不好，如塔斯奇、凱迪拉、卡考與希策斯佩格，這種篩選參賽隊員的方式已經違背他經常掛在嘴邊的「實力原則」。然而，勒夫當時仍挺身為自己辯解，他根本無法理解，德甲球隊的某些人士指責他偏愛某支球隊的球員而且還喜歡意氣用事。而且讓他不滿的是，一些德甲球隊的負責人會把問題直接訴諸公眾，卻不會先和他當面討論清楚。「我們在國家隊會承擔責任和後果，而且我們做出的任何決定絕對有根據。」勒夫這麼強調，並要求德甲球隊的高層能尊重他對於國家隊各項事務的處理方式，同樣地，他也不會干涉德甲球隊的人事政策。

「先知」克林斯曼的災難

國家隊總教練勒夫並不干預職業球隊的人事政策，但當他的前上司克林斯曼於二〇〇八／〇九年度球季接替希斯菲爾德成為拜仁慕尼黑隊的總教練，並帶著許多新穎的足球理念準備翻轉這支德甲最成功的球隊時，勒夫當然大表歡迎。這位已移民美國加州的大膽革新者將球隊大樓改建成競技中心（Leistungszentrum）並擴大教練團及照護團隊的規模，卻不增聘有潛力的足球新秀。「增加教練團的成員、提升球隊的基礎條件以及興建競技中心都是正確的做法。」勒夫這麼評論，並特別強調，足球隊的未來是建立在對於領導系統的投資，而非對於主力球員的投資。

勒夫還指出，克林斯曼引進的改革措施其實相當符合當前職業球隊的國際標準：「克林斯曼準備為這支德甲球隊的隊員們塑造一個可以進一步獲得培訓、而且可以每天七、八個小時專注於他們的職業的工作環境。這種職業足球員的訓練模式在其他國家的球隊是很平常的，在義大利如此，在英格蘭、西班牙或土耳其也已行之有年。在一個工作日裡，球員們在球隊的競技中心可以從事許多活動：各個項目的球員訓練、影片觀摩、按摩、恢復體能、繼續培訓、靜心、集中注意力。」勒夫確信，球員們應該整天沉浸在他們的工作裡，而不是只接受球隊一個半小時的訓練。克林斯曼為了讓隊員們靜心而請室內設計師在競技中心的屋頂設置一尊佛像，人們如果會取笑這個構想，可能就忽略了這個構想所要傳達的實質內容！總之，球隊各個領域的專業化以及各種條件的完美化絕對是必要的。

克林斯曼實施的激進的革新措施並無法擔保拜仁慕尼黑隊可以在短期內獲得改革的成效。運動行銷專家查斯卓夫當時曾這麼評斷克林斯曼：「在球季的冬令假期過後，如果他採用的新理念和他的教練團還無法提升拜仁慕尼黑隊的戰績，那他在這支球隊的發揮空間就會受到限制，而且身為二〇〇六年德國世足賽夏日童話的推手形象也會跟著瓦解！大家會開始注意到，勒夫才是二〇〇六年德國隊突飛猛進的真正締造者。」從導演佛特曼當時為德國隊拍攝的紀錄片《德國：一個夏天的童話》裡，人們便可以看出，克林斯曼雖是德國隊的主帥、是個說話鏗鏘有力的激勵者，但球賽的分析及戰術的建構全由勒夫一手主導。不消多久，當克林斯曼在拜仁慕尼黑隊的改革計畫失敗之後，德國民眾更已確定，從前在克林斯曼身後的助理教練勒夫不只能力較強，而且還是二〇〇六年德國隊的夏日童話的實際推動者。德國隊隊長拉姆也附和這樣的看法，他在二〇一一年出版的自傳《細微的差別》中，曾這麼描述擔任國家隊總教練的克林斯曼：「克林斯曼幾乎只給我們體能的訓練，戰術方面少有著墨。」新的一年才過了六或八個星期，拜仁慕尼黑隊所有的球員已經意識到，無法和克林斯曼再繼續下去了。在球季結束之前的那段過渡時期裡，他們只能儘量控制克林斯曼的實驗性措施所帶來的損害。

勒夫並不想捲入德國足球界從二〇〇八年開始醞釀的這波反克林斯曼的聲浪之中，而且直到今天，他仍提醒大家應該公正地看待這位前國家隊總教練的功績與貢獻。根據勒夫的看法，克林斯曼在拜仁慕尼黑隊的失敗並不表示他的計畫錯誤，充其量只是細節方面的缺失罷了。一項改革行動要獲得成功必須徹底排除所有的阻力，而且還需要充裕的時間，顯然拜仁慕尼黑隊的耐性不足。拜仁慕尼黑球會理事長何內斯因為對於球隊的成績不滿意因而決定放棄克林斯曼的計畫，重新回歸舊路線，何內斯公開表示，拜仁慕尼黑隊需要一位足球導師，也就是一位實際在球場上訓練球員的教練，一位懂得經營德甲球隊的足球專家。克林斯曼的繼任者海因克斯與范豪爾後來都相當稱職地扮演了這個角色。在這個意義下，勒夫當時其實也是個不錯的人選。

克林斯曼在國家隊以及拜仁慕尼黑隊推動的足球改革所留下的影響或許可以化約為兩個關鍵詞：「教練團」和「競技中心」。一九九〇年代先後被評選為「歐洲足球先生」和「世界足球先生」的馬泰斯曾稱讚他在德國隊的隊友克林斯曼是德國足壇的「先知」，因為，克林斯曼把德國隊蛻變為一家有許多專家投入的公司。繼任者勒夫的貢獻最大，他不僅延續克林斯曼在德國隊所推動的足球改革，甚至把它發楊光大。由於克林斯曼自二〇〇四年上任後，便已在德甲聯賽推行一些革新的措施，勒夫在二〇〇七年八月，也就是升任總教練一年後，便發出讚許地說：「我在德甲球隊裡看到了一些進步以及某種正面的發展傾向。」接下來那幾年，所有德甲球隊的基礎條件與球員培育的狀況都持續獲得改善，教練團的規模都已擴大——多特蒙德隊是這方面的楷模，對於計畫周密的球隊改造都很有耐心，而且都有勇氣任用新生代球員。「統計數據狂」勒夫在二〇一〇年一月便指出，德國職業足球員的平均年齡，從千禧年以來，已在這十年間降低三歲左右（從二十八降至二十五歲），同時二十三歲以下的球員人數已增加三倍，占所有職業足球員將近二〇%的比例。

勒夫在二〇〇七年二月發起定期舉行的德國足球教練會議，並藉由這個場合和德甲聯賽的教練們展開頻繁且充滿信任的交流，拉近了雙方的距離。二〇一〇年南非世足賽過後，德甲球隊的教練們異口同聲地誇讚勒夫對於德國隊的指導與訓練，當時弗萊堡隊總教練羅賓．杜特（Robin Dutt）還提到：「現在有許多年輕球員加入國家隊，這是德甲聯賽多年來努力的成果，勒夫不只在國家隊重用他們，而且跟他們說話的方式也跟德甲教練一樣。」

「如果我們德國隊想維持世界頂尖的水準，就必須不斷進步。」這就是勒夫多年來不斷提到的信念，特別是在球員訓練方面。對他而言，現在的德國足球界已幾乎沒什麼可以抱怨的了！分級的職業聯賽的球隊都具備高度的足球知識水準，竭盡心思地打造訓練計畫並投入許多相關領域的專家。一些頗受歡迎的腦力與心智訓練方法在大部分德甲聯賽的球隊裡已是日常例行的練習。最具創新精神的多特蒙德隊與霍芬海姆隊為了改善傳球的精確性及動作的敏捷性，還購置足球練習機（Footbonaut），透過這種機器，隊員們在十五分鐘內的傳接球量已相當於一星期的球隊例行訓練的總量。因此勒夫可以期待，德甲球隊會繼續加強球員的培訓，為國家隊提供出色的球員。

每位球員都是一家獨立的公司！

為了在二〇〇六年的德國世足賽有傑出的表現，總教練克林斯曼努力讓國家隊隊員持續地進步，並呼籲他們應該確實自我負責：「嘿，這是你的前途！這是你的世界盃！不要讓這個難得的機會溜走了，寧可每個星期增加三場訓練，也不要等到世足賽落幕後才懊悔地說：早知道我就多努力一點！」勒夫在德國世足賽之後繼任為總教練，從此一些為個人量身訂做的練習項目才成為國家隊球員例行訓練的一部分。勒夫當時還喊出一個口號：「每位球員都是一家獨立的公司！」在國家隊訓練營的短期研討會裡，每位隊員應該針對自己的弱點自動自發地補充一些應該自我加強的練習項目，而且勒夫還強調，只有專注於自己的專業並懂得自我負責的球員才會有進步。勒夫於二〇〇六年從克林斯曼手中接下國家隊總教練時已經體認到，這些國手們從二〇〇四年以來所接受的團體訓練，經過兩年之後，幾乎已達到極限，如果要進一步提升他們的戰力，必須施行個別化訓練，因為只有針對每位隊員的弱點加強訓練，才能讓他們獲得進步，球隊的整體表現才有可能提升。

勒夫認為，個別化訓練並不複雜，球員只要每星期額外進行四、五次這類練習，每次半小時即可，而且這樣的運動量根本不會影響他們所屬職業球隊的訓練工作。國家隊與職業球隊雖然關注的重點不完全相同，然而球員的進步卻是彼此共同的目標。勒夫並不想干涉德甲教練的球員訓練工作，但他卻希望能和德甲的球隊取得共識，在未來幾年內，哪位球員在體能及技術方面有哪些需要改善的地方？還有，應該如何改善？

為了讓國家隊的訓練更貼近每位隊員的狀況與需求，勒夫剛上任時便對全隊進行問卷調查，以確實掌握每位隊員在他們的職業球隊的受訓情況。這項調查的目的是希望找到適合個別球員的方案，以有效提升他們的踢球實力，並避免增添不必要的負擔。直到今天，勒夫在徵召球員之前，都會先詢問對方，是否已經準備從事具有自主性的工作。他解釋說：「如果我認為可以錄取某位球員，我就會打電話給他並對他說：『根據我的看法，這是你的強項，那是你的弱點，所以你還需要在空閒時多做一些相關的訓練！我們相信，你在不久之後就可以加入我們這個精英團隊，但是你必須遵守我們的規定！我們打算在二〇〇八年歐洲國家盃或二〇一〇年世界盃派你上場出賽，但你得從今天就開始準備。就是現在！』」在勒夫的眼中，一位職業足球員如果缺乏傑出的踢球能力以及積極主動的精神就不適合成為國家隊隊員。此外，國家隊還必須根據每位隊員不同的體能和競技狀態以及司職的比賽位置給予個別化訓練，如此一來，才能對症下藥，確實彌補該隊員在團體訓練中一些未能處理的弱點。

隨著勒夫上任總教練，國家隊於二〇〇六年開始為每位隊員製作不同畫面內容的ＤＶＤ，以藉此指示該隊員如何改進技術與戰術領域的不足之處。「對於年輕的世代來說，以動態畫面進行足球教學與訓練，可以讓隊員留下深刻的印象。」勒夫偏好使用ＤＶＤ教學法，因為它在許多方面可以提高學習效率。教練團會依照球員的個別需求而製作不同主題內容的ＤＶＤ，比如移動路線、傳球、邊線傳球、一對一交鋒等，而且正面與負面的例示俱呈，球賽的錄影以德甲聯賽及國家隊的國際比賽為主。這些畫面可以讓球員們了解國際頂尖的足球比賽水準，並在對照之餘，試圖改進自己的動作與技巧。這些足球國手們在德甲球隊的比賽也會被攝錄下來，當他們回到國家隊時，教練團就會發給他們每人一張針對他們在德甲聯賽出現的失誤以及相關的改善指示的ＤＶＤ，透過這種錄影追蹤的方式讓隊員們確實掌握與修正自己的問題。這種方法也適用於一些國際賽事以及重要的足球訓練。

為了準備二〇〇八年夏天的歐洲國家盃足球賽，勒夫在二〇〇七年秋天便發給隊員們每人一本針對個人狀況而編輯製作的手冊，內容包括球員的體育及私人方面的評估，另外還附有一張時間長度約八分鐘的國際足球賽事錄影的ＤＶＤ，裡面一些踢球失誤的畫面正好呼應個別球員的主要弱點。勒夫說明：「訓練計畫的落實在於球員自己，所以自己必須為每天應該完成的訓練項目負起責任。」每位球員必須了解，自己就像是一家公司，而且已經和自己簽下合約。「我們會期待球員們具有一定的自我控制能力。誰如果無法接受這種要求，就無法繼續留在國家隊。簡單地說，每位球員都應該為自己的表現與成就負責。」後衛梅爾特薩克透露，這本隊員手冊包含一些指示與規定，同時也給予個人許多發揮的空間，不過球員們絕不可將這本手冊的內容詮釋為沒有拘束力的建議。勒夫還曾以全體教練團的名義強調：「我們賦予球員任務時，總是期待任務可以完成。」

勒夫曾在《南德日報》的訪談中，闡述他的「公司哲學」：「我用『公司』的概念向每位精英球員說明，必須為自己的職業生涯以及每天的活動做好規畫，必須明白自己要走什麼路。另外，球員們優秀的表現還需要周遭環境的配合，需要有人明確地指出他們的缺失，不能只有一面倒的贊同。他們還必須發展出一種敏銳的感覺，知道誰對他們有幫助，什麼事對他們有益處。」

勒夫認為，大部分的德國隊隊員都有高度的學習意願，甚至連從前在體能訓練方面馬馬虎虎的懶蟲楊森都是如此。這位在二〇〇五年加入國家隊的左後衛甚至曾被國家隊警告，如果他將來還想獲得上場的機會，就應該放棄度假。接受訓練。當時他真的覺察到自己在體能上的弱點而決定不去度假轉而飛往美國，在那接受德國隊的美籍體能教練佛席特密集的體力訓練。

對於這種非典型的度假方式，楊森所效力的漢堡隊當然不會出言批評，畢竟職業球隊也能從球員體能的改善中獲益。基本上德甲教練對於國家隊總教練要求在平常訓練日進行一些特別訓練的指示並不會熱烈地贊同，但也不會激烈地抗議，因為國家隊總教練並沒有權力在職業球隊裡貫徹這種個人的立場，即使如此，曾先後執掌拜仁慕尼黑隊、沃夫斯堡隊及沙爾克04隊的德甲名教練馬加特仍會公開表示不滿。「我很驚訝，德甲的球隊竟然能這麼包容國家隊。我個人很重視自己可以訓練自己的球員。」馬加特在二〇〇九／一〇年度球季，當國家隊已開始為南非世足賽摩拳擦掌之際，曾如此表示。他認為，國家隊愈來愈干涉德甲球隊的球員訓練的傾向，終究會招致反彈而終止。《踢球者》曾有一次安排勒夫與馬加特同時接受訪談，勒夫在這場充滿爭執的對談中解釋，國家隊的期待並不是要規定德甲的教練應該如何配合，而是與他們商量，應該針對哪位球員加強哪些訓練。對此馬加特則反駁說：「這是一種無法容忍的干預。如果您的球隊有一位球員加入國家隊，國家隊總教練會指示他應該做什麼，然後您又對他說，『不要理會國家隊總教練，現在全聽我的！』您認為，這位球員會怎麼想？」根據馬加特的看法，國家隊總教練與德甲教練應該直接溝通，而不是間接透過球員。教練之間只要打電話交談，其實就能順利地敲定許多事情。

總的來說，球員們愈盡責，教練之間就愈不存在討論的需要。二〇一四年巴西世足賽期間，德國隊入住巴伊亞度假村，當球員們必須自律地在生活小組裡共同生活時，他們敦睦友愛、遵守規定的表現無意間證明了他們優秀的自我管理的能力。

第十八章

足球場的哲學家

勒夫的足球美學

比賽開始的哨音一響，每位上場的球員就必須面對一場長達九十分鐘的戰鬥，必須面對不斷出現的問題，必須瞬間做出判斷和回應，例如：球從哪裡來？球怎麼來？我該往哪裡跑？隊友和與敵方球員在哪裡？他們怎麼移動？接球之後，我該做什麼動作？球隊如果在賽前沒有對比賽有特定的構想，就比較無法在球場上旗開得勝。如何將這些球賽構想以及相關的行動完美化，並讓二者達到有意義的關聯，是教練最重要的任務。教練在訓練球員時，會試圖針對上述的問題，為球員們指出簡易、同時在戰術上具有說服力的解決方法，這種做法不只可以預先為球員們降低比賽的複雜性，尤其還能為球隊的比賽勾畫出輪廓並建立整體的架構，教練也因此能為球賽注入創新的元素。所以，就這方面而言，人們可以把足球教練視為哲學家，把他整套的足球構想稱為哲學。

勒夫在他的教練生涯裡，致力於表現足球美學的細膩性，喜歡而且經常使用「哲學」這個概念來闡明他的足球觀點，但他在這方面他卻不是唯一的一位。二〇一一年三月，《南德日報》的體育版曾報導：「最近這幾年，在所有熱烈的足球討論中，「哲學」或「足球哲學」這些概念扮演了關鍵性的角色。」如果我們不探討當前人們在足球領域所使用的「哲學」與「真正的哲學」有多少相關性，而是追究勒夫如何使用這個概念，這或許會比較有意義！可以確定的是，勒夫的「足球哲學」跟真正的哲學一樣，都涉及認知、知識與世界觀。勒夫信任自己熟練的技術能力，他在調教球隊時，就像外科醫生在手術室開刀一般，他在虛擬的足球場上挖空心思地構想戰術圖時，看起來幾乎跟交通規畫專家沒啥兩樣。同時他始終能將最新的球賽分析結果不斷融入他的球賽設計及策畫之中，而且在所有的足球構思之上還有一個主導思想：嚴格且堅定不渝地執行賽前的計畫。

有時人們會以為，勒夫使用「哲學」這個概念僅限於說明球隊的戰術基礎，比如4—2—3—1陣式系統等，然而，這個概念一般說來卻和「足球的全面性整體規畫」更有關聯性。他曾指出：「最重要的就是一套足球理念，而且總教練還必須回答一些重要的問題：就某些規畫而言，我需要哪些教練？哪些球員？我的階段性目標是什麼？我想呈現哪一種足球？」人們或許可以這麼說：擁護進攻式足球以及精采足球比賽的人士應該會支持勒夫這樣的教練。這位所謂的「教練哲學家」會挑選合適的球員並擬定精闢的訓練計畫，一步步地把球隊的攻擊力道與吸引人的球賽演出呈現在球場上。總之，完美的比賽表現就是他的夢想，就是他的終極目標。

不過，勒夫當然明白，要求球隊達到完美的表現基本上是出於一種傲慢的心態：「根據我的看法，足球隊根本沒有完美的傳接球，因為球員們在比賽時還必須不斷注意對方球員的防守與奪球。有些傳接球看起來很完美，其實是受益於對方的失誤。如果可以像訓練時演練的那樣，順利地進球，我們當然會很高興，不過這個結果卻不是你所能計畫的。」

球賽的理念：球風與風險並陳

當勒夫在那場被介紹為克林斯曼的助理教練的記者會上，便已針對他所偏好的足球形態的問題提出說明：「我的足球哲學在我職業生涯的各個時期都表現得很清楚：我偏好富有侵略性的進攻式足球，它雖含有一定程度的足球文化，卻也帶有風險。」勒夫主張，德國國家隊不該是一支只準備應付與回應對手的球隊，而是一支能主動出擊、主導球賽進行、時時讓對方感受到壓力、把對方逼入困境並掌控比賽的球隊；即使是在對方的主場交戰，也照樣踢館不誤。但這種型態的比賽可能會發生失誤，這也是它的風險所在。不過這在勒夫看來並不那麼嚴重，因為球隊勇氣十足地往前進攻，這種節奏緊湊的比賽讓觀眾們很興奮，所以會體諒球員們偶爾在場上出現的閃失。

富有足球文化的進攻式足球並不是出於一時興起、未經規畫與準備的行動，而是必須事先沙盤推演，並經過充分的演練。球隊教練必須先確定達到目標的各個步驟，而且還必須明確地為這些步驟下定義。「目標比夢想和願望更重要。」勒夫帶到了重點。「因為，人們可以明白地確定目標，並自己決定通往目標的途徑。」球隊整體的理念如果模糊不清，球賽就不會贏，因此必須對情況有確切的想法，儘管錯誤在所難免，而且還必須確實記錄球隊所有的進步與退步的情況。勒夫聲稱，自己現在和剛擔任教練時完全不同，已能清晰地解讀一場球賽，能順利地破解問題的原因所在並找到適當的解決辦法，而且還擁有清楚的想法以及實現目標的計畫。他有一次曾以相當自信的口吻表示：「我知道如何讓球員們把球踢得很漂亮，同時還取得豐碩的戰果。」

完全不計代價地取得勝利並不是勒夫的足球理念的目標，因為他認為，足球風格的展現比結果更重要。勒夫在南非世足賽開踢之前曾喊出：「我們希望成為一支行動積極、令人喜愛的球隊，我們嘗試踢出精采絕倫並同時以進攻為導向的球賽，所以我們能為現場以及守在電視機前面的觀眾們呈現最好的一面，讓他們認同我們德國隊。」身為進攻式足球的捍衛者，勒夫不斷受到足球美學概念的影響，因此，他曾這麼談論自己：「我是一位重視足球美學的教練，總想在球場上看到美妙的足球比賽。」

有一次勒夫曾原則性地談到，一場好看的足球賽總離不開足球美學與輕快的節奏，他說：「我在一場比賽結束後，總想確定我們在競技上是比較優秀的球隊，而不全是因為幸運才贏球。」早在一九八〇年代，一些巴西球星的表現已讓他如癡如醉：「蘇格拉底（Sócrates Brasileiro Oliveila）、埃德爾（Éder Aleixo de Assis）、奇哥（Zico Arthur Antunes Coimbra）及儒尼奧爾（Leovegildo Lins da Gama Júnior）對我們這一輩的年輕人來說，簡直是足球魔術師，他們那時在球場上的表現真是令人神往。」然而，他崇拜的這些巴西球員卻從未讓他們的國家隊在世足賽奪冠，但這對勒夫來說，根本無所謂。這位重視足球美學的教練希望他的德國隊能以精湛的踢球能力、緊密的組織性、堅強的意志力、遵守紀律、積極主動的精神、以及思維的原創性，在球場上發揮集體的足球美學而令觀眾擊掌稱奇。勒夫認為，這種構思縝密、充滿活力和形式漂亮的進攻式足球不只是高度發展的足球文化的卓越演出，甚至還是一種「足球防守的美學」，也就是說，一名後衛並不需要犯規便能靈巧地從對方那裡奪球，並立即以流暢的動作發動反攻。

德國隊雖未在南非世足賽奪冠，但整體的表現非常傑出，就像在足球場上變魔術似的。當時的足球評論員一致表示，這幾乎是德國隊從未有過的精采演出，這番稱讚讓勒夫感到特別高興。二〇一二年年初，勒夫對國家隊在南非世足賽結束這一年半期間的比賽成果做出回顧性的總結：「我今天看到，我們德國隊在對抗巴西、荷蘭、阿根廷或英格蘭時不只是獲得勝利，在競技方面還是表現比較出色的球隊，這一點特別讓我感到滿意。」

某些足球評論員似乎對德國隊如此美妙的比賽表現並未感到不適。《明鏡週刊》記者歐尚在一篇標題為〈新德國男人〉的文章中，嘗試揭露德國隊風格丕變的祕密。他問道，到底是什麼鼓舞了勒夫和他的球員們，讓他們能用輕鬆的比賽表現讓世人讚嘆不已？「德國隊的踢球帶有某種輕盈似舞蹈般且充滿喜悅的成分，如果人們到目前為止還停留在講究階級尊卑且氣息陽剛的德國隊的舊印象，就會覺得很困惑。」歐尚寫道。然而，當德國隊隊員們不再粗魯地壓制對手，不再氣憤地在球場上咆哮，當階級已平面化而毋須再聽命於一位惱怒「首腦」的命令時，很明顯地，一些傳統的德國老球迷實在無法理解這是怎麼一回事了！狄爾克．萊布弗利德（Dirk Leibfried）和安德烈．厄爾布（Andreas Erb）在他們合寫的《男人的沉默》（*Das Schweigen der Männer*）這本書中，說到原本充滿男子氣概的德國隊已變得很娘娘腔，根本是「德國足球的男同性戀現象」。

要實現講究美學的足球理念其實與男性球員的性傾向無關，而在於他們的足球競技能力，而且還必須貫徹並持續實行這些理念，也就是說，只有教練長期訓練一批成員固定的主力球員，配合精湛球技的足球理念才有可能實現。球員的訓練與表現的連續性是足球競技進步必要的要件，此外教練能擁有足夠的時間與空間既續發展相關的足球理念，也非常重要。

勒夫說，自從他進入德國隊工作後，學到了不少東西，「我的工作變得比較國際化，有許多機會和世界各國人士接觸，也因此更能接受新的想法。跟從前在指導職業球隊不同的是，我現在可以擁有較多空檔的時間，可以從容地用創新的態度思考那些球隊與球賽的計畫，我的足球理念也因而更加堅定。」他經常利用休閒時間苦思一些足球計畫的細節及其關聯性。「我會坐在辦公室裡思考並做筆記。我經常斟酌，哪方面還必須加強？哪些球員必須親自懇談？該如何把一些想法帶入球員的訓練中？」

勒夫在二〇一〇年南非世足賽時表示：「和二〇〇六年德國世足賽相比較，我們的足球理念基本上沒什麼改變。」當時主張侵略性且以進攻為主的足球策略仍完全獲得延續，只不過這位「教練哲學家」後來還進一步把這種足球型態的具體實踐方式精緻化。至於這套足球理念的實行則需要配合許多細膩的細節工作，每位球員的訓練都必須根據一份特殊的個人訓練計畫進行，而且因應某些球賽的情況而設計的傳接球配合與戰術行為都必須持續不懈地練習。接下來，德國隊為了球隊在戰術及競技方面的持續發展，還發給每位隊員一份「腳本」，也就是一直適用到歐洲國家盃或世界盃這類大型比賽的球員訓練手冊。手冊裡清楚地記錄各種訓練項目、傳接球配合以及進攻圖示。勒夫稱這種預先訂定的標準類型為「解決問題的模式」，他認為，球員們應該盡可能針對許多比賽的狀況預先制定因應計畫，當球賽中出現某些情況時，就可以立即做出自動化反應。

「教練哲學家」勒夫應該知道，自己打算讓球員們踢哪一種類型的足球，而且應該採取哪些方法踢球。勒夫的理念能成功地實行應該歸功於他的能力，他能把目標以及達成目標的每一個步驟用具有說服力的方式向球員們解釋清楚，也只有如此，球員們才能被他的理念說服。「必須訂定一個清楚的、每位球員都知道的目標。」他提到他指導球員的基本前提。為了達成目標，教練不能一味地要求球員們接受並服從他的指示與命令，而必須提出能使他們信服的解釋，因為他們有權利知道，為什麼他們應該這麼做。

還有，所有的傳接球配合都和教練清楚地分析、明確地行動指示以及細節的處理息息相關。勒夫表示，必須持續教導球員們如何透過一些行動與戰略解決問題。「他們必須在接受訓練時培養空間感，演練在比賽中可能出現的各種狀況，並清楚地知道，隊友站在哪裡？彼此相距多遠？這聽起來雖然老套，但這些基本的訊息卻很重要。」最理想的狀況是，國家隊的每位隊員在每個時刻都很清楚地知道，他必須做什麼而且他的隊友將會做什麼，還有每位隊員都必須以最精確的方式掌握特殊的規則。勒夫在接受rund.de這個足球網站訪談時，曾透露：「我對我的球員們說，我們在國家隊要你們做的事情，你們必須照做，不要管你們在職業球隊踢球的那一套。如果你們在職業球隊所接受的教導與訓練跟國家隊不同時，你們回到國家隊的第一天就必須自行調整這種差異性。」

利用影像資料與統計數據操練

勒夫式教學方法一開始主要透過言談的方式進行，也就是溝通與解釋。他會向球員們說明每項訓練的理由，而且會按照各項目的連接順序逐一闡釋，直到他們了解整體的訓練計畫為止。但勒夫在千禧年過後逐漸重視動態畫面的直覺性知識，因此還另外透過DVD的播放，把他的想法與期望達成的目標具體地呈現在球員們眼前，並以此補充一般概念性思考的不足。勒夫透過DVD的影像資料訓練整支球隊、球隊的小組，特別是個別球員。例如，經常被認為無法進入球賽狀況的波多斯基如果不知道該如何跑位時，教練團就會針對這個弱點提供他適合的影片，讓他自行觀摩與學習。後來波多斯基果真透過這些DVD的錄影畫面直覺地掌握了應該學會的足球知識，知道在什麼情況應該採取什麼行動，並在比賽裡把這些知識運用出來。

動態畫面最能傳達教練的想法，而對於訂定球員的要求標準，統計數據則扮演決定性的角色。國家隊的教練團自二〇〇五年開始建立球隊專屬的資料庫，以蒐集並分析新秀球員的能力與進步狀況，並藉此比較德國隊與國際足球界的足球發展。勒夫在這個資料庫中不僅找到擬訂球隊策略以及批評德甲聯賽的知識基礎，還獲得許多新的想法、訂定措施的憑據以及一些批判性的修正。這位「數據分析狂」非常著迷於這個球員資料庫的各種可能性：「我們可以根據這些統計資料算出，每位球員偏好的傳球方向和方式——是橫向或往前？是高空球或低平球？在一場比賽裡跑了多少公里？速度多少？有了這些數據，我們就可以讓球員們明白我們對他們的要求，因為我們希望他們在能力所及的範圍內，能有最好的表現。」一支足球隊在所有重要的足球領域的數據——傳球的敏捷性、傳球的精準度、接球、帶球、跑動速度、一對一交鋒的動作等等，都可以清楚地顯示它在國際足球界的水準。

統計數據除了讓教練的要求和規定獲得有力的論據之外，還發揮了一個附帶的效用：由於教練掌握較多的資訊，比球員們更了解情況，因此更能在球隊中樹立他的權威。「我所掌握的訊息已遠遠超過球員們。」勒夫曾這麼表示，言下並無傲慢之意。可想而知，教練發布的規定與措施如果在專業上無法讓球員們信服，不論採用言談或影像資料的溝通方式，都無法發揮實際的作用。

嚴明的紀律呈現富有藝術性的球賽

足球員傳統的優點——比方說，快跑、纏鬥搶球、盤球、詭詐的花招、意志力與熱情的心理特質，當然還有著名的「直覺力」等，仍在足球裡扮演重要的角色。但只有每位隊員確切知道，他應該在什麼時候做什麼，而且能與其他隊友密切配合，才能為球隊帶來具體的戰果。《南德日報》曾於二〇〇七年十月檢視勒夫已領軍一年多的德國國家隊：「德國隊根據一個清楚的計畫進行比賽，而且已將這個計畫成功地內化為球隊的一部分，以至於新進球員除了立刻依照這個計畫踢球之外，根本沒有機會嘗試其他的做法。」

單單只有清楚的戰術結構還不足以促成一場出色的球賽，還必須搭配球員們在行動中的紀律與思考，所以勒夫總是不斷提醒球員們遵守「最高的紀律」或「絕對的紀律」。包含個人任務的清楚分配及嚴格實踐的陣式系統，對於一支球隊來說，是必要的基礎，只有在這個堅實的基礎上，球員的創造性才對團隊的整體表現有意義。勒夫強調：「一個欠缺組織及秩序的球隊不可能具備足球文化，因此一支球隊的組織愈良好，就愈能在比賽中展現它的原創性。」具有創造力的個體如果無法在球隊的結構中行動，他的原創性通常對球隊而言，並不具有效益。

當球員的原創性與對於集體的戰術系統的嚴格遵守取得平衡時，優秀的足球文化便於焉誕生。如果球員們沒有自主性，只是盲目地依附於球隊的戰術系統，那麼當比賽發生一些無法預料的狀況時，他們會立刻手足無措；另一方面，個人的即興演出如果未被整合入團隊的球賽流程時，這些傑出的個人表現對於團隊的競技活動並沒有太大的意義。或許前義大利國家隊總教練薩奇說得沒錯：「最理想的球隊戰術組織就是讓球員們的能力可以發揮倍數的效用」。

此外，如何掌握球場空間聰明地踢球也十分重要，這方面應該從防守時四人後衛鏈的理想間距開始談起。根據勒夫的看法，後衛球員之間應保持八公尺左右的距離，這樣的布局對於己方依據時間及空間的整齊移動，以及因應敵方戰術調整時的下意識反應都比較有利。當對方只使用一名前鋒時，就可以讓四人後衛鏈的一名中後衛經常往前進入中場區域；當對手使用兩名前鋒時，中後衛們就必須更緊密地合作，加強防守，此時兩旁的左、右後衛便能獲得更多發動進攻的空間。球隊在防守時，球員們的空間分配一目瞭然而且比較能輕鬆地達成有效的移動，但在進攻時，一切就明顯地複雜許多，球員們會被要求快速前進到對方無人看守的區域並且充分利用整體的空間，為己方製造射門得分的機會。優秀的球員必須有能力視比賽狀況的不同，自行創造出有效傳球的空間。

最優秀球員不見得入選：挑選參賽隊員的準則

教練的足球理念如何影響參賽球員的挑選？這個問題仍有待探討。勒夫曾理所當然地表示：「對每位教練來說，實力原則是篩選參賽隊員最重要的準則。」如果某個場上位置的人選眾多，競爭就會變得很激烈。不過勒夫也曾坦率地承認，關於選擇參賽隊員的實力原則其實沒有絕對客觀的標準：「挑選參賽隊員是一種主觀的評估，我們會根據球隊依循的足球理念以及打算採用的踢球方式選出適合上場出賽的球員類型。」因此，參賽隊員的任命並不是以徵召最優秀的球員為主要目標，而是篩選出最能融入國家隊以及配合國家隊既有戰術系統的球員。此外，國家隊的資料庫也大大地幫助勒夫揀選具有潛力的新進隊員代表德國隊參賽，這些資料一方面顯示這些足球新秀的實力曲綫的發展，另一方面還記錄他們的強項。勒夫曾描述自己針對參賽隊員的篩選所建立的問題目錄：「一位球員能在他的位置上有什麼貢獻？能對我們的足球理念有什麼幫助？能夠實踐什麼戰術？當球隊處於落後狀態時，會在比賽中有什麼表現？當對方有人被罰下場時，是否有能力充分利用己方的人數優勢？是否能領導並驅策球隊？我們甚至會在訓練中觀察一些比較認真的隊員，了解他們如何投入球隊的活動。簡短地說，我們想要知道，哪些隊員可以在他們的位置上為德國隊奮戰到底。」

還有，成熟的個性也是隊員能否獲派參賽的重要因素。每次在大型國際足球賽舉行之前，勒夫都會擬定參賽隊員名單，他在決定人選時，總會提出如下的問題：「什麼樣的球員能帶給球隊能量？什麼樣的球員在無法先發上場時，能夠承受挫折？什麼樣的球員能挺過隊內競爭的壓力並促進這種競爭？什麼樣的球員太過自我中心或充滿嫉妒？什麼樣的球員比較有耐力？」接下來，他還必須思考幾個非常基本的問題：「一個球隊能忍受多少自私自利的球員？能忍受一個、兩個、或三個自我中心者嗎？有多少人想當領導人？是否爭取的人太多？」這些問題其實已涉及球員性格的正直以及對於道德價值的遵循。「球員們彼此之間相互尊重，也尊重團隊和球迷，懂得溝通與寬容，遵守紀律，而且值得信賴。他們的言行舉止應該多慎重？注意力應該集中到什麼程度？這些考量對於一個良好的工作氛圍來說，都非常重要。」

攻勢足球 vs. 守勢足球：德國足球的風格

二〇一〇年南非世界盃即將開賽之前，《時代週報》的記者曾問國家隊總教練勒夫，他和他的國家隊如何通過這場世足賽的考驗？他當時回答：「我們將在比賽裡踢足球，而不是管理足球。」他希望德國隊呈現並傳達出踢球的樂趣、展現足球文化，而且最重要的是，有能力掌控球賽的進行。相對於消極地「管理足球」，他特別提到「踢足球」，他解釋說：「我們必須能在比賽的任何時候強迫對手接受我們的踢球方式。這不只和進攻有關，也涉及防守。德國隊行動積極，可以藉由剝奪對方的時間與空間，讓他們無法在場上發展踢球的策略。」

勒夫還在擔任克林斯曼的助理教練時，便已表達過類似的意見：「有時我想在言詞裡放棄使用『進攻』與『防守』這兩個概念，因為，這兩者的平衡其實更重要。處於攻勢的對方在遭遇我方的後衛之前，必須先和我方在前場與中場的六位防守球員交鋒，也就是兩名前鋒和四名中場。我們必須使對手遠離我們的球門，所以最好能在前方早早阻擋他們的進攻。」德國隊經過勒夫四年的指導後，已完全遠離克林斯曼時代早期那種閃亮炫目的足球風格。勒夫後來還為「進攻」這個概念重新下定義，他認為，所謂的「進攻」不再只是形式上的占球以及持續嘗試把球踢進對方球門的行動，而是關於一場比賽的實際掌控，也就是奪取對方的時間與空間以發展自己的踢球策略。具攻擊性的壓迫式防守、沒有犯規的搶球、迅速轉守為攻、進攻結束後的立即回防，還有，當對手往前進攻卻突然失球而無法及時組織防守的隊陣時，火速地展開反擊，以上就是勒夫重新定義的「進攻式足球」的主要內容，它們也是真正的「防守反擊」（Konterspiel）的關鍵性概念。

英國體育記者暨足球戰術專家強納森・威爾遜（Jonathan Wilson）在二〇一〇年南非世足賽過後，曾在英國的《衛報》（*Guardian*）發表球評犀利地指出，勒夫的國家隊用漂亮的進球掩蓋了本身防守系統的缺點：「德國隊在南非世足賽獲得這麼多稱讚，這實在令人錯愕，難道只因為他們曾在三場比賽中各進了四球？德國隊在反攻時表現優異，前面那四位隊員，也就是克羅澤、穆勒、波多斯基與厄齊爾，如此協調而流暢地配合，那些精采的片段有時會令人興奮地摒住呼吸。不過德國隊這些表現充其量只是一種「回擊式足球」（reagierender Fußball），因此，欠缺主動的攻擊性。」當然，這種見解和勒夫標榜德國隊採取「進攻式足球」的說法有矛盾，但威爾遜的評斷卻相當正確。德國隊在比賽裡確實明確地顯示出一支反攻型球隊的本質，如果某支球隊能成功地消解德國隊快速回擊的潛能，那麼勒夫這支隊伍就無法再這麼風光了！德國隊雖然人才濟濟，卻在進攻布局方面沒有太多原創性，它在南非世足賽採用的足球戰術大體而言過於片面，因此，未來應該致力於進攻式足球的多樣化。

不只德國國家隊擅長壓迫式防守以及迅速的攻防轉換，榮獲二〇一〇／一一年度德甲聯賽冠軍的多特蒙德隊也有此傾向。這支由總教練克洛普領軍的隊伍雖無法在大部分的攻擊行動中順利地進球，但總能在奪球後以最快的速度做出射門的動作。勒夫與克洛普所主張的踢球方式是否只是一種「回擊式足球」，或是一種另類的、需要賽前精確演練的「進攻式足球」，對此專家們仍莫衷一是。然而勒夫無論如何都不贊同威爾遜的論斷，也許德國隊在二〇〇六至〇八年期間還是如此，但後來德國隊的足球風格已變得非常主動而積極。儘管總教練勒夫如此宣稱，但德國國家隊的踢球方式基本上並未受到典型的進攻式足球的影響，也就是以高占球率為基礎、在具原創性的球賽優勢下積極尋求攻球入門的機會。不過，人們卻有理由認同，德國隊大部分採取的「防守反擊」也要求球員們具有高度積極的主動性，這種方式確實讓德國隊在球賽中占有支配對手的優勢，或如同福立克所說的，「操控」對手的優勢。

足球不只是足球

勒夫口中「足球哲學」的概念實際上不只針對比賽的布局，當然，球隊教練也不只是戰術家，他還必須扮演更多角色，例如，心理專家以及球員訓練專家。他在訓練球員時，必須清楚地知道，什麼項目應該而且必須優先進行訓練，何時訓練多少分量，何時能訓練什麼以及休息時段的安排等等。在勒夫「足球哲學」的概念裡，我們還可以發現他對於球隊與球賽的許多想法和見解，比方說，運用所有可以使用且最現代的方法（比如資料庫的建立及DVD影像編輯與播放）進行球賽的分析及球員訓練的規畫；盡量利用體能、球技、戰術、球賽分析、反應敏捷性、協調配合性與心理訓練專家的專業知識；並且從其他運動的訓練項目中獲得足球思考的刺激；測試並檢驗所有可能有助於球隊表現的方法（國家隊曾一度考慮聘用舞蹈教練）；有些訓練會特別針對某個球隊小組，有些則是系統性地針對整支球隊或因應即將屆臨的國際足球大賽；關於整體的戰略方面，切不能忘記基本技巧的持續練習；還有促使球員們有意願並有能力實行個人的訓練計畫；「足球哲學」不只適用於正規的國家隊，德國足協所有年齡組的青訓球隊也都一體適用。

另外，勒夫的「足球哲學」還包含一系列的柔性價值。國家隊的教練及專業人員在團隊工作中構思、協商並執行所有的想法及行動計畫，他們期待隊員們能盡心竭力地實踐團隊精神及尊重別人等概念，期許他們在場上的行為能光明正大，不在場上比賽時，能包容並善待隊友，能展現企圖心並遵守團隊的紀律，而且能像勒夫所說的：以最高標準的倫理道德要求自己。球員如果有明顯的性格缺陷，即使有傑出的踢球表現也無法被選入國家隊。重視團隊氣氛的勒夫會竭盡所能地促進國家隊的正面氛圍，而且會讓言行規矩、性格敦厚的球員有較多上場出賽的機會。除此之外，國家隊還會主動規畫隊員們的團體生活及休閒活動，比如在國外參加比賽時，會選擇入住豪華的高級飯店，閒暇之餘，還會安排攀岩活動、魔術表演、遊戲晚會或一起造訪迪斯可舞廳（只有在贏得重要的比賽之後），以藉此凝聚隊員們的向心力。國家隊實行的每項球員個人才智培養及人格塑造的措施，都或多或少能讓他們更優秀而且更機靈聰明。勒夫相信：「一位明智的球員比較能處理自己的失敗經驗，會用不一樣的態度面對自己的成功與不可避免的運動傷害，或許在關鍵時刻還能比較集中注意力。教練如果想把自己的理念傳遞給球隊，希望球隊能贏得球賽冠軍，就需要一批智能型球員。」

勒夫在德國國家隊擁有一些他多年來相當信任而且性格成熟的球員。大概在二〇一二年歐洲國家盃舉行前夕，他曾公開表示，這些球員非常有責任感，所以他已不需要掌控他們或操心他們的生活狀況有何變化。「這讓我省下不少的時間和精力。他們都知道，必須讓自己保持絕佳的體能狀態。」明智的球員當然會意識到，只有大家一起成長茁壯，團隊才會有進步。德國隊在二〇一二年歐洲國家盃期間所顯出的團隊精神並不理想，直到二〇一四年參加巴西世足賽時，才在這方面有不錯的表現，球隊的實力也因而在最後的關鍵時刻得以毫不保留地釋放出來。比較特別的是，德國隊在里約熱內盧的馬拉卡納球場贏得世界盃冠軍後，並沒有任何隊員想凸顯自己，反而總是把「我們」和「團隊」掛在嘴邊。對此，勒夫表示：「德國國家隊就是一個生命共同體，這些隊員為了爭取世界盃冠軍而團結一心，奮戰到底。」

結語

德國科技足球的大未來

勒夫曾這麼談論他的前任國家隊總教練：「克林斯曼是一位先知。當他還在國家隊踢球時，已經非常了解這支隊伍，而且知道應該採取什麼適當的步驟，讓它脫離早已問題重重的球隊路線。克林斯曼雖然毫無執教球隊的經驗，不過讓一位具有不同背景的總教練以不同的方式指導國家隊，反而可以帶來一個全新的開端，這一點相當重要。」隨著克林斯曼離任，國家隊的足球革命所帶來的快速變革也跟著結束，接著便步入作風溫和、採漸進式改革的勒夫時代。勒夫從正式升任國家隊總教練到二〇一四年帶領德國隊奪得世界盃冠軍這八年期間，經常遭受挫折與失敗，他說：「要讓一支足球隊在踢球方面出現進步，其實是一個漫長的過程。」他還特別提到，當努力的成果還未出現時，萬萬不可就此放棄既有的理念，仍必須堅持與貫徹那條已展開、已經過清楚規畫的路線。在這八年奮鬥的歲月裡，他已學會在面臨阻礙、挫敗及憤怒時，堅定不移地守住自己原有的基礎信念。

在這些基礎信念當中，使用電腦從事教練工作便是其中一項。足球教學的觀點與方法在幾十年前還相當粗淺，現在許多足球教練已藉由電腦的資料分析把它變成一門科學。這種根據統計資料而讓足球比賽具有可規畫性的信念起源於美式橄欖球界。美國的職業橄欖球隊數十年來只依照事先策畫的球賽方針與戰術模式從事比賽，幾乎不允許球員做出任何自發性動作，因此這些橄欖球賽對於一些非美國的觀眾來說，往往顯得太過複雜而無聊。

這種普遍的數位化資料處理會將足球帶往何處，目前仍未可知。但可以確定的是，足球分析即使已完全科學化，至今仍沒有專家發現保證球賽獲勝的公式。現在許多足球隊都使用「大師級教練」這家體育軟體公司開發的「專業阿米斯可」這套軟體分析系統，這套軟體配備八部紅外線熱感應攝影機，能記錄並處理三千個帶球動作以及兩千次跑位行動，但不可捉摸的偶發狀況仍是決定球賽勝負的主要因素。例如，曾有一項調查研究顯示，二〇〇六年德國世足賽有超過四〇%的進球是經由反彈再射門或因為對方的失誤而踢入的。足球仍跟以往一樣充滿許多不確定性，在球場對決時，屈居下風的弱隊仍有獲勝的機會。有鑑於此，一些足球博彩投注站的賠率並非根據球隊的勝場數與進球數，而是球隊在比賽中成功營造射門機會的次數，因為，後者才是衡量球隊實力的關鍵性指標。

即使足球這門運動已徹底科學化，人們最後能確知什麼呢？慕尼黑的運動科學專家羅蘭・洛伊（Roland Loy）曾提出不同於一般的觀點：在交戰與纏鬥方面表現較好的隊伍不一定能獲得勝利，而且較高的占球率也不是贏球的保證。就這點而言，人們不妨詢問勒夫，他大力鼓吹的快速攻守轉換真的可以提升球隊的戰績嗎？殊不知，最近這幾年最成功的國家隊西班牙隊，已經放棄這種球賽策略。還有，勒夫強調的踢球速度果真是球賽致勝的關鍵？難道他不知道，司職防守中場的球員雖然比較年長、速度較慢，卻因為他的位置與球賽經驗而往往被視為最有能力破壞對方傳接球的球員。

足球資料數位化之後，只有幾個看法是可以完全確定的：根據電腦的統計分析，大概有三分之一的進球是在所謂的標準情況下踢入球門的（在二〇一〇／一一年度球季裡，霍芬海姆隊於標準情況下進球的比率居於德甲聯賽之冠，高達四四％）。另外，我們還可以確知一點：現今所有的球隊都密集地觀察對方，所以，已幾乎處於透明狀態，實際上已沒有祕密可言。由於足球資料數位化已讓各球隊達到不尋常的透明度，因此雙方尚未上場開戰之前，都已充分掌握對方的各項訊息，除非球隊在接受祕密訓練時採用新的做法，例如，球隊也可以跟從前一樣，派出四名、甚至五名前鋒進行比賽，或根本不使用前鋒。勒夫的助理教練福立克在二〇一〇年南非世足賽過後，著手訂定一份嶄新的國家隊計畫並製作新的隊員訓練手冊，而且還明確地指出，國家隊亟需採行一些具有原創性的方法：「我們希望發展出一些能使我們領先其他國家隊的新構想。」

喜歡鑽研足球的勒夫和他的專家小組曾密集地研究，如何增加國家隊在策略與戰術方面的選擇性。這其中並不會有激烈的變革或甚至出現全然的創新，充其量只是一些符合外界期待的決定，雖然它們無法讓德國國內數以百萬計的足球迷全部感到滿意。由於足球教練採行的措施只有少數能經得起客觀的科學驗證，因此，足球這項運動很容易引起強烈的爭論，教練所有的做法往往只是展現他的偏好以及詮釋足球的方式。偏偏是講究資料分析的勒夫多年來一直未讓德國隊練習可能帶來較多進球機會的自由球與角球，這一點曾讓許多人搖頭不解。勒夫則試圖為自己辯解，比如說，他曾以德國隊需要進行許多基礎練習而沒有多餘的時間為理由，公開對外說明為何沒有讓德國隊在二〇〇六年德國世足賽之前進行這些練習。當然，以這麼直接的方式爭取射球入門無論如何並不符合勒夫的足球品味，這位國家隊總教練對於足球比賽的最高準則並非不惜任何代價地贏球，而是透過精采的踢球方式獲勝。

這位講究足球表現的國家隊總教練起初並不願在那些以美學範疇為依歸的足球理念上稍做讓步。「當我看到一支球隊能忠於自己的戰術系統，球員們在比賽時能實踐他們曾一起練習的東西時，總讓我打從心底為他們感到高興。」勒夫曾談到足球所帶給他的樂趣。對他而言，教練指導球隊的藝術特別在於個別球員能在共同參與的比賽中進一步發揮自己的能力，也就是說，教練有足夠的本事讓球員們能在球隊的比賽中把自身的能力發揮到極限。「當我看到各個球員，特別是年輕球員，透過訓練、戰術演練或心理練習而獲得進步時，那真是一種享受。這些球員們突然獲得了努力的成果，這對於身為教練的我真是感到莫大的欣慰。我覺得很幸福，也很陶醉！」

如果教練感受到幸福與陶醉，通常觀眾們也會跟著如癡如迷。德國國家隊在總教練勒夫的足球美學的引導下，並非每場球賽都有令人叫好的夢幻表現，不過，在二〇一〇年南非世足賽之後的許多比賽裡，勒夫的球員們確實以精采的快速足球讓本國球迷與國際觀眾目眩神迷。後來在二〇一四年巴西世足賽裡，德國隊更顯得銳不可當，不僅以七比一的懸殊比數徹底擊潰身為地主國隊的巴西隊，還在接下來的冠亞軍決賽中戲劇性地打敗阿根廷隊而榮獲世界盃冠軍！誰只要用心，就能看出德國隊這次獲得成功的諷刺性：激情的足球美學家暨足球完美主義者勒夫在通往冠軍寶座的道路上，其實已對於他的足球理念做出了若干修正。巴西世足賽是勒夫第一次在他的足球藝術準則中採納所謂標準情況的演練以及德國球員向來在球場上展現的傳統美德，諸如強大的意志力、戰鬥力以及堅實穩固的防守，這些才是德國隊獲得最後勝利的關鍵因素。至於這支世界盃冠軍隊為了克敵制勝而賠上優雅的整體形象，這應該沒有人會計較吧！

Joachim Löw: Ästhet, Stratege, Weltmeister

德意志領導

足球場的哲學家——勒夫，德國足球金盃路

作　　者　克里斯多夫・鮑森凡
譯　　者　莊仲黎
主　　編　李映慧
編　　輯　鍾涵瀞

總 編 輯　陳旭華
電　　郵　ymal@ms14.hinet.net

印務主任　黃禮賢
封面設計　許晉維
排　　版　極翔企業有限公司
印　　刷　成陽印刷股份有限公司
法律顧問　華洋法律事務所 蘇文生律師

定價 480 元
初版一刷 2015年8月

社　　長　郭重興
發行人兼出版總監　曾大福
出　　版　大牌出版 / 遠足文化事業股份有限公司
發　　行　遠足文化事業股份有限公司
地　　址　23141 新北市新店區民權路108-2號9樓
電　　話　+886- 2- 2218 1417
傳　　真　+886- 2- 8667 1851

國家圖書館出版品預行編目（CIP）資料

德意志領導：足球場的哲學家——勒夫，德國足球金盃路 / 克里斯多夫・鮑森凡著；莊仲黎譯. -- 初版. -- 新北市：大牌出版：遠足文化發行, 2015.08

面；　公分

譯自：Joachim Löw Ästhet, Stratege, Weltmeister

ISBN 978-986-5797-47-8（平裝）

1.足球 2.教練 3.領導　　528.951　　104010914